国内外经典教材辅导系列·新闻类

蔡雯《新闻编辑学》（第4版）
笔记和课后习题（含考研真题）详解

主编：圣才考研网
www.100xuexi.com

中国石化出版社
HTTP://WWW.SINOPEC-PRESS.COM

内 容 提 要

本书是普通高等教育“十一五”国家级规划教材《新闻编辑学》（第4版，蔡雯等著）的学习辅导书。本书遵循该教材第4版的章目编排，共分为9章，每章由四部分组成：第一部分为复习笔记（含知识框架图），总结每章的重难点内容；第二部分为课（章）后习题详解，对该教材的所有习题都进行了详细的分析和解答；第三部分为考研真题与典型题，按概念题、简答题、论述题等形式对考研真题进行了整理，并针对该教材的重难点相应整理了典型题；第四部分为考研真题与典型题详解，对第三部分的所有考研真题与典型题都进行了详细的解答。

圣才考研网（www. 100xuexi. com）提供蔡雯《新闻编辑学》配套电子书、题库。购书即可免费享受一年大礼包增值服务【本书电子书＋专业咨询】。手机扫码（本书封面右下角）免费领取本书大礼包。

图书在版编目(CIP)数据

蔡雯《新闻编辑学》(第4版)笔记和课后习题(含考研真题)详解/圣才考研网主编. —北京:中国石化出版社,2019.7
国内外经典教材辅导系列・新闻类
ISBN 978-7-5114-5435-5

Ⅰ.①蔡… Ⅱ.①圣… Ⅲ.①新闻编辑-研究生-入学考试-自学参考资料 Ⅳ.①G213

中国版本图书馆CIP数据核字(2019)第144587号

中国石化出版社出版发行
地址:北京市朝阳区吉市口路9号
邮编:100020 电话:(010)59964500
发行部电话:(010)59964526
http://www. sinopec-press. com
E-mail:press@ sinopec. com
武汉市盛宏源印务有限公司印刷
全国各地新华书店经销
*
787×1092毫米 16开本 16.5印张 416千字
2019年8月第1版 2019年8月第1次印刷
定价:60.00元

国内外经典教材辅导系列·新闻类

编　委　会

序　言

我国各大院校一般都把国内外通用的权威教科书作为本科生和研究生学习专业课程的参考教材，这些教材甚至被很多考试(特别是硕士和博士研究生入学考试)和培训项目作为指定参考书。为了帮助读者更好地学习专业课，我们有针对性地编著了一套与国内外教材配套的复习资料，并提供配套的名师讲堂和题库。

蔡雯等著的《新闻编辑学》是我国高校采用较多的新闻编辑学权威教材之一。作为该教材的学习辅导书，本书具有以下几个方面的特点：

1. 框架图表体系，通俗易懂易记

本书每章的知识梳理框图，在全方位把握重要考点的同时，提纲挈领地以知识框架思维导图形式，呈现重要的考点、难点，脉络清晰，一目了然，更容易记忆。

2. 整理名校笔记，归纳考点难点

本书每章的复习笔记均对该章的考点难点进行了整理，对部分关键词进行了标记，并将全书考点按照重要程度分为一星(一般了解)至五星(熟练掌握)，以便考生更有针对性地复习。

3. 解析课后习题，提供详尽答案

本书参考大量新闻编辑学相关辅导资料，对每章的课(章)后习题都进行了详细的分析和解答，部分给出了提示。

4. 精选考研真题，补充典型习题

本书精选了部分名校近年的新闻编辑学考研真题，并补充了典型习题。所选习题涵盖的知识点全面，特别注重理论联系实际，凸显当前热点。

要深深牢记：考研不同一般考试，概念题(名词解释)要当作简答题来回答，简答题要当作论述题来解答，而论述题的答案要像是论文，多答不扣分。有的论述题的答案简直就是一份优秀的论文(其实很多考研真题就是选自一篇专题论文，完全需要当作论文来回答)！

购书即可免费享受一年大礼包增值服务！手机扫码(本书封面右下角)免费领取本书大礼包。具体包括：①本书电子书；②考研专业课咨询服务。

圣才考研网(www.100xuexi.com)是圣才学习网旗下的考研考博专业网站，提供考研公共课和全国各高校新闻传播类专业考研考博辅导班【一对一辅导(面授/网授)、网授精讲班等】、电子书、题库(免费下载，送手机版)、全套资料(历年真题及答案、笔记讲义等)、国内外经典教材名师讲堂、考研教辅图书等。

考研辅导： kaoyan.100xuexi.com(圣才考研网)
资格考试： www.100xuexi.com(圣才学习网)

圣才考研网编辑部

目 录

第一章　新闻编辑概论

1.1　复习笔记

【知识框架（庖丁解牛）】

- 新闻编辑概论
  - 新闻编辑工作与媒介形态变化
    - 报纸的出现与新闻编辑的确立
      - 报纸编辑的三次分工
      - 报纸编辑面对的新环境
    - 媒介变迁与新闻编辑的发展
  - 新闻编辑部与编辑工作内容
    - 新闻编辑部
    - 新闻编辑工作流程
    - 新闻编辑工作的主要内容
  - 新闻编辑工作特点
    - 新闻传播活动的“总设计”与“总指挥”
    - 对新闻传播活动的“集大成”和“总把关”
    - 对新闻素材的“再认识”和“再创作”
    - 公共论坛的“主持人”与新闻话题的“引导者”
  - 新闻编辑人才
    - 多重角色：设计和决策中心、指挥和调度中心、加工和组装中心、生产系统与销售系统相互联系的重要枢纽
    - 知识结构：基础知识、百科知识、专业知识
    - 能力结构：信息能力、鉴别能力、整合能力、创造能力等
    - 职业道德修养：自我奉献、严于自律、遵纪守法等

【考点难点归纳（厚积薄发）】

考点一：新闻编辑工作与媒介形态变化　★★

1．编辑内部分工的三个阶段及报纸编辑（见表1-1）

表1-1　编辑内部分工的三个阶段及报纸编辑

要点	具体内容	
编辑内部分工的三个阶段	①通讯社出现，报社内部有了专门从事编辑和记者工作的分工。 ②出现撰写言论的主笔和与读者、作者及通讯员联系的通联部。 ③根据报道领域分为经济编辑、文教编辑、图片编辑等	
报纸编辑	出现	新闻编辑作为一种职业最早出现在报纸编辑领域，报纸是新闻信息的第一代载体
	最初类型	报纸的新闻编辑最早主要从事文字新闻稿件的编辑加工，报纸的图片新闻传播晚于文字传播

续表

报纸编辑	新环境	①社会变革加剧使报纸编辑面对更加复杂多变的社会环境。 ②媒介种类与数量的递增使报纸编辑面临巨大的竞争压力。 ③现代科技发展使报纸编辑处在崭新的技术环境

2. 媒介变迁与新闻编辑的发展(见表1-2)

表1-2 媒介变迁与新闻编辑的发展

要点	具体内容
广播	①1920年11月2日，美国西屋公司成立广播电台，呼号KDKA。20世纪40年代，无线电广播开始普及。 ②我国在20世纪80年代和90年代初掀起两次“广播热”。 a. “珠江模式”。1986年12月15日，我国第一个专业广播电台——珠江经济广播电台开播，使广播改革从单项改革进入整体改革。 b. 1992年10月28日，上海东方广播电台开播，“一省一台”的格局被打破
电视	①1936年11月，英国广播公司建成了世界上第一座实用电视台。 ②1958年，我国第一座电视台——北京电视台宣告成立。 ③20世纪90年代，卫星上天、有线落地已成为我国电视传播与接收的主要方式
互联网	①20世纪后期，互联网为新闻传播提供了全新的载体，多媒体新闻逐步发展。 ②传统媒介走进互联网的三个阶段：a. 翻版阶段；b. 变化阶段；c. 综合发展阶段。 ③新闻编辑工作的发展趋势：a. 对各类传统新闻媒介编辑业务的融汇和整合；b. 新闻编辑业务与新闻信息采集的一体化趋势

考点二：新闻编辑部与编辑工作内容 ★★

1. 新闻编辑部(见表1-3)

表1-3 新闻编辑部

要点	具体内容	
新闻编辑	广义	指包括所有对新闻作品进行编辑加工的人
	狭义	指新闻机构中专职从事大众传播工作的新闻编辑
新闻编辑部的地位	新闻编辑部是媒介集团中的核心部分。承担着核心产品的设计与生产任务，决定了媒介的品牌和影响力	
新闻编辑部的组织结构	新闻编辑部的最高领导人是总编辑，最高领导机构是编委会。编委会通常由正副总编辑和一些重要编辑部门的负责人组成	

2. 新闻编辑工作流程(见表1-4)

表1-4 新闻编辑工作流程

要点	具体内容
工作流程	由确定编辑方针，设计新闻载体的结构、形态和风格到设计并组织新闻报道，再到编辑加工新闻作品，最后对单一的新闻作品进行组合配置，将单个节目串联成完整的栏目，并发布或播出

续表

要点	具体内容	
全媒体与平面媒介编辑工作流程的比较	线索和策划环节	通过网络获取线索和相关资料，通过舆情分析和网上热点发现报道选题变得更加重要
	采集和编审环节	新闻编辑根据记者采集新闻的方式和稿件形态的多样化，也要采用更多的新技术和新方法进行后期编辑制作
	发布和跟踪环节	新闻编辑同时使用多种媒体形态和信息终端，需要在新闻产品的定位与设计上更加精准，尽可能根据用户各方面的数据，设计更加个性化、更具针对性的内容推送

考点拓展：新闻编辑工作的基本特性(见表 1-5)

表 1-5 新闻编辑工作的基本特性

基本特性	具体内容
新闻传播的主导性工作	主导性体现在报道的定位、策划和报社的编前会制度上
新闻传播的整合性工作	新闻传播是集合传播，新闻报道刊播之前，通常都要经过整合，以版面、节目或网页这种“组合产品”的形式提供给受众。在此过程中，编辑工作起着最主要的作用
新闻传播的把关性工作	编辑的把关是全程性、综合性和终审性的把关

3. 新闻编辑工作的主要内容(见表 1-6)

表 1-6 新闻编辑工作的主要内容

要点	具体内容	
新闻编辑工作种类	按管辖范围和责任大小分	有总编辑、编辑部主任、版面主编、新闻编辑、校对等
	按业务程序划分	有日班新闻编辑、夜班新闻编辑、内务编辑等
	按编辑内容的专业领域或对象特点分	有政治编辑、经济编辑、版式编辑、视频编辑等
	按照媒体形态分	有报纸编辑、网站编辑、手机报编辑、微信公号编辑等
新闻编辑工作内容	①新闻产品设计。 ②新闻报道的策划与组织。 ③新闻作品的修正和把关。 ④新闻信息的整合与展示。 ⑤新闻互动与公共交流的组织与引导	

考点三：新闻编辑工作特点(见表 1-7) ★★

表 1-7 新闻编辑工作特点

特点	具体内容
新闻传播活动的“总设计”与“总指挥”	①编辑方针的制定者，媒介新闻产品形象的设计师。 ②每一阶段新闻报道活动的策划者和组织者。 ③记者从事采访写作的指挥员和参谋

续表

特点	具体内容
新闻传播活动的“集大成”和“总把关”	①编辑部的各类工作人员的劳动成果通过编辑工作汇集成一体。 ②新闻传达至读者的最后一个关卡
对新闻素材的“再认识”和“再创作”	①对新闻素材的重新选择和组合。 ②对新闻表现形式的再创造
公共论坛的“主持人”与新闻话题的“引导者”	①组织与各类新闻相关的公共对话甚至是观点交锋。 ②技术发展促使新闻传播方式从传统媒介主导的单项式变为专业媒介组织与普通公民共同参与的分享式、互动式，大众传播与人际传播更加紧密地结合与汇流

考点四：新闻编辑人才的角色、要求以及职业道德修养(见表 1-8) ★★★

表 1-8 新闻编辑人才的角色、要求以及职业道德修养

要点	具体内容	
多重角色	①媒介产品生产系统的设计和决策中心。 ②媒介产品生产系统的指挥和调度中心。 ③单个新闻产品的加工和组装中心。 ④媒介产品生产系统与销售系统相互联系的重要枢纽	
知识结构	包括：①基础知识；②百科知识；③专业知识	
能力结构	信息能力	主动地积极地接受信息和处理信息的能力
	鉴别能力	迅速、准确地判断新闻事实的报道价值的能力
	整合能力	对零散的新闻信息资源进行综合性开发利用，使其整体效应大于部分之和的一种操作能力
	创造能力	突破传统思维、创新编辑业务的能力
	组织与沟通能力	组织报道、组织新闻论坛、组织新闻人才以及与记者、专家、社会公众等各方面人员进行沟通的能力
	写作能力	撰写、修改稿件的文字运用能力
	新技术与工具运用	使用与新闻传播有关的现代通讯手段、语言工具、技术设备和交通工具的能力
职业道德修养	①要有自我奉献的精神。 ②要严于自律、遵纪守法、廉洁奉公，将社会效益放在第一位，不搞任何形式的“有偿新闻”。 ③要自觉维护新闻的真实性，坚持新闻报道的客观公正原则。 ④要具有团结协作的精神	

1.2 课后习题详解

1. 新闻编辑工作是怎样随着媒介形态变化而发展的?

答：从报纸诞生到网络媒介问世，伴随着新闻载体的形态变化，新闻编辑业务的变革和发展从未停止过。西方学者在研究媒介形态变化时发现并总结出若干原则，其中“共同演进与共同生存”的原则、“形态变化”的原则和“增值”的原则为人们了解新闻业务活动的发展演变规律提供了一个传播学的视角。

（1）“共同演进与共同生存”原则是指“一切形式的传播媒介都在一个不断扩大的、复杂的自适应系统以内共同相处和共同演进，每当一种新形式出现和发展起来，它就会长年累月和程度不同地影响其他每一种现存形式的发展”。

（2）“形态变化”原则是指“新媒介绝不会自发地和孤立地出现——它们都是在旧媒介的变化中逐渐脱胎出来的。当比较新的形式出现时，比较旧的形式就会去适应并继续进化而不是死亡”。

（3）“增值”原则是指“新出现的传播媒介形式会增加原先各种形式的主要特点”。媒介形态变化与传播手段和方式演进分不开，正因为有广播、电视和网络这些后起之秀的一轮轮冲击，报纸的新闻编辑业务才得以不断改进。最终使这一历史最悠久的媒介的特点更鲜明，使其潜在优势更充分地发挥出来。同时，报纸编辑本身又为新媒介的编辑业务奠定了基础，新媒介的编辑特点总是在汲取传统媒介的编辑经验中衍生出来的，而且这种特点还会反过来影响传统媒介的编辑改革。也正因为各类型新闻媒介共同演进和共同生存，新闻编辑才从最初的单一文字编辑发展到多媒体形式并存的编辑，其工作内容和操作手段都在日益丰富和变革之中。

①广播诞生之初，新闻主要靠报纸提供。广播在新闻采编方面独立运行后，使这一新兴媒介突破了报纸的压制，广播定位的个性化、内容的结构性调整、节目设计的“板块式”、重视现场直播、运用互动性传播方式等，充分显示出固有的优势，使新闻编辑这一特殊的职业在广播电台开始占据重要的位置。

②电视新闻编辑伴随着电视新闻传播技术的发展一步步成熟起来，从口播新闻到电子摄录新闻，从国内新闻报道到国际新闻报道，从新闻录播到现场实况转播，从新闻栏目到新闻频道，无一不是现代科技与新闻采编业务相结合的结果。

③新闻编辑工作在网络媒介诞生之后，表现出两种趋势：a. 对各类传统新闻媒介编辑业务的融汇和整合，即将报纸的文字、图片、版面编辑方式和广播的音频编辑、电视的音频与视频编辑相融合，同时根据网络的传播特点进行整合，形成真正的多媒体传播模式。b. 新闻编辑业务与新闻信息采集的一体化趋势。网络中受众也是传播者，集新闻信息采集、编辑和发布于一身。

2. 新闻编辑工作的内容是什么？

答：新闻编辑工作是新闻编辑在新闻媒介产品生产过程中所进行的一系列工作。新闻编辑工作的内容包括：

（1）新闻产品设计。这是宏观的、前期性的新闻编辑业务，具体包括对报纸新闻版组或新闻版（含新闻性专版）的定位与设计、对广播电视新闻频道或新闻栏目的定位与设计、对网络媒介的新闻频道或新闻栏目的定位与设计，以及对微信公众账号、新闻移动客户端等各类新媒体产品的定位与设计等。

（2）新闻报道的策划与组织。这是中观的、贯穿传播活动全过程的新闻编辑业务，具体包括对各个时期新闻报道选题的决策、对报道方案的设计以及对新闻报道活动的组织实施和调控。

（3）新闻作品的修正和把关。这是微观的、更加具体的新闻编辑业务，具体包括了对所有表现形态的新闻作品的选择、修正和核查把关。这些新闻作品包括了文字稿件、新闻图片、广播音响报道、电视影像报道、网络多媒体新闻等。

(4)新闻信息的整合与展示。这是介于微观与中观之间、后期性的新闻编辑业务，具体包括对单个新闻作品的组合配置，对报纸版面的设计编排，对广播电视新闻栏目的组合编排和播出，对网络新闻栏目的组合编排以及新闻网页的设计编排。

3. 观察我国报纸在媒介融合进程中的最新变化，分析新闻编辑在这种变化中的工作表现。

答：我国新闻媒体在融合进程中对编辑部机制进行了各种改革。以报纸为例，总体来看出现过四种不同的做法：

(1)组建跨媒体的临时性报道组织，以项目管理的方式实现融合新闻。如2009年年初广东佛山传媒集团组建了由报纸、电台、电视台等多个媒体的记者构成的联合报道组，赴美国完成了总统大选的报道。这个报道组采制的内容既有文字、图片，也有音频、视频，由集团内各媒体根据自己的需要选取、加工和发布。跨媒体的临时性报道组织在报网互动做得较好的媒体中比较常见，可以视为对媒介组织进一步深入改制的局部性实验。

(2)组建虚拟的跨媒体报道组织，以推进报纸与网站的资源共享。如2006年《解放日报》从下属各媒体中挑选一批青年记者组建了“即时播报记者小组”，要求他们在为自己的报纸提供稿件的同时，向网站提供更有时效性的新闻。这个记者小组并不是报纸编辑部那样的实体，而是跨媒体的一种虚拟的组织。

(3)对媒体组织结构进行局部性的重构。如2007年《广州日报》在原来的报纸编辑部中增设“滚动新闻部”，作为报纸与网站融合的内容策划与管理机构，实施每周7天、每天24小时全天候连续不断的跨媒体传播。这种局部性的新组织将原本各自独立的两个媒体组织连接起来，形成制度化和规范化的运行模式，是最终实现编辑部一体化的一种过渡性措施。

(4)对媒介组织的整体变革。即建立与西方媒体相似的一体化的编辑部。如烟台日报传媒集团推行“全媒体战略”，组建了“全媒体新闻中心”，担负为集团中的各类媒体进行统一的新闻采编的任务。在一体化的媒体组织中，新闻传播由以往各个媒体“各自为政”转向“集约型生产”，新闻信息采集的一次性完成与新闻内容的多次性、多终端发布，构成了“融合新闻”的操作精髓。这种操作相比以往传统媒体单独操作的新闻报道，最重大的突破集中表现为两个方面：①以“组合终端载体”为新闻发布平台的整体报道策划必将取代针对单一载体的新闻报道策划；②以互动与共同创造内容为主要特征的报道创新将成为新闻业务改革的主流趋势。

4. 新闻编辑工作有哪些特点?

答：新闻编辑工作具有以下几方面的特点：

(1)新闻传播活动的“总设计”与“总指挥”

①新闻编辑是编辑方针的制定者，是媒介产品形象的设计师。

②新闻编辑是每一阶段新闻报道活动的策划者和组织者。

③新闻编辑是记者从事采访写作的指挥员和参谋。

(2)新闻传播活动的“集大成”和“总把关”

①新闻报道要由平面式走向立体式，从单向性走向多向性，追踪报道、系列报道、组合报道等运用得越来越多，新闻编辑设计报道和组织报道的任务也越来越重。

②媒介融合之后，策划内容生产与管理内容分配的高层编辑人员将占据更加重要的地位。高层编辑人员策划和组织传播的工作对象已经由单媒体变成多媒体，策划与管理报道活动的难度大大提高了。

(3)对于新闻素材的“再认识”和“再创作”

①编辑选择和处理稿件是对新闻素材重新认识的过程。

编辑所处的位置相对超脱，更多地从全局上考虑问题，对报纸的报道立场和原则把握得更加到位，对同类情况有更多的报道经验，因此有可能看到记者尚未意识到的问题，发现新闻素材中潜在的价值，找到更好的报道角度。编辑对于新闻素材的再认识，还与编辑面对的新闻稿件众多，可以相互比较、相互联系有关系。

②新闻编辑对新闻素材的再创作主要体现在以下两个方面：

a. 对新闻素材的重新选择和组合。编辑与记者的岗位不同，视野也往往不同。编辑选稿、改稿、制作标题，就是要使最有新闻价值的内容得到突出处理，更深入、更全面地报道新闻事实。

b. 对新闻表现形式的再创造。形式的运用往往关系到内容传播的效果。新闻编辑对新闻表现形式的创造主要通过变化稿件的写作方式、编排手法、版面或栏目的设计包装以及对单个的稿件进行发展或组合来实现，从而使受众了解事物发展的全貌。

5. 新闻编辑人才的知识结构和能力结构应该是怎样的?

答：(1)新闻编辑人才的知识结构

新闻编辑所担任的多重角色要求编辑具备相对合理的知识结构。归纳起来，基础知识、百科知识和专业知识就是新闻编辑的基本知识构成。

①基础知识。主要指文、史、哲知识。具备广博的文学知识以及驾驭文字的能力是做好编辑工作的前提；掌握丰富的历史知识，学会以历史的眼光分析问题和组织报道，这样新闻报道才能真正接近其本质，给读者以启迪；哲学是帮助人们认识世界的重要工具，报纸编辑更需要借助它来分析和处理新闻信息。

②百科知识。指包罗万象的知识，这种知识不限于一两个领域或专业，而是无所不及。从编辑人员的知识配置来说，他掌握知识的覆盖面应该比一般人广泛。编辑知识结构中对百科知识的要求还会因人、因岗位而异。此外，百科知识在编辑工作的运用还要求充分发挥这些不同学科知识的相互协同关系，也就是强调知识结构整体功能的发挥程度。

③专业知识。专业知识由两部分组成，一部分是编辑作为新闻传播者所应具备的新闻传播学理论知识与业务知识，另一部分是编辑所从事的报道领域所要求具备的专业知识。

(2)新闻编辑人才的能力结构

新闻编辑除了要具备适宜于多种活动要求的一般能力，如观察力、记忆力、抽象概括能力等，还因其工作特点，要特别注意培养以下几方面的业务能力：

①信息能力。指新闻编辑主动地积极地接受信息和处理信息的能力。新闻编辑是新闻信息的传播者和把关人，而从事这项工作的前提是接受信息。编辑必须时时关注社会信息、行业信息、来自受众的信息和媒介内部的信息。新闻编辑获取信息能力的大小取决于编辑

的社会活动能力和对客观变化的灵敏感受，这就要求新闻编辑养成良好的性格，善于与人相处，做社会活动家，广交朋友。同时，又要求编辑时时刻刻当有心人，不放过任何有价值的线索。

②鉴别能力。指新闻编辑迅速、准确地判断新闻事实的报道价值的能力，是编辑基本修养与工作经验的综合体现。新闻编辑每天接受的信息是大量的，作为把关者，必须把适合于媒介受众群体的新闻信息筛选出来加以传播，既要迅速，又要准确。

③整合能力。指新闻编辑对零散的新闻信息资源进行综合性开发利用，使其整体效应大于部分之和的一种操作能力。

④创造能力。指新闻编辑突破传统思维、创新编辑业务的能力。编辑工作的每一项业务，从新闻产品策划、新闻报道策划到编稿、组版，都是创造性的劳动。一家媒介新闻产品的质量如何，很大程度上取决于新闻编辑的创造性。

⑤组织与沟通能力。指新闻编辑组织报道、组织新闻论坛、组织新闻人才以及与记者、专家、社会公众等各方面人员进行沟通的能力。首先，新闻编辑是新闻报道的组织者，通过对记者采访的部署、组织和调度、协调以及对社外作者约稿来完成稿件的准备工作，通过对网络论坛的组织实现新闻传播的互动交流。因而，是否具备良好的组织才能和沟通能力，关系到编辑工作的成败。其次，对组织能力的更高层次的要求，还包括为新闻事业发展网罗人才、组建队伍，形成相对稳定的合作群体，这一点对于总编辑、编辑部主任、制片人等担负一定领导职务的人尤为重要，关系到媒介事业发展大计。

⑥写作能力。指新闻编辑撰写、修改稿件的文字运用能力。新闻编辑每天处理、修改大量的稿件，还有制作标题、配发言论、编写串联词等任务，这就要求编辑具有较高的写作水平。

⑦现代化技术与工具的运用能力。指报纸编辑使用与新闻传播有关的现代通讯手段、语言工具、技术设备和交通工具的能力。对于广播电视和网络媒介的新闻编辑来说，除了报纸编辑所要具备的这些现代化操作能力，还必须针对自己媒介的特点，掌握相关编辑技术。

1.3 考研真题与典型题

1.3.1 概念题

1. 编辑
2. “珠江模式”
3. 编前会
4. 融合编辑(厦门大学2018年研)
5. 采编分离(中传2016年研)

1.3.2 简答题

1. 简述新闻编辑的中介作用。(中传2016年研)

相关试题：在新闻业务中，编辑的中介作用主要体现在哪些方面?(云南大学2004年研)

2. 怎样理解新闻编辑的把关作用？（电子科大 2011 年研）
3. 编辑职业道德的基本内容是什么？（北师 1999 年研）
4. 简述报纸编辑工作的内容。（厦门大学 2016 年研；华科 2004 年研）
5. 简述报纸编辑的工作流程。
6. 简述新媒体对报纸编辑流程的影响。（暨南大学 2019 年研）
7. 简述报纸编辑工作划分标准及主要类型。
8. 简述新闻编辑工作的当代性特点。（上海交大 2005 年研）
9. 新闻编辑人才的能力结构是什么？（湖南师大 2018 年研）

相关试题：

(1)简述新闻编辑应具有的基本能力。（中央民大 2007 年研）

(2)新闻编辑人员的基本功。（西安交大 2007 年研）

(3)一般认为，编辑人员业务能力最主要的是哪几个方面？你认为其中最能开创新局面的能力是什么？（安徽大学 2005 年研）

(4)编辑业务能力主要是哪些方面？（安徽大学 2004 年研）

(5)新媒体的编辑应该具有什么样的素质？（电子科大 2016 年研）

10. 新闻主编的职责与功能。（电子科大 2014 年研）
11. 谈谈当代新闻编辑人员的素养。（上海交大 2007 年研；大连理工 2005 年研）
12. 传统媒介编辑记者如何转型成全媒体的编辑记者？（湖南大学 2016 年研）
13. 新媒体下整合编辑的意义和价值。（中传 2015 年研）
14. 简述新闻可视化的特点及其对传统新闻编辑的挑战。（华中师大 2018 年研）
15. 简述信息编辑的意义。（华中师大 2016 年研）

以下为历年考研试题精选，未附答案，供读者参考

1. 一般认为，我国古代编辑工作历史经验和优良传统主要有五条（有人概括为“五重”），近现代进步学者（如严复、鲁迅、邹韬奋等）在继承优良传统的基础上所产生的编辑思想和经验，也可归纳为五条。请简答两个五条的内容。（安徽大学 2004 年研）
2. 网络环境下的新闻编辑思维有哪些？（复旦大学 2019 年研）
3. 简述新闻编辑业务的变革和发展。（四川大学 2017 年研）

1.3.3　论述题

1. 论述新闻编辑工作的特点。（湖南师大 2018 年研）
2. 编辑工作书信的写作宗旨是什么？试述编辑与作者间的工作书信写作要点及其理由。（北大 2011 年研）

以下为历年考研试题精选，未附答案，供读者参考

1. 在融合媒体环境下新闻编辑面临的新课题。（兰州大学 2019 年研）
2. 融媒体环境下新闻编辑部及新闻编辑的转型。（陕西师大 2019 年研）
3. 新媒体时代，新闻编辑的专业素养有哪些？（陕西师大 2019 年研）
4. 新媒体时代，新闻编辑为什么需要高度的责任意识，这个责任意识的内涵是什么？（中央民大 2019 年研）

1.4 考研真题与典型题详解

1.4.1 概念题

1. 编辑

答：编辑是指策划、组织、审读、选择和加工作品的活动。它是出版物复制和发行的前提。出版物的编辑是一种专业性很强的工作，由此派生出了“编辑”一词的其他一些用法，如指称从事编辑活动的职业、岗位、人员以及这类人员的中级专业技术职务。编辑不是对原始信息进行开发，而是对作者创作的已有作品进行选择、优化。这种选择、优化是按照社会和消费者的需要进行的。编辑工作的目的就是通过对所选作品的精神文化内容进行加工、整理和完善，形成适合社会和消费者需要的出版物内容。

2. “珠江模式”

答：“珠江模式”是指珠江经济广播电台的开播所取得的成果和经验。1986年，广东创办了珠江经济广播电台，迈出了创建经济台、系列台的第一步。珠江台以“板块节目”为特点，采用主持人直播和“热线电话”的方式，密切了与听众的联系，实现了听众的直接参与，展示了“大众型、信息型、服务型、娱乐型”的崭新面目，赢得了听众。珠江经济台的开播是我国广播在“节目主持人”“大板块节目”等改革探索的基础上对一个台的体制、系列台的建设、广播的发展总体方向的全新探索。“珠江模式”在社会上掀起了“广播热”，推动了广播的结构性改革，使广播改革从单项改革进入整体改革，其诞生和推广为中国广播业注入了新的活力。

3. 编前会

答：编前会是指在各期报纸组版之前，由报社的值班总编辑、编委或总编室主任主持、各专业部门负责人参加的版面协调会。各版主编在编前会上汇报第二天版面编排的设想和稿件情况，各部门沟通情况，对版面上可能出现的问题及时安排解决，对近期的重要报道选题进行落实和部署。编前会明确了每期期刊或杂志或报纸的主题，对记者的工作目标加以明确和量化，是一般媒体里常做的工作形式。

4. 融合编辑(厦门大学2018年研)

答：融合编辑是指能够运用多种媒体的传播技术，在传统的文字和图片传播之外，还能进行音频、视频以及网络编辑，并运用各类新媒体进行传播的新闻编辑。媒介在互联网时代的融合决定了新闻传播的融合，“融合新闻”已经成为新闻传播业务发展的必然趋势。因此，掌握全面的传播技术将是新闻从业人员的必备能力。

5. 采编分离(中传2016年研)

答：采编分离是指采访与编辑工作严格分开，从业人员只任其一职的一种编辑部运作方式。这种运作方式可以有效地避免采编合一的弊端，保证编辑在不受自身利益干扰的情况下优先选择高质量的稿件，从而提高媒体的报道质量。传统的采编分离模式是将所有的记者划到记者部，然后由记者分战线跑口、拿料、写稿；编辑则依据各自负责的不同内容再划分相应部室(如要闻部、经济部、时事部等)。现在通行的做法是设立一个编辑中心和采访中心。采编分离的原则广泛被媒体采纳，也有些媒体对重要版面实行采编分离，专刊、副刊等版面则保持采编合一。

1.4.2　简答题

1. 简述新闻编辑的中介作用。（中传 2016 年研）

相关试题：在新闻业务中，编辑的中介作用主要体现在哪些方面？（云南大学 2004 年研）

答：新闻编辑部门在媒介产品的生产系统中处于核心位置，在很多环节起着中介的作用，这种作用主要表现在以下几个方面：

（1）编辑是媒介产品生产系统的指挥和调度中心，在媒体内部各部门之间起到中介和调度的作用

新闻产品的生产是由诸多工种和工序集合进行的，这一系统的有序运转离不开新闻编辑的指挥调度。特别是在组织重大的新闻报道的时候，为了保证新闻传播的人员、印刷工人等协同作战，各环节畅通无阻，各工种默契配合，编辑指挥各个生产环节，使新闻传播工作顺利进行。

（2）编辑是新闻记者和受众之间的中介，起着"把关人"的作用

所有的新闻稿件都要经过编辑的把关过程才能与受众见面。在这过程中，新闻编辑按照新闻价值标准和新闻宣传标准，对稿件进行筛选，必要时进行一定的拆分组合，成为新闻记者与受众之间的中介。

（3）编辑部门是媒介产品生产系统和销售系统相互联系的重要枢纽

报纸生产后必须通过报纸销售系统才能传递到读者手中，实现其价值和使用价值。反过来，报纸销售系统的运转关键又取决于报纸的质量，只有那些办得好的报纸才能赢得较大的读者群，进而赢得较多的广告份额。在这两大系统的互动中，报纸编辑部门是实现信息和能量转换的枢纽，编辑要以销售系统的信息作为决策依据之一，将信息转化为报纸改进的能量，进而提高办报水平、促进报纸的销售。

2. 怎样理解新闻编辑的把关作用？（电子科大 2011 年研）

答：（1）把关的含义

"把关人"的概念最早是美国社会心理学家、传播学的奠基人之一库尔特·卢因在研究群体中的信息流通渠道时提出的，他认为在群体传播过程中存在着一些把关人，只有符合群体规范或把关人价值标准的信息内容才能进入传播渠道。

20 世纪 50 年代，怀特将这一概念应用于新闻研究，提出了新闻传播的"把关"过程模式。怀特认为，新闻媒介的报道活动不是"有闻必录"，而是对众多的新闻素材进行取舍选择和加工的过程。在这个过程中，传播媒介形成一道关口，通过这个关口传达给受众的新闻或信息只是少数。

大众传媒的"把关"标准主要包括：①新闻信息的客观属性；②专业标准和市场标准（新闻价值和新闻要素）；③媒介组织的立场和方针。

（2）把关的实质

①大众传媒的新闻报道与信息传播并不具有纯粹的"客观中立性"，而是根据传媒的立场、方针和价值标准而进行的取舍选择和加工活动。

②新闻和信息的选择尽管受到媒体的经营目标、受众需求以及社会文化等多种因素的制约，但是与媒介方针和利益一致或相符的内容更容易优先入选、优先得到传播。

③媒介的"把关"是一个多环节、有组织的过程，其中虽有记者、编辑个人的活动，但

“把关”的结果在总体上是传媒组织的立场和方针的体现。

(3)新闻编辑的把关作用

新闻编辑工作就是将记者、通讯员的稿件，用最合理最优良的编辑手法，体现在版面上和节目中。编辑最主要的任务就是组稿和把关。

编辑对新闻稿的筛选就是包含于编辑过程中的一种重要的把关行为。报纸要体现和代表一定阶级、集团的利益和需要，这是新闻稿选择的标准和尺度。这种尺度首先表现于对新闻所反映的客观世界的变动的评价上，既要有一定的意义，又要是广大读者所感兴趣的。其次，还要表现于对新闻的评价上——通过新闻稿对客观事实的表述方式体现出来。因此，选用什么新闻稿，往往是与报纸的办报宗旨、方针联系在一起的。所以，编辑对新闻稿的选择就是进行“把关”，编辑要在把好政治导向关的基础上，把好新闻事实关，同时还要把好常识文字关。

(4)新闻编辑发挥把关作用时应当注意的问题

①质疑、严查新闻来源。质疑是编辑的基本素质之一，对稿件中的任何细枝末节都要提出质疑。

②慎重使用网络新闻，注意准确性。网络的海量信息给新闻工作者提供了更多的消息来源，但是网络信息的海量性也导致了各种信息鱼目混珠，新闻的权威性较差，因此需要编辑慎重核实。

③强化道德观念和法律意识。杜绝新闻失实，编辑就要加强自身的道德意识和法律意识。

3. 编辑职业道德的基本内容是什么?(北师1999年研)

答:新闻编辑工作要求编辑具有敬业精神和良好的职业道德。

(1)新闻编辑要有自我奉献的精神

新闻编辑工作主要是一种“幕后”的工作，体现的是集体的劳动成果。编辑所担负的策划、组织报道的任务和编稿组版业务，责任重大，还经常会面对各种分歧和矛盾，容易得罪人。从事夜班工作的编辑更加辛苦，日夜颠倒，生活不便。这些都说明，编辑人员需要做出巨大的牺牲和奉献，所以新闻编辑要热爱本职工作、甘于平凡、任劳任怨。

(2)新闻编辑要严于自律、遵纪守法、廉洁奉公，将社会效益放在第一位，不搞任何形式的“有偿新闻”

在新闻信息传播活动中，新闻编辑担任着“把关者”的角色，担负着重大社会责任，因此要以为人民服务为新闻工作的最高宗旨，严格遵循职业道德规范。新闻编辑应该自觉学习和遵守这些新闻工作职业规范，遵守宪法和各项法规中与新闻传播相关的条律，遵守新闻宣传纪律，不利用职权以稿谋私，出卖版面；不偏听偏信，造谣惑众；不泄露国家机密，给人可乘之机；杜绝将一切妨碍社会进步和历史发展的不良内容公之于众。

(3)新闻编辑要自觉维护新闻的真实性，坚持新闻报道的客观公正原则

新闻必须与客观存在的事实相符合，新闻报道作为记者对客观存在的事实的反映，不能违背事实本来的面貌。每一个新闻编辑都要以高度的责任心自觉维护新闻报道的真实性原则，严格把好每一条新闻的关，在新闻传播中不偏听偏信，力求全面公正地看问题，防止主观性和片面性，保证新闻报道的客观、公正立场。

(4)新闻编辑要具有团结协作的精神

随着科学技术的发展，现代新闻传播活动越来越多地需要以团队合作的方式来完成。新闻编辑在新闻传播中处于核心地位，这需要他与记者、通讯员、作者以及广大受众建立良好的沟通渠道。大量的报道策划组织工作、编稿组版工作、信息反馈的接收等，都需要通过与他人的交流和配合才能完成。因此，新闻编辑要有团队意识，在日常工作中注意与同事的平等相处、交流合作、虚心学习、团结互助，不能从个人利益或小团体利益出发，故意给他人制造困难，败坏同行声誉，更不能将他人的劳动成果窃为己有。

4. 简述报纸编辑工作的内容。（厦门大学2016年研；华科2004年研）

答：报纸是以刊载新闻和时事评论为主的定期向公众发行的印刷出版物，是大众传播的一种重要载体，具有反映和引导社会舆论的功能。在报业运作系统中，报纸编辑工作是报纸生产过程中的重要环节之一，其主要任务是设计和编辑报纸。可以这样概括，报纸编辑工作是指报纸编辑在报纸生产过程中所进行的一系列工作。

(1)报纸编辑工作的内容包括策划、编稿和组版三部分。

①策划是指报纸的整体设计和新闻报道的策划与组织。

②编稿是指分析与选择稿件、修改稿件和制作标题。

③组版是指配置各版的内容和设计报纸版面。

(2)由于报纸的主要职能是传播新闻信息，新闻编辑是报纸编辑中最重要的一部分。新闻编辑工作的内容同样包括策划、编稿和组版三部分，只是具体对象有所限定而已。

①新闻编辑的策划是指对报纸新闻版面包括新闻性专版的整体设计和新闻报道的策划与组织。

②新闻编辑的编稿是指分析与选择新闻稿件，修改和制作新闻标题。

③新闻编辑的组版是指配置新闻版的内容和设计新闻版面。

5. 简述报纸编辑的工作流程。

答：编辑工作流程有广义和狭义两种理解：

(1)广义的理解，是将报纸由创刊伊始至出版问世作为一个完整的生产周期，编辑在这一周期中各项工序的安排就是报纸编辑工作流程。

(2)狭义的理解，是以编辑出版某一期报纸为一个周期。报纸编辑工作是报纸生产中最重要的部分之一，由多道工序组成，报纸编辑工作各工序安排的程序就是报纸编辑工作流程。这一流程的基本环节顺序为：

①以总编辑为首的编辑委员会在调查读者需求和媒介市场的基础上，根据办报方针，确立报纸的编辑方针，并设计出报纸方案。报纸设计方案对报纸规模、报纸结构以及报纸的整体版面形象、风格特色等做出详细规划。其中，对新闻版组的设计是最重要的内容。

②各专业编辑部门的负责人或版面主编对当前阶段的重大新闻报道进行策划，包括确定报道选题、设计报道范围与重点、确定报道规模与进程、拟定发稿计划、设计报道方式与表现形式、确定报道力量的配置和报道运行机制等。

③在上述决策性工作程序之后，将策划方案具体落实到人，新闻编辑工作就进入了微观操作阶段。从分析和选择稿件、修改稿件、制作标题、配置稿件、编排版面到校对和签发清样。

④接收信息反馈和处理各类信息是这一流程中贯穿始终的一项工作，报纸编辑在任何一道工作程序中都要有意识地接受来自记者、作者、读者等各方面的意见和建议，并据此对正在进行的工序作出必要的修正。

(3)新闻编辑工作流程既包括较为宏观的编辑决策与设计工序，又包括具体的编稿、组版工序，这两方面缺一不可，而且决策与设计对编稿与组版具有指导和制约作用。

6. 简述新媒体对报纸编辑流程的影响。(暨南大学 2019 年研)

答：(1)报纸编辑工作流程的含义

广义上，将报纸由创刊开始至出版问世作为一个完整的生产周期，编辑在这一周期中各项工序的安排就是报纸编辑工作流程。狭义上，以编辑出版某一期报纸为一个周期。报纸编辑工作是报纸生产中最重要的部分之一，由多道工序组成，报纸编辑工作各工序安排的程序就是报纸编辑工作流程。

(2)新媒体对报纸编辑流程的影响

新媒体环境下，报纸编辑流程也发生了一些变化，具体如下：

①在线索和策划环节，报纸编辑的具体工作内容有了变化。比如，通过网络获取线索相关资料，通过舆情分析和网上热点发现报道选题显得更加重要。在现实工作中，报纸编辑通过微博、微信等社交网络平台获取报道线索和新闻资料的做法今天已经非常普遍。

②在采集和编审环节，报纸编辑根据记者采集新闻的方式和稿件形态的多样化，也相应要采用更多的新技术和新方法进行后期编辑制作。如在传统的文字与图片编辑之外，要完成音视频新闻编辑，要和技术人员合作完成互动式新闻的设计和制作，还要通过数据挖掘发现新的线索或内容，以提高新闻报道专业水平。更重要的是，新闻采集和编审的过程不再像过去那样是在新闻编辑部内部封闭性进行，而是会通过互联网、利用各类社交媒体与公众不断地交流和互动，以开放性的内容生产模式将用户提供的内容纳入新闻报道。

③在发布和跟踪环节，报纸编辑同时使用多种媒体形态和信息终端，需要在新闻产品的定位与设计上更加精准，尤其是对使用无线移动终端的用户，还应该尽可能根据他们的地理定位、个人身份以及媒介消费习惯等方面的数据分析，设计更加个性化、更具针对性的内容推送。对新闻产品与服务效果的跟踪与分析也将变得更加重要和可行。对媒体内部人员的业务考核和管理也能够比以往更加精确和科学。

7. 简述报纸编辑工作划分标准及主要类型。

答：报纸编辑工作种类的划分较为复杂，划分标准不同，种类也不同。主要的划分方式有：

(1)按管辖范围和责任大小划分

①总编辑。总编辑是编辑部门总负责人。其主要职能是：拟定编辑方针、设计报纸方案；随时指导编辑部人员(包括编辑、记者、评论员、资料员等)的工作；对编辑部工作中出现的问题进行裁决；对重要的或有疑问的稿件、主要的标题、报纸的大样清样进行审读、签发。

②编辑部主任。编辑部主任是编辑部下属各具体新闻部门的负责人。其主要职能是：拟定本部门报道规划并组织和调控报道；审读、挑选、修改、签发本部门记者和通讯员的稿件，并分类提供给有关版面主编。

③版面主编。版面主编是负责设计、组拼报纸新闻版及新闻性专版的编辑。其主要职能是：设计版面的报道内容与形式，审读、选择和修改稿件，修改标题，配置版的内容，设计版面，校对样张。需要说明的是，有些报社还设有专门设计版面的版式编辑，在这种情况下，新闻版主编则只负责版面的内容，而不再设计版面。

④版式编辑。又称“美术编辑”，负责图片编辑与版面编排，其主要职能是：根据版面主编提供的稿件，对报纸版面进行设计编排。有些重视版面整体设计的报社还在版式编辑的基础上设有一个位置更高的“版面总监”岗位，对报纸的所有版面进行前期的总体设计和长期监控。

⑤新闻编辑。新闻编辑是协助编辑部主任和版面主编工作、担负一定范围的稿件编辑任务的人员。其主要职能是：审读、初选和修改稿件，制作标题。

⑥校对。校对是从事新闻出版过程中校对工作的专职人员。其主要职能是：根据文字原稿或定本核对校样，订正差错，保证出版物的质量。

(2)按业务程序划分

①日班新闻编辑。日班新闻编辑是编辑部组织日常新闻报道的人员。其主要职能是：策划报道、布置采访、联系作者、处理、修改和提供新闻稿件等。

②夜班新闻编辑。夜班新闻编辑是负责每天报纸最后发排工作的编辑，因上夜班故名。其主要职能是：处理日班编辑送来的新闻稿件，确定当天报纸的内容，对版面的内容进行配置，修改标题、设计版面等，并必须在规定的付印时间之前完成。通常只有日报才有夜班新闻编辑。

③内务编辑。又称“编务”，是负责编辑部内部业务事宜的工作人员。其主要职能是：搜集、研究和整理内部情况，汇集和编写各种资料，出版内部新闻业务交流刊物，培训通讯员骨干等。

(3)按编辑内容的专业划分

报纸编辑可分为政治编辑、文教编辑、经济编辑、体育编辑等。这种划分在不同的报社情况不同，有粗有细。如综合性报纸，负责编辑经济新闻的编辑为数不多，称作经济编辑。而在经济类专业报纸中，经济编辑还要更详细地分为工交编辑、财贸编辑、农业编辑等。

8. 新闻编辑工作的当代性特点。(上海交大 2005 年研)

答：新闻编辑工作发展到当代，其性质和过程没有发生根本性的变化，但在编辑环境、编辑取向以至编辑工具方面却显示出一些不同的特点，主要表现在以下几个方面：

(1)编辑环境复杂化

编辑环境是大众传媒外围的各种情况与条件的总和，是新闻报道所传播的信息的发源地和目的地。当今时代，编辑环境充满了变数，出现了更为错综复杂的局面：

①从国际上看，世界格局向多极化发展

和平与发展已经成为当代的主流，但是影响和平与发展的不确定因素在增加，世界还很不安宁。世界经济呈现全球化、一体化趋势。同时，国际产业结构加速重组，产业的知识含量不断增加，经济形态由工业经济向知识经济过渡。

人类社会正在经历一场新的科技革命。以信息技术、生物技术、能源技术和纳米技术为代表的科学技术日新月异。当代科学技术广泛、深刻地渗透到社会的经济、政治、军事、外交、文化和日常生活的方方面面，影响并改变着社会的生产、流通、组织结构、活动方式以及人们的生活和思维方式。

②从国内来看，中国正处于并将长期处于社会主义初级阶段

中国社会主义社会仍然处于初级阶段，人口多、底子薄、地区发展不平衡、生产力不发达的状况尚未根本改变，社会主义制度还不完善。另一方面，中国已进入全面建成小康社会、加快推进社会主义现代化的新的发展时期。人们面临着改革攻坚和开创新局面的艰巨任务。

③与社会环境一样，人类的生态环境也今非昔比

人口膨胀、环境恶化、土地沙漠化、粮食短缺、能源枯竭、资源匮乏等已成为困扰人类的世界性问题。“环保报道热”已见端倪。

当代编辑环境互动和变化的广度、力度和速度都在加大、加快，这是社会发展的必然趋势。它催生出无数新闻事实，给新闻媒体提供了更为丰富的新闻源，同时进一步增加了编辑人员判断和把握新闻的难度。新闻编辑工作面临新的发展机遇，又面临前所未有的挑战。

(2)编辑取向优质化

重视新闻报道的数量，更讲究新闻报道的质量，以质量兴报，以质量兴台，越来越成为当代新闻编辑工作的普遍取向。

面对优胜劣汰的严峻现实，新闻报道粗制滥造无异于自杀。惟有实施精品战略，优化新闻报道的整体质量，提高新闻的有效供给率，才能在竞争中立于不败之地。20世纪90年代以来，中国许多新闻媒体纷纷确立质量兴报、质量兴台的方针，尤其在新闻报道方面强调深化内涵，强化特色，培育精品，争创名牌。进入21世纪，这种呼唤和追求的势头有增无减。可以预见，随着新闻竞争的日趋激烈，新闻报道优质化的取向将愈益明显，对新闻编辑工作将会提出更高的要求。

(3)编辑工具电子化

20世纪电子技术的迅猛发展，大大改变了新闻出版业的面貌，当代新闻编辑的工具也发生了革命性的变化，进入了电脑操作的新阶段。随着电子出版系统的问世和不断改进，20世纪90年代以来，中国报业系统陆续从单纯的激光照排向采编全过程的计算机化迈进。

编辑工具电子化为提高编辑工作的效率和质量创造了十分有利的条件，也给岗位职责、操作方式以至工作语言带来了一系列变化，对编辑人员提出了许多新的要求。

9. 新闻编辑人才的能力结构是什么?(湖南师大2018年研)

相关试题:

(1)简述新闻编辑应具有的基本能力。(中央民大2007年研)

(2)新闻编辑人员的基本功。(西安交大2007年研)

(3)一般认为，编辑人员业务能力最主要的是哪几个方面?你认为其中最能开创新局面的能力是什么?(安徽大学2005年研)

(4)编辑业务能力主要是哪些方面?(安徽大学2004年研)

(5)新媒体的编辑应该具有什么样的素质?(电子科大2016年研)

答：(1)新闻编辑部门在媒介产品的生产系统中处于核心位置，这种特殊地位赋予其从业人员多重角色，要求从事这项工作的人具备某些必要的知识与技能。

①基础知识。主要指文、史、哲知识。就文学知识而言，具备广博的文学知识以及驾驭文字的能力是做好编辑工作的前提。就历史知识而言，社会总是在不断的变动中发展和进步的，今天发生的每一个新闻都有其历史根源，关于这些新闻的报道也往往要依靠对历史的追溯、与相关情况的比较，这样才能真正接近其本质，给读者以启迪。就哲学知识而言，哲学是帮助人们认识世界的重要工具，新闻编辑更需要借助它来分析和处理新闻信息。因为新闻是对最新事实的报道，而变动的事实是每时每刻都大量地存在着的，新闻工作者如何选择、如何报道，往往受其对世界的认识程度、对事物所持态度观点的影响。

②百科知识。指包罗万象的知识，这种知识不限于一两个领域或专业，而是无所不及。从新闻编辑人员的知识配置来说，其掌握知识的覆盖面应该比一般人广泛，所拥有的知识信息量比一般人大；在具备基础知识与专业知识之外，还应该有其他学科的知识作为其知识结构的组成部分。

③专业知识。专业知识由两部分组成，一部分是新闻编辑作为新闻传播者所应具备的新闻传播学理论知识与业务知识，另一部分是新闻编辑所从事的报道领域所要求具备的专业知识。

新闻编辑是媒介产品与新闻报道活动的设计师，媒介竞争的日趋加剧对媒介产品及其新闻传播的要求不断提高，编辑要做好产品策划与报道策划工作，就要深刻地了解与把握新闻传播规律，要进行专业性的研究。编辑所从事的各项微观业务工作从选择稿件、修改稿件、制作标题到编排版面或栏目，也都需要专业知识和技能。

(2)从事任何活动都离不开一定的能力，越复杂的活动往往对人的能力要求越高。能力结构是由所从事的活动的特点而来的，新闻编辑除了要具备适宜于多种活动要求的一般能力，如观察力、记忆力、抽象概括能力等，还因其工作特点，要特别注意培养以下几方面的业务能力：

①信息能力。指新闻编辑主动地积极地接受信息和处理信息的能力。新闻编辑是新闻信息的传播者和把关人，而从事这项工作的前提是接受信息。即编辑的受传能力是其传播活动的基础。这些信息主要有：a. 社会信息，包括时事信息、经济信息、文化信息、社会生活信息等。这类信息是新闻传播的主要内容，它构成媒介产品的主体。b. 行业信息，即新闻媒介产业的情报和消息。了解本行业的最新动态，知道同行的想法和行为，对媒介定位和设计、报道策划和编稿组版都有重要的参考价值，可避免不必要的重复劳动和浪费。c. 来自受众的信息。读者、听众、观众和网民是新闻媒介的服务对象，只有了解他们的需要和愿望，才能使传播有效地进行。d. 媒介内部的信息。编辑对媒介的总体策划和对报道的策划都需要以媒介自身所具备的基础和条件为依据，媒介的人才、财力、物力和管理水平、人际关系等都对新闻报道活动形成制约。

②鉴别能力。指新闻编辑迅速、准确地判断新闻事实的报道价值的能力。鉴别能力是编辑基本修养与工作经验的综合体现。一般说来，理论修养、知识修养和职业道德修养越高的编辑，越具备对新闻信息的鉴别能力。

③整合能力。指新闻编辑对零散的新闻信息资源进行综合性开发利用，使其整体效应

大于部分之和的一种操作能力。编辑的整合能力是以鉴别能力为基础的，因为编辑要对单篇新闻进行组织或配置，首先要鉴别这些新闻信息的潜在价值，分析它们相互之间的内在联系，从而确定以某种编辑手法来对这些新闻信息统一处理。

④创造能力。指新闻编辑突破传统思维、创新编辑业务的能力。编辑工作的每一项业务，从新闻产品策划、新闻报道策划到编稿、组版，都是创造性的劳动。

⑤组织能力。指新闻编辑组织报道和组织新闻人才的能力。新闻编辑是新闻报道的组织者，通过对记者采访的部署、组织和调度、协调以及对社外作者约稿，来完成稿件的准备工作。

(3)我认为最能开创新局面的是创造能力，理由如下：

①编辑工作的每一项业务，从新闻产品策划、新闻报道策划到编稿、组版，都是创造性的劳动。一家媒介新闻产品的质量如何，很大程度上取决于新闻编辑的创造性。

②新闻媒介的竞争，从某种意义上来说，就是人的创造性的竞争。创造欲望和激情将会形成创造性的思维，新闻编辑保持对媒介的创新使命感非常重要。

10. 新闻主编的职责与功能。(电子科大2014年研)

答：(1)新闻主编

新闻主编是新闻媒介(报纸)的业务运行机构中最重要的一个岗位，全面负责各种类型的新闻。大报还分为国际新闻主编、国内新闻主编和本地(城市)新闻主编；小报则不分，改为各个版面主编。

(2)新闻主编的主要职责与功能

新闻主编的主要职责与功能是由报纸新闻编辑工作流程决定的。编辑工作流程既包括较为宏观的编辑决策与设计工序，又包括具体的编稿、组版工序。其中，新闻主编的职责与功能包括：

①对当前阶段的重大新闻报道进行策划，包括确定报道选题、设计报道范围与重点、确定报道规模与进程、拟定发稿计划、设计报道方式与表现形式、确定报道力量的配置和报道运行机制等。

②将策划方案具体落实到人，使编辑工作进入微观操作阶段，包括审读、选择和修改稿件、修改标题、配置内容等。

11. 谈谈当代新闻编辑人员的素养。(上海交大2007年研；大连理工2005年研)

答：新闻编辑工作的性质和特点，决定了编辑人员不仅应当通晓新闻业务，掌握采访、写作、摄影、编辑和评论的本领，还必须具有良好的综合素质，尤其是高度的责任意识、广阔的知识视野和执著的探索精神。

(1)高度的责任意识

新闻媒体是社会的利器，对社会的影响无处不在，无时不有，达到了前所未有的广度和深度。在新闻传播过程中，编辑人员处于把关的地位，操有新闻报道的生杀大权。这就更要求编辑人员必须具有高度的责任意识。高度的责任意识主要体现在：

①始终坚持社会效益优先的原则

编辑人员应把经济效益放在恰当的位置上，当经济效益与社会效益发生矛盾的时候，前者要服从于后者，而不能以牺牲后者来换取前者。换言之，报道什么，不报道什么，怎么报道，都要遵循为人民服务的宗旨，都要有利于社会主义现代化建设，都要本着对社会负责、对受众负责的精神。是不是把社会效益放在第一位，这是检验编辑人员是否具有高度责任意识的最显著的标志。

②着力维护新闻报道的真实性

真实是新闻报道赖以发挥良性作用的基础和前提。在中国，大多数新闻媒体是作为党和政府的喉舌出现的，新闻真实与否，还涉及党和政府的形象如何的问题。从长远来看，今天的新闻是明天的历史，新闻真实与否，又涉及对历史是否负责的问题。所以，编辑人员要从政治的高度、历史的高度来看待新闻报道的真实性。

③着力消除新闻报道的副作用

副作用是指随着主要作用的产生而附带发生的不好的作用。这种情况在新闻报道中并不少见。编辑人员应该辩证地看待和处理问题，从新闻的检验到配置，都要尽力消除其中可能产生的负面影响。

（2）广阔的知识视野

①编辑人员要不断扩展关于报道对象方面的知识。这是编辑人员最常用、最急需的知识。传播马列主义、毛泽东思想、邓小平理论、“三个代表重要思想”、科学发展观以及习近平新时代中国特色社会主义思想，传播党的路线、方针、政策，是当前中国社会主义主流新闻媒体的首要任务。因此，编辑人员必须把这一理论知识的学习放在首位，全面地、准确地领会其精神实质。

②对自己所负责的报道领域的知识，编辑人员一定要注意不断地学习和掌握，力求成为这方面的专家。同时编辑人员应当不断关注新兴的知识，不能满足于原有的知识。

③编辑人员要注意了解周围媒体和受众的情况，应当动态地而不是静止地掌握受众的情况，以便使新闻报道的内容和方法不断适应受众的需要。

④编辑人员要懂得外语和计算机知识。对外开放的扩大，国际交往的增加，互联网的发展，越来越显示出掌握外语的重要性。至于懂得计算机的一般知识，则是编辑工具电子化的必然要求。

（3）执著的探索精神

①新闻报道作为一个总体概念，其内涵的构成是多元的，又是通过一定的载体以集合产品的形式向公众传播的。各类新闻内容如何整合，如何出新，都会影响新闻传播的效果。探索应当全方位展开，整体推进。

②在探索中，要密切关注现实生活中发生的变化，及时捕捉新闻的生长点，不断开拓新的报道领域。

③探索为受众所喜闻乐见的报道形式，也是不可忽视的一环。

高度的责任意识，广阔的知识视野，执著的探索精神，是当代新闻编辑人员应该具备的最基本的修养。它们相辅相成，缺一不可。同时，编辑人员所处的层级越高，这方面的要求也就越高。新闻媒体总编辑的综合素养应该为全体编辑人员作出表率。

12. 传统媒介编辑记者如何转型成全媒体的编辑记者?（湖南大学2016年研）

答：向全媒体编辑记者转型，已成为传统媒体编辑记者适应全新变革的重要途径。如何在不同的新闻平台上找到适合的职业角色，是每一个试图成为全媒体编辑记者的新闻工作者必须考虑的问题。传统媒介编辑记者既要淡定从容，又要主动求变，力争把自己打造成为集多种能力于一身的优秀人才。

(1)引入新技术，紧跟时代潮流。传统媒介的编辑记者，应该掌握新媒体操作技术，结合自身的优势和现代高科技，成为一名优秀的全媒体编辑记者。

(2)培养“互联网+”思维，增强自身实力。传统媒介编辑记者要培养“互联网+”思维，要将自身优势与互联网的优势相结合，取长补短，增强自身的竞争实力，实现媒介生产的科技化与现代化。

(3)注重创新思维与实践能力的培养。这是“大众创业，万众创新”的时代，不论是国家、社会还是个人的发展都离不开创新和实践。编辑记者是“专而博”的人才，传统媒体的编辑记者要坚持专业性，培养创新思维，锻炼新时代思维，向全媒体编辑记者转变。

(4)树立以受众为中心的思维模式。全媒体时代，以往单一的传播方式发生了改变，受众可以通过各种媒介获取信息，这就要求编辑记者必须树立以受众为中心的思维模式。受众的个性化需求往往决定其是否关注某一平台提供的信息，所以，编辑记者还需要根据受众的不同需求，提供差异化服务。

(5)主动培养多渠道新闻采集敏感性。传统媒体的编辑记者应最大可能地拓宽自身搜集新闻线索和素材的途径，在加强原有的新闻热线和“跑线”新闻两个来源的基础上，把网络媒体和自媒体发布的新闻也看作一个取之不尽又实时更新的“信息宝库”。

(6)提高资讯整合能力及核心竞争力。具体做法包括：①仔细甄别，剔除虚假新闻。鉴于新媒体和自媒体信息鱼龙混珠、受众信任度偏低的情况，传统媒体编辑记者必须坚守新闻真实性原则，仔细鉴别筛选，避免误传假新闻。②加强资讯整合，凸显深度。新媒体信息存在题材重复、视角狭窄等局限，因此，传统媒体编辑记者应加强自身选题的修养和资讯整合能力，以增加新闻深度来提高传播价值。③加强现场表述、即时连线的训练。传统媒体编辑记者应当加强专业素质的训练，力求在第一时间通过可能的传输途径，把自己了解到的新闻信息以最快的方式传达给受众。

(7)形成有价值的品牌效应。对传统媒体编辑记者来说，加强自身特色和读者缘是在全媒体时代提高自身竞争力的必要条件。品牌树立越成功，编辑记者就越能在自己所擅长的领域获得更多受众的关注，甚至形成一种期待，这也是全媒体环境下编辑记者应该努力的方向。

13. 新媒体下整合编辑的意义和价值。(中传2015年研)

答：(1)整合编辑的含义

整合编辑是指运用计算机技术、数字技术、网络技术和视频多媒体技术，采用集成、配置和深度加工等编辑手法，围绕着单条新闻、单个话题或问题、单个新闻事件的相关新闻或多篇新闻报道进行编排、组合，最后形成符合网络特点的、具有原创色彩的、新闻价值获得整体增值的网络新闻报道。

(2)新媒体下整合编辑的意义和价值

新媒体环境下，整合编辑受到了高度重视，这主要在于整合编辑具有满足用户需求、改变报道生态、设置报道议程和增强编辑主观能动性四个方面的价值。

①整合编辑能够满足用户认知多元和平衡的需求

新媒体环境下，大量碎片化而又良莠不齐的微内容使用户的阅读时间变得珍贵而稀缺，用户希望他们看到的内容是简约、精要、有价值的。整合编辑可以帮助用户进行新闻的二次过滤，为用户提供各种不同介质的报道、不同性质媒体的报道以及不同媒体差异化的报道，可以通过扩大报道的广度和深度来满足用户对信息量的需求，也可以通过提供客观、全面、公正的报道来满足用户认知多元和平衡的需求。

②整合编辑能够改变报道生态

a. 整合编辑可以改变网络媒体"传声筒"的形象，将策划、创意和创新作为新媒体平台新闻编辑的理想和追求。

b. 整合编辑可以增强网络新闻的差异化，打造出具有鲜明网络特色的原创内容。

c. 整合编辑可以树立平台的品牌，凸显出网络新媒体平台的传播力、影响力以及品牌价值。

③整合编辑能够设置报道议程

整合编辑具有迅速聚合、梳理民意、强化议程设置、提升网络媒体舆论引导力的价值。整合编辑可以通过对已有新闻的二次编辑与传播，过滤噪音，筛选虚假、重复和无价值的信息，避免片面报道、失实报道，还可以通过提出议题、设置话题、编排议程来传递网站或编辑的思想意图，在展现多元舆论的同时驾驭多元舆论。

④整合编辑能够增强编辑主观能动性

整合编辑是编辑提高编辑水准、发挥主观能动性的一种手段，它能有效地调动编辑的积极性和创新力，将编辑从简单、枯燥的"搬运工"变为有创意、有设计的"策划人"。

14. 简述新闻可视化的特点及其对传统新闻编辑的挑战。（华中师大 2018 年研）

答：可视化是将"数据信息和知识转化为一种视觉表达形式，是充分利用人们对可视模式快速识别的自然能力"。新闻可视化是数据新闻很重要的呈现部分，通过将文字、数据转换为简洁的图形、表格、动画等形式来精简呈现新闻要素以及它们之间的直观逻辑关系。以可视化新闻的形式进行新闻发布，可以极大程度的提高数据的利用率以及信息的传播率。

（1）新闻可视化的特点

①简洁性

可视化新闻是一个不断提炼信息的过程，新闻工作者从网络海量的信息和数据中筛选出有用的信息数据，并通过技术手段加工成可视化新闻。在这一工程中，庞杂的信息不断被精简，冗长的文字转变为简洁的图片，繁琐的逻辑推断被直接明了的数据图片呈现替代。可视化新闻的制作就是一个不断简洁化的过程，最终呈现出条理清晰、易于理解的新闻产品。这有利于受众接收理解信息、有助于新闻的最大化传播。

②数据化

数据新闻是基于数据的抓取、挖掘、统计、分析和可视化呈现的新型新闻报道方式。可视化新闻的具体呈现离不开数据这一核心要素。大数据时代的到来为可视化新闻的全面铺展创造了条件，编辑们能够较方便地获得所需数据。

③高效的传播效果

含有人类可识别的物体的图像更容易被人记住，含有多样元素的图片更容易扎根在受众的脑海里。可视化新闻的出现正是顺应了这一趋势，用最简洁的形式糅杂报道了众多信息。受众只有在充分看懂了新闻且觉得它有意思的时候，才会将之分享给朋友。可视化新闻无疑满足了这两点：易懂、有趣。

(2)新闻可视化对传统新闻编辑的挑战

①转变新闻叙事方式

传统的新闻叙事方式是构建在文字基础之上的，围绕着5W1H展开，数据只是为了辅助或者证明文字。而在可视化新闻的操作上，编辑们的叙事思路需要从传统的文字思路转变到用数据讲故事的图片思路上。后者即为新闻可视化时代出现的全新新闻叙事方式。它是对传统的新闻叙事方式的创新，并非颠覆。

新闻可视化叙事就是将抽象数据具体化，在挖掘出数据之间的相关性及形成新闻文本的同时，制作出高度互文性、动态性、参与性的可视化信息，用动态、直观、互动的文本挖掘出数据背后的深层意义。值得注意的是，在实际操作中要想制作出高质量的可视化信息，除了要考虑文本内容的逻辑关系之外，还要考虑到文化因素。例如，读者的阅读顺序习惯，即可视化信息应当如何排序才能迅速抓住受众的眼睛，这也属于可视化新闻叙事要考虑的范畴。这与传统编辑理念可能有所冲突，还需在实践中继续探索。

②加强多媒体技术水平

从技术层面而言，可视化新闻的制作也对编辑提出了新的挑战。在传统的新闻制作实践中，编辑重点负责文字领域，至于美工设计、程序编程等专业领域并不用涉猎。但是可视化新闻的制作远不止如此，它包含了前期的数据挖掘、新闻选题，以及后期的设计、编程甚至运维等专业领域。

在全媒体时代，只能与文字打交道的“文字编辑时代”面临着来自“全能编辑时代”的挑战，如何储备技术、全面转型值得编辑们深思。

15. 简述信息编辑的意义。(华中师大2016年研)

答：(1)信息编辑的含义

信息编辑是新闻生产传播过程的一个重要环节，信息编辑工作的具体内容包括：①采集素材，进行分类和加工；②对稿件内容进行编辑加工、审核及监控；③撰写稿件；④运用信息发布系统或相关软件进行网页制作；⑤组织网上调查及论坛管理；⑥进行网站专题、栏目、频道的策划及实施。

(2)信息编辑的意义

①在传播内容方面，信息编辑过程中对信息的整合，赋予繁杂无序的信息以新的生命和更大的价值。随着信息传递速度加快，追逐新闻事件本身的独家报道已越来越显出其局限性，对信息的独特思维与整合变得越来越重要。

②在传播把关方面，编辑是过滤器，有去粗取精、去伪存真的作用，编辑负责选择、提炼对受众更有价值的信息，编辑的过程就是把关的过程。受信息源等因素的影响，信息在传递过程中会不清晰、不全面，编辑还要负责核实信息涉及的事实和数据，做到真实、准确。

③在舆论引导方面，信息编辑的过程可以改正信息在政治、思想上的不当之处，使之符合国家法律法规，符合党的方针、路线、政策，努力争取以舆论去引导受众。

④在传播效果方面，编辑需要艺术性的语言表达技巧，以及包括标题制作在内的版面

编排技巧。这些编辑技巧让信息的传播效果得到了更好的保证。

1.4.3　论述题

1. 论述新闻编辑工作的特点。（湖南师大 2018 年研）

答：新闻编辑工作是新闻编辑在新闻媒介产品生产过程中所进行的一系列工作。新闻编辑工作具有如下特点：

（1）新闻传播活动的“总设计”与“总指挥”

①新闻编辑是编辑方针的制定者，是媒介产品形象的设计师。在报纸、广播、电视、网络媒介的创办或者改版时，以总编辑为首的编辑委员会担负着制定编辑方针的任务，编辑方针规定了媒介的受众对象、报道内容、媒介水准和风格特色，这将成为今后编辑部全体人员共同遵守的行动纲领，成为所有新闻业务活动的指南。新闻编辑还担负着设计新闻媒介产品的信息规模、结构和外在形象的任务，每一个新闻版组、每一块新闻版面、每一个新闻频道、每一个新闻栏目都是编辑策划的结晶，它们作为新闻媒介的有机组成部分，成为向广大受众传递新闻信息的载体。

②新闻编辑是每一阶段新闻报道活动的策划者和组织者。新闻报道要由平面式走向立体式，从单向性走向多向性，追踪报道、系列报道、组合报道等运用得越来越多，新闻编辑设计报道和组织报道的任务也越来越重。

③新闻编辑是记者从事采访写作的指挥员和参谋。新闻编辑不仅策划报道，而且是每一个重大报道战役的指挥者。他们向记者部署采访任务，协调各部门、各工种以及记者之间的关系，随时了解记者的工作情况并为其提供力所能及的帮助，比如提供采访线索、提供资料、推荐合作者等。在记者的采写过程中，编辑还要为其做好参谋。

（2）新闻传播活动的“集大成”和“总把关”

①编辑的工作对象是报纸、频道、栏目等这样一种集合体。编辑部的各类工作人员如记者、资料员、评论员、照排技术人员等，无一不与编辑工作发生联系，他们的劳动成果通过编辑工作汇集成一体。可以说，编辑工作既是对各项采编业务的集大成，也是对专业新闻工作者的成果与用户提供的内容的整合和集成。

②在新闻传播活动过程中，编辑工作又是新闻传达至读者的最后一个关卡。虽然记者、作者对新闻都有自行“把关”的责任，但编辑由于其特殊的地位，在把关上担负的责任更为重大。这种把关既包括杜绝新闻报道在政治思想和政策上的差错，也包括消除其事实的技术性的差错。新闻编辑无法阻止各种差错的出现，但必须把一切差错消灭在版面之外，保证新闻传播的真实性和准确性。

（3）对于新闻素材的“再认识”和“再创作”

①编辑选择和处理稿件，首先是对新闻素材重新认识的过程。

编辑所处的位置相对超脱，更多地从全局上考虑问题，对报纸的报道立场和原则把握得更加到位，对同类情况有更多的报道经验，因此有可能看到记者尚未意识到的问题，发现新闻素材中潜在的价值，找到更好的报道角度。编辑对于新闻素材的再认识，还与编辑面对的新闻稿件众多，可以相互比较、相互联系有关系。

②新闻编辑对新闻素材的再创作主要体现在：a. 对新闻素材的重新选择和组合。编辑与记者的岗位不同，视野也往往不同。编辑选稿、改稿、制作标题，就是要使最有新闻价

值的内容得到突出处理，更深入、更全面地报道新闻事实。b. 对新闻表现形式的再创造。形式的运用往往关系到内容传播的效果。新闻编辑对新闻表现形式的创造主要通过变化稿件的写作方式、编排手法、版面或栏目的设计包装以及对单个的稿件进行发展或组合来实现，从而使受众了解事物发展的全貌。

2. 编辑工作书信的写作宗旨是什么？试述编辑与作者间的工作书信写作要点及其理由。(北大2011年研)

答：编辑工作书信包括组稿信、约稿信、退改信以及日常联系信、答读者信等。一篇稿件从投稿到出刊是编辑与作者的互动过程，是作者与编辑共同努力的结果。通过书信往来，编辑与作者进行有效沟通，形成良好互动。

(1)编辑工作书信的写作宗旨

①编辑工作书信要以与作者进行沟通为目的。编辑作为沟通作者和出版社的中介，有着十分重要的作用，而编辑工作书信的存在就是为了能够使出版社和作者都得到满意的结果。

②编辑工作书信要以稿件为主要内容。编辑都是某一传媒的工作人员，也就是说其工作任务之一就是为自己的媒体找好稿子、好节目。因此，编辑工作书信的主要内容是与作者沟通有关稿件的一些问题。

③编辑工作书信要与作者之间保持“同志式的互助合作关系”。编辑在书信中要坚持诚心服务、耐心指导、多作沟通、力求完善。

(2)编辑与作者间的工作书信写作要点及理由

①约稿信

约稿也就是组稿。约稿是选题确定之后的一项重要的编辑工作。编辑根据选题的要求挑选合适的作者，请他们写稿，这便是约稿。作者确定之后，可以当面约稿，也可通过写信约稿(即约稿信)，即使是当面约稿，也应该有个书面的凭证，在签订合同时以便有案可查和依约办事。

写给作者的约稿信，可包括以下内容：a. 稿件的题目。这便是选题的题目，如果有几个题目供作者选择可一并写出，让作者挑选。作者对出版社所定的题目如不满意，也可根据选题内容的要求另订题目。b. 写作的要求。包括选题的目的要求，内容大致的范围、深浅程度以及读者对象和文字风格等。c. 字数和交稿日期。d. 编辑对作者的要求。例如是否要先写个编写提纲，是否先写部分章节寄来等，以便进一步了解作者的写作能力。

写约稿信还要注意两点：一是，态度要诚恳；二是，要实事求是。

②退修信

退修信是在审稿之后要求作者修改稿子的信。对那些可用但尚需修改的稿子用退修信与作者联系。退修信和约稿信一样，多以编辑室或出版社的名义用公函发出，也可以编辑个人名义写。多数稿子都在复审后，综合初审意见后再给作者提出修改意见。对一些内容简单、质量较高、修改量不大的通俗读物，也可以在初审之后即退修；对一些内容比较复杂或学术性较强或政策性较强的读物，最好在三审之后再写退修信。

退修信的质量决定于审稿的质量。在审稿中对稿子有中肯的评介，能比较深刻地发现稿子的优点和存在的问题，可对作者的改稿工作有很大的促进作用。

写退修信应该注意以下几个问题：

a. 退修信是根据审稿意见写的，但不是审稿意见的复本，二者在语气上、遣词造句上稍有不同。因为书稿意见是给社内的有关人员看的，可以直截了当，问题可以提得尖锐；而给作者的信，虽说观点要鲜明、意见要具体，但话要说得有分寸，要考虑怎么说才使作者容易接受，有利于调动作者写作的积极性。自以为是，教训人的口气是使人反感的。所以退修信在态度真诚、意见具体的前提下，要注意语气表达和词句的选择。

b. 学术观点、学术见解上的问题要在坚持四项基本原则的前提下，贯彻“双百”方针的精神，不要强求一致，只要能言之成理，自成系统，即使可能引起争论，也要允许其存在。不少新的科学定理，在其刚提出时，总是遭到多数人的反对，因此，有见识的编辑，要敢于支持那些破土而出的“异端邪说”。

c. 审稿意见应分全局性的修改意见和局部性的修改意见。全局性的意见是主要的，在退修信上应该多花些笔墨，写得详细些；局部性的意见可以写得简要一些，尽管有的意见也很重要，但在退修信中，切忌抓了芝麻丢了西瓜，对一些枝节性的问题大做文章、侃侃而谈，而对一些重要的地方，关系到全稿质量的关键问题却轻轻几笔带过。

d. 对一些名家的稿子，也要在认真审稿的基础上，发现问题，敢于提出修改意见。

③退稿信

稿子经审读后，不拟采用，在退还给作者时，要写退稿信。退稿的大多是投稿，也有少数是编辑的约稿。来稿千差万别，需要退稿的，大致有几种：

a. 稿子质量太差。

b. 内容重复。内容重复包括两种情况：一是来稿之间的重复，退稿只要说明内容重复即可；二是来稿与出版社已出版的读物或已发稿的稿子重复，退稿的原因也是一说便明。

c. 来稿虽有某些优点，但达不到出版要求。

d. 来稿与出版社的性质不符，即不属本社的出书范围。对这样的稿子也可分别对待。有的稿子虽本社不用，但写得不错，可以介绍作者投寄相关的出版社。

④日常联系信

日常联系信是指编辑在日常工作中与作者、协作单位及有关业务单位联系的信件。编辑工作是一项联系极为广泛的社会工作，每一个编辑为了出好书，提出好的选题，寻找合适的作者，了解社会的需要和读者的心理，都必须广泛地接触社会，必须与社会的各有关人员保持或建立密切的联系。

a. 日常联系信大致分为两类，一类是没有具体目的的，仅为礼节性交往的问候信，编辑可选择节假日或双方活动时互相问候。另一类是日常联系信，通常用来联系和沟通一些具体工作。

b. 写日常联系信要注意两点：第一，不要随便许诺，特别是不能随便许诺根本办不到的事情，以免影响出版社的形象；第二，要注意严谨，特别是在双方意见有分歧的问题上，进行交流沟通时，不要给对方造成错觉或引起误解，也不要留下漏洞，以免发生纠纷时造成被动。

第二章　新闻媒介定位与新闻产品设计

2.1　复习笔记

【知识框架(庖丁解牛)】

- 新闻媒介定位与新闻产品设计
  - 新闻媒介定位
    - 受众定位与功能定位
    - 媒介定位的客观依据：媒介生存环境和内部环境中各因素的变化
    - 直接因素：受众、媒介的控制者、广告客户、传通中介、竞争者
    - 间接因素：政治因素、人口因素、经济因素、环境因素、法律因素、技术因素、文化因素
    - 媒介内部因素：“硬件”“软件”、符号因素
    - 报纸的主要特点
  - 编辑方针
    - 定义
    - 内容
      - 媒介的受众对象
      - 新闻传播的内容
      - 传播的水准
      - 媒介的风格特色
  - 新闻产品设计
    - 内容
      - 大众媒介新闻产品
      - 社交网络新闻媒介产品
      - 融合媒介新闻产品
    - 操作过程
      - 设计预备阶段
      - 方案设计阶段
      - 方案试行阶段
    - 基本原则及应注意的问题

【考点难点归纳(厚积薄发)】

考点一：新闻媒介定位　★★★★

1．新闻媒介的受众定位和功能定位(见表 2-1)

表 2-1　新闻媒介的受众定位和功能定位

要点	具体内容
受众定位	指确定媒介的目标受众，在分析媒介市场的基础上，对媒介产品的市场占位作出决策

续表

要点	具体内容
功能定位	指确定媒介职能和功用，是立足于受众需求和传播目的对媒介产品的决策。功能定位是媒介实现社会效益和经济效益的指向性规定
发展趋势	更加重视市场细分、更加关注每个人的个性化需求
二者的联系	①功能定位是受众的客观需求与媒介主办者主观愿望相结合的产物。 ②媒介的受众定位需要借助媒介的功能定位以指导媒介产品的设计与生产。 ③受众定位决定媒介为谁而办，功能定位决定媒介给受众什么

考点拓展：报道定位的要领(见表 2-2)

表 2-2　报道定位的要领

要点	具体内容
坚持正确导向	要求新闻报道传播和体现科学的理念、高尚的精神与健康的情趣，扶正祛邪，激浊扬清，营造积极向上的舆论氛围。这是新闻媒体的社会责任所在
满足受众需求	①应当认真倾听民声，关注民意，想民所想，急民所急，帮民所需，解民所难。 ②应注意对这种需求加以细分，以增强新闻传播的针对性和有效性
体现自身特色	在我国传统媒介数字化转型的过程中，媒介融合经历了由“互动”到“一体”的递进式发展过程

2. 媒介定位的客观依据(见表 2-3)

表 2-3　媒介定位的客观依据

要点	具体内容	
直接因素	受众	年龄结构、收入水平、受众对媒介的消费心理和行为等
	媒介控制者	通过行政、法律或经济手段对媒介进行控制的组织及个人
	广告客户	广告客户的需求、广告经营的规模
	传通中介	主要靠人力构成或靠科技设备构成的中介
	竞争者	媒介定位要寻找竞争对手的薄弱环节，发现市场空白点，从而选择正确的发展战略
间接因素	包括政治、人口、经济、环境、法律、技术、文化等	
内部因素	“硬件”	包括：①媒介的资金；②设备；③技术条件
	“软件”	包括：①人力资源；②媒介体制；③管理水平
	符号因素	①语言符号，包括：a. 有声语言；b. 文字语言。 ②非语言符号，包括：a. 体语；b. 视觉性非语言符号；c. 听觉性非语言符号

3. 报纸的特点

(1)报纸的信息容量受制于报纸的版面数量，版面越多的报纸能够容纳的信息越多，但任何报纸的容量都是有限的。

(2)报纸以文字语言符号为主传递新闻信息，在揭示事物本质、评析事理方面具有先天优势，因此报纸的内容相对其他新闻媒介可以更有深度。

(3)报纸作为一种平面载体，它的外在形象是由视觉性符号构造出来的，而且视觉性非语言符号比文字语言符号更起作用。

考点二：编辑方针(见表2-4) ★★

表2-4 编辑方针

<table>
<tr><th>要点</th><th colspan="2">具体内容</th></tr>
<tr><td>定义</td><td colspan="2">指新闻媒介根据自己的定位与发展战略制定的编辑工作准则</td></tr>
<tr><td rowspan="4">内容</td><td>媒介的受众对象</td><td>①受众是新闻编辑工作最终的服务对象，受众正逐渐成为现代传播活动的参与者。
②媒介的受众对象根据媒介的性质、办报(台)宗旨以及媒介市场竞争的需要确定</td></tr>
<tr><td>新闻传播的内容</td><td>指媒介新闻传播的总的报道面有多大，包括报道对象的分布有多广、报道的领域有多宽、报道的区域有多大等</td></tr>
<tr><td>传播的水准</td><td>指新闻传播的思想水平、文化水平和专业技术水平所达到的高度，具体通过媒介传播内容的深度、广度以及语言、文字、图像等多方面因素综合表现</td></tr>
<tr><td>媒介的风格特色</td><td>指媒介产品的整体结构、传播内容、传播方式和外在形象等所综合表现出的格调和特点。媒介的风格特色由媒介的性质、宗旨、受众对象决定</td></tr>
</table>

考点三：新闻产品设计 ★★★

1. 大众媒介新闻产品的设计(见表2-5)

表2-5 大众媒介新闻产品的设计

要点	具体内容
定义	指对大众媒介中以传播新闻为主要职能的组成部分的设计，包括确定新闻产品在整个媒介产品中的位置和比重，以及进一步设计新闻产品中的每一个组成部分
定性与定量设计	①确定报纸新闻版组或新闻版、广播电视新闻频道或新闻栏目、网络媒介新闻频道或新闻网页在整个媒介产品中所占的比重。 ②确定报纸新闻版在报纸上的位置、出版频率和具体时间，广播电视新闻栏目播出的具体时段和播出频率，网络媒介新闻网页的位置。 ③设计新闻产品中的各组成部分，包括报纸各新闻版面及其中主要栏目的设计、广播电视各新闻栏目的设计、网络媒介中各新闻网页及其主要栏目的设计等

2. 社交网络媒介的新闻产品设计(见表2-6)

表2-6 社交网络媒介的新闻产品设计

<table>
<tr><th>要点</th><th colspan="2">具体内容</th></tr>
<tr><td>代表平台</td><td colspan="2">微博、微信公号、移动客户端应用</td></tr>
<tr><td>特点</td><td colspan="2">①以“微”为特点，采用多媒体形式，重视互动性和用户体验。
②重视新闻产品的个性化和定制化</td></tr>
<tr><td rowspan="3">主要关注点</td><td>信息内容、数量及发布时间和频率</td><td>方案设计通常侧重于正常情况下的考虑，做出常态规划，但也要有针对突发事件或重要选题的相对预案</td></tr>
<tr><td>表现形式</td><td>尽可能采用多媒体形式，组合运用文字、图片、图表、音频、视频、动画等，将各类新闻表现形式有逻辑地交叉展现，力求生动活泼</td></tr>
<tr><td>互动设计</td><td>给予用户更多的主动权与更好的体验，从用户角度考虑产品的可使用性，尽可能提高产品使用的方便性，减少用户的时间成本</td></tr>
</table>

3. 融合媒介的新闻产品设计(见表2-7)

表2-7　融合媒介的新闻产品设计

要点	具体内容
定义	指将融合型新闻编辑部所生产的不同类型新闻产品进行整体性设计
宗旨	使产品与产品之间形成相互关联，通过产品协同生产，实现融合新闻传播，提升新闻产品的质量，扩大新闻媒介的影响力
发展过程	媒介融合经历了由“互动”到“一体”的递进式发展过程
主要关注点	①将多种新闻产品作为相互联系的一个整体，根据新闻传播的特点和规律，设计新闻内容在不同媒介平台的合理分配，注意内容分配与不同媒介的受众需求相吻合。 ②设计不同媒介之间新闻内容相互衔接、产品相互推广的方式，使融合新闻在多种媒介上的传播能够形成合力，取得最佳传播效果，并将受众由一种媒介引向其他媒介，不断拓宽和巩固用户群。 ③重视开发用户资源，设计将大众媒介与社会化媒介相结合的路径和方式，鼓励用户提供新闻内容，参与新闻传播活动

考点拓展：新闻编辑面临的新课题(见表2-8)

表2-8　新闻编辑面临的新课题

要点	具体内容
技术层面	在媒介融合的状况下，报纸编辑不仅要会处理文稿、图片，还要懂得视频、音频新闻的编辑，不仅要会设计报纸的版面，还要懂得网络版、手机版的编辑
内容层面	媒介融合需要编辑部更新观念，转变思路，积极探索跨媒体运作的模式，协调不同媒体之间的内容生产，不断创新编辑方法
角色层面	媒介融合将编辑的“角色扩容”提到了议事日程上，对编辑人员提出更高的要求，也会进一步显示出编辑工作的价值和生命力

4. 新闻产品设计的操作过程、基本原则及需注意的问题(见表2-9)

表2-9　新闻产品设计的操作过程、基本原则及需注意的问题

要点	具体内容	
操作过程	设计预备	调查传媒市场与媒介内部情况，细分受众与广告市场，寻找媒介新闻产品发展的空间
	方案设计	确定媒介的目标受众、制定编辑方针，并以此为基础拟定与优选新闻产品设计方案，这是新闻产品设计的核心阶段
	方案试行	将新闻产品设计方案投入试行，以验证其可行性、最终修正确认。需要慎重选择试刊试播的内容、时间、次数并广泛征集各方面意见，修正和确定设计方案
基本原则	包括：①公益性原则；②适用性原则；③个性化原则；④品牌拓展原则	
注意问题	①充分占有并准确分析信息，保证新闻产品设计的合理性和可行性。 ②必须在可行性与超前性之间找到平衡点。 ③产品设计应该与采编机制改革同步进行。 ④正确处理借鉴与创新、变革与稳定的关系	

2.2 课后习题详解

1. 如何理解媒介的受众定位与功能定位?

答: 媒介定位，在编辑学范畴中主要解决两个问题：一是媒介的服务对象是谁，二是媒介为这些服务对象做什么，即媒介的受众定位和功能定位。

(1)媒介的受众定位

受众定位即确定媒介的目标受众，是在对媒介市场进行分析的基础上，对媒介产品的市场占位作出决策。媒介的受众定位，实际是要发现那些信息需求尚未得到充分满足，从而为某种媒介产品创造出市场需求的受众群体，以便针对这种需求进行产品决策。

(2)媒介的功能定位

功能定位即确定媒介所要担负的职能和所要发挥的功用，是立足于受众需求和传播目的对媒介产品作出的决策。功能定位是媒介实现传播效益——包括社会效益和经济效益——的指向性规定。媒介的功能定位要以受众需求和媒介主办者的主观愿望为基础。

(3)媒介的受众定位与功能定位的关系

媒介的受众定位和功能定位相互之间有着紧密联系，如图2-1所示。

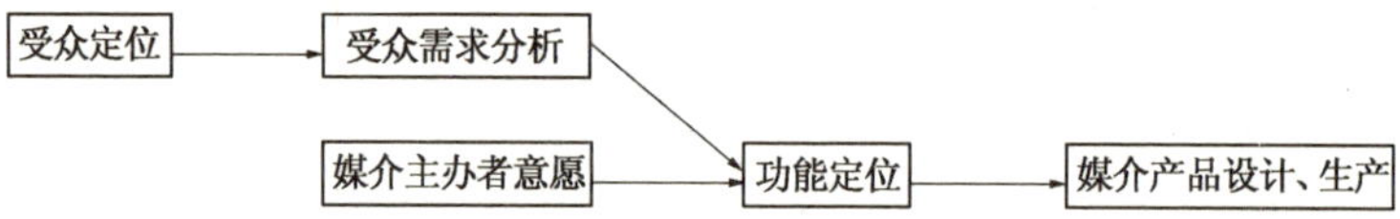

图2-1 媒介受众定位与功能定位关系图

①功能定位是在受众定位的基础上，考察受众的信息需求，结合媒介主办者对媒介的角色期待而确定的，它最终是受众的客观需求与媒介主办者的主观愿望相结合的产物。

②媒介的受众定位则需要借助于媒介的功能定位才能对媒介产品的设计与生产最终具有指导意义，因为受众定位只是决定了媒介为谁而办，功能定位才能决定媒介给受众什么。

2. 影响媒介定位的因素主要有哪些?

答: 影响媒介定位的因素主要有以下几个方面：

(1)直接影响媒介定位的要素

①受众

从媒介产业发展的角度看，受众是新闻媒介的服务对象，是媒介产品的消费者。大众传媒的受众具有“众多”“混杂”“分散”“流动”“隐匿”的特点，把握大众传媒受众的一个有效的方法就是重视传播过程中的反馈，有意识地进行受众调查。受众的人数、年龄结构、职业结构、文化程度、收入水平以及受众对媒介的消费心理和行为等都是影响媒介产业发展，从而制约媒介定位的要素。这些要素也无一不对新闻媒介的定位与设计起重要作用。

②媒介的控制者

媒介的控制者指能够通过行政手段、法律手段或经济手段对媒介进行控制的组织及个人。比较普遍存在的控制者有：a. 政治组织及其领袖，如政府、党派组织；b. 经济组织，如企业、财团等。经济组织对媒介的控制主要采用的是经济手段，如通过向媒介投资、控股，通过向媒介提供广告、赞助等对媒介施加影响。政治组织对媒介实现控制的手段更多，它通常可以有四种主要的介入类型可供采用：制定法规、优惠政策、补贴政策和赋税手段。

我国新闻媒介特别是主流新闻媒介大多接受各级行政机构的领导，此外，各类新闻媒介都要在中央宣传部的统一领导下工作，国家新闻出版广电总局对各类报刊进行行政业务的管理，等等。因此，媒介的控制者对于媒介的定位和发展具有重要影响。

经济组织如各式各样的企业、财团同样也会影响新闻媒介的报道活动，一个反面的极端表现就是“有偿新闻”“三包采访”在新闻界的出现。作为媒介的投资方的经济组织的利益，是媒介运作中必须考虑的因素。

③广告客户

广告是现代传播媒介的经济支点，媒介的生产循环要依靠广告提供资金保障，因此对广告市场份额的争夺在媒介竞争中不可避免，尤其是那些完全进入市场的媒介，会更加自觉地将广告客户作为自己的服务对象和争取目标。

广告客户的需求、广告经营的规模越来越成为制约媒介定位和产品设计的重要因素，媒介的新闻单元作为媒介产品中最重要也最具影响力的部分，更为广告客户所器重。广告经营的成败与新闻单元的质量优劣已经是现代传媒发展的一个“连环扣”，这两者将一荣俱荣，一损俱损，新闻媒介的定位和产品设计不能不将广告客户作为一个重要参照因素。

④传通中介

任何新闻媒介产品要实现其价值与使用价值都必须依靠一定的传通中介。传通中介是媒介生存与发展的重要依赖，而支撑传通中介的元素又非常复杂，既有主要靠人力构成的中介，如报纸发行网络，又有主要靠科技设备构成的中介，如广播电视信号发射和接受系统、国际互联网等。所有这些中介因素都影响与制约媒介产品的形态和规模，包括影响和制约媒介新闻单元的设计和运作。

⑤竞争者

新闻媒介相互之间的竞争是构成媒介生存环境的又一重要因素，这种竞争一方面存在于不同类型的媒介之间，另一方面还存在于同类型媒介之间。媒介受众市场的不断“分化”成为大势所趋，能否找准合适的市场定位并生产出高质量的媒介产品，决定着媒介的兴衰成败。而媒介定位正是与竞争者的生存状态相对而言的，也即要寻找竞争对手的薄弱环节，发现市场空白点，从而选择正确的发展战略。

(2)间接影响媒介定位的要素

①政治因素，即国家的政治制度、政党和政府对媒介的影响。

②人口因素，即人口数量、区域分布、人口结构等对媒介的影响。

③经济因素，即国民经济发展水平对媒介的影响。

④环境因素，即媒介所在区域的自然环境对媒介的影响。

⑤法律因素，即与媒介产业相关的法律法规对媒介的影响。

⑥技术因素，即支撑媒介产品生产的科学技术对媒介的影响。

⑦文化因素，即媒介所在地区的文化传统对媒介的影响。

(3)影响媒介定位的内部因素

上述影响媒介发展的环境因素是媒介决策的一方面依据，而媒介决策还必须考虑另一方面因素——媒介内部条件的变化，这是媒介决策同样不可忽略的重要依据。媒介内部因素主要表现为三个方面：

①媒介的资金、设备和技术条件——媒介运行的"硬件"

无论媒介新创办或者改版都需要"硬件"保障，如20世纪末期我国省级机关报纷纷创办都市报，一般都要投放几百上千万的启动资金，新办电视台、网站需要的资金更多。大到媒介定位、产品设计，小到一次报道策划，都要充分考虑媒介自身的"硬件"因素，量力而行，确保策划方案的成功实施。

②媒介的人力资源、体制与管理水平——媒介运行的"软件"

a. 人力资源。指媒介拥有各类专业人才的数量、人员素质及其水平。人力资源历来是制约媒介的各项策划包括新闻传播策划的重要因素，因为一切策划方案都要靠恰当的人去完成，策划实施效果首先取决于人的努力。

b. 媒介的体制。指媒介的组织制度，包括用人制度、部门设置等。目前我国新闻媒介的体制是有差异的，有的已经实行全员聘用制，真正实现了社会招聘、择优录用和人才流动，有的还没有完全摆脱计划经济时期形成的旧体制的影响。

c. 媒介的管理水平。管理水平高的媒介能够以高效的工作流程、完善的制度和严格的纪律保证策划方案的实施，而管理水平低下的媒介则有可能使优秀的策划变成纸上谈兵。

媒介内部的各项因素也是互相关联，而且能够彼此转化。"硬件"方面的因素可以转化为"软件"方面的因素，"软件"的优势也可以转化为"硬件"的优势；"软件"和"硬件"中的不同因素也可以相互转化。

③媒介进行传播的符号因素

媒介的信息传播总要凭借一定的符号来实现。不同的媒介有不同的符号体系，因此新闻传播策划必须要以媒介的符号因素为依据。符号学将符号这种负载和传递信息的介质分为语言符号和非语言符号两大类。语言符号，包括有声语言和文字语言两种类型。语言符号具有抽象性，因此具有演绎性功能，适合用来进行逻辑推理和抽象概括。非语言符号，包括体语(如动作、姿势类语言)、视觉性非语言符号和听觉性非语言符号三种类型。非语言符号具有具象性，因此具有再现性功能，适合用来传播态度、情绪、场面和气氛等。

3. 简述新闻媒介的编辑方针。

答：(1)编辑方针的含义

新闻媒介的编辑方针是根据媒介定位与发展战略对编辑工作作出的决策，它规定了媒介的受众对象、传播内容、传播水准和风格特色，是编辑工作必须遵循的准则。媒介的编辑方针为媒介新闻产品设计指明了方向，确定了目标。任何新闻媒介都要根据自己的生存环境和自身所具有的条件，确定媒介定位和发展战略。媒介的发展战略通常概括为办报(台)方针，这一方针对媒介的性质、办报(台)宗旨和新闻传播的立场、原则这些根本性的问题作出明确规定，是指导媒介一切工作的基本纲领。而新闻编辑方针则结合媒介的特性，将办报(台)方针具体落实到编辑工作中，进一步规定编辑工作中的传播对象、工作目标和操作水平。

(2)编辑方针的具体内容

①媒介的受众对象。受众是新闻编辑工作最终的服务对象，而且受众正逐渐成为现代传播活动的参与者。媒介的受众对象是根据媒介的性质、办报(台)宗旨以及媒介市场竞争的需要确定的。媒介产品的设计要针对具体的受众对象来操作，因此编辑方针首先要规定

媒介的目标受众。目标受众是编辑希望其能够成为媒介消费者的人群。受众的结构往往是多元组合。编辑方针不仅要确定目标受众的总体范围，还要进一步规定受众群中的主体是哪类人，次要的受众又是哪类人。

②新闻传播的内容。指媒介新闻传播的总的报道面有多大，具体而言，包括报道对象的分布有多广、报道的领域有多宽、报道的区域有多大等。媒介新闻传播的内容是由媒介的性质、办报(台)宗旨和受众对象的需要决定的。编辑方针对传播内容的规定，将直接指导媒介产品总体规模和内部结构的设计，如报纸版面的分工、栏目的设置都与此有关。传播内容的确定还与媒介的功能定位直接相关。决定媒介传播内容的功能定位主要是媒介主办者即媒介所有者和经营者希望媒介所具备的功能。媒介的功能定位有主次之分。媒介的功能定位的多元结构组合，决定了媒介的传播内容也是一种多元结构组合，编辑方针要对内容的范围、层次和重心作出明确规定，既要纵观全局，又要分清主次。

③传播的水准。指新闻传播的思想水平、文化水平和专业技术水平所达到的高度，这具体通过媒介传播内容的深度、广度，以及语言、文字、图像、版面设计、制版印刷、节目制作等多方面因素综合来表现。传播的水准也是根据媒介的性质、宗旨和受众对象确定的。新闻媒介对传播水准的把握决定了媒介的格调和品位。媒介在制定编辑方针时，要注意根据媒介的受众定位和功能定位，严格规定媒介的传播水平，不能因利忘义，也不能盲目仿效。

④媒介的风格特色。指媒介产品的整体结构、传播内容、传播方式和外在形象等所综合表现出的格调和特点。媒介的风格特色是由媒介的性质、宗旨、受众对象决定的。编辑方针对媒介产品的风格特色所作出的规定，要求媒介产品设计从媒介的规模、结构、内容、形式等多方面有意识地突出某种特性，表现出与众不同的媒介形象。

4. 简述各类新闻产品设计的主要内容或关注点。

答：(1)大众媒介的新闻产品设计

在大众媒介上，新闻产品是媒介产品中以传播新闻为主要职能的部分。新闻产品的设计首先要确定它在整个媒介产品中的位置和比重。定性与定量设计的具体内容包括：

①确定报纸新闻版组或新闻版、广播电视新闻频道或新闻栏目、网络媒介新闻频道或新闻网页在整个媒介产品中所占的比重，如版面总量、时间总长度等。

②确定报纸新闻版在报纸上的位置、出版频率和具体时间，广播电视新闻栏目播出的具体时段和播出频率，网络媒介新闻网页的位置。

③设计新闻产品中的各组成部分，包括报纸各新闻版面及其中主要栏目的设计、广播电视各新闻栏目的设计、网络媒介中各新闻网页及其主要栏目的设计等。

(2)社交网络媒介的新闻产品设计

微博、微信公号、移动客户端应用等社交网络平台近几年不断推出新的内容产品，这些产品总体上以“微”为特点，采用多媒体形式，重视互动性和用户体验，同时也更有个性。社交网络媒介在产品设计时的主要关注点如下：

①信息内容、数量及发布时间和频率。方案设计时通常侧重于正常情况下的考虑，做出常态规划，但会对实际运行中根据突发事件或重要选题的需要临时变化的情况有相对预案。

②表现形式。微博、微信公号、移动客户端应用等作为新媒体形态的传播，在设计中应尽可能采用多媒体形式，组合运用文字、图片、图表、音频、视频、动画等，并将各类新闻表现形式有逻辑地交叉展现，力求对内容的表达更加生动活泼。

③互动设计。新媒体产品的最大优点是能够给用户更多的主动权与更好的体验，在产品设计中需要从用户角度考虑产品的可使用性，并为用户参与传播，与编辑互动以及用户间互动进行功能的预先设计，尽可能提高产品使用的方便性，减少用户的时间成本。

(3)融合媒介的新闻产品设计

融合媒介新闻产品设计的主要关注点是：

①将新闻编辑部所生产的多种新闻产品作为相互联系的一个整体看待，根据新闻传播的特点和规律，设计新闻内容在这些产品上的合理分配，也要注意内容分配与不同媒介的受众需求相吻合。

②设计不同媒介之间新闻内容相互衔接、产品相互推广的方式，以确保融合新闻在多种媒介上的传播能够形成合力，取得最佳传播效果，同时将受众由一种媒介引向其他媒介，不断拓宽和巩固用户群。

③重视在融合新闻传播过程中的用户资源开发，设计将大众媒介与社会化媒介相结合的路径和方式，鼓励用户提供新闻内容，参与新闻传播活动。

5. 对你熟悉的一家新闻媒体的定位与设计作出分析评价。

答：《中国青年报》作为共青团中央的机关报，其定位可以用一句话来概括——“推动社会进步、服务青年成长”。这表明该报的定位具有双重特性，其一是“推动社会进步”的一家全国发行的、综合性大报；其二就是“服务青年成长”、具有鲜明青年特色和时代特征的青年报。

基于如上的报纸定位，《中国青年报》在报纸的设计上也体现出“综合性大报”与“青年报”的双重特性，具体表现为：

(1)在新闻版组的设计上，《中国青年报》作为一家综合性大报，具有一般综合性大报都普遍设立的版面，如要闻、经济、法制、特别报道、综合新闻、国际新闻、体育新闻等，新闻覆盖面广，及时报道新闻动态，深入挖掘新闻事件的深层信息，充分体现出一家综合性新闻报纸的定位。但在此基础上又针对“服务青年成长”的青年报定位，单独设立部分青年读者格外喜爱和关注的版面，比如教育新闻、军事新闻、共青视点以及著名的青年话题。此类版面设置非常具有针对性。

(2)在版面数量上，该报的综合新闻类版面与具有青年报特征的版面相比，具有绝对的数量优势。这体现出该报在定位中更侧重于“综合性大报”。但该报在版面安排上又将青年关注的几个版面放在了比较显著的版次上，如青年话题位于第二版、教育版位于第六版，相对而言较为靠前，更易于青年读者选择性地阅读。这种设计体现出报社对“青年报”定位的兼顾。

(3)《中国青年报》在具体的专栏设计上，也体现出报纸定位双重特性的特点。比如《青年话题》一直以来靠“以青年视角评价社会问题”的特点赢得了广大读者，尤其是青年人的喜爱。这一著名专栏充分体现了“推动社会进步、服务青年成长”的报纸定位，目前已从评论专栏发展为著名的评论版。再如，头版的专栏《中青视线》是评论专栏《青年话题》的新闻版，同样坚持“以青年视角报道社会问题”。

6. [综合练习之一]：设计办一个面向大学生的新闻媒体，并写出方案(课堂演示与讨论)。

答：《首都大学生周报》设计方案如下：

(1)读者定位与编辑思想

读者群定位在北京高校的本科生、硕士生群体，这一群体在学习上比较重视文化知识的获取，也重视在现实中实践书本知识、密切关注各种课程、技能培训、过级考试以及实习和就业机会；在思想上，头脑解放，观念前卫，容易接受新的思想和思维方式，愿意参与对各种社会、思想问题的深入、多元的探讨；在生活上，处于潮流的前沿，接受新事物的能力与创造力较强，关注青春话题。针对这一群体在学习、思想、生活方面的特点，该周报的编辑方针确定为“做大学生的学习园地、思想社区、生活派对”。

(2)报纸版组设计与新闻传播内容

根据编辑方针，报纸在整体框架上分为四个版组，其内容和风格详述如下：

①“新闻”版组。广泛报道北京高校大学生群体内以及社会上发生的各种重大新闻和思想争论，从大学生的视角进行报道。关注大学生的学习生活，并对与大学生息息相关的部分教育新闻进行报道。

②“学习园地”版组。针对大学生的校园学习生活特点，用一整组版面报道大学生普遍关注的领域，比如各高校、学科建设的重大新闻，名师、名牌专业、精品课程的全面介绍，各种培训和考试的资讯、技巧辅导，出国留学和实习信息、就业指导等方面报道。该版组以全面、权威、实用性作为自己的报道风格。

③“思想社区”版组。积极组织和引导大学生参与思想、学术等各方面问题的思考与探讨，以深入思考、百家争鸣、畅所欲言、思想交锋作为自己的风格。

④“生活派对”版组。将大学生的“青春、前卫、时尚”生活作为报道重点，以服务资讯和副刊作为主要形式，可针对大学生的兴趣爱好分隔各个版面，比如青春话题、时尚资讯、体育论坛等等。该版组以新锐、前卫和时尚作为自己的版组风格。

(3)报纸风格

通过以上四个版组的配合，可以提供一份整体上青春气息洋溢、朝气蓬勃、贴近大学生思想与生活的报纸。

2.3 考研真题与典型题

2.3.1 概念题

1. 媒介定位(中传2019年研)

相关试题：定位理论(厦门大学2019年研)

2. 新闻媒介的受众定位(西南大学2017年研)

3. 新闻媒介的功能定位(中国科学技术大学2019年研)

4. 编辑方针(吉林大学2016年研；北师2015年研；中传2014年研；陕西师大2014年研；山西师大2014年研)

5. 媒介的风格特色

6. 新闻产品设计
7. 覆盖域

2.3.2 简答题

1. 报道的定位包括哪些内容?(上海交大2005年研)
2. 比较两家经济类报纸在受众定位、内容设置方面的异同。
3. 影响报纸设计的因素主要有哪些?(电子科大2011年研)
4. 简述新闻媒介的编辑方针。(复旦2016年研)

相关试题:什么是编辑方针?制定编辑方针主要包括哪几方面的内容?(武大2002年研)

以下为历年考研试题精选,未附答案,供读者参考

1. 什么是受众定位?受众定位有哪些标准?(华东政法2019年研)
2. 核心受众定位要考虑的因素。(湖南师大2018年研)
3. 简述传统报刊编辑与网络新闻编辑的异同。(中传2014年研)
4. 网络媒体对传统媒体新闻的加工有哪些手段?(复旦大学2014年研)

2.3.3 论述题

1. 媒介定位是什么?结合实例说说新闻媒体受众定位的主要内容是什么?(上海大学2019年研)

2. 结合实例,阐述网络新闻编辑的特点与要求。(中传2010年研)

2.3.4 实务题

为北京市某一居民小区的周报设计一个"社区新闻"版,写出设计方案。

2.4 考研真题与典型题详解

2.4.1 概念题

1. 媒介定位(中传2019年研)

相关试题:定位理论(厦门大学2019年研)

答:媒介定位是借鉴市场营销学中的市场定位理论生发出的概念,主要包括媒介的受众定位和媒介的功能定位两方面。具体而言,媒介的受众定位,指确定媒介的目标受众,是在对媒介市场进行分析的基础上,对媒介产品的市场占位作出决策;媒介的功能定位,指确定媒介所要担负的职能和所要发挥的功用,是立足于受众需求和传播目的对媒介产品作出的决策。功能定位是媒介实现传播效益包括社会效益和经济效益的指向性规定。功能定位是在受众定位的基础上,考察受众的信息需求,结合媒介主办者对媒介的角色期待而确定的,它最终是受众的客观需求与媒介主办者的主观愿望相结合的产物。媒介的受众定位则需要借助于媒介的功能定位才能对媒介产品的设计与生产最终具有指导意义。受众定位只是决定了媒介为谁而办,功能定位才能决定媒介给受众什么。媒介生存环境和内部环境中各项因素的变化是媒介定位的客观依据。

2. 新闻媒介的受众定位(西南大学2017年研)

答:新闻媒介的受众定位是指确定媒介的目标受众,是在对媒介市场进行分析的基础上,对媒介产品的市场占位作出决策的活动。它实际就是要发现那些信息需求尚未得到充

分满足，从而为某种媒介产品创造出市场需求的受众群体，以便针对这种需求进行产品决策。随着经济发展和科学技术水平的提高，媒介发展的速度极快，大众传播已经进入了由“大众”变为“小众”(或称“分众”)、由“广播”变为“窄播”的转型时期，一家媒介覆盖全体受众已经不再可能实现，每一媒介都必须有所选择有所放弃，确定最适合自己的目标受众。

3. 新闻媒介的功能定位(中国科学技术大学2019年研)

答：新闻媒介的功能定位是指确定媒介所要担负的职能和所要发挥的功用的过程，是立足于受众需求和传播目的对媒介产品的决策。功能定位是媒介实现传播效益——包括社会效益和经济效益——的指向性规定，媒介的功能定位要以受众需求和媒介主办者的主观愿望为基础。

4. 编辑方针(吉林大学2016年研；北师2015年研；中传2014年研；陕西师大2014年研；山西师大2014年研)

答：编辑方针是新闻媒介根据自己的定位与发展战略制定的编辑工作准则。每一家新闻媒介都有自己的编辑方针，这一方针是根据媒介定位与发展战略对编辑工作作出的决策，它规定了媒介的受众对象、传播内容、传播水准和风格特色，是编辑工作必须遵循的准则。媒介的编辑方针为媒介新闻产品设计指明了方向，确定了目标。任何新闻媒介都要根据自己的生存环境和自身所具有的条件，确定媒介定位和发展战略。编辑方针的具体内容包括：媒介的受众对象、新闻传播的内容、传播的水准和媒介的风格特色。

5. 媒介的风格特色

答：媒介的风格特色是指媒介产品的整体结构、传播内容、传播方式和外在形象等所综合表现出的格调和特点。媒介的风格特色是由媒介的性质、宗旨、受众对象决定的。新闻编辑方针对传播风格特色的规定为媒介产品设计指明了方向，要求媒介产品设计从媒介的规模、结构、内容、形式等多方面有意识地突出某种特性，表现出与众不同的媒介形象。

6. 新闻产品设计

答：新闻产品设计是对媒介产品中以传播新闻为主要职能的组成部分的设计，包括确定新闻产品在整个媒介产品中的位置和比重，以及进一步设计新闻产品中的每一个组成部分。新闻产品设计是一种集体性的创造活动，也是一项难度极大的系统工程，运行过程包括设计预备阶段、方案设计阶段和方案试行阶段。

7. 覆盖域

答：覆盖域是指媒介发挥影响的区域范围，即媒介受众的分布区域。覆盖域是在制定媒体战略、具体选择媒体时的一个重要指标。一般而言，目标市场的消费者在地域分布上是相对集中的，而广告媒体的传播对象也有一定的确定性。如果其覆盖域与目标市场消费者的分布范围完全不吻合，那选择的媒体就不适用。只有当媒体的覆盖域基本覆盖目标消费者所在区域或与目标消费者所在区域完全吻合时，媒体的选择才是最合适的。

2.4.2　简答题

1. 报道的定位包括哪些内容？(上海交大2005年研)

答：参见本章课后习题第1题答案。

2. 比较两家经济类报纸在受众定位、内容设置方面的异同。

答：《经济日报》与《经济观察报》同为经济类专业媒体，以报道经济生活为主要任务，以关注国家和世界经济发展的读者为自己的受众。但二者根据各自媒介功能的不同，又在这个笼统的受众定位、内容设置上做了进一步的细分。

(1)受众定位的异同

作为由国务院创办、中央宣传部直接管理和领导的一份报纸，《经济日报》的定位是“中央级以经济宣传报道为主的综合性大报”，是党和政府关于经济信息最权威的新闻发布与宣传窗口。这样的媒介功能决定了《经济日报》的受众定位是：更加关注国家和世界经济贸易的宏观发展，时刻紧盯我国政府部门关于经济发展各种政策、路线和方针的变化，以此来保证自己日常的经济工作与生产经营活动与国家经济发展的大趋势相吻合的一个读者群。这个读者群的构成主体主要为国家各级政府部门的公务员、各大型企业的中高层领导以及对国家宏观经济密切关注的人士。

而作为在竞争激烈的报刊市场上以财经内容为主要报道题材的一支新军，《经济观察报》不再追求面面俱到的读者群，而是将读者对象层层细分、逐步筛选，最终把报纸的品牌明确定位于中国本土具备最令人心动的现实消费能力的高端读者，即有财富、有权力、有思想、有未来的青年工商企业者和有志加入经济领域的青年学生。

(2)内容设置的异同

作为中央级以经济宣传报道为主的综合性大报，《经济日报》更加侧重于内容的权威性、真实性、全面性与综合性，着重于对国家宏观经济发展与行业发展多方面、多层次报道，既有新闻性消息，又不乏解释性报道和深度报道。面对激烈的报业竞争，它以综合性应对专业性，以全国性、全球性应对区域性，以原则报道应对大规模“信息批发”和“信息复制”，以新闻化应对杂志化，以权威和深度应对海量和时效。

而《经济观察报》拥有一个明显年轻化、新锐化的读者群，因此其内容不像传统的经济类报纸那样以报道市场和政府的某一动态为主，而是把更主要的报道力量延伸到和市场最前沿紧密相关的资本、产业、技术、管理、人才等多个方面，并联系政治和国际方面的相关点，直至将内容扩展到其主流读者群的生活方式上去。内容设置具有明显的时尚化、年轻化、个性化、新锐化的特点。

3. 影响报纸设计的因素主要有哪些?(电子科大2011年研)

答：报纸设计是指报纸编辑根据外部环境与内部条件，在确定报纸编辑方针的前提下，对报纸的规模、结构和形象进行整体设计。报纸的设计包括对其进行准确的定位(内容定位、形式定位、读者定位等)，制定清晰的办报方针(报纸性质、办报目的、基本的读者对象等)。

(1)影响报纸设计的社会环境因素

①读者。从报业发展的角度看，读者是报纸的服务对象，是报纸的消费者。读者的人数、年龄结构、职业结构、文化程度、收入水平，以及读者对报纸的消费心理和行为等都是影响报纸发展，从而制约报纸定位的要素。这些要素也无一不对报纸的定位与设计起重要作用。

②报纸的控制者。报纸的控制者是指能够通过行政手段、法律手段或经济手段对报纸进行控制的组织及个人，如政府、党派组织，企业、财团等。经济组织对报纸的控制主要采用的是经济手段，如通过向报纸投资、控股，通过向报纸提供广告、赞助等对媒体施加

影响。政治组织对报纸实现控制的手段通常有四种：制定法规、优惠政策、补贴政策、赋税手段。

③广告客户。广告是现代传播媒介的经济支点，报纸的生产循环要依靠广告提供资金保障，因此对广告市场份额的争夺在报纸的竞争中不可避免。

④传通中介。任何新闻媒介产品要实现其价值与使用价值都必须依靠一定的传通中介，报纸要依靠邮局和其他报刊发行网络才能到达读者手中。传通中介是报纸生存与发展的重要依赖，而支撑传通中介的元素又非常复杂，既有主要靠人力构成的中介，又有主要靠科技设备构成的中介。

⑤竞争对手。新闻媒介相互之间的竞争一方面存在于不同类型的媒介之间，如报纸与广播之间的竞争，另一方面存在于同类型的媒介之间，如都市报的竞争对手有当地的晚报和在本地发行的其他报纸。而报纸定位正是与竞争者的生存状态相对而言的，要寻找竞争对手的薄弱环节，发现市场空白点，从而选择正确的发展战略。

（2）报社的自身条件也是影响报纸设计的重要因素

①硬件：报社的资金、设备和技术条件。无论是新创办一份报纸或者改版，都需要“硬件”的保障，如20世纪末期我国省级机关报纷纷创办都市报，一般都要投放几百上千万的启动资金。与资金同时启动的，还有办公场所、印刷厂等等。而且很多工作环节都离不开高新技术手段，需要有技术方面的保证。即使是日常的新闻报道活动，也同样需要“硬件”支撑。大到报纸定位、产品设计，小到一次报道策划，都要充分考虑报纸自身的这些“硬件”因素，量力而行，确保策划方案的成功实施。

②软件：报社的人力资源、体制与管理水平。人力资源是指报社拥有各类专业人员的数量、人员素质及其水平。人力资源历来是制约报纸的各项策划包括新闻传播策划的重要因素，因为一切策划方案都要靠恰当的人去完成。策划实施效果首先取决于人的努力。体制是指报社的组织制度，包括用人制度、部门设置等。体制的差异会直接影响从业者的工作态度和业务水平的发挥，形成对策划的制约力。管理水平也是影响策划和组织传播的一项重要因素，管理水平高的报社能够以高效的工作流程、完善的制度和严格的纪律保证策划方案的实施，而管理水平低下的报社则有可能使优秀的策划变成纸上谈兵。

③媒介进行传播的符号因素。媒介的信息传播总要凭借一定的符号来实现，而不同的媒介有着不同的符号体系，因此新闻传播策划必须要以媒介的符号因素为依据。

4. 简述新闻媒介的编辑方针。（复旦2016年研）

相关试题：什么是编辑方针？制定编辑方针主要包括哪几方面的内容？（武大2002年研）

答：参见本章课后习题第3题答案。

2.4.3　论述题

1. 媒介定位是什么？结合实例说说新闻媒体受众定位的主要内容是什么？（上海大学2019年研）

答：媒介定位是近年来借鉴市场营销学中“市场定位”理论提出的概念。媒介定位的具体内涵包括角色定位、受众定位、内容定位以及竞争定位。其中角色定位是根本，受众定位是核心，内容定位是关键，竞争定位是新引入的概念，旨在确定媒介在市场中与竞争对手相对位置的一项定位。

媒介的受众定位是指在对媒介市场进行分析的基础上，对媒介产品的市场占位做出的决策。媒介的受众定位对于媒介的发展起着重要作用。下文以《人民日报》为例，从受众范围、年龄结构、职业结构、文化程度、社会地位这五个方面来对新闻媒体的受众定位进行分析和比较。

(1)受众范围

《人民日报》是我国最具权威性的党报，它是党和人民的喉舌。虽然《人民日报》发行到世界100多个国家和地区，《人民日报海外版》也发行到世界80多个国家和地区，但它们都是以综合性中文日报的面目发行的。因此，《人民日报》所面向的受众群体主要是大陆读者以及海外华人、华侨、港澳台同胞。

(2)年龄结构

由于《人民日报》是党的机关报，它的主要作用是宣传党和国家的政策方针，宣传先进思想和先进典型，因此，《人民日报》的主流受众定位，是比较关心政治信息、思想相对成熟的人群，他们大多数人的年龄应在三十岁以上。相对于市场化都市报的读者群，《人民日报》读者群的年龄特征比较稳定。

(3)职业结构

《人民日报》的主要任务是传播思想信息、宣传国家政策，这就决定了阅读《人民日报》的主要是较为关心国家政治动态、希望及时了解政治信息的人群。从社会实践领域、特征和需要上看，这类人群多数为政党和社会团体部门、政府机关、事业单位和国企的部分工作人员等，职业内容多与政治工作、宣传工作、国家公共事务、行政事务等密切相关，他们需要第一时间了解党政部门的思想、政策变化，学习和掌握先进的思想观念。

(4)文化程度

《人民日报》所确定的主流读者群，一般应具有较高的文化教育背景。由于《人民日报》刊登的内容多是党和国家的方针政策、党政部门的工作举措、思想理论方面的主张见解，读者要能够读懂所刊登的宣传内容，能够正确地解读报道思想，更重要的是能够很好的将所宣传的思想、精神带到的工作中去，正确地指导工作，这就要求受众要有比较高的文化程度。

(5)社会地位

由于《人民日报》的主流受众大多为党政部门的公务人员，且受教育程度相对较高，因此它的读者群在社会上一般应处于中高地位。阅读《人民日报》的许多读者在社会有一定影响，一些人还在工作单位处于领导和负责人的位置。他们对政治信息、政策信息获知欲比较强，接受信息后再传播的扩散力和影响力也比较强。

2. 结合实例，阐述网络新闻编辑的特点与要求。(中传2010年研)

答：网络新闻的传输渠道、发布特点、受众结构、新闻编辑的基本原则和编辑方式等，与传统三大媒体相比较，都发生了很大的变化，其即时更新、背景拓展、深入分析的特性更为显著。

(1)网络新闻编辑的特点

①全数字化。多媒体、计算机和因特网的最大特征之一是数字化。他们为新闻的采编

制作和传播提供强大的数字化平台，将传统的以纸张和模拟电子技术为依托的编辑方式发展成为以计算机数字多媒体网络技术为基础的全数字化的编辑方式。这种数字化的编辑方式是网络新闻编辑的基石。

②非线性化。数字化新闻编辑的一个突出表现是非线性化。网络新闻编辑是一种在因特网平台下的以数字式多媒体、计算机等编辑设备和数字技术为基础的非线性编辑方式。用这种编辑方式，可以使新闻编辑压力得到缓解，修改变得容易，可以在短时间内完成新闻内容的重组，完全摆脱线性编辑时代声频和视频编辑中稍纵即逝、节目呈线性固定排列的缺陷，有效提高了新闻采编和传播的速度。

③多媒体化。网络新闻编辑打破三大媒体新闻编辑各自为政的局面。它的聚成性和超链接功能，使三种媒体相互沟通和融合成为可能。在功能强大的数字化网络空间中，文字、声音、图片和视频图像等不再像以前那样泾渭分明，而是相互取长补短，有机地结合在一起，构成一种有别于传统媒体、功能比传统媒体强大得多的媒体编辑形式。目前在新的数字式采编通信等技术的作用下，多媒体新闻编辑已经走向成熟，一些特有的多媒体编辑手段已经开始形成。

④超链接化。超链接和超媒体决定网络新闻编辑是一种跨越媒体障碍、海纳多种媒体形式的编辑方式。超文本和超链接结构使网络新闻成为多媒体新闻及其相关资料的结合体，这突破了传统新闻编辑的单一媒体和信息容量的限制，而将文字、声音、影像、图片等不同特点的素材相互链接或在同一新闻中进行层层链接。经过新闻与新闻、新闻与资料、新闻与网站等的相关链接，新闻的内容得到有效地丰富和拓展，新闻的信息量向本体之外延伸，传统新闻编辑的平面式结构变成了立体网状结构。

⑤全球化。因特网是一个国际性的交互式媒体平台，这决定了网络新闻的采、写、编、评等事务工作具有全球化和平等化的特点。尽管到目前为止网络编辑工作的基本流程(如选稿、改稿、制题、内容配置及栏目设置、版式设计等)并未发生根本性的改变，但在编辑环境、编辑的价值取向和编辑工具等方面却发生了巨变。

(2)网络新闻编辑的要求

网络是一个平台，它本身可以容纳报纸、广播、电视的所有传播功能。因此，在网络新闻编辑中，也显示出其专业和合理的编辑布局。不仅突出网络媒体大容量、及时性、多媒体等优点，也显示出实时性、互动性、全时性的特点。同时，在深度报道的编辑手法上也越来越趋近于纸质媒体，内容上向纵深发展，注重新闻背景的引用，深化了专题结构。在数字技术与网络技术的推动下，各类型媒体的融合正在成为新时期媒体发展的主要趋势。

一方面，不同形态的新闻媒体依然保持着各自的编辑特色，另一方面，它们基于网络而走向互动与融合，使新闻编辑工作的内容在传统媒体的基础上有了拓展，新闻编辑因此拓宽工作领域，甚至扮演新的角色。如果偏向文字(如网络报纸)则要重视“版面和谐”，偏向声音(如网络广播)则要重视“口语化、符合听觉规律”，偏向声像(如网上电视)则要重视“声画合一”。从这一角度讲，网络新闻编辑要遵循传统媒介编辑的所有规律。

2.3.4　实务题

为北京市某一居民小区的周报设计一个“社区新闻”版，写出设计方案。

答：“社区新闻”版设计方案如下：

(1)读者定位和编辑思想

作为某居民小区周报的"社区新闻"版，应把读者群定位在生活在该小区及其附近地区，切身利益与社区发展密切相关，关注并愿意参与社区建设的社区居民。因此，编辑思想也应与这一定位相一致，概括表述为"推动社区良性发展、服务居民日常生活、构建和谐社区生活"，整个版面以服务性和人文性为主要风格。

(2)该版名称、报道范围和重点

①版名："社区新闻"。

②报道范围和重点：社区及其周边地区发生的各种新闻事件(社区活动、社区发展通报、社区纠纷的报道与解决等等)、社区新闻人物、社区出现的各种社会现象的讨论以及生活服务类资讯的提供。

(3)除了通常的社区新闻报道以外，可设立以下的专栏支撑版面

①《社区群言》。群众性言论专栏。每期发表居民自发的简短评论，对社区中的新人新事新问题畅所欲言或展开讨论，该专栏侧重于展现居民参与、百家争鸣的风格。

②《社区 BIG-STAR》。人物通讯专栏。报道社区内各具特色的居民，通过鲜活人物典型的报道沟通陌生疏离的人际关系，营造社区的整体文化氛围。

③《一周通报》。短消息专栏。集纳一周内社区中已经发生和即将发生的大事小情，以通知栏的形式提醒社区居民安排日常生活，比如说停水停电通知、物业收费、采暖检修等社区内短新闻。

④《社区关键词》。生活服务类资讯专栏。为社区居民搜集社区周边的各种生活服务资讯，比如商场、超市购物优惠活动、社区医疗义诊、交通出行资讯等等。

(4)版面广告

在版面下端，开辟位置、大小、形状固定的广告区域，广告要求以分类广告的形式为居民提供日常生活所需的服务信息，其面积和色彩都有严格限制。

第三章 新闻报道的策划与组织

3.1 复习笔记

【知识框架(庖丁解牛)】

- 新闻报道的策划与组织
  - 新闻报道策划
    - 定义：新闻编辑对新闻资源的开发与配置的过程
    - 特点：阶段性、滚动性、风险性
    - 新闻报道策划与组织的操作过程：选题与预备、方案设计、报道实施与调控
    - 原则：取信、公益、创新、变通、实效、可行
    - 类型
      - 可预见性报道策划和非可预见性报道策划
      - 周期性报道策划和非周期性报道策划
      - 独立型报道策划和非独立型报道策划
  - 选题决策
    - 发现新闻线索与确立报道效果目标
    - 共性规律
      - 基于传播主体的可操作性规律
      - 基于客观事实的价值规律
      - 基于受众的适宜性规律
    - 个性化决策
      - 根据传播主体差异
      - 根据受众和受众需求的差异性
  - 方案设计
    - 确定报道范围和重点
    - 设计报道规模、进程和媒介形态运用
    - 制订发稿计划
    - 设计报道结构与报道方式
    - 报道力量配置与报道运行机制
  - 实施与调控
    - 信息反馈
      - 报道者的反馈
      - 报道对象的反馈
      - 有关部门和主管单位的反馈
      - 受众的反馈
    - 修正
      - 修正报道思路
      - 调整报道内容
      - 调整报道规模
      - 改变报道方式
      - 调整报道力量与报道机制

【考点难点归纳(厚积薄发)】

考点一：新闻报道策划 ★★★★

1. 新闻报道策划的定义、特点、阶段以及原则(见表3-1)

表3-1 新闻报道策划的定义、特点、阶段以及原则

要点	具体内容	
定义	指新闻编辑通过开发与配置新闻资源，实现最佳传播效果的创造性活动	
特点	阶段性	不同的时期都有不同的选题需要策划，一次报道策划在实施完成后还需要策划新的报道
	滚动性	随着报道客体与报道环境的改变，不断地改进与修正原来的方案
	风险性	新闻报道的成败依赖于编辑的选择和决策，新闻媒体的成败依赖于所有这些选择与决策的累积
阶段	选题与预备	从发现新闻报道线索、确定报道选题到收集与分析各方面相关材料、确定报道效果目标，是报道策划的第一阶段
	方案设计	根据报道选题与报道效果目标，对报道的规模与重点、报道进程、报道结构与方式、报道的组织机制等进行规划设计，最终形成系统的报道设计方案，是报道策划的核心阶段
	报道实施与调控	从报道策划方案付诸实施一直到报道结束，不断接收反馈，根据情况的变化不断修正原先的设计方案，是报道策划与报道实施齐头并进的阶段
原则	取信原则	实事求是、取信于受众
	公益原则	以维护公共利益、促进社会健康发展为出发点
	创新原则	每个流程都要标新立异
	变通原则	新闻报道策划是对未来行动的谋略和规划
	实效原则	最终目标是使新闻报道获得良好的社会效益、经济效益
	可行原则	具有可操作性

2. 新闻报道策划的类型(见表3-2)

表3-2 新闻报道策划的类型

要点	具体内容		
报道客体发生状态	可预见性	定义	指对能够提前获知的事件性新闻和非事件性新闻的报道策划
		特点	报道内容一般是正面信息，往往涉及成就性和方针政策的宣传报道等
		典例	庆典、活动、比赛、会议等
		难点	①容易形成固定的选题和报道模式。 ②难以表现出与众不同的风格特色。 ③以往报道中的不足易造成受众的厌烦甚至逆反心理
	非可预见性	定义	指对无法预见的突发事件的报道策划。一般无法提前，通常在事后立即策划报道活动
		特点	①以灾难性事件、负面新闻信息居多。 ②具有强烈的冲突性，易引发受众普遍的共同兴趣
		典例	地震、火灾、飞机失事、战争爆发等
		难点	①面临相对复杂的舆论环境。 ②关键在于把握时机，尊重新闻规律，正确引导受众

续表

要点	具体内容	
报道策划运行时态	周期性	报社新闻采编部门对日常新闻报道的一种常规性策划，策划的时间具有周期性特点
	非周期性	根据报道需要临时进行的报道策划
报道策划运行方式	独立型	报道策划独立存在，与其他策划活动无关，报道者并不介入报道客体中
	非独立型	报道策划与其他策划有关联，并相互间发生作用。在报道中要把握好对新闻报道内容的社会价值评判，应注意：①应遵循公关原则搞好公益性活动的策划和组织；②应根据新闻规律对报道内容加以把关

考点二：新闻报道策划的选题决策 ★★★

1. 发现新闻线索与确立报道效果目标（见表3-3）

表3-3　发现新闻线索与确立报道效果目标

要点	具体内容
发现新闻线索	发现新闻线索是产生报道选题的前提。策划者要围绕值得进行新闻报道策划的重要新闻线索广泛收集各类信息，主要包括：①报道客体的信息；②报道接收者的信息；③报道竞争者的信息
确立报道效果目标	报道效果目标是报道者根据报道策划前期所掌握的信息，在对新闻报道可能取得的社会效果的预测的基础上所希望达到的目标，其为报道策划指明了方向

2. 报道选题决策的共性规律与个性化（见表3-4）

表3-4　报道选题决策的共性规律与个性化

要点	具体内容	
共性规律	基于传播主体的可操作规律	传播主体具备完成某一新闻报道任务的各方面条件
	基于客观事实的价值规律	新闻是对新近变动的客观事实的报道，报道选题是在报道者所意识到的客观事实中产生的
	基于受众的适宜性规律	不合乎受众获知需求的新闻报道是无效的报道
个性化	①根据新闻传播主体的差异，找到最合适的报道选题及报道角度。包括：a. 媒介定位差异；b. 媒介功能差异；c. 载体差异；d. 媒介内部条件差异。 ②根据受众和受众需求的差异性，找到最合适的新闻报道选题及报道角度	

考点三：新闻报道方案设计 ★★★★★

1. 确定报道范围与重点（见表3-5）

表3-5　确定报道范围与重点

要点	具体内容
报道范围	指全部报道客体的组合，规定了报道对象的人、事，报道面有多大
报道重点	指报道客体中最重要的部分，规定了报道的核心人物或核心事件、核心问题，需要报道者投入最多的力量，在媒体上予以突出表现

2. 设计报道规模、进程和媒介形态运用(见表3-6)

表3-6 设计报道规模、进程和媒介形态运用

要点	具体内容
报道规模	指报道的时间、空间与人力三方面因素组合的概念
报道进程	指报道全过程中时段的分割和安排。规定报道分多少阶段进行、何时开头、何时推进与扩展、何时结束，以及各阶段之间如何转接
媒介形态运用	指报道对媒介发布渠道的选择

3. 制订发稿计划(见表3-7)

表3-7 制订发稿计划

要点	具体内容
发稿计划	指报道进程中各阶段刊出新闻稿件的统筹规划，包括确定每条稿件的题目、内容、体裁和篇幅，确定稿件刊出的先后次序、具体时间及发布的媒介，稿件在媒介中的位置。发稿计划是对报道规模与报道进程的具体落实
内容	①稿件的体裁和形式的配合。 ②事先对版面设计、节目包装进行考虑，并据此确定发稿目录。 ③充分考虑不同媒介形态的特点，对新闻稿件进行针对性地分流

4. 设计报道结构与报道方式(见表3-8)

表3-8 设计报道结构与报道方式

要点	具体内容		
报道结构	定义	指报道各组成部分相互之间的关系及其组合排列所呈现的外在形式。它由报道选题和报道预期目标决定	
	要素	包括时间、空间、角度、广度、深度和传播符号	
	分类	线型结构模式	选择某一个角度切入客体，对客体的发展变化进行追踪反映，直至客体变动告一段落。报道依时间延续表现出单向性的、直线型的发展轨迹
		放射型结构模式	选择某一角度切入某一客体，对这一客体的发展变化进行跟踪反映，随着报道进展，拓展报道客体，转向对更多相关客体的反映，报道依时间延续呈现出由线到面的放射状特色
		收束型结构模式	从多个客体切入，以多种事实的变动指向某一共同的主题，使这一主题得到深入挖掘和充分展示
		网状结构模式	从多个客体、多种角度切入，报道随时间延续或追踪、或拓展、或沿着客体各自的方向发展，表现出相互烘托、交错递进的特色。这种结构比较复杂，适合各种重大的报道
报道方式	定义	指将零散的新闻稿件整合为报道整体的操作模式，即新闻编辑根据报道目标，运用某种手法组织若干相关报道，使之形成具有一定报道规模或持续一定时间的报道整体	
	分类	①以编辑组织安排稿件的特点分：a. 集中式；b. 系列式；c. 连续式。 ②以编辑组织报道活动的行为特点分：a. 组合式；b. 受众参与式；c. 媒介介入式；d. 媒介联动式	

5. 报道力量配置与报道运行机制（见表 3-9）

表 3-9　报道力量配置与报道运行机制

要点	具体内容	
含义	①报道力量配置指参与报道的人力、资金和技术设备的配置。 ②报道运行机制指为实施报道而临时建立的组织机构、工作流程及其管理制度。 ③报道力量配置与报道运行机制根据报道内容、报道规模和报道方式确定	
组织结构要素	工作设计	明确完成这项任务需要哪些工种、多少岗位，要给参与者规定工作内容
	形成小组	考虑如何将这些工种和岗位组合成不同的工作小组
	建立层次结构	建立上下级报告网络系统，以规定上下级关系
	责权分配	将责任与权力分配到各个层次、小组、岗位上去
	协调与整体化	各个小组和成员在完成任务时都需要共同协作，组织结构内各小组和成员之间就必须建立横向关系
注意问题	①不宜将媒介组织机构中的繁琐设置照搬用于报道的组织机构中。 ②报道的组织结构不宜设立太多的层次。 ③在报道的组织机构建立时，应对客观环境进行全面的了解和分析	

考点速记　★★★★

1. 基础款报道策划要点

(1)标题：不可忘。

(2)选题：不可太大，亦不可太小，就事论事。

(3)版面：选取要合适。

(4)采访：问对人，问对题。

(5)报道力量配置与报道规模：几个人，几个版。

(6)发稿计划：完善具体。

(7)形式与内容，骨干与血液要匹配。

2. 融媒体报道策划要点

(1)“融”是关键，即传统媒体与新媒体的融合。

(2)传统媒体

①纸媒：文字性内容，规范性强，较深入。

a. 消息：最新。

b. 通讯：夹叙夹议。

c. 评论：注意分清等级，如时评、社论、评论员文章等的等级。

d. 深度调查：更加综合深入，完整反映事件来龙去脉。

②电视节目：专题片形式，针对一个重点去切入。

(3)新媒体

①网站：具有整合性。

②两微一端：微博——话题怎么设置；微信——注意形式，不要忘记 H5；APP 具有同

步性、运用AR。

注意：要根据实际情况，并不是任何一个策划都要用到所有形式。

(4)如何体现“融”

连接、贯通(同步)、整合——1+1>2。

①纸媒与新媒体：二维码。

②不同媒介之间：链接。

考点四：信息反馈与报道方案的修正(见表3-10) ★★★

表3-10 信息反馈与报道方案的修正

要点	主要内容	
信息反馈	报道者	指记者、通讯员和作者，他们对实际情况的掌握最多最细，对报道的效果也获知最快。他们既是报道的参与者，又是新闻媒介和社会沟通的桥梁
	报道对象	指被采访者、被报道者，他们能否接受报道、给予配合直接影响报道的进行
	有关部门和主管单位	被报道者的上级、媒介的主管部门和有关领导人员在报道进行过程中提出各种意见和建议能成为报道调整的原因
	受众	受众的反馈是报道成功与否的重要衡量标准，媒介融合使新闻编辑更容易及时了解和把握受众的反馈
修正方案	修正报道思路	是报道策划中最大的调整，是对报道选题的重新认识
	调整报道内容	在不变更报道思路的前提下补充或压缩报道内容，改变原来的发稿计划
	调整报道规模	调整报道的时间、篇幅、版面地位等，改变报道的阵势和力度
	改变报道方式	变更报道的组织方式，使报道取得好的效果
	调整报道力量与报道机制	改变原定的报道人员部署和资金及技术设备的配置，建立新的报道机制等

考点拓展：报道策划的方法(见表3-11)

表3-11 报道策划的方法

方法	具体内容
系统方法	指对报道对象所涉及的各种关系和各个环节，进行全方位思考
参照方法	指以别人成功的经验和失败的教训为基础，通过对比、评估获得最有价值的信息或观念，并将其运用于自己的实践以降低创新风险
逆向方法	是报道策划中常用的方法。在报道策划中运用逆向方法，既可以给人新感觉，也有利于全面地反映客观事物。逆向法可以运用于报道的对象，也可以运用于报道的主体

【新闻报道策划案例分析】

案例一：融合新闻报道策划之G20后会给中国经济带来哪些利好

1. 新闻背景

2016年9月，习近平主席出席二十国集团领导人峰会，同27位外方领导人会晤，为会议的顺利进行做出的贡献，赢得各方高度赞赏，也向世界展示了中国名片。杭州二十国集团峰会签署《巴黎协定》会为中国带来哪些利好？对于普通群众而言，峰会的顺利举行，将对中国经济发展产生哪些影响？给普通人的生活带来怎样的变化？基于传播主体的可操作性，基于客观事实的价值规律和受众的适宜性规律，此次报道选题确定为：G20 峰会落幕后，会给中国经济带来哪些利好？又将如何影响普通人的经济生活？［要注意区分策划的选题与策划的标题，没有选题的策划没有灵魂！在考试时，选题也可单独成为一个小点，让阅卷老师眼前一亮］

2. 报道范围与重点

此次报道范围主要围绕“G20 峰会落幕后，中国经济发展会对广大人民群众带来怎样的影响？”

本事件中，采访对象设定为习近平主席、经济学专家、财政部新闻发言人、杭州市民或网友。

3. 拟采访对象及采访问题［选取采访对象应遵循同心圆原则，首先应是中心人群，如新闻当事人；其次是与事件相关的人群，如当事人家属；再次是权威人群，如专家学者；最后是外围人群，如网友、路人。采访对象尽可能具体，采访问题以每人 2～3 个为宜］

(1) 习近平主席

①G20 峰会圆满落幕，您在会议期间提出了哪些关于中国经济发展的计划？

②您提出的亚投行和“一带一路”建设的初衷是什么？将如何拉动周边国家经济发展？［可以有两个连问，连问需注意问题的关联性］

③上述这些倡议如期实现后，将对普通人民的生活产生什么样的影响？

(2) 经济学专家

①您认为在贸易进出口方面，此次峰会给广大消费者带来的利好有哪些？

②当前中国正处于一个转型升级的阶段，经济治理上能否借助 G20 峰会从危机应对型的治理阶段走向长期综合的治理阶段？

③“一带一路”倡议已经提出，就您对此的了解，请你为沿线人民给出一些建议？

(3) 财政部新闻发言人

①目前“一带一路”和“亚投行”基础设施的建设带来的国内经济增长额和贸易总额是多少？

②政府将采取哪些措施来促进峰会上提出的相关经济政策的落实？

③“一带一路”途经许多周边贫困地区，国家为他们抓住经济发展机遇提供了哪些扶持政策？

(4) 杭州市民或网友

①此次的 G20 峰会，您有关注吗？您觉得这是一次怎样的国际会议？［闭合式问题不可太多，可将闭合式问题与开放式问题交替使用］

②对于此次峰会上提出的市政交通和城市道路治理项目，您有什么期待吗？

③“一带一路”和“亚投行”的倡议发起后，您的日常生活有没有更加感觉方便一些？能举个例子吗？

4. 报道方式

本次报道预计采用集中式报道。[在考试中，一般选择集中式报道]

5. 人员安排

本次报道预计派出记者5名，编辑3名，并邀请专家进行预约稿件。

6. 发稿计划

本次发稿采取全媒体发稿形式，通过多种媒介形式、渠道进行全方位融合报道。[发稿计划是拉开分距的关键，发稿计划一般分为传统媒体与新媒体两部分]

(1)传统媒体

①报纸刊物

a. 深度报道专题：在《人民日报》要闻版设计报道专栏，分栏呈现对习近平主席、各国领导人、经济学专家、普通人民等采访文章，预计发布2～3版包含消息、社论等形式的报道。

b. 深度挖掘：通过评论员文章、专家解读、追访等配合深度稿件，全方位跟踪报道，展现G20峰会的全貌。

c. 传统媒体与新媒体融合：在报纸专题顶部设置用户端二维码，用户通过扫描二维码进入客户端讨论。

②电视节目

a. 电视新闻报道：在中央电视台新闻频道和中央电视台综合频道轮流播报，以电视新闻口播稿的形式展现G20峰会稿件，并配现场同期。

b. 电视深度报道专题：通过电视深度新闻调查节目，对G20峰会后，中国经济将如何走向深入报道，深入群众，与当事人面对面交流他们的生活改变。通过直接生动的画面使报道内容更深入人心。

(2)新媒体

①网站

a. 网络消息报道：通过发布"G20峰会后，如何影响普通人的经济生活?"的网稿，引起广大人民群众对此的关注和讨论。[网络消息标题与在传统媒体上发布的新闻标题一样，但可稍微活泼一点]

b. 网络图集：制作并发布现场采访时采集到G20峰会的相关图片，策划一期图片报道。

c. 网络视频：在网站视频平台上策划一期视频节目。派视频记者深入杭州和一带一路沿线，探访并拍摄当地人真实的生活写照。同时，为了确保视频节目的趣味性，本次节目融合网络直播形式，并加入弹幕、讨论区等元素，与网友讨论交流。形式与电视新闻类似，但是比电视新闻受限更少，形式可以更生动、内容也可更充实。

②两微一端(微博、微信、客户端)

a. 微信：在微信公众平台及客户端对深度报道进行编辑，配以采访和会议介绍视频。

b. 微博：创建#G20峰会与你#相关话题，实时更新最新消息，展示制作的相关动画和数据图表。在微博上创建用户投票等形式的参与性活动，并将采访的短视频发布在微博上，用户可自由讨论、发表观点，制造话题热度。以视频等方式全面展现G20峰会开幕和进展情况，并以移动直播的形式邀请特约专家进行深度解读。[微博话题可以多列几个，语言精

简，中间不要出现标点符号，避免影响搜索效果]

c．客户端：与微信、微博同步发布文章、视频，并创造子栏目进行话题互动；客户端一键扫描跳转微信、微博相关链接；另外，新闻客户端上线作品，通过 VR 技术手段展现峰会的会议召开场景以及晚宴场景，用户足不出户就能看到新闻，真正来一次360 度沉浸式体验。

③数据新闻：从峰会中挖掘数据进行可视化呈现。例如《大数据解读杭州峰会》《杭州峰会，哪些数据与你有关》，通过数据新闻拓展时空范围、深化事实认知，为读者获取信息扩展空间。数据新闻均可在报纸、网站、两微一端等媒体发布。

④无人机：利用无人机航拍整个峰会现场，制作出宏大气势的视频或者长图，实现实时移动直播。[在进行重大事件报道时可以使用 VR 新闻、AR 新闻、数据新闻及无人机新技术等，一般稿件可根据情况选择其一]

7．报道力量配置

成立专门的报道小组，与调研、广告、发行部门相互合作；建立反馈机制，主动、全面、及时接受各方面的信息，及时调整采访计划。

案例二：关于“改革开放四十周年，吃与旅行的变迁”的新闻报道策划

1．新闻背景

2018 年是改革开放四十周年，这四十年，从宏观层面来看，中国经济发生了翻天覆地的变化，其增速之快、影响之深远在世界经济史上都是空前的；从微观层面来看，主要体现在老百姓生活质量的提高与生活方式的变迁。

2．选题[选题可在新闻背景部分中提出，也可单独成为一个小点]

基于传播主体的可操作性、基于客观事实的价值规律和受众的适宜性规律，此次报道的选题为：改革开放后人们的吃和旅行发生了哪些变化？

3．确定报道范围与重点

报道重点：主要报道人们在饮食和旅游方面的消费现状及过去与现在的对比，通过消费行为的变化展现中国经济的高速发展以及所凸显出的相关问题。

拟采访对象：网红奶茶喜茶负责人、海底捞服务员、特色老店的店长、同程旅游经理、知名景区负责人、国家负责食品与旅游方面部门的负责人、研究国家经济发展的专家、餐饮店和旅游景点的消费者。[该处的采访对象较为具体，所列出的采访对象不一定全部都要采访，可选择部分拟写采访问题]

(1)特色老店的店长

①特色老店在哪些方面最能吸引消费者？

②您的经营策略发生过哪些变化？

③与现流行网红餐店相比，老店最大的优势和劣势分别是什么？

(2)知名景区负责人

①您认为人们旅游最看重的是什么？

②哪些年份景区客流量上升幅度较大？

③游客在景区的消费情况发生了哪些变化？

（3）游客

①您今年去过哪些地方旅游？

②您对旅游景点的选择标准是什么？

③哪些年去旅游的次数比较多？

④您旅游的目的发生了哪些变化？

（4）旅游局的相关负责人

①旅游收入在第三产业中所占的比重排第几？与过去相比发生了哪些变化？

②发展旅游业有哪些新的规定？

③旅游人数与频次的增加，应如何保障旅游业的良性发展？

4．报道规模与进程

（1）此次报道将派出4～6名采编人员，报道将占据2个版面。

（2）本次采访分为三个阶段：第一个阶段，采访不同地区的饭店、旅游景点负责人及消费者，拍摄相关视频，收集与整理采访资料；第二个阶段，采访国家负责食品与旅游方面部门的负责人、研究国家经济发展的专家；第三个阶段，整理采访数据、视频、语音等相关资料，按照发稿计划进行编辑，组织发稿。

5．发稿计划

（1）传统媒体

①报纸：本次报道题材重大，读者面向全国，因此在《人民日报》刊登消息、评论，占据2个版面，采用图文方式并在标题下方加上二维码，读者扫描二维码即可链接到网站视频，实现报纸的动静结合。

②电视：将采访过程剪成35分钟的短片，展现目前人们在旅游、食品方面的消费现状，将相关数据制作成动态的图表置于视频后，并配解说词。设置摇一摇，受众参与摇一摇即可进行互动。［摇一摇参与互动是电视新闻报道吸引受众注意力的新方式］

（2）新媒体

①网站：及时更新消息，设置专门的“吃与旅行的变迁”模块，定期更新相关视频，网页底部可链接微博与微信，能够将视频与消息转发至个人微博或微信账号上，通过社交进行更广泛的传播。

②微博：发起#吃与旅行的变迁#、#改革开放四十周年#、#吃过的传统美食#、#唯美食与美景不可辜负#等话题，吸引受众充分参与讨论。

③微信：在采访开始前，推出一篇争取用户意见与建议的推送，让用户在评论区写出自己这几年在吃和旅游方面感受最深的事情，点赞数前十名可以获得美食券或某地旅游景点的门票，吸引人们的转发；采访后，及时在官方公众号上更新关于吃和旅行的两篇图文推送，并附上采访视频，及时公布获奖名单。［点赞和抽奖能够充分吸引受众的参与，这也是当下比较流行的获取流量的方式］

④客户端：根据采集到的数据，制成数据新闻，把不同地点及不同时间关于吃和旅游的数据进行加工处理，整体采用中国地图分区以及分时间段的方式，用户点击不同的地区及不同的时间则可以看到相应的变化情况，在地图旁边还可展示某地某时期的具体照片；制作旅行打卡H5，不同年份去旅行过的地方用不同的颜色表示，结果以二维码图片形式展

现，图片可直接分享至微信，充分吸引受众的参与。

⑤短视频：在抖音等短视频平台发布采访时的花絮，通过趣味性事件吸引人们对改革开放四十周年这一重大事件的关注。

6. 报道方式

本次报道预计采用集中式报道。

7. 报道力量配置

成立专门的报道小组，与调研、广告、发行部门相互协作；建立反馈机制，主动全面、及时接受各个方面的信息，及时调整采访计划。

3.2　课后习题详解

1. 什么是新闻报道策划？新闻报道策划有哪些主要类型？

答：(1)新闻报道策划的定义

新闻报道策划是新闻编辑通过对新闻资源的开发与配置，实现最佳传播效果的创造性活动。新闻报道策划的主要内容包括：选题决策、报道方案设计、在报道实施过程中接受反馈并修正设计方案。

(2)新闻报道策划的主要类型

①以报道客体发生状态作为分类标准，新闻报道策划可分为可预见性报道策划和非可预见性报道策划。

a. 可预见性的新闻报道策划，是指对能够提前获知的事件性新闻和非事件性新闻的报道策划。如卫星发射、奥运会等新闻事件或活动，纪念改革开放40周年等非事件性新闻等，都属于可预见的新闻报道内容，对这类新闻的报道策划可以提前进行。

b. 非可预见性的新闻报道策划，是指对无法预见的突发事件的报道策划，如地震、火灾、飞机失事、战争爆发等，都属于非可预见性的新闻报道内容，对这类新闻的报道策划一般无法提前进行，通常是在事件发生之后立即策划报道活动，一般以灾难性事件、负面新闻信息居多。

②以报道策划的运行时态作为分类标准，新闻报道策划可分为周期性报道策划和非周期性报道策划。

a. 周期性报道策划，是指报社新闻采编部门对日常新闻报道的一种常规性策划，策划的时间具有周期性特点，如按季度、月、周等进行的报道策划。

b. 非周期性新闻报道策划，是指根据报道需要临时进行的报道策划，如对突发性新闻事件的报道，一般不可能提前纳入常规性的报道策划中，只有在事件发生之后立即策划报道，这种策划是周期性策划之外的一种应变策划。还有一些重要活动、会议的报道，虽然可以提前准备，纳入周期性报道策划中，但由于报道内容非常重要，需要以长时间、大规模的报道战役来完成，有时也在周期性策划之外专门进行报道策划。

③以报道策划的运行方式作为分类标准，新闻报道策划可分为独立型报道策划和非独立型报道策划。

a. 独立型报道策划，是指报道策划独立存在，与其他策划活动无关。报道策划者单纯策划对新闻事件的报道活动，报道者并不介入报道客体中。如报道国务院机构改革、人大政协会议召开、海湾战争爆发等，新闻媒介通常是站在旁观者的角度，进行客观报道，这种报道策划是独立运行的。

b. 非独立型新闻报道策划，是指报道策划与其他策划有关联，并相互间发生作用。如策划救助贫穷学生的公益活动、策划宣传媒介的公关活动等，并且使这些活动成为报道客体，报道者身兼“报道者”与“当事人”双重角色，新闻报道策划与活动的策划、组织相互配合进行。

2. 在新闻报道策划中，选题决策的依据是什么？如何做到选题的个性化？

答：新闻选题策划要求既要遵循报道选题决策的共性规律，也要追求选题的个性化。

(1)报道选题决策的共性规律

任何一种媒介的新闻传播活动都是由传播者、传播内容和受众这三方面要素构成的，因此，所有的报道选题决策必然在这三方面具有某些共同的运作规律。

①基于传播主体的可操作性规律。“可操作”是指传播主体具备完成某一新闻报道任务的各方面条件。在进行选题策划时，既要看主体是否具有展开报道的外部条件，比如，法律、政策、社会道德观念及文化传统是否允许报道这样的新闻事实；又要看自身是否具备进行这一报道的内在条件，比如是否具备采集该新闻信息的资金、技术设备和人力资源，是否有相适宜的采编运行机制与管理水平等。凡是不符合可操作规律的选题，是不宜划入报道范围的。

②基于客观事实的价值规律。由于媒介载体的有限性，难以对所有的新闻事实都投入巨大的人力物力进行策划性报道，因此，客观事实的新闻价值成为选题的重要标准。在新闻选择中，编辑对新闻价值的判断主要以新闻事实发生时间的新近性、新闻事实有助于消除受众认识的不确定性、新闻事实具有的社会影响力、新闻事实发生地与受众的距离以及新闻事实对受众兴趣的激发力等为标准。这些标准适用于所有新闻媒介的报道选题决策。

③基于受众的适宜性规律。新闻传播活动是以传播者与接受者之间的信息传递为基础的，没有受众的新闻传播无法存在，不合乎受众获知需求的新闻报道是无效的报道。因此，所有的新闻报道选题都要以媒介受众的信息需求为依据，报道什么、如何报道，都要根据受众的需要进行选择和设计。报道选题决策要遵循对受众的“适宜性”规律。

(2)报道选题决策的个性化

新闻报道选题决策必须追求选题的个性化，因为新闻竞争在不断加剧，所有新闻媒体即使在报道同样的新闻事件时，必须立足于自身的定位和资源优势，追求与众不同的传播效果。主要可以从以下两方面考虑：

①根据新闻传播主体的差异，找到最合适的报道选题及报道角度。

传播主体及其条件的差异，具体而言包括媒介定位的差异、媒介功能的差异、载体的差异、媒介所处环境的差异、媒介内部条件(资金、设备、人才、管理、机制等)的差异等。这些因素有些还与报道客体、传播受众相互联系，这些都是在选题决策时要考虑的。

传播主体差异还表现在不同的报道者对客观事实的价值判断不同，这也决定了新闻报道选题决策的个性特征。报道策划对于报道选题的确定，本质上是传播主体新闻价值观在实际操作中的体现。

②根据受众及其需求的差异性，寻找最合适的新闻报道选题与报道角度。

a. 不同的媒介拥有不同的受众群体，受众的差异性本身就导致了受众对传播的要求与期待是不同的。

b. 同一受众群体对不同的媒介也会有不同的需求，比如对电视和对报纸的要求是不同的。受众的需求差异对新闻选题策划的影响，直接表现在编辑对客观事实的价值判断中。

3. 新闻报道策划方案应该包括哪些内容?

答：新闻报道策划方案的主要内容包括：报道范围与重点、报道规模与进程和媒介形态运用、发稿计划、报道结构与报道方式、报道力量配置与报道运行机制。

(1)报道范围与重点

①报道范围是全部报道客体的组合，规定了报道对象是哪些人和事，报道面有多大。

②报道重点是报道客体中最重要的部分，规定了报道的核心人物或核心事件、核心问题，需要报道者投入最多的力量，在媒体上也要予以突出表现。

(2)报道规模与进程和媒介形态运用

①报道规模是报道的时间、空间与人力三方面因素组合的概念，即报道在报纸上持续进行多少时间、占据多大版面空间和多少栏目配置、动用多少采编力量。

②报道进程是指报道全过程中时段的分割和安排，规定报道分多少阶段进行、何时开头、何时推进与扩展、何时结束以及各阶段之间如何转接。

③媒介形态运用是指报道对媒介发布渠道的选择，如是在报纸这种单一的传统媒介上进行报道，还是同时运用报纸、网站、微博、客户端等多种媒介形态进行联动报道。

(3)发稿计划

发稿计划是报道进程中各阶段刊出新闻稿件的统筹规划，包括确定每条稿件的题目、内容、体裁和篇幅，确定稿件刊出的先后次序与具体时间，稿件在版面上的位置等。具体落实以下三个方面：

①稿件的体裁和形式的配合。发稿计划中不仅包括了记者采写的稿件，还包括需要收集的相关资料，向社外的约稿等。

②事先对版面设计进行考虑并据此确定发稿目录。策划性报道，最终要通过版面来传递信息和表达编辑意图。在制定发稿计划时，需要事先设想版面的编排，根据版面的需要确定发稿目录。

③在同时运用多种媒介进行融合新闻报道时，还要充分考虑到不同媒介形态的特点，有针对性地对新闻稿件进行分流，并注意不同媒介同题报道之间的相互配合和相互推广，提前做好设计。

(4)设计报道结构与报道方式

①报道结构是报道各组成部分相互之间的关系及其组合排列所呈现的外在形式。它是由报道选题和报道预期目标决定的。报道结构的组成要素包括时间、空间、角度、广度、深度和传播符号。常见的报道结构主要有四类：线型结构、放射型结构、收束型结构和网状结构。

②报道方式是指将零散的新闻稿件整合为报道整体的操作模式。以编辑组织安排稿件的特点划分，主要有集中式、系列式、连续式；以编辑组织报道活动的行为特点划分，主要有组合式、受众参与式、媒介介入式、媒介联动式。报道方式最终在报纸上的具体展示

及形象化，就是报道的表现形式。

(5)报道力量配置与报道运行机制

报道力量配置是指参与报道的人力、资金和技术设备的配置。报道运行机制是指为实施报道而临时建立的组织机构、工作流程及其管理制度。每一次重大报道活动都要依靠分工协作去完成，包括：①工作设计；②形成小组；③建立层次结构；④责权分配；⑤协调与整体化。

报道设计方案的优选，也是报道策划的重要环节，这一决策关系整个报道的成败。一般情况下主要考虑两方面：①对候选方案的效果进行预测，与报道效果目标两相对照，选择最接近效果目标的方案。对于那些效果难以确定的方案需要谨慎对待。②对候选方案的实施条件进行分析，与媒体内部现有的条件两相对照，选择两者最接近的方案。

4. 举例说明几种基本的新闻报道结构与报道方式的特点。

答：(1)新闻报道结构

报道结构是报道各组成部分相互之间的关系及其组合排列所呈现的外在形式。常见的报道结构主要有四类：线型结构模式、放射型结构模式、收束型结构模式和网状结构模式。

①线型结构模式。如2013年美国中情局职员斯诺登揭露美国政府监视自己公民的秘密计划，受到了全世界的关注。很多新闻媒介对这一事件的报道主要是追踪这一事件发展的进程，向受众及时通报事件的进展情况，这就是线型结构模式的报道。这种结构模式的特点是选择某一个角度切入客体，对客体的发展变化进行追踪反映，直至客体变动告一段落。报道依时间延续表现出单向性的、直线型的发展轨迹。

②放射型结构模式。如1989年《经济日报》对“条子肥”问题的连续报道就是一种放射型结构模式，报道的第一阶段，开辟了专栏“由‘条子肥’引出的报道”，一方面发表读者来信，一方面追踪报道事件调查处理的情况。在这一阶段，报道主要向纵深发展。第二阶段，推出专栏“大家都来关心‘条子现象’”，把报道从“条子肥”问题引入了更广阔的空间，启发读者正确认识形形色色的“条子现象”，如“条子钢”“条子煤”“条子电”等，有力抨击了社会上以权谋私的不正之风，使报道主题得到升华。这种结构模式的特点是选择某一角度切入某一客体，对这一客体的发展变化进行跟踪反映，随着报道进展，拓展报道客体，转向对更多相关客体的反映。报道依时间延续呈现出由线到面的放射状特色。

③收束型结构模式。如《光明日报》的新闻名专栏“新闻聚焦”曾经做过专题连续报道“殡葬陋习回潮亟需各界重视”，就是一种收束型结构模式。这次报道组织了广东、福建、浙江三省记者站和北京总社、驻国外的记者分头采访报道，从不同客体切入主题的做法，有利于全面反映问题，引起社会关注。这种结构模式的特点是从多个客体切入，以多种事实的变动指向某一共同的主题，使这一主题得到深入挖掘和充分展示。报道随时间延续表现出由面到线或点的特色。

④网状结构模式。如2012年1月，严重的雾霾天气对北京造成很大影响，各类新闻媒介都对此进行集中报道。这一报道涉及的内容比较复杂，主要包括：雾霾对北京居民造成的伤害、对社会正常活动带来的干扰；政府、学校、企业等各方采取的应对措施；有关专家对市民进行自我保护提出的建议；雾霾产生的原因分析；放眼国际，其他国家以往处理同类问题的经验；等等。因此，这个报道必然要关注多个客体、采用多种角度，既要跟踪

事件本身的发展，又要向广度和深度拓展，进行解释、分析和预见。这种结构模式的特点是从多个客体、多种角度切入，报道随时间延续或追踪、或拓展、或沿着客体各自的方向发展，表现出相互烘托、交错递进的特色。特别重大的报道战役，在结构上采用网状结构模式的较多。

融合新闻报道因为将传统媒介与新媒体融合进行报道联动，公众能够更好地参与新闻传播活动，使新闻报道的视角更加多样化，因此更容易形成网状报道结构。

（2）报道方式

报道方式是指将零散的新闻稿件整合为报道整体的操作模式，主要有集中式、系列式、连续式。

①集中式。如1997年我国对香港恢复行使主权、2000年人类进入新的世纪、2001年美国发生“9・11”恐怖事件、2008年中国举办奥运会、从2003年至2013年我国“神舟”系列航天飞机载人飞行连续获得成功等，几乎所有媒体都集中版面和时段组织了报道。集中式的主要特点在于版面的安排和利用，因此它往往不是一种单独采用的组织方式，需要和其他方式一同运用。即在版面编排确定了集中式以后，稿件以怎样的组合和顺序出现，还要参照其他报道组织方式。

②系列式。如1987年我国大兴安岭火灾，《中国青年报》连续发表《黑色的咏叹》《绿色的悲哀》《红色的警告》三篇长通讯，从多层次多角度报道了火灾的前因后果以及带给我们的教训。这组报道采用的就是系列式的报道组织方式。系列式的最大特点是每篇稿件的角度不同、视野不同，但在总体上它们相互关联、相互依存、相互补充，共同组成一个报道整体。

③连续式。如南方大水灾、海湾战争、飞机失事等，事件一旦发生，读者急于了解下一步情况，只有进行追踪采访，及时通报每一个新变化、新进展，才能使报道善始善终，满足读者的要求。连续式报道的最大特点是每篇稿件报道的对象一样，但反映的时间、过程不同，前一篇报道的内容往往构成下一篇报道的背景，再下一篇报道又从这篇报道起步，环环相扣、步步紧跟，充分体现出新闻的时效性。

5. 寻找媒体融合进程中新闻报道策划与创新的实例，分析这种创新的策略与走向。

答：媒体融合进程中新闻报道策划与创新主要体现在以下几个方面：

（1）网状报道结构的使用会更加受到重视

报道结构是报道各组成部分相互之间的关系及其组合排列所呈现的外在形式。报道结构的构成要素包括时间、空间、角度、广度、深度和传播符号。常见的报道结构主要有线型结构模式、放射型结构模式、收束型结构模式和网状结构模式。

融合新闻报道因为将传统媒介与新媒体融合进行报道联动，公众能够更好地参与新闻传播活动，使新闻报道的视角更加多样化，因此更容易形成网状报道结构。另外，由于融合新闻报道同时采用不同的媒介形态，在策划时要充分利用每种媒介的优势和特点，这也决定了在报道结构上更加复杂和富于变化，网状报道结构的使用会更加受到重视。

（2）对受众参与式报道方式的运用进入新的阶段

在融合新闻报道中，大众媒介与网络媒介相结合，受众参与新闻传播、提供新闻内容进一步常态化，报道策划中对受众参与式报道方式的运用进入了新的阶段。如在2009年英国《每日电讯报》在头版上揭露了骇人听闻的有关选举获胜的官员站不住脚的花费。作为对公众愤怒的回应，英国政府宣布在线公开超过100万份扫描的文件和收据，而这是足以淹没任何新闻机构的数据海啸。《卫报》为了赢得这场新闻竞争，开始请求读者帮助筛选这100万份文件，并找出仍未被披露的渎职行为。报社在网站上运行一个开源软件，允许读者一个个检查记录并用四种方式对收据归类："感兴趣的""不感兴趣的""感兴趣但是已经知道的""调查这个"。超过两万名读者做出了贡献。17万份记录在80个小时内就被检查完毕。《卫报》在头版设置了一个进度指示器，让研究者分享一个共同的目标。随后，它又开发出一个业绩最佳志愿者的名录，这进一步为志愿者增添了动力。当《卫报》为每一个收据都配发了一幅下议院议员的照片时，读者的反应骤升。报社甚至从亚马逊租赁了便宜的服务器空间来处理相关数据，而为此次报道所付出的现款还不到150美元，可谓成本低而收效大，堪称一次与用户共同创造新闻内容的新颖尝试。

(3)融合新闻报道是对媒介联动式报道的进一步发展

在一家媒介集团同时拥有了不同类型的新闻媒介，并且以融合新闻的思路进行报道策划时，媒介之间会围绕同一报道选题进行资源共享、报道联动，实现优势互补。如在2010年上海世博会期间，中央人民广播电台派出了500多名采编、技术等人员组成世博报道组，全面调动13套无线广播频率、中国广播网、央广手机台等新媒体资源，全方位多角度报道上海世博会的盛况。中央电视台、《人民日报》、新华社等也都在世博会期间对各种发布渠道进行了整合。

6. 分析近期某一家报纸的一项重大新闻报道，指出其优点与不足。

答：一项重大新闻报道往往涵盖了新闻报道策划的多个层面的问题，因此也吸引更多的从业者及研究人员对其进行分析。这里选取《南方周末》对"柴油入黄"事件的报道，对其优缺点进行分析。

(1)案例介绍

《南方周末》记者2010年1月6日晚发表题为《柴油入黄：拷问2010年第一起环境污染事件》。内容概要主要包括：2009年12月30日凌晨2时15分，中石油兰郑长渭南支线柴油管线发生泄漏。泄露的柴油先是进入赤水河，接着进入渭河，最终进入黄河。

针对这一事件，《南方周末》记者撰文从以下几个角度进行了报道：

①中石油一条输油管道投产不到6小时就发生重大泄漏。

②国家高层批示严防浮油入黄。

③晋、豫、鲁等沿黄多省闻讯而动，落闸拦水，铺毡截污。

④究竟泄漏了多少柴油？

⑤是否第三方施工所为？

(2)优点分析

这篇新闻报道算得上是一篇优秀的新闻报道，不仅有广度报道，也有一定的深度报道。具体来讲，其优点主要表现在以下几个方面：

①事件脉络交代清楚。整篇报道基本上是按照事件发生的时间顺序来进行跟进的，这样读者在阅读时比较容易把握事件的来龙去脉以及发展进程，甚至会跟着紧张，希望河水不要遭到污染。

②事件介绍与背景介绍相结合。《南方周末》在报道这起事件时，并没有只去描述事件本身，而是细心地加入了必要的背景介绍，比如对兰郑长管线、赤水河、赤水河右岸堤防退建加固工程的介绍。这些介绍有效地弥补了读者在相关知识上存在的空白和不足，有助于其更好地了解整个事件。

③报道全面详细。一方面，时间跨度长。这篇新闻报道涉及整个事件从12月30日发生到1月4日为止长达6天的跨度里发生的事情。另一方面，参与主体面广。报道中涉及多方当事人，既有中央政府高层领导，又有中石油方面的相关工作人员及负责人，还有各地环保局以及水务部门的相关人员等。

④用数据说话。报道当中，有多处用到了数据，比如水位、隔油带的数量、漏油量等。“此次泄漏柴油量猛增至150立方米，仅50立方米得到回收，其余100立方米泄漏。”即为其中一处。这些数据很直观地说明了问题。

⑤广泛引证，充实报道。例如，“中广网消息称，1月2日下午三点多，泄漏的柴油污染带源头到达陕晋豫三省交汇的黄河转角风陵渡，流速每小时6到8公里”；“据河南省政府向环保部的书面汇报称，三门峡以上水体已经受到污染”；“最早报道此事故的两家官方媒体称，未发现泄漏对黄河水质产生影响，报道引述的渭南市政府公布的消息均未提到泄漏量和泄漏时长”。这些引证，使得读者可以在一篇报道里同时了解其他报道及资料的相关信息，使报道层次更丰富，也更具说服力。

(3)不足分析

这篇新闻报道也存在着不足之处，主要表现在两个方面：

①报道中多次提到南方周末记者，这一点显得有些多余，太过强调自身主体性。

②有一些问题未得到结论，比如“本次事故到底泄漏了多少柴油，南方周末记者两次到赤水河事故现场访问中石油抢修负责人时，均未得到答复”“南方周末记者曾向赶到现场察看抢修进度的中石油管道局工程部副经理、兰郑长线项目经理张吉海问及管线质量问题，他以工作忙为由未能作答”。

7.［综合练习之二］：为前一章［综合练习之一］中设计的媒体产品进行一次新闻报道策划，写出策划方案。

答：2009年2月18日至2月28日，第二十四届世界大学生冬季运动会在中国黑龙江省哈尔滨市举行，这是中国首次举行冬季大学生运动会，也是中国历史上首次举办的规模最大、人数最多、水平最高的世界综合性冬季运动会。

针对这次大学生的冬季盛会，《首都大学生周报》在这一赛事期间应该组织大规模的新闻报道，具体的报道策划方案如下：

(1)报道策划的阶段

《首都大学生周报》对于哈尔滨大冬会的报道策划可以尽早启动，做足准备，策划可以分成三个阶段：

①从2008年12月20日至2009年1月19日，是筹备阶段，主要进行市场调研和策划，招商活动同时展开。

②从2009年1月20日至2009年2月17日，是大冬会前期报道阶段，开始每周出版4个版，后来增加到8个版，这一阶段要实现先声夺人、重兵压境的战略目标。

③从2009年2月18日至2009年2月28日，围绕大冬会比赛，展开全面的报道。这一阶段的特点是全面出击、突出特点，利用前期准备充足带来的效应乘势而上。

(2)推出哈尔滨大冬会特刊

第二十四届大学生冬运会是我国历史上举办的首届世界综合性的冬季运动会，和大学生这一群体又有着切身的联系，其重要性不言而喻。基于此，《首都大学生周报》应针对此次大冬会，推出特刊《聚焦大冬会》，并且改变周报一周一报的出版周期，紧跟赛事的发展，以日刊的形式推出特刊。这一特刊可以在对这一赛事报道的第三阶段推出，即大冬会的正式比赛期间。

(3)具体报道内容

对大冬会赛事的具体报道内容应该根据不同的报道阶段有所区别：

①在第二阶段，由于报纸仍然维持周刊的出版周期，因此在一些时效性新闻上不必下太多功夫，而应该把侧重点放在深度解析上，可以就此次大冬会的准备工作、参加这届大冬会的中国运动员、大冬会的历史、大冬会的比赛项目等方面来进行深度而全面的报道。这一阶段的报道以预热为目的，引起读者对接下来的报道的兴趣。

②在第三阶段，由于报纸推出了日出的特刊，且赛事全面展开，报道的侧重点也要发生相应的改变，这一阶段的主要报道内容有：

a. 赛事消息报道，以消息速递的形式紧跟赛事的发展推出报道。

b. 赛场焦点人物报道，重点关注中国的大学生运动员。

c. 赛事周边事件报道，可以报道当地大学生和北京大学生对这次赛事的参与情况、志愿者服务情况等。

d. 赛事评论，可以以特邀评论员、征稿的方式来发表广大群众尤其是大学生群体对这次赛事的看法、意见、态度等。

3.3 考研真题与典型题

3.3.1 概念题

1. 报道策划(上海财大2010、2007年研；陕西师大2016年研)

相关试题：新闻策划(兰州大学2019年研；南京大学2018年研；上海大学2017年研；暨南大学2010年研；西南大学2007年研；云南大学2005年研；厦门大学2003年研)

2. 周期性报道策划

3. 发稿计划

4. 传播符号

3.3.2 简答题

1. 简述新闻报道策划及其主要类型。(复旦大学2017年研)

相关试题：报道策划的类型。(西安交大2005年研)

2. 什么是新闻策划？(北大2016年研)

3. 新闻策划与策划新闻。(电子科大2014年研)

4. 联系实际说明报道策划者应如何对报道客体进行价值判断。(电子科大2011年研)

相关试题：什么是新闻报道策划的客体信息？怎样才能把握好客体信息？（湘潭大学2009年研）

5. 新闻策划曾引起较为广泛的争议，你如何看待新闻策划？（暨南大学2011年研）

相关试题：谈谈你对“新闻策划”的理解和认识。（中国社会科学院2006年研）

6. 简述广播电视新闻策划的选题来源。（暨南大学2016年研）

7. 简述电视节目编辑的基本原则。（暨南大学2016年研）

8. 选择一个重大事件对其后续报道进行策划。（上海交大2016年研）

9. 如何确定报纸的选题？（电子科大2014年研）

10. 简述报道策划中如何把握受众心理。（陕西师大2007研）

3.3.3　论述题

1. 新闻报道策划如何把握策划的“度”？（大连理工2008、2005年研）

相关试题：

(1)简述新闻报道策划的原则。（简答题，厦门大学2018年研）

(2)简述新闻报道策划的组织原则和运用尺度。（暨南大学2004年研）

2. 报道策划的取信原则。（上海交大2005年研）

3. 结合具体的新闻报道实践，论述新闻选题的基本类型及新闻选题策划的基本要求。（中传2006年研）

4. 试论新闻报道策划的客观性表现。

5. 报道的策划与组织有哪些意义？（郑州大学2007年研）

6. 论述新闻系列报道的策划理念和报道方式。（暨南大学2016年研）

7. 请试述编辑在策划报道时，如何才能充分把握报道对象的价值判断。（电子科大2014年研）

8. 结合具体案例，阐述如何进行新闻策划。（电子科大2016年研）

9. “二胎政策”放开，请你写一篇解释性报道的策划方案。（南京大学2016年研）

10. 分析现场直播电视新闻节目的选题原则与策划方案。（上海大学2016年研）

以下为历年考研试题精选，未附答案，供读者参考

1. 试论新闻报道策划中编辑如何发挥主导作用。（暨南大学2014年研）

2. 你如何理解典型人物报道？请举例说明应如何做好典型人物报道。（湖南大学2015年研）

3.3.4　实务题

1. 报道策划。（北大2007年研）

主题：2008年4月30日晚上8点，北京奥运会将正式开始计算揭幕前100天倒计时。请分别为《人民日报》《北京青年报》设计一个有关此次活动报道的策划方案（自定版面数，不少于一整版。版序自定，出版时间自定。策划方案中应包括：版面定位描述、主要报道要素设计、主要采访计划安排、基本版式设计）。

2. 根据下面这个统计图表，策划一个深度报道选题，并阐述你选择这个选题的理由。（清华大学2006年研）

Population in China: Percentage of Population living in Rural Areas 1980—2003

	Unit	1980	1990	1995	2000	2002	2003
Total population	Millions	987.1	1143.3	1211.2	1267.4	1284.9	1292.3
Rural popuation	Percentage of total	80.6	73.6	71	63.8	60.9	59.5

Source: United Nations Economic and Socia1 Commission for Asia and the Pacific(UNESCAP)Statistics Division

3. 请你以一家党报记者的身份,结合实例,就如何报道“科学发展观”,拟定一个新闻报道策划方案。(北师2008年研)

4. 如果你是一本新闻周刊的编辑,以汶川地震为例,谈谈如何策划和组织新闻报道?(不超过800字)(浙江大学2009年研)

5. 新闻采写编评。(人大2015年研)

参考材料:

快递小伙双11前猝死:京东证实　同事称是累死

本报讯(记者贾中山)　在东单附近一家写字楼上班的石磊,今天接收网上发来的快件时,发现平时相熟的快递员换人了。更让他吃惊的是,新上班的快递员称:“原来那个同事去世了,我是接替他的。”对于前任快递员去世的原因,他称,“那个人忙得每天饭都吃不上。”

石磊前两天在网上订了一件手机小配件,接收包裹时,他注意到今天上门送快递的并不是原来那个经常见面的快递小哥。石磊还记得原来那个快递员的样子:20多岁,很年轻,留着寸头,个头不高,服务态度很好。“我从这家网站买过几次货,和这个快递员见过几次,脸儿也熟了,偶尔还要聊上几句。他告诉我说他28岁,看上去身体也不错,怎么就去世了呢?”石磊感觉有些恍惚和伤心。新接手的快递员说,原来的那个快递员每天非常忙,平均一天要送150到160件包裹,忙得饭都顾不上吃,“这个人是半个多月前去世的。他每天的活儿太多了,肯定是累死的。我们现在都非常忙。”没聊上两句,这位同样年轻的快递员急匆匆地说,“不能和你聊了,我也要忙了。”

东单这家写字楼的前台工作人员也记得这位曾经的快递员,每天两趟送货,上午早的时候刚过8点就来了,下午一般三四点钟再过来一趟,“服务态度非常好。”

今天上午,京东商城证实称,这名快递员是在10月22日凌晨去世的,“蛛网膜下腔出血,是突发的疾病,应该不是劳累的。”据悉,京东商城针对普通员工设置有救助基金,目前已经为这位员工开始申请救助基金。

随着“双11”临近,一年之内最繁忙的快递季就要来临。一家快递公司员工告诉记者,平时的第四季度就是一年内人们网购的高峰,也是送货的高峰,一天的饭没有准点儿,“双11”的时候更是忙得厉害,简直要把人累吐了。

今年的“双11”商战,京东商城还特别强调了送货“快”的承诺,新推出了“211限时达”服务。按照承诺,凡由京东自营配送且由京东库房出库的商品,顾客当日上午11点前提交的现货订单,当日即可送达;夜里11点前提交的现货订单,次日下午3点前送达。这对物流的每一个环节都是极大的考验。

据悉,今年9月份,中国快递协会召开的快递与网上购物专业委员会2013年第三季度会议透露的信息显示，今年11月11日至11月21日期间，全网有望产生4亿件包裹，这一数字是去年的7200万件的5倍还多。面对如此天量的包裹，为了避免爆仓，快递公司严禁员工请假可以理解。

石磊说，原来接到包裹时，和面熟的快递员也就简单聊几句，没有注意到这个行业这么辛苦，“我认为，大家应该对快递这个行业多一些理解，善待这些每天风里雨里不停送快递的年轻人，快递企业也应该注意快递员的健康问题，在吃饭和休息方面多想想办法。”

（来源：《北京晚报》，2013-11-07；作者：贾中山）

(1)策划一起深度报道，说明报道主题、拟采访对象、采访提出的主要问题、报道形式以及适合报道的媒体。

(2)简单介绍深度报道策划中使用的最重要的新闻报道，并为其配新闻标题。

(3)写一条微博推送，为此次深度报道做推介。

6. 请根据以下材料作答。(中传2016年研)

“垃圾靠风刮，污水靠蒸发”，农村垃圾治理是我国乡村建设的老大难，也是世界性难题，尤其近年来大量出现的废旧塑料包、农膜、秸秆等因处理不当污染环境，甚至威胁到“菜篮子”和“米袋子”的安全。据住建部统计，截至2013年末，全国58.8万个行政村中，对生活垃圾进行无害化和非无害化处理的仅占37%，全国村庄生活垃圾无害化处理率只有11%。同期城市生活垃圾处理率为95%，其中无害化处理率达89%。记者围绕“垃圾围村”能否突围、通过垃圾整治带动农村人居环境改善等问题，组织一组深度报道。

(1)请就这一现象策划一组深度报道，列出前期准备中应搜集哪些方面的背景材料？说明获取这些材料的途径。

(2)“垃圾围村”能否突围？展开调查、求证，设计详细的采访提纲，包括调查目的、调查路径、层次、区域和采访对象。

7. 2015年7月，日本经济新闻社以大约13亿美元价格收购英国《金融时报》。假设你是一家中国财经媒体的记者，准备报道这一新闻，请为此写一个深度报道策划方案。(中山大学2016年研)

8. 针对“习马会”进行门户网站新闻专题策划，包括：主题、角度、栏目设置、独家新闻策划以及多媒体使用等。(厦门大学2016年研)

9. 案例分析。(电子科大2013年研)

案例：

新华社北京2012年9月28日电　中共中央政治局28日召开会议，研究中国共产党第十七届中央委员会第七次全体会议和中国共产党第十八次全国代表大会筹备工作，审议中共中央纪律检查委员会向党的第十八次全国代表大会的工作报告稿。中共中央总书记胡锦涛主持会议。

会议决定，中国共产党第十七届中央委员会第七次全体会议于2012年11月1日在北京召开。中共中央政治局将向党的十七届七中全会建议，中国共产党第十八次全国代表大会于2012年11月8日在北京召开。

会议强调，中国共产党第十八次全国代表大会，是在全面建设小康社会关键时期和深化改革开放、加快转变经济发展方式攻坚时期召开的一次十分重要的大会。大会将高举中国特色社会主义伟大旗帜，以邓小平理论和“三个代表”重要思想为指导，深入贯彻落实科学发展观，认真总结过去5年的工作和党的十六大以来的实践，回顾总结党团结带领全国各族人民坚持和发展中国特色社会主义的历史进程和宝贵经验，全面审视当今世界和当代中国发展大势，全面把握我国发展新要求和人民群众新期待，科学制定适应时代要求和人民愿望的行动纲领和大政方针，对全面推进我国改革开放和社会主义现代化建设、全面推进党的建设新的伟大工程作出战略部署，进一步动员全党全国各族人民，坚定不移沿着中国特色社会主义道路前进，继续推动科学发展、促进社会和谐，继续改善人民生活、增进人民福祉，为全面建成小康社会而奋斗。

大会将选举产生新一届中央委员会和中央纪律检查委员会。

会议指出，目前大会各项筹备工作进展顺利，要继续扎实做好大会筹备工作，确保大会胜利召开。

会议同意将中共中央纪律检查委员会向党的第十八次全国代表大会的工作报告稿提交党的第十七届七中全会讨论。

会议还研究了其他事项。

假若你为搜狐新闻频道要闻的责任编辑，负责十八大网络新闻专题的策划、网页设计、报道和编辑。请详细列举：①新闻专题策划书；②新闻专题网页设计方案；③新闻专题报道设计详案；④新闻专题编辑的详案。

10. 案例分析。(电子科大2014年研)

案例1：

院士驳斥转基因食品风险说：人吃猪肉就会变猪吗

“转基因食品对人体健康有影响吗？美国人吃不吃转基因食品？转基因食品会让民族断子绝孙吗？为什么转基因食品争议这么大？昨天下午，首届转基因嘉年华活动在后山艺术空间举行，中国工程院院士陈君石等‘挺转’人士，现场回应了对转基因问题的一些质疑。”

在昨天的活动现场，几位知名“挺转”人士——中国工程院院士、中国食品毒理学学科创始人之一陈君石，中国农林大学食品科学与营养工程学院院长罗云波教授，中科院遗传与发育生物学研究所研究员朱祯，中国农科院生物技术研究所所长林敏，就转基因食品的一些争议进行了回应。

“挺转”人士认为转基因食品更安全

中国工程院院士陈君石表示，目前针对转基因食品的科学实验都是预设它们是有问题的，但结果是没检测出来问题，因此他认为转基因食品可以放心食用。

“反转”人士的一个观点是转基因食品会对民族的后代基因产生影响，甚至导致断子绝孙。罗云波教授认为，这是因为中华民族文化中有“不孝有三无后为大”，所以用断子绝孙这个话就能勾起中国人最敏感也最脆弱的神经。

罗云波表示，绝对安全的食品是没有的，而转基因食品安全性不比传统食品更低，“普通食品如果按照转基因食品那样严格的标准来检测的话，是过不了关的，比如臭豆腐、羊肉串，转基因食品是政府帮大家筛选的一道更安全的食品。”

转基因信息将逐步公开透明

昨天的活动现场，来了上百位听众，活动的主体环节是对转基因心存疑问的听众向几位“挺转”人士提问。现场针锋相对，几位专家轮番上阵，有时组团回答听众的同一个问题。

针对听众对转基因食品安全性的担忧，陈君石表示，世界上所有国家的政府对转基因食品研发都有一套严格的规定，中国也是如此。一个转基因的作物或者动物，从实验室研究开始，一直到最后上到消费者的餐桌起码要8~10年，这是一个严肃认真的过程。陈君石认为很多人的误解来自于对这些程序的了解不够，“我从官方得到的消息是，所有这些流程和程序会更加透明，逐步公开。”

有听众认为外国人不吃转基因食品，“挺转”专家进行了否认，“美国人比我们多吃了十几年，说美国人不吃转基因是瞎说的。”几位“挺转”专家都把转基因问题争议如此之大的原因归结为公众科学素养不足。

转基因不只是农业部的事

针对转基因食品的安全问题应该由哪些部门来管理的问题，陈君石表示，国务院规定农业部负责所有转基因作物和动物的研究、开发、试验等等，但卫生部门的科学家也会参与到安全性的评价中。比如中国疾病预防控制中心营养与食品安全所，还有国家食品安全风险评估中心，“所以这不仅仅是农业部或者卫生部门的事，国务院其他部门也有参与。”

回应：猪“试吃”转基因大米证明食用转基因食品安全？

农大教授回应：该试验与安全性无关

日前有媒体报道，农业部委托中国农业大学做转基因大米的小型猪90天喂养试验，试验负责人表示，试验用猪在90天喂养期间各项指标正常。有公众质疑这项试验是为了证明猪食用转基因食品安全，从而证明人食用也是安全的。

对此，农大食品科学与营养工程学院院长罗云波向北青报记者表示，这是一个误解。农大是做了猪喂养的试验，但是跟安全性没有关系。这个试验纯粹是科学家为了探索转基因技术在其他领域，比如生物制药等领域的可能用途。当时情况是，记者问实验负责人老鼠吃了转基因大米是否安全？负责人说老鼠吃了没事儿，猪吃了同样也没事儿。报道出去后，很多人就以为这个实验室通过让猪吃90天转基因大米来证明其安全性。

对话：中国工程院院士陈君石

北青报：作为一位食品安全领域专家，你认为转基因食品安全吗？

陈君石：转基因是现代生物技术，把外来基因转到原有的东西里面。实际上，农业上任何一个新品种的出现一定是基因改变的结果，包括杂交水稻。

我们吃进去的粮食里边都有基因，到了胃里消化时是不区分基因和转基因的。基因不可能整合到人的身体里，人吃猪肉就会变成猪吗？

北青报：有观点认为转基因食品存在风险，因此同意生产转基因食品会不会操之过急？

陈君石：做什么事情都有风险，坐飞机没有风险吗？为什么人们还坐呢？零风险是不存在的，我们要控制在可以接受的范围内，转基因也一样。

我们不能承受的是舆论的风险、社会不安定的风险，政府目前对转基因的支持停滞不前的原因在于此。我们真正面临的风险，是已经贻误了转基因发展的时机。

北青报：为什么转基因争议这么大？

陈君石：食品安全大家都很关注，转基因项目投入资金不少，但科普这块儿不多，而且现在还被停止了，导致公众认识不足，出现现在这个局面。

这本来是一个科学问题，但现在不是一个科学问题了。在这个问题上科学家被打败了。

案例2：

中国再次退运5批超12万吨进口美国转基因玉米

据新华社北京12月4日电(记者　陈炜伟)　据国家质检总局有关负责人介绍，继今年11月深圳出入境检验检疫局从美国玉米中检出未经农业部批准的转基因成分MIR162并依法退运后，福建出入境检验检疫局、深圳出入境检验检疫局、山东出入境检验检疫局近日又相继从5批进口美国玉米中检出MIR162转基因成分，上述口岸检验检疫局依法对5批共计120642.7吨进口美国玉米做出了退运处理。

据介绍，质检总局已将有关情况通报美方，要求其通报美玉米出口商加强出口前检验，保证进口美国玉米符合中国法律法规要求和质量安全标准。

假若你为新浪科技频道的责任编辑，负责“转基因食品”新闻专题的策划、网页设计、报道和编辑，请详细列举：①新闻专题策划书；②新闻专题网页设计方案(需标准图示)；③新闻专题报道设计详案；④新闻专题编辑的详案。

11. 请以“2016年3.15消费者权益日”为内容，选取某一视角策划一组系列报道。(湖南大学2016年研)

要求及评分：

(1)系列报道需包含三条以上的报道。

(2)拟写出系列报道的主体、结构。

(3)写明系列报道中，每一条报道的主要内容、拟采访对象及主要采访问题。

(4)报道可针对报纸、广播、电视、网络等不同媒体，请说明你策划的报道拟刊载的媒体类型，并简要说明报道形式。

12. 以“春运”为主题，设计一个新媒体的新闻产品，为其写一份产品策划书。要求：

(1)包含产品的报道内容；

(2)包含产品的呈现方式；

(3)包含推送渠道、推送时间及互动方式；

(4)包含产品预期传播效果说明。

13. 报道策划。(华科2016年研)

以山东青岛“天价虾”事件为切入点，针对各地旅游景点宰客乱象以及治理方法做专题报道，要求拟定报道计划，并在报道中加入对新媒体的运用。

14. 采访与写作。(陕西师大2016年研)

陕西紫阳县实行包组联户制度，实施后，该政策将群众的满意率直接与干部的任用挂钩，假如你是陕西日报的记者，根据此新闻线索写一份采访策划。

以下为历年考研试题精选，未附答案，供读者参考

1. 请以《南方日报》编辑部口吻做一个有关改革开放40周年的专题策划，并就策划主题写一篇评论/编辑部文章(600字)。(暨南大学2018年研)

2. 2019年是五四运动100周年，策划一个纪念的新闻报道并且写一个预告消息。(山东大学2019年研)

3. 针对创咖风，策划一场报道，覆盖全媒体。要求包括定位，主题，核心人，核心问

题，报道形式，日程安排，版面等。(陕西师大 2018 年研)

3.4 考研真题与典型题详解

3.4.1 概念题

1. 报道策划(上海财大 2010、2007 年研；陕西师大 2016 年研)

相关试题：新闻策划(兰州大学 2019 年研；南京大学 2018 年研；上海大学 2017 年研；暨南大学 2010 年研；西南大学 2007 年研；云南大学 2005 年研；厦门大学 2003 年研)

答：新闻报道策划是指新闻编辑为使某些报道选题获得预期的传播效果，对新闻报道活动进行规划和设计，并且在报道实施过程中不断接收反馈，修正原先设计的行为。它是新闻编辑通过对新闻资源的开发与配置，实现最佳传播效果的创造性活动。从实际操作的层面上看，新闻报道策划之所以能够存在，是由于新闻资源具有可被认识、开发、配置、转换和利用的特性。

2. 周期性报道策划

答：周期性报道策划是指报社新闻采编部门对日常新闻报道的一种常规性策划。策划的时间具有周期性特点，如按季度、月、周等进行的报道策划。周期性新闻报道策划的优点在于通过制度化、规范化的策划运作保证新闻传播的质量和效果，这对于新闻媒介做好日常状态下的新闻报道，从而保证新闻媒介产品的质量稳定，具有重要意义。

3. 发稿计划

答：发稿计划是报道方案设计的主要内容之一，是报道进程中各阶段刊出新闻稿件的统筹规划，包括确定每条稿件的题目、内容、体裁和篇幅，确定稿件刊出的先后次序与具体时间，稿件在版面上的位置等。发稿计划是对报道规模与报道进程的具体落实。

4. 传播符号

答：传播符号是指报道用以展现客体的符号所表现出的特质。不同的媒介有不同的符号系统，而具体到每一个报道，所采用的符号又有各自不同的组合方式，比如报纸在进行新闻报道时，对文字、照片、图表、线条、色彩能够灵活组合使用，电视新闻报道中现场实录图像、打字幕、做三维动画资料、出主持人形象等使符号的运用更加繁杂多样。融合新闻报道可以在多种媒介上运用多种传播符号，这时需要根据不同媒介的符号特点进行整体性的设计。

3.4.2 简答题

1. 简述新闻报道策划及其主要类型。(复旦大学 2017 年研)

相关试题：报道策划的类型。(西安交大 2005 年研)

答：参见本章复习笔记相关内容。

2. 什么是新闻策划?(北大 2016 年研)

答：(1)新闻策划的含义

新闻策划是指对整个新闻传播过程的设计和谋划，是一种通过系统、思辨的手段及严密的设计和规划，从内涵上将看似孤立发生、零碎片面、彼此没有内在联系的客观事物联系和串连起来的过程。

就方法论视角而言，新闻策划是指按照一定的目的和要求，对新闻传播行为加以谋划，使之具有系统性和整体性。新闻策划是主客观相结合的产物，既不能脱离客观存在的新闻事实而凭空产生，也不能排斥人的主观能动性。也有学者认为，新闻策划一词应改为“报道策划”，因为“新闻”是不能被策划的。

(2)新闻策划的要求

①新闻策划必须遵循事实规律。新闻策划不能凭空臆造，不是脱离实际的空想，而是人们的主观意识活动。但这种主观活动是在占有大量信息的基础上，进行去粗取精、去伪存真、由此及彼、由表及里的分析和研究后进行的。

②新闻策划必须具备新闻敏感，关注社会热点。新闻策划先于行动，先于别人分析现实，必须建立在对新闻信息的准确把握的基础上。应具备较强的新闻敏感，选择热点的新闻题材和选题，制定最能揭示事物本质、最有冲击力和感染力、最有希望达到预期目标的报道方案。

③新闻策划应确保全面。新闻策划不仅包括对报道选题的决策、对报道方案的设计，还包括在报道实施过程中，不断接受来自各方的信息反馈，并据此调整原来的方案，进行新的规划和设计。

④新闻策划应避免俗套，力求创新。在新闻报道内容同质化严重的时代，做好新闻策划需要整合多方资源，构建创新的报道思路，寻找新颖的报道角度，力求为受众提供与众不同的独家报道。

(3)新闻策划的作用

①充分发挥报道者的主观能动性，最大可能地挖掘新闻价值。新闻策划有着明确的目的，与一般的新闻报道不同，它可以根据报道者对新闻事件的理解，形成一定的成熟的报道思路，对新闻价值进行最大可能的挖掘。新闻策划能够极大地开拓和有效地利用新闻资源，不仅可以看到眼前发生的事实，还可以回忆过去的历史，科学地预测未来，找到过去、现在和未来之间的联系和发展规律。

②使新闻报道更加全面、生动，以获得更好的传播效果。新闻资源经过整合、策划，可以增加报道的深度和广度，突出新闻价值，增加新闻的可读性或可看性，还有利于开拓新的传播形式，取得更好的传播效果。

③增强新闻媒体的社会效应，提高新闻媒体的经济效益。一篇或一系列成功的策划报道，能够满足受众的需要，产生巨大的社会影响。与此同时，亦能提高媒体的知名度和社会地位，吸引受众和广告主，增加发行量和广告收入。

④促进新闻媒体之间的互利合作和互相学习。新闻策划是媒体间竞争的产物，追求“你无我有、你有我新、你新我快、你快我深”的传播效果。随着传媒业的发展，新闻媒体之间也开始注重相互合作、相互学习，一次成功的新闻策划将成为其他媒体效仿、学习的对象。

3. 新闻策划与策划新闻。(电子科大2014年研)

答：“新闻策划”和“策划新闻”，虽只有“新闻”与“策划”两个词组合的先后顺序不同，但意思却相去千里。“新闻策划”和“策划新闻”是两个不同的概念，不能混淆。二者的区别主要体现在以下几点：

(1)含义不同

①新闻策划是指对整个新闻传播过程的谋划设计。这是一种把看似孤立发生的客观事物，看似彼此没有内在联系的事物，看似零碎、片断的事物，通过系统、思辨的手段及严密的设想和规划，从内涵上把它们联系、串联起来的过程。新闻是目的，策划是手段。

②"策划新闻"是指依照设计谋划做新闻，或根据设计谋划需要做新闻。策划是目的，新闻是手段。"策划新闻"实际上是策划新闻事实，不属于新闻活动的范围。

(2)运作不同

①新闻策划是围绕新闻设计谋划，是新闻报道活动的策划，在运作中，应先有新闻事实，后有报道策划。新闻策划建立在新闻事实的基础上，如设置报道议题、制订报道计划、做好采访准备等。这里，新闻事实是客观存在的，事实作为新闻的本源保持了其本身的真实，新闻策划的运作遵循了新闻报道的规律。

②"策划新闻"是依照设计谋划或根据设计谋划的需要做新闻，是对新闻事实的策划，在运作中，应是先有策划活动后有新闻事实。"策划新闻"建立在策划的事实基础上，如新闻导演、炒作、造假等。在这里，"新闻事实"是人为制造的，作为新闻本源的事实反而被歪曲或造假，丧失了其客观、真实性，策划新闻的运作违背了新闻报道的规律。

(3)性质不同

①根据新闻策划的运作分析可知，先有新闻事实后有报道策划，新闻策划建立在新闻事实的基础上，事实是客观存在的，事实作为新闻的本源保持了其本身的真实，它遵循了新闻报道的规律。显然，新闻策划的新闻是真实的，是真新闻。

②根据"策划新闻"的运作分析可知，先有策划活动后有新闻事实，"策划新闻"建立在策划的"新闻事实"的基础上，事实是人为制造的，事实作为新闻本源被歪曲或造假，丧失了其客观、真实性，它违背了新闻报道的规律。显然，"策划新闻"的新闻通常是虚假的，是假新闻。

(4)目的不同

①新闻策划是报道活动的策划，重点是解决做好新闻的问题。显然，新闻策划之意在新闻，目的是通过设置报道议题、制订报道计划、做好采访准备等报道活动的策划，使新闻报道能更好地发挥其社会功能(传递信息、教育、娱乐等)。

②"策划新闻"实际上是策划新闻事实，重点是解决做好策划效果的问题。显然，"策划新闻"醉翁之意在策划，目的是通过新闻导演、炒作、造假等"新闻事实"的策划，人为制造"卖点"，赚人眼球，片面追求收视率、点击率、阅读率。

(5)意义不同

①新闻策划立足于客观事实这一前提，是对新闻报道活动进行的前瞻性的、有巧妙创意和构思的、能够解答重要新闻热点问题的谋划与设计。其意义在于最有效地运用和配置现有的新闻资源，最大限度地发挥新闻报道的社会功能，取得最佳的社会效益。可见，新闻策划重在追求最大的社会效益，表现出公益性。

②"策划新闻"为了最大限度地赢得读者的"眼球"，它经常通过策划活动，人为地制造事实，然后当成新闻来报道。它偏重轰动效应和市场"卖点"，社会效果和社会责任感则考虑不多。可见，策划新闻是为了追求最大的经济利益，表现出功利性。

4. 联系实际说明报道策划者应如何对报道客体进行价值判断。(电子科大2011年研)

相关试题：什么是新闻报道策划的客体信息？怎样才能把握好客体信息？(湘潭大学2009年研)

答：新闻报道策划的客体是指媒体报道的对象。客体信息，广义上而言，是来自报道客体(对象)的各种信息。在报道策划的实践中，客体信息，是指其中能为报道策划者判断报道价值提供依据的那一部分。无论这种信息是否可供公开发表，只要能提供这种依据的，就是需要把握的客体信息。它包括客体形成的条件、客体的历史背景和社会对客体的期待等。只有把握了这些有用的客体信息，才能对报道客体作出正确的价值判断和选择。

(1)全面把握客体形成的条件

一个变动之所以发生，是由各种内部条件决定的。例如，宁夏某地引黄河水治沙，水就是重要条件。一项报道称，20世纪50年代苏联专家来到这里，曾说："我不明白，你们为什么非要在这样的地方种树?"现在人们可以自豪地说，我们办到了！但是对这项报道，一位知道内情的人士并未感到欣慰，他长叹道："那是用了多少黄河水才种出一棵树！在这里报道策划者大力宣扬引黄治沙的经验，却忽略了这样的事实：现在黄河经常断流，是否有足够的水源来支撑?"

与此相反，美国新闻史上被称为策划报道范例的《纽约时报》对泰坦尼克号沉没事件的报道，就是及时把握了相关信息，对报道客体作出正确价值判断的结果。1912年4月15日凌晨1:20，该报收到美联社的消息：泰坦尼克号在从英国到美国的初次航行中触撞了冰山。该艘豪华巨轮被称为永不沉没的船，这次会沉没吗？编辑主任范安达了解到在纽芬兰的马科尼无线电台曾收到了该船发出的呼救信号。接着他立即询问驻哈里法克斯和蒙特利尔的《纽约时报》记者和白星航运公司办公处，得知该船的无线电报在第一次呼救后半小时，已不再作声。根据这些信息，范安达果断认为该船一定已经沉没。于是他和其他编辑一起，在凌晨3:30以前已将消息、有关船上乘客的背景介绍以及该轮船的照片准备齐全。当日上午，当其他报纸关于这件事的报道还不完全和不确切时，《纽约时报》却以数栏大字报道了泰坦尼克号已经沉没的消息。这次报道之所以成功，重要的原因是范安达及时捕捉到判断轮船生存状态的信息，并果断作出了准确的判断。

(2)注意把握客体的历史背景

报道的是客体的现在，但是它的过去(历史背景)对于理解现在，不无参考价值。而且有些客体值不值得报道，站在什么高度来报道，只有了解客体的历史背景才能弄清楚。

2000年两会期间，西部大开发成为报道的热门话题。《中国记者》派人访问了政协常委、经济学家吴敬琏。访问中有人问他，"在西部大开发战略的实施过程中，丝绸之路应该提到什么位置?"吴敬琏马上反问，"什么是丝绸之路？丝绸之路是当年东西方实现交换成本最低的途径，在达·伽马发现可绕道好望角之前，通过这条陆路运输有其明显的比较优势。等到新航海线发现后，这个比较优势就没有了。"在这里吴敬琏提到丝绸之路当年的比较优势以及后来的丧失情况，为判断丝绸之路是否值得报道，应提到什么位置上，作了很好的提示。没有历史背景的了解，就无法认识客体的现状。

(3)注意把握社会对客体的角色期待

客体在现实生活中应扮演什么角色，公众期望它发挥什么作用，这些有关角色期待的信息构成了报道策划者应该把握的客体信息的重要部分。例如，人代会的职责之一是决定国家的大政方针，这是公众对它的角色期待。可是有些关于人代会的报道，却未能尽如人意。有时把人大代表审议政府工作报告，变成了代表对自己所在地、单位业绩的汇报，出席会议的领导本是人民代表的一员，此时却像对某一地区的代表作指示。作为报道的策划者要根据公众对报道客体的角色期待作出正确的价值判断。

5. 新闻策划曾引起较为广泛的争议，你如何看待新闻策划？（暨南大学2011年研）

相关试题：谈谈你对“新闻策划”的理解和认识。（中国社会科学院2006年研）

答：（1）新闻策划的困惑

新闻策划自上世纪90年代中期以来一直就是新闻界争论不休的话题，到目前为止，这场争议还未有最终的结论，而且可能永远难以达成一致的观点。

①新闻策划对媒体自身发展的意义。新闻媒介的策划行为存在于媒介运作的各个方面，特别是由于日益激烈的媒介竞争，媒体不仅要策划新闻传播活动，为了生存与发展，还需要策划媒介的广告、发行等经营活动。对于各类报业集团、媒介集团而言，集团中各类媒介产品的分工布局、优势互补等也需要更高层次上的策划。

②新闻策划对社会的意义。很多事例都能证明，策划与组织具有积极意义的社会活动是新闻媒介引导社会舆论、参与社会生活和塑造媒介形象的有效途径。如新闻传媒在帮助贫困地区的失学儿童重返校园、帮助贫困大学生完成学业、帮助地方政府进行市政建设等各个方面，都在发起公益性的社会活动，媒介在自我宣传方面也在不断组织新的活动，而这些活动能够卓有成效又与新闻报道策划是分不开的。

③新闻策划的危害之处。有一些事例说明某些“策划”行为的确对社会产生了危害。如2002年3月，南京某报发布了“连云港黄海度假村因所购空调有质量问题，投诉无门，砸毁上海‘双菱’空调”的不实报道，就是“策划”的结果。真实情况是，购买空调的两个承包商在首付10万元后，生意不景气，遂想以空调质量存在问题为由向上海“双菱”公司索要钱财。他们一方面向作质量鉴定的人行贿，让其作假鉴定，另一方面串通了南京某报的记者钱某，共同做了一个砸空调、泄民愤的“新闻策划”。这一内幕被警方揭开后，舆论大哗，新闻媒介与新闻记者的形象因此受到损害。

（2）新闻媒介策划与组织新闻传播活动的原因

①媒介与社会互动的需要。众所周知，媒介系统控制着社会发展所最需要的信息资源，个人、群体、组织以及其他社会系统以至整个社会都要依靠媒介控制的信息资源来实现其目标，各种政治势力、经济势力需要通过控制媒介来控制社会；另一方面，媒介系统也有自身的目标，同样，这些目标的实现也需要借助其他系统所控制的资源。因此，新闻传播虽然以客观存在的事实为传播内容，但这种传播活动本身却无可避免地具有目的性、功利性，策划与组织传播是所有媒介都始终存在的一种行为。

②媒介产业发展的需要。媒介的产业属性及其“利益组织”的特点，集中表现在媒介要在激烈的市场竞争中争取占有较大的市场份额、获取利润以保持媒介的生产与扩大再生产。媒介市场，实际就是媒介、媒介的受众和媒介的广告商所有关系的总和。媒介产品生产经营的良性循环，起点在于媒介的产品定位、产品设计和生产。媒介产品策划，以及产品生产过程中新闻传播活动的策划与组织，是媒介发展战略中的重要一环，媒介的产业化运作

程度越高，策划组织新闻传播必然越受重视。

③切合受众心理的需要。新闻媒介的一切传播活动都是为了实现信息在传播者与受众之间流动，只有通过有效的信息流动，并且使媒介发出的信息能够为受众所接受，媒介的各种功能如宣传教育功能、舆论监督功能、信息服务功能、文化娱乐功能等才能真正得以发挥，媒介作为一种特殊商品才能够在交换中实现价值补偿。因此，媒介新闻传播规律本身决定了传播者要追求传播的有效性，即做到“传通”。而“传通”关系能否建立，很大程度上取决于对受众的了解和把握，并根据这种了解和把握对新闻传播活动进行策划与组织。

基于上述原因，“策划”对新闻媒介、新闻传播而言，不是应不应该做的问题，而是怎样才能做好的问题。而且，随着新闻与媒介的市场竞争越来越激烈，“策划”也必然在媒介运作的各个方面、各个不同的层次上越加频繁地展开。

6. 简述广播电视新闻策划的选题来源。(暨南大学2016年研)

答：广播电视新闻策划是指对于已经发生的新闻事实的报道方式、形式、程序、时机、角度等的策划，也包括一些由媒体主动策划、先前未曾发生的新闻事件。广播电视新闻策划的选题主要来源于以下四个方面：

(1)党政信息。党和政府的各类文件、会议、讲话、通知、简报中的战略决策、管理要务和工作要求，与社会的生产、生活、管理有着密切关系，其中不乏新思想、新思路和新动态，新闻人应当对之仔细研读，深层领会，然后对照社会现实，从中找寻有报道价值的线索。

(2)新闻报道。新闻报道的专业人员应比普通受众更关注新闻报道，作为新闻人，除了睡觉外，其他时间都应当睁大双眼注视世界的变化、社会的动态，尤其要广泛浏览各类媒体的各类新闻报道，媒体本身就是新闻选题和新闻线索的宝库和矿藏。

(3)网络信息。如今的时代，几乎全世界所有的人、事、物、地、空、时都在互联网上有了备份。互联网在把人们一个个拉到电脑跟前来的同时，也让人们获得了无以计数的创新和发展机会。互联网上的信息已成为广播电视新闻策划选题的一个重要来源，这里面包括两大类选题：一类是互联网本身的新闻——网络给社会带来的影响和变动；一类是互联网传播的信息中所隐含的报道线索。

(4)社会生活。新闻人要深入生活，听取各方群众的声音，观察社会生活的细微变化，从而获得报道的灵感；也要善于从鲜活的社会生活和读者的反馈中提取新闻报道的选题，抓取新闻素材，做出预见性报道，做出有效的策划新闻。

7. 简述电视节目编辑的基本原则。(暨南大学2016年研)

答：电视节目编辑是电视片制作的后期工作，是根据节目的要求对镜头素材进行选择，然后寻找最佳剪辑点进行组合排列的过程。从工作内容看，电视编辑要整理节目素材，将素材画面组合编辑成节目母带；从艺术层面看，电视编辑是一项具有高度创造性的创作活动，要用电视语言讲述故事，传达信息；从表达层面看，电视编辑是一种艺术性与技术性巧妙结合在一起的工作。

电视节目编辑需要遵循以下几个原则：

(1)逻辑性原则。逻辑既是一种思维规律又是一种客观规律。画面剪辑的原则，就是要按照画面所表达内容的客观规律来组接，根据观众看电视时的思维规律来编辑，要使画面的视觉形象如同现实生活本身那样连贯流畅。即使运用蒙太奇的剪辑手法，也应该符合观众的观影逻辑和现实情况，而不能随便剪辑，否则就会使观众陷入理解上的混乱。所以符合逻辑是编辑工作最根本的基础。

(2)连贯性原则。编辑电视节目的过程，也可以说是省略和连接的过程。省略掉不必要的内容和情节，将那些有助于节目表达的镜头和镜头段落组接在一起，便是编辑工作的任务。省略可以使结构更为严谨，节奏更为紧凑，连接则应当使叙述连贯而流畅。连贯性包括两个方面：一是视觉效果的连贯；二是在深层次上，应该符合心理的连贯，就是要使精神活动也在上下镜头里平稳地继续下去。

(3)修辞性原则。修辞是指通过修饰文字词句，运用各种表现方式，使语言表达准确、鲜明、生动。影视作为一门日趋成熟的艺术，已经形成了自己独特的语言，它有自己的单词、造句措辞、语形变化、省略、规律和文法，衍生出视听修辞的概念。用画面语言来实现修辞效果的手法被有经验的编辑人员运用得日益熟练，视听修辞的表意是否确切，是否会被观众理解和接受，都是不能轻视的问题。这就需要在剪辑过程中遵守修辞性原则，即让画面与画面的连接符合修辞的要求，达到良好的效果，而不能让观众觉得莫名其妙。

(4)剪辑点选择规则。电视编辑过程中剪辑点的选择非常重要，有时因为只差几帧画面，便会造成完全不同的效果。在选择剪辑点时通常要考虑这样几个方面：内容、动作、情绪、声音和节奏。选择正确的剪辑点，才能保持画面连接的自然流畅，展示连续而完整的动作，表达完整而准确的意思。

(5)轴线规律。轴线规律，即180度角规律，是指在拍摄和编辑的过程中，必须在脑海中设定一条假想线，拍摄时摄像机不能越过这条假想线，编辑时只能选择在假想线的固定一侧拍摄的镜头组接在一起。在电视节目采访和编辑的过程中，轴线规律是一个相当重要的概念，采编人员必须始终铭记和遵守这一规律，否则屏幕里展示的空间关系很可能令观众陷入不明就里的混乱之中。

8. 选择一个重大事件对其后续报道进行策划。(上海交大2016年研)

答：后续报道又称跟踪报道，是对已经报道过的新闻的追踪，对处于发展变化中的新闻事件或者社会现象、社会问题进行的持续报道。下面是针对“天津大爆炸事件”的后续报道策划：

(1)受众定位

受众定位在有思想、有文化的知识分子阶层。当今世界瞬息万变，各种信息铺天盖地，已进入信息爆炸的时代。在这样的时代里，受众需要了解更多的信息以保障自己在信息时代更好地生存。

(2)内容定位

很多媒体的后续报道只看表层而未挖掘事件的深层原因与本质，未寻找新的突破点。此次深度报道的重点是伤员的安置情况、追责的调查进展和惩处措施以及事故发生地的清理情况。

(3)媒体环境定位

新闻发布会滞后，天津媒体沉默，新媒体言论层出不穷，急需媒体正声。

(4)采访阶段及任务

①搜集资料，通过天津港爆炸事件的已有报道以及相关材料确定大致的采访范围、询问对象以及采访问题。

②前往伤员安置的医院，对伤员家属进行采访，询问伤员受伤的情况以及是否得到政府的及时赔偿，以及赔偿的金额和医药费的报销情况。

③前往相关负责部门，询问伤员的安置情况、现在事故发生地的清理情况以及追责情况。

④前往事故现场，对新闻事件现场进行考察拍摄，报道现场清理情况。

⑤前往相关公益组织和组织部门，对民众捐款的金额和使用情况进行采访。

(5)采访提纲

①对伤员家属：伤员现在的健康状况怎么样？住院的医药费是全部由政府报销吗？现在对于赔偿措施或者方案有通知您吗？您有主动询问过吗？现在政府部门有工作人员和你们保持联系吗？他们有来看望过你们吗？

②对政府有关部门的采访：请问现在对于伤员的赔偿措施有制定出来吗？政府对于伤员的医治和赔付会按照一个怎样的标准来进行呢？有大致的金额介绍吗？对于不幸在灾难中去世的受害者，政府对其家属有具体的抚慰措施吗？政府将会出资多少来进行受害者的抚慰和赔偿呢？请问现在受灾现场的清理工作进行到哪一步了？现在对于灾害的原因和负责人有具体的认定吗？将会怎样惩处相关负责人？之后对于此类灾害有什么更好的预防措施吗？

③对相关公益组织：请问截至目前一共收到了多少捐款？这些捐款都将用在什么地方？对于受害者会进行专项的捐款补助吗？这些捐款的汇集和使用的流程是怎样的？

(6)注意事项

①注意安全，现在的受灾现场可能还有残留的毒气和不稳定的建筑，所以采访时一定要以安全为第一要义。

②注意态度，在采访伤员和家属时要尽量避免采用过于直接的语言，而应该以引导为主，不应该为了采访不顾及受访者的心情。同时在对政府以及公益组织采访时，也不要过于尖锐或无端猜测。

③随机应变，对于不同的受访者要采取不同的采访策略，同时也要注意手段，不要被一些表象所蒙骗。

9．如何确定报纸的选题？(电子科大 2014 年研)

答：(1)报纸选题的含义

选题是指媒体编辑根据采集到的信息资源或来自于读者和社会的阅读需要而提出的书稿或文章的拟出版题目。在新闻报道领域，选题包含值得报道的新闻(采写开始之前)、计划采写的新闻(记者报选题)以及正在采写的新闻(部门主任报选题)。

(2)确定报纸选题的流程

编辑部通过召开编前会确定报纸选题。编前会是指在每期报纸组版前，由报社的值班总编辑、编委或总编室主任主持，各专业部门负责人参加的版面协调会。其主要工作是：日班编辑与夜班编辑就稿件情况进行交接，各版编辑汇报已收到的稿件情况和版面编排的初步设想，各部门沟通情况，对版面上可能出现的问题及时安排解决，对近期的重要报道选题进行落实和部署。

随着新闻竞争的不断加剧，在近年来的新闻改革中，一些报社在编前会的基础上开发出与之相似的“采前会”。采前会主要是对当前重大报道进行策划，落实当天收到的重要新闻线索的采写工作，传达上级部门的有关通知精神等。

(3)确定报纸选题的办法

①24 小时保持新闻敏感。无论何时，记者和编辑都应保持一定的新闻敏感性，随时随地判断发生事件是否具有新闻价值，是否可以成为报纸选题。

②勤跑动。在没有明确选题时，记者可以通过在新闻高发区“扫街”的方式，来寻找、挖掘新闻线索，思考合适的报纸选题。

③不放过每个细节。新闻记者在新闻现场要具备灵敏的观察力，要善于通过小细节透视新闻的本质，从细节入手捋清事件发展脉络。

④学会逆向解析现象。很多现象，从正面看平淡无奇，但反过来追溯源头，却能发现重大选题。

⑤多交朋友发展线人。记者应随时留心，善于借助人脉圈子发现有价值的新闻线索。跑口记者平时要注意在口内发展“官民两条线”，以便在采访官员遇挫时，可咨询业内专家。

⑥扩充知识勤于思考。记者、编辑是杂家，只有具备丰富的知识储备，才能在遇到新闻线索时准确判断它的价值，确定自己的选题。

⑦尝试寻找第二落点。网络、报纸、电视是记者、编辑寻找新闻线索的重要途径，一些看似不起眼的不被关注的消息，经过记者、编辑的有效分析，可能会成为精彩的第二落点。

⑧切忌扎堆相互串题。在激烈的媒体竞争中，应避免同质化，设计优于同行的报道思路、采访问题。

10. 简述报道策划中如何把握受众心理。(陕西师大 2007 研)

答：在新闻报道策划中，选题决策必须追求选题的个性化，这就要求根据受众及其需求的差异性，寻找最合适的新闻报道选题与报道角度。

(1)要根据自己的媒体和受众定位，寻求目标受众感兴趣的内容和新闻点进行报道策划。不同的媒体拥有不同的受众群体，受众自身的差异性导致了受众对某一媒介的报道策划的内容有不同的期待和要求；其次，同一受众群体对不同的媒介也会有不同的需求，比如对电视和对报纸的要求是不同的，对专业性报纸与对市民生活类报纸的要求也是不同的。因此，在报道策划时，要把握受众心理，就要分析受众的需求差异，结合自己媒介的性质，以自己所在媒介的受众为参照系，对新闻事实进行价值判断，选择不同的新闻信息。

(2)结合不同时期的社会背景，选择合适的时机发布新闻。这种社会背景包括当时的主要社会矛盾和受众情绪的主流。新闻编辑和记者在策划报道时，要从全局观念出发，分析当时的社会背景以及这种背景下受众的心理状况，再决定采写什么样的新闻，并选择发布新闻的时机。有些稿件平时看起来没什么价值，但可能在某个时期就会引起广泛关注；有些稿件单纯从报道内容看似乎没什么问题，但结合当时的形势来分析，可能会产生负面影响，这样的稿件就不宜发，或者先要“压一压”，等到条件成熟了、时机合适了再发。此外，对于一条新闻从什么角度来发稿，怎样进行稿件的组织搭配，同样也需要结合社会背景和受众的需要，从全局出发作出决策。

3.4.3 论述题

1. 新闻报道策划如何把握策划的“度”？(大连理工2008、2005年研)

相关试题：

(1)简述新闻报道策划的原则。(简答题，厦门大学2018年研)

(2)简述新闻报道策划的组织原则和运用尺度。(暨南大学2004年研)

答：新闻报道策划把握好策划的“度”应遵循以下基本原则：

(1)取信原则。无论编辑如何策划，新闻报道都要实事求是、取信于受众。因为报道策划不是目的，而是手段，目的是向受众提供更高质量的新闻，使报道取得更好的效果。新闻报道的选题策划要以客观存在为依据，即使是与社会活动等相关联的非独立型的报道策划，也要以客观存在的社会需要或社会问题为依据来策划活动和策划报道。方案设计要以新闻报道能全面、真实地反映客观存在为基准，因为歪曲事物原貌的报道一旦为受众识破，传播者的立场和倾向非但不可能为受众接受，而且还会引起强烈的逆反心理。

(2)创新原则。报道策划的价值在于通过精心谋划和周密组织使报道取得不同凡响的传播效果，因此从报道选题决策到报道方案设计都要追求与众不同、标新立异。在策划过程中，突破传统思维方式的创意、集思广益的智力碰撞、源源不断的创造灵感构成了策划的精彩内核，孕育出令人耳目一新的报道。如果没有创新，报道策划也就失去了存在的意义。

(3)变通原则。任何策划都是对未来行动的谋略和规划，新闻报道策划亦然。策划者总是在报道客体发展变化的某一点上谋划报道，但客体的这种发展变化并不以人的意志为转移，随时都可能会出现策划者未曾预计到的新情况。因此，要把握传播的主动权，策划者就要善于审时度势，随时变通。策划报道时应尽可能对各种可能出现的情况进行分析，使方案具有灵活性、应变性；在报道实施过程中，要紧密关注各方面情况的变化，随时对报道作出修正和调整。

(4)实效原则。新闻报道策划的最终目标是使新闻报道获得良好的社会效益，同时也为新闻传媒争取更好的经济效益。当然，社会效益是直接的，经济效益是间接的，并且是由良好的传播效果转化而来的。报道策划追求实效，客观上要求编辑把策划作为手段，而非目的。而且，除非有意宣传媒介发起的社会公益性活动，策划手段越隐蔽，获得的传播效果往往越好。因为策划得成功的报道是那些能够让事实本身说话、让受众自由思考，最终达到传播者所期望效果的报道，而不是那些由策划者跳出来表现自己，甚至强加于人的报道。因此，报道策划要注重报道实效，而不是注重策划技巧的炫耀。

(5)可行原则。新闻报道策划的成果最终要在新闻报道实践中得到检验，因此报道设计方案必须具有可操作性，能够准确无误地指导新闻采编活动，而不流于纸上谈兵。在报道策划过程中，要注意对外部环境和内部条件分析论证，使每一步骤的设计都切合实际，能够扬长避短，具有可行性。

2. 报道策划的取信原则。(上海交大2005年研)

答：实事求是，取信于受众，这是报道策划应当遵循的首要原则。报道策划不是目的，而是手段，目的是增强报道的责任感、使命感，是向受众提供精美的新闻报道，是使新闻报道更好地贴近实际、贴近群众、贴近生活。这就要求报道策划从实际出发，注重调查，搭准社会的脉搏和受众的需求，不能脱离实际，闭门造车，硬做文章；同时必须维护新闻的真实性和纯洁性，不能弄虚作假。报道策划不等于制造假新闻，主要要注意两个方面：

(1)不能任意摆布报道对象，导演事实。据有的文章披露，某市报曾在大雪天要求房管局派人去孤寡老人住处翻修屋顶，并告之已写好了消息。尽管房管局的人员认为薄雪不可能威胁到住房安全，倒是雪天易滑会使维修者发生危险，但在报社执意要求下，他们勉强派出维修人员去了几家有代表性的家庭。后来，一篇《雪中送炭》的新闻被记者关在屋里炮制了出来。很显然，这些做法根本不是报道新闻，而是在玩弄新闻，是对报道策划的一种亵渎。

(2)不能以报道策划为名，行商业策划之实，“挂羊头，卖狗肉”。有些商家出于扩大影响和节省费用的双重考虑，在挂牌开张、推销商品之际，想方设法通过新闻报道达到宣传自己的目的。而有些采编人员经不起物质利益的诱惑，甘愿为之出谋划策，使新闻报道成为金钱的附庸。这种策划所产生的，其实已不是真正意义上的新闻，而是变相广告或伪报道，是对受众的一种欺骗行为。

从实际情况来看，后一种现象比较流行。因而有的学者呼吁：对于商界推向社会的种种活动，新闻媒介必须保持应有的清醒，独立判断其新闻价值和宣传价值，该报道的不管有无赞助都应报道，不该报道的即使赞助巨资也不能报道。这是社会主义新闻媒介以及一切正直的新闻界人士应该具有的品格和原则。

3. 结合具体的新闻报道实践，论述新闻选题的基本类型及新闻选题策划的基本要求。(中传2006年研)

答：(1)在新闻报道实践中，并非所有的新闻报道都需要策划，真正需要进行报道策划的选题只是媒介所有报道选题中的一部分，主要包括以下几种类型：

①可以预知的、有重大社会影响的活动和事件性或非事件性新闻。例如，全国人民代表大会、全球瞩目的世界性运动会、推动人类发展的重大科学实验活动等。

②非可预见、有重大社会影响的突发性事件。例如，损失巨大的自然灾害、举世关注的国际性战争等，需要在及时发出第一条消息的基础上进一步进行跟踪报道。

③新闻媒介自己设立的重要问题性报道、活动性报道。例如，针对普遍存在的严重社会问题展开的深度调查，媒介为推动社会问题得到解决而主动发起的社会公益性活动的报道等。

这三类新闻选题有一个共同的特点，就是选题本身的潜在社会影响力及其内容的复杂性决定了报道不能停留在简单、肤浅的层次上，而必须对报道客体进行充分地发掘、展示和分析，以多个稿件在空间或时间上的组合，使受众从多种角度、多个层面上了解事物的全貌和本质。

(2)新闻选题策划的基本要求(参见本章课后习题第2题答案)

4. 试论新闻报道策划的客观性表现。

答：新闻报道策划的客观性主要是由报道对象、载体、传播环境、新闻受众等一系列客观因素建构的，这些因素是新闻报道策划存在的依据。

(1)报道对象的客观性。报道对象包含了新闻人物、事件、现象、问题等，作为报道内容主要因子存在的要素，它们的发生、发展和变化不受报道主体主观意志的影响，而以其自身的规律运行着。新闻报道策划主体能够策划的只是对这些客观存在的报道，而非这些客观存在的事实本身。当然，不能否认有的媒介在实际运作中，出现策划新闻事实的现象，这种策划实际已经超出了新闻报道策划的范畴。

(2)新闻载体的客观性。新闻载体是新闻信息的附着物，它既是人类劳动的结晶，同时又有一定的客观性。比如报纸的版面、电视台的频道和栏目对于报道主体来说是客观存在的实体，尽管媒介主办人可以通过改版来改变它的规模或形态，但相对于频繁而且持续进行的新闻报道策划来说，它不是策划的内容，而只是制约报道的一种客观因素。新闻报道策划中对于报道规模、手段、形象的设计都会受到载体的约束。

(3)传播环境的客观性。传播环境所包含的各项因素包括政策环境资源、经济环境资源、文化环境资源等。新闻报道在很大程度上受到媒介所在地区的各方面条件的影响，比如执政党、国家和地方政府针对新闻报道和宣传工作的政策法规，赋予媒介从事新闻传播活动的政策空间；各地区的经济环境和文化环境的差异，也会直接影响新闻报道的深度、广度。传播环境这一客观存在的因素是新闻报道策划的重要依据之一。

(4)新闻受众的客观性。新闻受众是新闻传播活动中一种独立存在的力量，它既是新闻传播的服务对象，又是新闻产品生产赖以实现价值的基本条件。受众的规模、结构、需求和兴趣等对于新闻报道策划具有重要的指导意义，因为新闻报道效果的优劣是以新闻报道在广大受众中产生的社会影响力为判断指标的，要使新闻报道获得良好的社会效果，就必须针对媒介的受众定位以及受众心理、受众需求来进行。

5. 报道的策划与组织有哪些意义?(郑州大学2007年研)

答：报道策划在当前的新闻报道和媒体的其他运作活动中的作用越来越不容忽视，每个媒体也都比过去任何时候更重视策划。可以从以下几个方面理解报道策划与组织的意义和作用：

(1)能充分挖掘新闻价值

新闻报道对新闻价值把握得越好，就越能满足受众的新闻需要。新闻策划不仅可以敏锐地感觉到眼前发生的事实，追忆过去的历史，而且可以科学地预测未来；不仅能够找到过去、现在和未来之间的关系，而且能够开发潜新闻使之成为显新闻，最大限度地开发和有效利用新闻资源。如《南方周末》在创刊1000期的时候，以“春天，十九个瞬间”为总题，选取从1984年至2003年《南方周末》上登载过的文章，以具体事例勾勒出中国改革开放初到现在所走过的脚步，让读者在比较中认识改革开放在中国民众生活中引起的变化。这次策划是一个广泛而独特的新闻策划。

(2)有助于推动记者深入采访

策划需要策划者具有渊博的知识和丰富的阅历，依据报道者对新闻事件和活动的理解与参与，形成一定的报道思路，是人的主观能动性作用于客观事实的一种社会实践。它不是书斋科学，而是野外科学，即策划者不但要有丰富的理论知识，同时还要有极强的实践能力。这就要求记者深入实际、深入生活进行现场采访，只有来自一线的第一手材料才能拿来做报道用。

(3)有助于使新闻报道主题鲜明，导向正确

对于意义重大、影响深远、新闻价值高的题材以及党政工作中的重点、难点、热点等

问题，通过策划使新闻报道聚集到主题上，在思想上取得共识后，再提出具体的报道方式、方法，对增强新闻的价值有着重要的促进作用。如国庆60周年，《新京报》推出“大城记”栏目，用“首都地理”的版面，60年做60期，每一年用发生在首都的一个地理概念，来做60年首都的变迁。从本土化，从普通人的角度揭示60年的变化，引起受众共鸣，感叹世事变迁，意义深远，充分展现了新闻策划的魅力。

6. 论述新闻系列报道的策划理念和报道方式。（暨南大学2016年研）

答：新闻系列报道是指在系统深入地反映某一领域的发展变化或表现某一主题时，有计划、有步骤地采写制作该新闻并在新闻传播媒介中持续发表刊播的报道形式。它以持续刊播的方式传播内容，依赖受众的持续关注来实现预期的传播效果，要求所报道的内容能够引起受众的高度关心。系列报道一般用于比较复杂的事件或问题的报道，也可以用于弘扬先进、鞭挞落后，引导社会舆论、承担社会责任的报道。系列报道需要精心策划，只有各方配合、周密部署和统筹考虑，才能做好一个系列报道。

（1）新闻系列报道的策划理念

①充分尊重新闻的客观性。新闻具有客观性，因此任何新闻报道都要遵循这一原则，报道真实和客观的消息。

②新闻系列报道策划要有可行性。新闻系列报道是一个持续、大型的报道策划，比一般的报道也需要更多的人力物力，因此在策划时尤其要注重可行性。

a. 收集资料时尽可能详尽，利于选题的确定。

b. 收集的资料易于撰写或拍摄。

c. 在策划以人物为主题的系列报道时，要多角度展现，用事例服人，用真情动人，用细节感人。

d. 由于系列报道具有一定的“连缀”和“排列”，所以要遵循主题贯穿同一性的规律。

e. 注重适宜性，新闻是适合当前形势需要的报道。

f. 新闻系列报道的策划不宜过细，要易于引导采访者拓宽思路。

③整合理念。新闻系列报道的整合理念是利用“联系的”“系统的”的哲学观点和方法论，将若干被策划报道对象或某一报道对象之若干部分，视作同一主题下的有机整体，从局部到全部，从个体到整体，从现象到本质的相互联系与作用诸方面加以辨析，从而运用系统方法统筹考虑，统一操作。

（2）新闻系列报道的报道方式

新闻系列报道有不同的报道方式，根据编辑组织报道活动的行为或者报道采用的文体可以分别划分为：

①按报道活动划分

a. 组合式报道。组合报道不等同于系列报道，但是系列报道中可以使用组合的方式，即集中一组稿件反映同一时间、不同地点的同类情况，或同一主题、不同门类的情况，形成较大的报道规模。其中，每篇稿件的主题、规模、形式基本相同，但报道的具体对象不同。

b. 受众参与式报道。参与式报道是指新闻媒体为受众提供参与、分享的机会，吸引受众参与新闻报道活动，让受众的活动与意见构成报道的主要内容之一。在传统系列报道中，新闻媒体可以使用读者留言、评论选登等方式形成报道或栏目，而今微博等新媒体技术的发展则为受众参与式报道提供了更多的渠道。

c. 媒介介入式报道。介入式报道是指采访者对所报道的新闻事实表现出明显的主观参与意识，通过对某一新闻事件或问题进行报道，有意识地对事件的发展态势施以一定的影响，最终促进问题的解决，或达到某种效果而采用的新闻报道方式。在对社会公益性活动等进行系列报道时，新闻记者可以参与报道客体，成为其中的重要角色(如新闻事件的体验者等等)，以此获得信息、形成报道。

d. 媒体联动式报道。媒体联动是指各种媒体在同一时间范围内对同一事件进行报道时的联手行动关系。如出于宣传目的，对某一重大事件或某一先进人物的合力报道，便是媒体联动的典型表现。在系列报道中使用媒体联动报道，有助于充分整合媒体资源，有效形成巨大传播合力，提升传播效果。

②按文体划分

a. 通讯。通讯是一种详细、生动的新闻报道体裁，是新闻报道中的常见文体，运用叙述、描写、抒情、议论等多种手法，具体、生动、形象地反映新闻事件或典型人物。通讯包括人物通讯、事件通讯、概貌通讯、工作通讯等。一般而言，通讯具有严格的真实性、报道的客观性、较弱的时间性、描写的形象性和议论色彩较浓等五大特点。

b. 评论。评论是一种政论性的新闻体裁。它是针对新近发生的，具有普遍意义的新闻事件和迫切需要解决的问题，发议论、讲道理，直接发表意见的文章。评论价值主要指新闻中蕴含的值得阐发的对受众有启发、重要或新鲜的思想观点。

c. 新闻特写。新闻特写是指截取新闻事实的横断面，即抓住富有典型意义的某个空间和时间，通过一个片段、一个场面、一个镜头、对事件或人物、景物作出形象化的报道的一种有现场感的生动活泼的新闻体裁。

d. 调查报告。调查报告是对典型事件或者重大问题进行调查研究的报道。调查主体在对特定对象进行深入考察了解的基础上，经过准确的归纳整理，科学的分析研究，进而揭示事物的本质，得出符合实际的结论，由此形成的汇报性应用文体。

7. 请试述编辑在策划报道时，如何才能充分把握报道对象的价值判断。(电子科大2014年研)

答：编辑策划与组织的对象是报道，报道的对象(客体)是现实生活所发生的变动。对于这种变动价值的判断，是策划与组织报道的重要问题。判断的准确，来源于各种信息的充分把握和正确的价值观。因此，编辑在策划报道时，只有做到以下方面，才能充分把握报道对象的价值判断：

(1)把握环境信息

策划者所处的外界环境如何，是作出正确决策的必备条件。就报纸而言，要对报道进行成功的策划与组织，就必须考虑报道所反映的变动同外界环境的关系。报道策划者要认识某一变动产生的缘由，必须考察它所处的环境；要认识这种变动的意义及其是否具有报道的价值，必须考察它对环境产生的影响及环境对它的制约因素。

①环境信息可以提供一种阐释。报道的对象(客体)——变动，都产生于一定的环境之中。环境信息对变动产生的背景和条件的提示，有助于策划者对变动的原因和性质作出正

确的理解，进而可以对报道对象作出正确的判断和选择。如果忽视对环境信息的把握，就可能导致报道的失误。

②环境信息可以提供一种准则。变动存在于一定的环境之中，它的存在与发展变化受到国内外大环境的制约。这种制约，就国内而言，表现为政策、法律、道德、纪律对变动的制约。就国际交往中的经济往来而言，表现为国际上通行的规则和国际惯例对变动的制约。这种国内外大环境制约因素，就是一种环境信息，它所提供的是一种准则。带有约束性的特点。它为编辑策划报道确定了价值取向。

③环境信息可以提供一种反馈。变动受制于环境，又反作用于环境。不仅变动对环境产生影响，而且有关变动的报道也会对环境产生影响。对于这种影响的认识和了解，也是一种环境信息。它的特点是一种反馈性信息。若能及时把握它，则有利于今后对报道的对象作出正确的判断和选择。

④环境信息可以提供同行的动向。当今的报纸生活在媒介激烈竞争的环境之中，各报要以自己的特色吸引读者。必须在报道的策划与组织中，时刻关注同行的动向，这也是一种环境信息，它也影响着本报的价值取向。

(2)把握客体信息

客体信息是来自报道客体(对象)的各种信息，是指其中能为报道策划者判断报道价值提供依据的那一部分。它包括客体形成的条件、客体的历史背景和社会对客体的期待等。只有把握了这些信息，才能对报道对象作出正确的判断和选择。

①全面把握客体形成的条件。变动是报道的客体。一个变动之所以发生，是由各种内部条件决定的。

②注意把握客体的历史背景。我们报道的是客体的现在，但是它的过去(历史背景)对于理解现在，不无参考价值。而且有些客体值不值得报道，站在什么高度来报道，只有了解客体的历史背景才能弄清楚。

③注意把握社会对客体的角色期待。客体在现实生活中应扮演什么角色，公众期望它发挥什么作用，这些有关角色期待的信息构成了报道策划者应该把握的客体信息的重要部分。

(3)把握读者信息

读者信息是指读者需求的信息，对报道策划者来说，它是判断和选择报道对象的重要依据之一。有些可供报道的客体看似不寻常，但是新闻在哪里，还需要报道策划者把握读者信息才能抓得住；有些客体，看似寻常，但能否从中抓出新闻，也需要把握读者信息，才能作出准确的判断。只有对新闻价值观做到了全面的理解，才能把握住读者的真正需要，才能搞好报道的策划与组织工作。

8. 结合具体案例，阐述如何进行新闻策划。(电子科大2016年研)

答：(1)新闻策划

新闻策划是指对已经发生或将要发生的新闻事件如何进行报道，进行分析、构思，经过反复酝酿、调整，从多个报道方案中优选出最佳报道方案来加以实施，以达到一定的报道目标、实现预期的传播效果的过程。

新闻策划有广义和狭义之分。广义的新闻策划是指新闻传媒的形象策划，包括传媒发展战略策划、传媒营销策划、内部管理机制策划、广告策划以及媒体的风格和定位策划等。狭义的新闻策划是指新闻采访策划，即新闻业务中的“战役”策划，指新闻传播工作者在一定时期内，为了达到某种传播效果，对具体的新闻事实的报道所作的设计与规划。也就是指记者对将要采访的题材重大的新闻事实所作的事先谋划或筹划。

在新闻策划的实际操作过程中，需要注意区分新闻策划和策划新闻的差别和操作界限，记者编辑人员不要介入新闻事实。“策划新闻”是建立在策划的“新闻事实”的基础上，事实是人为制造的，事实作为新闻本源被歪曲或造假，丧失了其客观、真实性，它违背了新闻报道的规律。显然，“策划新闻”的新闻通常是虚假的，是假新闻。

(2)新闻策划的方式

新闻策划是利用现有的新闻线索和背景资料，策划出一套行之有效的材料挖掘方法，从而更好地利用新闻线索进行有效采访。因此，做好新闻策划应当从以下方面入手：

①掌握丰厚的资讯以及相关的新闻线索。建立广泛的信息网络，对新闻策划有着十分重要的现实意义。这对于报道那些涉及范围广的重大新闻事件，是非常有用的。例如20世纪80年代的《命运备忘录》，是《中国青年报》6名记者奔波十几个省后才写成的。再如，报道50年国庆、申奥成功以及沙尘暴等新闻，都是经过策划，运用广泛的信息网络，及时地把各地的情况反映出来、汇集起来，认真采写而成的。

②以系统的观点处理信息。对于一些专题性报道进行采访，涉及的面非常广阔，往往需要很多人共同协作才能完成采访任务。这是一项系统性工程，所以更需要事先进行新闻策划。正是因为新闻策划具有系统性，是联合作战，所以记者要有全局意识，在采访时要考虑到哪些题材更符合整体的风格和价值取向，哪些形式能取得最好的版面或视听效果。同时，编辑也要像记者一样有强烈的新闻敏感，及时发现热点问题或线索，从而能未雨绸缪，做好策划准备。

③提出明确的报道意图。报道意图就是具体的报道思想，要求找到体现新闻价值的“新闻点”以及新闻的主题。新闻策划一般是着眼于具有较大意义的题材，精心组织新闻报道活动，力求充分凸显其新闻价值。在进行新闻策划时，报道意图的主动性和创造性要与受众的需求结合起来，成为媒介竞争中有力的武器之一。它的目的在于更好地配置与运用新闻资源，取得最佳社会效益。如《人民日报》组织的关于香港回归、神舟五号飞船等一些重大题材的报道，《经济日报》策划的“中国质量万里行”的连续报道，引起了社会各界的广泛关注和肯定。这些都是新闻策划的典范之作。

④确定报道规模以及布局。新闻策划要依据新闻价值和合理配置新闻资源的标准，确定报道的规模以及布局。具体来说有三方面的内容，即报道方式、编排方式、为稿件投放的力量。新闻本质上是对新闻事实的一种客观反映，在进行新闻策划时必须依据事实的新闻价值，合理地安排报道方式、编排方式和投放的人力、物力、版面。如1998年夏季我国长江、松花江、嫩江流域发生百年未遇的特大洪灾，《解放军报》及时成立由报社主要领导挂帅、有关部室领导参加的“抗洪抢险宣传报道协调小组”，除制定报道计划、协调前后方工作和报纸的整体宣传报道外，还根据抗洪形势的变化及时调整计划和部署，最终在抗洪救灾报道中表现突出，涌现了许多好栏目、好新闻。

⑤周密部署报道进程。新闻策划在实施阶段要周密部署，把握报道的进程，确定发稿

计划。报道进程是指报道全过程中时段的分割和安排，规定报道分多少阶段进行、何时开头、何时推进与扩展、何时结束以及各阶段之间如何转接。发稿计划是报道进程中各阶段刊出新闻稿件的统筹规划，包括确定每条稿件的题目、内容、体裁和篇幅，确定稿件刊出的先后次序与具体时间，稿件在版面上的位置等。例如，1989 年2 月27 日《经济日报》头版头条刊登新闻《专营渠道化为“人情小溪”，开封农家不满“条子化肥”》，刊出后引起强烈的社会反响，报社决定围绕这一问题展开报道。经过精心策划准备，分两个阶段进行追踪报道，对该报道主题进行了深度推进。

⑥在实践中不断修正。在进行连续报道的时候，要注意可能有新的新闻线索的出现，或者新的新闻事件发生，要及时调整报道的主线。同时也要学会运用悬念，吸引受众往后看。如1996 年4 月到5 月，《宁波晚报》用近一个月刊登了《花烛泪诉人间情》以及与此相关的连续报道，讲述余姚农村一个普通农民家庭悲欢离合的故事，引起强烈的社会反响。事实上这一报道题材此前已经有报纸和杂志报道过，但由于1996 年4 月6 日，新闻中被抱养的小女孩与亲生父母团聚，事件有了新的进展，因此《宁波晚报》利用这一契机重新策划报道，以5 万字篇幅重写这一故事，并以5 块版面一次性刊登完，配发编者按语，形成一次超常规的报道。

9. “二胎政策”放开，请你写一篇解释性报道的策划方案。（南京大学 2016 年研）

答：（1）报道主题：“二胎政策”的前世今生。

（2）报道目的：通过深入调查剖析“二胎政策”颁布的背景、原因、措施、影响意义等，为受众答疑解惑，以便于政策的贯彻实施。

（3）采访计划：通过面对面采访、参加新闻发布会、网络调查等方式搜集采访资料；拟采访政策制定者、计划生育专家、社会学人士、市民代表等。

①政策制定者：敲定全面“二孩政策”，政府都考虑了哪些因素？计划生育单独一孩政策存在哪些问题？全面“二孩政策”有望给国家带来哪些改变？具体会出台哪些相关政策？

②计划生育专家：计划生育有何利弊？“二孩政策”对家庭、社会、国家会产生怎样的影响？

③社会学人士：从社会专业角度来看，“二孩政策”落地会对社会带来怎样的影响？

④普通公民：您如何看待全面“二孩政策”的出台？您作为适龄家长，是否选择生二胎？

10. 分析现场直播电视新闻节目的选题原则与策划方案。（上海大学 2016 年研）

答：电视新闻现场直播是指以新闻现场的实时拍摄和现场新闻的即时传送为主体，综合背景资料、知识介绍、演播室评述、现场记者采访，实现多个现场之间相互交流的电视新闻节目形态。

（1）现场直播电视新闻节目的选题原则

①以点带面，贴近生活。电视新闻现场直播往往题材重大且规模庞大。在我国现场直播电视新闻的案例中，2015 年来较为成功的报道如“东方之星”沉船事件、天津港爆炸案、抗战大阅兵，都运用了现场直播的节目形态。这些直播动用的人力、财力、物力等皆非一般日常节目所能比拟。如央视新闻频道在各档新闻中安排对各地的连线直播，这样从“小”处着眼的内容，在一定程度弥补了央视作为全国性电视台对地方覆盖不足的弱点。

②突出现场性和故事性。在好奇心的驱使下，观众更倾向于充满故事性的事件。电视

新闻直播中，一定要突出新闻事件中的悬念、冲突和戏剧性元素，强化观众强烈的收视期待。

③突出未知性和悬念感。直播最大的魅力是带着受众一起探寻未知，让传播者和受众同时揭开层层悬念。事件的发展过程和结果的不可预知性能够激起观众强烈的收视兴趣，共同期待事件的发展。

(2)现场直播电视新闻节目的策划方案

①选题内容策划

a. 慎重选择直播题材，在政策允许的最大范围内抢占报道制高点。现场直播中，采访人员要具备鉴别新闻素材的能力，第一时间发现有价值的新闻线索。侧重平民化方向，多采纳反映国计民生的题材，侧重对重大事件和突发事件的报道。

b. 电视直播过程应根据事件态势进行及时应变，扩充信息源挖掘过程的潜力，捕捉细节张力，增强直播魅力。直播活动围绕事件进行，是对事件进程的同步展现和报道，因此，事件的发生过程是直播中不可或缺的。

c. 影响公众、引导舆论要靠思想和观点，具体思想和观点的表达则靠主持人和嘉宾，嘉宾是电视新闻的重要提炼者和权威意见表达者。

②报道技术策划

a. 直播应当成为新闻频道的常态，增加电视现场直播的生动性。电视新闻现场直播的主要外在表现就是即时性的现场事件图像和声音并现的综合，出镜记者切勿照本宣科，否则同现场报道的自然生活化用语相背离，会使得直播的传播效果大打折扣。

b. 采用先进的直播技术设备，系统整合直播资源。国家要加大对电视新闻直播工作的财力投入，运用国家财力上的支持帮助电视媒体更新落后的技术设备。

c. 巧用细节突显主题，善用声画叙述真相。大多数现场直播，尤其是大型现场直播的场景都比较复杂。为了让观众清晰地了解直播机位和现场的整体情况，应多考虑采取动画和图表的方式向观众呈现。

③资源配置策划

a. 注重整体协调，提高工作效率。突发事件的直播往往会打乱原有的节目安排，会大大增加直播人员的工作量。因此，在建立专门的新闻频道的基础之上，要注意加强整体意识，注重整体协调，提高工作效率。

b. 创建比较宽泛的、自由的电视新闻现场直播的社会环境。这主要针对社会大环境而言，一般来说，官方主流媒体比商业媒体更容易争取到好的采播环境。

c. 定期对媒体工作人员进行社交媒体使用和数据新闻制作的培训。

3.4.4 实务题

1. 报道策划(北大2007年研)

主题：2008年4月30日晚上8点，北京奥运会将正式开始计算揭幕前100天倒计时。请分别为《人民日报》《北京青年报》设计一个有关此次活动报道的策划方案(自定版面数，不少于一整版。版序自定，出版时间自定。策划方案中应包括：版面定位描述、主要报道要素设计、主要采访计划安排、基本版式设计)。

答：(1)《人民日报》对该活动的报道

①出版时间：2008 年 5 月 1 日。

②版序及本版定位描述：第 5、6 版。这两个版为《人民日报》专门报道全国各地在奥运前后的相关信息的版面。

③版数：两版。

④主要报道要素设计：

a. 北京奥运会倒计时 100 天的报道。这个部分主要是各界人士对倒计时 100 天发来的祝贺词的综合。包括：萨马兰奇、中国奥运选手、新闻界人士、普通群众等。

b. 专访气象专家对奥运期间的天气预报。在倒计时 100 天的日子里，人们对奥运的期盼又一次升温，这一期将主要帮助读者解决一个大家普遍关注的问题，那就是奥运期间的天气情况。

⑤主要采访计划安排：

a. 采访各界人士对奥运会倒计时 100 天的寄语。

b. 采访气象专家对奥运期间的天气预报。

⑥基本版式设计：不采用通版。第 5 版放 1 篇稿件——各界人士对奥运会倒计时 100 天的寄语；第 6 版放 1 篇稿件——气象专家对奥运期间的天气预报。

(2)《北京青年报》对该活动的报道

①出版时间：2008 年 5 月 1 日。

②版序及本版定位描述：放在 T1、T2 版。这两个版面是《北京青年报》在奥运前后开辟的奥运专版，及时、全面地报道全国特别是北京地区在奥运会期间的相关信息。

③版数：两版。

④主要报道要素设计：

a. 奥运火炬在香港的传递报道(4 月 30 日正好是奥运火炬在香港的传递)。

b. 北京奥运会倒计时 100 天的报道。

⑤主要采访计划安排：

a. 派记者前往香港，报道火炬在香港的传递情况。

b. 派记者前往奥运倒计时 100 天的庆祝主会场进行采访报道。

c. 重点是北京十八区县人民在奥运即将到来 100 天之际，对北京奥运会的祝福。

⑥基本版式设计：采用通版设计方式。T1 放 2 篇稿件——火炬传递在香港举行、北京奥运会倒计时 100 天消息；T2 版放 1 篇大稿——北京十八区县在 100 天倒数时异彩纷呈的庆祝活动。

2. 根据下面这个统计图表，策划一个深度报道选题，并阐述你选择这个选题的理由。(清华大学 2006 年研)

Population in China：Percentage of Population living in Rural Areas 1980—2003

	Unit	1980	1990	1995	2000	2002	2003
Total population	Millions	987. 1	1143. 3	1211. 2	1267. 4	1284. 9	1292. 3
Rural popuation	Percentage of total	80. 6	73. 6	71	63. 8	60. 9	59. 5

Source：United Nations Economic and Social Commission for Asia and the Pacific (UNESCAP) Statistics Division

答：深度报道的选题定为：城市化进程加快背后的社会困局。

报道分为以下几个部分：

(1)客观介绍从1980到2003年，中国总人口不断增加，但农村人口比重却逐渐下降的情况，介绍中国的城市化进程的现状。

(2)采访专家学者，分析中国城市化进程的历史，这一进程不断加快的原因、给中国带来的变化、好处，以及可能出现的社会问题。

(3)选取几个问题作详细剖析，如：①在农村中，因大量青年劳力迁到城市，使农业劳动力流失，由此带来的耕地荒废、被非法他用、农村经济无法发展等问题；②农村中的留守儿童、空巢老人等问题；③城市中，外来人口的生活境况；④城市人口过度膨胀带来的问题；⑤人民的福利保障问题等。

选择这个选题的理由：中国从1980年开始，总人口不断增加，与此相反的是，农村人口不断减少。改革开放之后，城市化进程在不断加快。这是处于社会转型期的中国必然会出现的社会现象。城市化进程加快被认为是经济发展和社会进步的标志，但与此同时，也带来了一系列社会问题。成就要提，但问题更应该得到重视和解决。并且，在现在看来，城市化进程加快带来的社会问题已十分严重和不容忽视。媒体作为社会公器，有责任呈现这一社会现状，以得到政府和有关部门以及公众的关注。

3. 请你以一家党报记者的身份，结合实例，就如何报道“科学发展观”，拟定一个新闻报道策划方案。(北师2008年研)

答：假设本人是《人民日报》的记者。由于身份与编辑不同，对“科学发展观”的策划主要集中在新闻报道策划的层面，而不是整个“科学发展观”报道的完整的策划。本策划的报道主题为“科学发展神州行”。具体内容如下：

(1)报道时间持续6个月，记者分4路采访，每周至少有一篇深度报道见报。

(2)策划总体思路：为了全面反映全国各地落实科学发展观的新进展、新成效，在全国形成树立和落实科学发展观的良好舆论环境，《人民日报》记者兵分4路，陆续奔赴祖国的东部、中部、西部和东北，深入城市、乡村，到社区去，到企业去，到工人、农民中去，报道各地落实科学发展观的生动实践和新鲜经验，展现科学发展观给经济社会发展和百姓生活带来的巨大变化。《人民日报》开辟“科学发展神州行”专栏，陆续刊登本报赴各地记者组发回的稿件。

(3)“科学发展神州行”主题下设4个分主题，分别是：东部新跨越(海南、福建、广东、浙江、江苏、山东、河北、天津、上海、北京)，西部大开发(陕西、甘肃、宁夏、青海、新疆、内蒙古、重庆、广西、云南、贵州、四川、西藏)，中部崛起(江西、安徽、山西、河南、湖南、湖北)和东北振兴(辽宁、吉林、黑龙江)。本报记者将深入全国各地的城市、农村、社区、企业等，报道各地落实科学发展观的实践和经验。

4. 如果你是一本新闻周刊的编辑，以汶川地震为例，谈谈如何策划和组织新闻报道?(不超过800字)(浙江大学2009年研)

答：本题以《三联生活周刊》为例，说明汶川地震的新闻报道的策划及组织。

(1)关于《三联生活周刊》：

《三联生活周刊》的前身为邹韬奋先生在上世纪20年代创办的《生活周刊》，1995年由三联书店在继承传统的基础上于北京复刊，其定位是做新时代发展进程中的忠实记录者。该刊在力争以最快速度追踪热点新闻的前提下，更多关注新时代中的新生活观。

(2)对于本刊而言，汶川地震属于突发事件，事先没有策划的可能性，但是由于本刊属于周刊，与其他出版周期短的媒体相比，在时间上比较有优势，但是时间的增长也使得本刊必须在深度上加大力度。根据灾难性突发事件的一般策划思维，本次报道策划在一个月内完成，分四个阶段(每期一个阶段或一个主题)。此外，在人员分配上，将分成两大部分：前方记者及后方记者。

①第一周：主题为“生命”。

灾难发生后，民众最关注的就是人员伤亡情况，因此，本期将率先使用“生命”作为主题。

a. 派4名记者(1名摄影记者、3名文字记者)前往震中进行采访。采访需完成的内容包括：对救灾情况的采访、对受灾群众的采访、对救援人员的采访。

b. 前方记者的沿途见闻及日记。

c. 后方采编人员收集、整合各方透露的信息并支持前方采访，包括对地质灾害、卫生防疫等相关专家的采访。

②第二周：主题为“家”。

经过了过去一周举国震惊、哀痛的日子，逝者已矣，人们肯定会将注意力转移到那些在灾难中幸存的人，那些流离失所的人。因此，本周主题为“家”。本期主要关注以下两个问题：

a. 地震中彰显出的人性的光芒，包括灾民的自救、互救，非灾区人民的援助等。

b. 地震中流离失所、失去亲人的人的心态及现状。

③第三周：主题为“应急速度”。

距离灾难发生已经有一段时间了，救援等措施接近尾声，全国开始进入反思期。本期的主旨在于启发读者思考灾难中的救援行动，并且进一步向读者普及灾难中的自救方法。包括以下三个问题：

a. 地震之后，灾区人民的心理状况。

b. 地震救援的总结与反思。

c. 整理相关灾难环境中的自救方法。

④第四周：主题为“吾国吾民”。

作为策划的最后一期刊物，本期将探讨两个问题：“国”与“民”。反思作为国家层面的政府以及普通民众在震前、震中、震后的角色及表现。

5. 新闻采写编评(材料略)。(人大2015年研)

(1)策划一起深度报道，说明报道主题、拟采访对象、采访提出的主要问题、报道形式以及适合报道的媒体。

(2)简单介绍深度报道策划中使用的最重要的新闻报道，并为其配新闻标题。

(3)写一条微博推送，为此次深度报道做推介。

答：(1)深度报道策划

①报道主题：快递员猝死事件之外：“快递小哥”们的日常。

②报道要求：记者在和编辑沟通后深入采访，采访、写稿以事实为依据，找准信源，做到态度客观平衡。

③采访对象：采访猝死快递员的同事和诊断医生，还原死者猝死现场；采访死者家人和妻子，了解死者的身体情况和家庭情况；采访所属公司和医生对比，找出真正的死亡原因；采访行业专家，探索快递行业健康发展之路。本报道希望从这些不同的人群的视角出发，了解猝死事件的原因，并由这件事引发人们对快递小哥们的工作生存状态的关注。

④具体的采访提纲设置如下：

a. 采访死者的妻子：你丈夫在出事前有没有什么异样？丈夫平常的工作忙吗？他是个什么样的人？

b. 采访死者同事：死者出事前两天有没有异常表现？出事当时是什么情况？最繁忙的快递季如“双11”期间，您的工作状态是什么样的？您满意自己的工作环境和节奏吗？

c. 采访医生：死者送医时是什么状况？从医学上判定，死者的死亡原因是什么？与过度工作是否有关？

d. 采访京东商城(快递员所属公司)相关负责人：事后对死者家属的补偿措施是怎样的？公司一般每日规定的快递员送货量是多少？物流高峰期，如“双十一”时期，快递数量高峰值是多少？普通快递员的收入是多少？

e. 采访石磊(与猝死快递员相熟的网购市民)：当事人平常送快递时候的表现是怎么样的？作为普通市民，对快递员职业和快递行业有怎样的建议和展望？

f. 采访中国快递协会快递与网上购物专业委员会(第三方专家性质的官方组织)：是否有近年来快递数量的变化和高峰时候数量统计？对于快递员猝死这件事，您怎么看？

⑤报道形式：深度调查性报道，在版面上考虑安排报纸一整版进行焦点关注。

⑥媒体类型：根据本新闻事件的性质和影响，考虑在有较大影响力的都市报媒体，如《新京报》《中国青年报》上进行报道。

(2)新闻报道的主要内容及标题

①新闻报道的主要内容：

a. 还原现场该快递员猝死现场以及送医的过程。介绍医生诊断的死亡原因。

b. 通过家人同事的采访，介绍死者的具体情况，尽量立体地塑造猝死快递员生前的形象。

c. 由该快递员猝死引起大家对快递小哥群体的关注，引发行业讨论。

②深度报道标题：年轻快递员猝死后——“快递小哥们”的生存之道。

(3)微博示例

全民狂欢购物节“双11”刚落下帷幕，阿里再度刷新571亿元交易额新记录。而直至年轻快递员的猝死，我们才开始关注这群最熟悉的陌生人。他们穿梭于街头巷尾，驮着大小包裹频繁出没在我们的家门口或是办公楼里。你关注过快递小哥的日常吗？你知道他们面对大量快递包裹时的“生存之道”吗？欢迎关注本报深度报道《年轻快递员猝死后——“快递小哥们”的生存之道》。

6. 请根据以下材料(材料略)作答。(中传2016年研)

(1)请就这一现象策划一组深度报道，列出前期准备中应搜集哪些方面背景材料？说明

获取这些材料的途径。

(2)“垃圾围村”能否突围？展开调查、求证，设计详细的采访提纲，包括调查目的、调查路径、层次、区域和采访对象。

答：(1)同普通消息类报道不同，深度报道前期的准备工作尤为重要。“垃圾围村”主题的报道可从以下几方面进行相关材料的搜集：

①“垃圾围村”出现的背景环境。包括“垃圾围村”现象最初发生的时间、地点、历史、条件、社会背景。这一材料可从政府信息公开和先前的媒体报道得到。

②“垃圾围村”的现状。“垃圾围村”出现的村庄有怎样的共同点，并选取其典型进行调查采访。这一材料可从相关环境类新闻报道和相关民生论坛，或在微博等社交媒体上进行查找和核实。

③我国垃圾处理的地区性差异情况。城市和农村的垃圾无害化处理差距，以及出现该差距的大致原因。这一材料可从住房和城乡建设部门处了解到，也可通过其网上信息公开的数据中查询。

④垃圾造成的环境污染对人们身体的不利影响。农村地区的垃圾处理不当可能会对土地、水源、空气等资源造成污染，进而对人们的身体健康造成威胁。这一材料可从环境监察部门或农业科学家处获取。

⑤国内外对农村地区垃圾问题处理良好的模范采取的方案。这一材料可从互联网资料和国内外相关新闻报道处得到。

⑥农村地区垃圾处理站的数量和政策落实情况，以及当前存在的问题。这一材料可从当地环保部门处获取。

(2)采访提纲示例如下：

关于“垃圾围村”能否突围的采访提纲

十三五报告中首提农村垃圾治理目标，十大部委又联合发布《关于全面推进农村垃圾治理的指导意见》，提出到2020年，全国90%以上村庄的生活垃圾要得到有效治理。而今“三农”问题，尤其是民生问题越来越受到重视。民生无小事，农村地区的垃圾处理问题的处理也将提上议程。

①调查目的：引起政府有关部门和农村地区管理者对农村地区垃圾处理问题的关注，并对具体解决方案提供有力指导。

②调查路径：

a. 采用实地调查法，让记者深入农村地区进行亲身体验，并记录当前“垃圾围村”现象的严重性和普遍性。

b. 采用访谈调查法，对农村地区居民进行采访，询问垃圾对其生活和工作环境造成的影响；对政府相关部门负责人进行采访，了解我国农村地区处理垃圾的现状。

c. 采用抽样调查法，抽取若干具有典型性的村镇，查阅相关资料，并综合使用上述两种方法进行多方面深入调查，了解调查这些村镇处理垃圾的方式方法、取得的效果和存在的问题，与相关专家进行交流，刻画农村地区垃圾治理的全貌以及未来可行的发展方向。

③调查层次：依据受到垃圾污染影响程度的不同对农村地区分三类，分别为垃圾无害化处理较好的模范地区和“垃圾围村”情况严重的地区，以及通过相关部门得到的我国大部

分农村地区的普遍情况。

④调查区域：调查重点放在受垃圾困扰较大的农村地区，在南方农村地区和北方农村地区中分别选择污染严重的区域进行调查，指出其特点。

⑤采访对象：

a. 农村地区居民：您平时采用什么样的方式处理日常生活垃圾？生活垃圾是否对生产生活造成了影响？具体有哪些影响？政府部门采取的措施是否有效？对未来家乡环境有何希翼？

b. 环境研究学者和科学家：农村地区垃圾处理不当可能会产生哪些不利影响？是否会危及食品安全？国内外有哪些值得借鉴的措施？当前的科技有哪些是可以应用到垃圾处理问题上来的？

c. 当地政府管理部门：当前采取什么样的方式处理农村地区的生活垃圾？当前垃圾对农村地区是否造成了不利影响？是否有针对产生的问题开展治理？效果如何？现在国家政策全面支持农村垃圾治理，请问在未来会对该地区的垃圾问题采取何种措施进行整改？是否已经拟定好具体方案？什么时候可以实施？

d. 生活垃圾处理站负责人：垃圾处理设备是否满足当地需求？垃圾处理站数量是否合理？当地的垃圾主要通过哪些方式进行处理？实施的效果如何？有哪些不足？

e. 当地环保局工作人员：当前对农村地区的生活垃圾采取怎样的处理方式？有哪些问题亟待解决？村民对生活垃圾的处理提出了哪些问题？

7. 2015年7月，日本经济新闻社以大约13亿美元价格收购英国《金融时报》。假设你是一家中国财经媒体的记者，准备报道这一新闻，请为此写一个深度报道策划方案。(中山大学2016年研)

答：(1)选题分析

据《读卖新闻》网站报道，英国培生集团23日宣布，以8.44亿英镑(约1620亿日元)的价格将旗下的英国《金融时报》(FT)出售给日本经济新闻社。FT创办于1888年，是世界著名的国际性金融媒体，与美国《华尔街时报》齐名。据英国报纸杂志发行量公开调查机构统计，FT的日发行量为21万份，包括电子版在内的收费读者达72万人。日本经济新闻社的核心业务是出版和发行报刊，包括《日本经济新闻》《日经产业新闻》等，另外还运营有网络媒体等，其2014年度的销售额为3006亿日元。通过此次收购，日经新闻有望进一步推动其全球业务。对“日经社收购《金融时报》”进行深度报道，旨在更加全面地了解世界媒体格局和媒体经营动态，通过关注资本变动反映媒体市场变化趋势，并探索在新旧媒体竞争激烈、探索转型的格局中，市场化程度更高的西方媒体经验是否给中国传统媒体带来有用的启示。

(2)报道角度

①日本经济新闻社收购英国《金融时报》的具体操作办法。

②收购双方的经营现状及现行影响力。

③对本次收购的媒体看法和经济方面的专家意见。

④对收购后续影响进行预测并保持关注。

(3)采访提纲

充分收集相关资料，确认采访对象以及对应的采访提纲。

①收购双方代表及发言人：此次收购的目的是什么？收购后有怎样的发展计划？对未来市场的预测是怎样的？（通过他们的回答，确定下一步对专家的询问）

②媒体专家及财经专家：如何看待这次媒体收购？双方合作的优势是什么？收购之后可能存在哪些问题？此次收购对传媒经营格局可能产生怎样的影响？（从投资者以及受众关心的角度，确定问题）

③媒体意见：如何看待这次媒体收购？双方的合作对其他媒体的合作、发展是否具有参考价值？与日本媒体相比，国内同类媒体在合作方面有什么差异？

(4)采访实施与运作

①对采访对象进行访问，并把访问的结果进行总结整理。

②通过网络将采访内容逐渐发布，以便吸收意见，进行采访调整。

③提取和本次深度报道有关的其他新闻信息。

④追踪收购双方在采访中的动态。

⑤把所采访到的材料、网上所找到的新闻信息和专家意见进行综合。

(5)组合报道

①汇总采访所得的资料，结合相关媒体的评论以及有价值的网络意见，对本次收购案进行深度分析，得出一定结论。

②根据媒体立场、已有报道和舆论反应，提取适合报道的有价值的信息，整合形成深度报道。

8. 针对“习马会”进行门户网站新闻专题策划，包括：主题、角度、栏目设置、独家新闻策划以及多媒体使用等。（厦门大学2016年研）

答：(1)主题

通过对“习马会”的报道，促进两岸双方对两岸和平的认识。

(2)角度

角度一：对“习马会”的进展过程进行实时报道。

角度二：追溯历史，加深对“一个中国”的认识，综述各领导人历年来对于两岸和平所做出的贡献。

角度三：展望未来，对于未来两岸的和平合作做出期许。

(3)栏目设置

栏目一：视频直播。对“习马会”现场进行视频直播。

栏目二：历史上的台湾。回顾台湾历史，史料论证台湾自古以来是中国不可分割的一部分，加深人们对“一个中国”的认识。

栏目三：专家论坛。专访相关领域的专家，阐述“习马会”的重要意义及国际社会的相关评价，构造积极良好的舆论氛围。

(4)独家新闻策划

利用厦门的独特地理位置优势，开展一系列民众互动交流活动并进行报道。

①采访一些台湾来往大陆的人士，了解报道他们的态度和期望。

②采访一些厦门本地居民，了解报道他们对两岸关系变化的感受和对未来的美好向往。

③以民生视角对“习马会”进行解读。

(5)多媒体使用

采用全媒体报道方式，以门户网站为主，辅以App客户端、微信公号、微博等媒介进行全媒体发布。门户网站注意多媒体的融合，即文本、图像、音视频以及交互设计的有机综合运用。同时可以采用VR新闻直播的方式，增强受众的交互性与参与感。

(6)注意事项

①保持正确积极的价值导向。

②备以可行的应急方案。

9. 案例(案例略)分析。(电子科大2013年研)

假若你为搜狐新闻频道要闻的责任编辑，负责十八大网络新闻专题的策划、网页设计、报道和编辑。请详细列举：①新闻专题策划书；②新闻专题网页设计方案；③新闻专题报道设计详案；④新闻专题编辑的详案。

答：(1)新闻专题策划书

新闻专题策划书应当设定网络新闻专题制作的流程与分类，要求紧扣十八大主题，受众覆盖面广，文字浅显易懂，方案具有可操作性。示例略。

(2)新闻专题网页设计方案

新闻专题网页设计方案应包括色彩、标题、分栏、版式、动画、音频、视频、图片和文字等。要求方案具有可操作性，符合网络传播特色。示例略。

(3)新闻专题报道设计详案

新闻专题报道设计详案应当多角度、多体裁、多载体、多述评；人员配置合理；方案具有可操作性，符合网络传播特色。示例略。

(4)新闻专题编辑的详案

栏目设置是专题的阅读导向的体现。好的栏目设置必须做到让读者沿着自己的编辑思路走，这样才能达到最好的传播效果。新闻专题的栏目多种多样，但要分清各个栏目的主次，然后按照主次合理安排各个栏目位置。

此外还应包括：标题的制作；栏目及时的维护；评论的组织等。示例略。

10. 案例(案例略)分析。(电子科大2014年研)

假若你为新浪科技频道的责任编辑，负责“转基因食品”新闻专题的策划、网页设计、报道和编辑，请详细列举：①新闻专题策划书；②新闻专题网页设计方案(需标准图示)；③新闻专题报道设计详案；④新闻专题编辑的详案。

答：(1)新闻专题策划书

①报道主题

转基因食品风险问题——“挺转”与“反转”的论战。

②主题分析

a. 题材分析：与人们生活密切相关的转基因食品是否存在风险有很高的关注的价值。“转基因食品对人体健康有影响吗？美国人吃不吃转基因食品？转基因食品会让中华民族断子绝孙吗？为什么转基因食品争议这么大？”新闻网站有义务借助首届转基因嘉年华活动这一新闻事件，对人们密切关注的问题作出客观、全面的报道。

b. 角度分析：要关注“挺转”与“反转”两方面的态度与看法，详细了解两方各自看法的科学依据。

c. 深度分析：转基因是生物科学技术的一大突破，到底能不能将这一技术运用到与人们生存相关的物资上，是否存在风险？若没有风险，人们的观念应该做出怎样的转变？而转基因这一科学成果不被人们广泛接受的原因又是什么？都需要媒体拨开谜团，从科学的态度出发，挖掘问题本质。

③专题内容

a. 最新报道：采用追踪连续报道，以时间为维度，将事件的发生、发展过程、当前状态、未来趋向以短消息或通讯形式展示。在首页，每条消息以标题的形式展示。

b. 事件细节：以文本的形式把事件发生的时间、地点、人物、原因等新闻要素显示在专题首页，方便读者对事件的了解。

c. 新闻图集：把与此事件有关的具有新闻性的图片以幻灯片的形式展示在专题首页。

d. 视频报道：放置各媒体对该事件的视频报道。

e. 类似事件：以时间为维度，将类似的新闻突发事件有选择性的放在专题首页。以图片加核心提示的形式链接下一级的新闻。

f. 各方专家态度：将两方专家各自的科学依据以及科学成果进行同步展示，形成对比。

g. 讨论区：讨论区分两部分，一个是“评论”专栏，一个是“灌水区”。“评论”可以链接到与此事件相关的博客、评论文章等；“灌水区”是浏览此专题的人留下的言论。讨论区为受众提供的一个发表言论的平台，以意见态度为维度，受众可以对转基因食品是否存在风险这一论题提出自己的看法、建议等。

④版块设计

a. 图片新闻：将近期发生的与主题相关的图片制作成新闻，或将“转基因食品”这一科学成果用虚拟图示和漫画等进行表达。

b. 热点关注：主要是对这一科学成果在世界各地以及国内外各个领域的运用情况进行持续关注。

c. 转基因食品：对“转基因食品”进行科学解释。

d. “挺转”与“反转”的论战：关于支持与反对转基因食品的双方看法以及相关科学依据的报道。

e. 专家看法：另设专家看法模块，采访支持、反对与中立等各方专家(包括国内与国外)，收集他们对转基因食品的观点和依据。

(2)新闻专题网页设计方案(标准图示略)

(3)新闻专题报道设计详案

对于转基因事件的报道，因为涉及到的是科学的风险，这是一个世界性的问题，所以在报道时应同时关注国内和国外的发展。具体到新闻报道的内容方面，可以设置以下几个报道主题或栏目：

①我国转基因作物的现状。转基因作物是在公众重点关注之前就存在的，我国到底已经有哪些转基因作物，这一现状是公众需要知道的。可以采访农业专家以及农业部负责人

了解此事，并做一个现状报道。

②转基因疑惑问答。公众对于转基因存在许多疑虑，不解决这些疑虑，公众对转基因的了解就无法更深入。针对当前公众的认识，这一主题栏目的报道要对以下题目进行解答：转基因食物是否会导致胃癌和不育？美国人吃不吃转基因食物？欧盟是不是禁止转基因食物？我国是否必须在主粮上发展转基因作物？这部分可以采访转基因研究专家，并查阅相关科研结论以及相关国家和地区的规定及新闻报道。

③其他国家对转基因安全问题的处理方式。转基因的安全管理也是被讨论得很多的问题，所谓他山之石可以攻玉，在这个问题上，了解有经验的国家和地区是如何管理的，对我们也有借鉴意义。具体可以选择欧盟、美国、日韩等国的不同处理方式进行介绍。

④各方评论。对于转基因的问题，不同人的态度和立场差异很大。不同的专家怎么看，公众怎么看，各抒己见，观点打擂，让不同观点相互碰撞。可以寻访正反方的专家和公众，让他们对转基因问题进行评论，选取有代表性的评论文章进行刊登。

(4)新闻专题编辑的详案(略)

11. 请以“2016年3.15消费者权益日”为内容，选取某一视角策划一组系列报道。(湖南大学2016年研)

要求及评分：

(1)系列报道需包含三条以上的报道。

(2)拟写出系列报道的主体、结构。

(3)写明系列报道中，每一条报道的主要内容、拟采访对象及主要采访问题。

(4)报道可针对报纸、广播、电视、网络等不同媒体，请说明你策划的报道拟刊载的媒体类型，并简要说明报道形式。

答：“2016年315消费者权益日”新闻报道策划提纲：

(1)报道视角

一年一度的3.15消费者权益日旨在维护广大消费者的合法权益，打击假冒伪劣产品、不良商家，处理消费者的投诉，帮助消费者挽回损失……3.15权益日是深受广大公众支持和信赖的日子，自成立以来，就在维护消费者合法权益方面起到重要作用，充分体现以人民为主体的内涵。而3.15权益日延续至今，消费者的维权现状如何？消费者的权益受到了哪些方面的侵害？为维护最广大人民的根本利益，我们的国家有关法律部门、监管部门以及商家又做了哪些努力？还可以从哪些方面进行完善和提高？这些都是我们迫切想了解和知悉的问题。针对最新的现状和进展，我们进行了一系列的报道策划，旨在满足人民群众的知情权，同时对有关部门进行监督，更好地发挥3.15消费者权益日的作用。

(2)报道内容

①报道1的内容

一方面我们在维权的道路上取得很大成果，另一方面也面临更大的挑战。

首先报道消费者的维权现状，比如：维权的渠道多样，环节减少，维权成本降低，维权速度较之前有所加快；维权结果更加符合民意和民心，消费者的主体地位得到重视和提高；维权变成普遍的事情，消费者拿起法律的武器捍卫自己的合法利益不再“新奇”。

但与此同时我们可以看到，随着互联网的发展，电商的飞速普及，网购大大提高侵权的频率，消费者的维权事件与日俱增，消费者被侵权变得更加普遍。相关的法律法规建设不完善，消费者更广泛的利益得不到保障，侵权案件急速上升而相关维权机构建设跟不上的矛盾日益凸显。

拟采访对象：不同类型的、有代表性的消费者。

主要采访问题：

a. 哪些事情侵犯了您的消费者权益？

b. 您是怎样维权的？维权结果您是否满意？

c. 维权过程当中您遇到了哪些问题？您认为可以从哪些方面进行改善？

d. 为3.15消费者权益日提出您的个人期许和期待？

②报道2的内容

报道各大商家和服务机构为维护广大消费者权益所做的努力。比如：提高商品质量和服务质量；严格按照国家标准准入门槛，对产品和服务进行把关；完善售后服务，提升服务的态度等等。

同时也要看到存在的问题，比如只重视经济利益而忽略社会公共利益；大量假冒伪劣产品、有毒产品、食品安全等问题严重危害消费者的合法权益和身心健康；售后服务不完善不到位，消费者的后续权益得不到保障，尤其是随着互联网电商的发展，网购的质量问题和安全问题以及售后问题成为一大难点和痛点。

拟采访对象：不同类型和行业的商家。

主要采访问题：

a. 商家为维护消费者的权益做了哪些努力？

b. 目前维权遇到的最大问题是什么？

c. 为给消费者提供更好的服务，商家应从哪些方面进行改善和提高？

d. 3.15消费者权益日对商家来说意味着什么？

③报道3的内容

报道国家的立法机构、监管部门和相关的维权机构在维权中如何有所作为。比如：国家加快立法，相关维权法规更加完善和更具有实用性，法律法规落到实处；监管部门加大惩处力度和打击力度；维权机构更加精简，效率更高，处理消费者投诉问题更快更好，处理效果让消费者更加满意等等。

与此同时，腐败问题、监管不力、维权不力问题也比较突出，部分部门和机构收人好处，对侵权案件睁一只眼闭一只眼；侵权范围更加广泛，但相关法律法规落实不到位；维权成本相对较高，维权道路举步维艰等问题也日益突出。

拟采访对象：相关法律法规部门工作人员、监管部门工作人员、维权部门工作人员，法律专家等。

主要采访问题：

a. 国家针对维权问题增加了哪些新的法律法规？

b. 监管部门和维权部门在维权方面做了哪些努力？

c. 目前针对侵权案件和消费者维权还有哪些盲区和问题？

d. 将采取哪些措施更好地保护消费者的合法权益？

(3)报道拟刊载类型：选择电视媒体进行报道。

(4)报道形式

①以新闻报道+采访+图文+数据+视频的形式进行综合报道，充分利用电视媒体的优势，集视听于一体，利用数据加强新闻的可信性，丰富报道形式。

②利用采访所得进行深度、全面报道，充分体现更广大人民群众的意见和呼声。

③将网络民意调查结果进行数据可视化之后融入电视报道当中，形成全方位的、更具可视性、丰富性的报道。

12. 以“春运”为主题，设计一个新媒体的新闻产品，为其写一份产品策划书。要求：

(1)包含产品的报道内容；

(2)包含产品的呈现方式；

(3)包含推送渠道、推送时间及互动方式；

(4)包含产品预期传播效果说明。

答：关于“春运”的H5产品策划方案如下：

(1)产品名称：回家的路。

(2)产品宗旨：通过对常年在外工作的外来务工人员的工作状态以及生活状态的报道，唤起整个社会对于这一群体的关爱，进而改善这一群体的生存现状。

(3)产品背景：在中国，伴随着城市化进程的推进，大量农民离开土地，为了生计，他们被动涌入城市，随之而来的是外来务工人员社会保障问题、留守儿童问题、留守妇女问题。

(4)产品目的：随着城乡差距的扩大，外来务工人员问题逐渐成为棘手的问题。通过H5产品的推广，希望引起社会各界的共同关注。

(5)产品调研：

①市场分析：根据韦里克的SWOT分析模型，从Strength(优势)、Weakness(劣势)、Opportunity(机会)、Threat(威胁)四个方面进行分析。

a. Strength：外来务工人员问题的关注度历来就很高，产品存在潜在的受众基础。

b. Weakness：相关的新闻专题做得已经比较多，很难做出新意，容易落人窠臼。

c. Opportunity：时值春运，有很强的话题性和借势营销的机会。

d. Threat：产品主要用户是智能手机用户，真正的外来务工群体接触产品的较少。

②受众分析：产品的受众主要是对公共事务较为关注的人士以及移动社交网络用户。产品应尽可能争取此类用户的关注，激发他们分享的欲望。

(6)广告核心定位：根据罗瑟·瑞夫斯的独特的销售建议理论即USP(Unique Selling Proposition)理论，产品要提出一个诉求，这一诉求是其他媒体未曾提到过的，对受众有极大吸引力的。我们将产品中心定位为“人性的温度”。

(7)产品创意表现：将产品宣传落脚点具体化，即利用KISS(Keep It Stupid Simple)，将广告宣传落脚点定位为“用爱温暖回家的路”。

(8)具体操作：采用H5的形式呈现内容，H5分为5页，分别介绍外来务工人员A外出打工的原因、打工生活的状况、家中妻子与子女的生活状况、总结国内农民工的生存现状以及送祝福的端口。

页面共5页，选择温情且积极向上的纯音乐，各页面内容如下：

①页面一

画面：外来务工人员A在自己家里的照片。

文字：外来务工人员A的简介以及外出打工的原因。

②页面二

画面：外来务工人员A在工地劳作的画面。

文字：介绍外来务工人员A的工作概况，以及外来务工人员在外工作普遍担忧的问题。

③页面三

画面：外来务工人员A的妻子及孩子的生活照片。

文字：外来务工人员A与妻子及子女团聚的时间，占一年时间的百分比，以及妻子与孩子生活中所遇的困难。

④页面四

画面：外来务工人员返乡的大全景。

文字：介绍我国外来务工人员的概况、困境以及出路。

⑤页面五

画面：祝福的画面。

文字：提供送祝福的端口，每一个祝福都会以一元钱的形式捐赠给慈善机构，用来帮助困难外来务工人员解决生活问题。让用户和产品产生互动。

(9)媒介投放策略：

①投放媒体：在微信平台投放，引导受众关注及分享；拍摄成微电影，在火车站、汽车站等人流集散地播放；拍摄相关公益广告，投放在春晚广告时段；微博中设置相关话题讨论。

②投放时间：春节前两个月，以及春节后一个月。

(10)预期投放效果：在微信上形成大规模的转发，微博上引起网友热烈讨论，促使相关政府部门采取措施，改善外来务工人员生存状况。

(11)资金预算：微电影及相关工艺广告、H5产品的制作需要投入一定的资金，媒体投放可以争取平台的支持。

(12)反馈与改进机制：选择一定数量的样本进行定期的跟踪回访，听取受众意见并不断优化改进。

13. 报道策划。(华科2016年研)

以山东青岛"天价虾"事件为切入点，针对各地旅游景点宰客乱象以及治理方法做专题报道，要求拟定报道计划，并在报道中加入对新媒体的运用。

答：纵观近年来多地发生的多起"宰客"事件可以发现，标价规则不严谨、纠纷处理"踢皮球"、处罚机制不"给力"这三种顽疾，成为"宰客"屡禁不绝的根源。因此，以青岛"天价虾"事件为切入点，针对各地旅游景点宰客乱象以及治理方法做如下专题报道：

(1)报道主题：旅游宰客现象及其治理。

(2)报道目的：了解全国旅游景点宰客现象的整体情况，发动网民，集思广益，寻求有效的治理方法。

(3)报道载体：报纸、新闻网站、微信公号、新闻客户端等。

(4)前期准备：使用网络调查方式，在网络上发放 300 份调查问卷，征集全国各地网友的回答。问题设计如下：

①您在旅游过程中遇到过被宰的情况吗?

②在您的历次经历中，哪个旅游区宰客现象最为严重?

③对于旅游被宰，您有什么好的治理建议?

(5)采访计划：

①采访准备

a. 联系采访对象，包括 5 名旅游爱好者，以及网络调查中宰客现象最严重的旅游区旅游局负责人。

b. 采访物品准备，如笔、笔记本、手机、记者证、录音笔等。

②采访提纲：5 名旅游爱好者

a. 您在旅游过程中遇到过被宰的情况吗?

b. 能详细地说一次被宰的经历吗?

c. 根据您的经历，您认为哪些旅游陷阱是值得注意的?

d. 您有什么好的治理建议吗?

③采访提纲：旅游局负责人

a. 您之前了解您负责的旅游区宰客现象如此严重吗?

b. 您认为宰客现象严重的成因是什么?

c. 之前对治理旅游宰客现象采取过怎样的措施? 效果如何?

d. 下一步打算如何治理宰客现象? 如何改进治理政策?

(6)版块设计：

①游客大吐槽：整理网络调查前两问得到的反馈，以数据新闻(图表)的形式呈现；整理旅游爱好者采访中获得的关于旅游陷阱的内容，向读者描述三个被宰典型案例。

②政策需改进：重点整理对宰客现象严重的旅游区旅游局负责人的采访所得，同时与游客采访中关于政策建议的部分进行比较，综合得出旅游陷阱的产生原因以及治理的政策建议。

③网友来献计：展现网络调查中获得的网友治理建议，同时在网站或新媒体平台中加入评论机制，使得网友可在评论区继续献言献策，评论按点赞数依次排列。

(7)新媒体多平台发布：在确定报道主题以及报道方案之后，主要在多个新媒体平台进行内容发布，以求最大范围内覆盖更多的受众。例如在微信公号、贴吧、今日头条等平台上进行报道，在微博、知乎上开启相关话题，鼓励广大网民积极参与，集思广益，分享自己遇到的“旅游天价宰客事件”或者自己解决这些问题的方法和建议。使报道不仅停留在单向播报方面，而是与广大网民展开双向互动，增加报道的影响力与受众的参与度。

14. 采访与写作。(陕西师大 2016 年研)

陕西紫阳县实行包组联户制度，实施后，该政策将群众的满意率直接与干部的任用挂钩，假如你是陕西日报的记者，根据此新闻线索写一份采访策划。

答：示例如下：

关于紫阳县包组联户制度实施情况的采访策划

(1)采访主题：紫阳县建立乡镇干部包组联户工作长效机制，民调结果决定干部升迁去留。

(2)采访目的：深入了解紫阳县包组联户制度的实施情况，报道紫阳县的经验，为其他地区提供示范。

(3)采访地点：紫阳县政府；相关村镇。

(4)采访人选：紫阳县委常委、政法委书记；相关村镇的基层干部和村民。

(5)前期准备：采访前必须带好身份证及相关证件、采访所需器材等相关物品，如采访提纲、采访时所需的记录本(录音笔)、笔、摄像机(照相机)。

(6)采访提纲：

①紫阳县委常委、政法委书记：紫阳是什么时候开始实行包组联户制度？为什么会实行这个制度？当初设计思路是怎样的？实施以来得到怎样的成效？

②相关村镇的基层干部：县政府政策在村镇里是否得到了有效落实？乡镇政府是如何进行人员安排的？包组联户政策实施以来，村镇里发生了怎样的变化？村民是否有效的进行了配合？

③相关村镇的村民：政府人员多久来访一次？村民与干部的沟通过程和效果如何？

(7)采访后期：对照采访录音整理收集好的资料和问答记录，组织整理完成采访稿，核对修改无误后做成终稿。

(8)注意事项：

①采访前做好充足准备。做好策划和采访提纲，做好知识准备，包括被采访人的资料、爱好和相关背景；预约好合适的时间和地点，选择合适的衣着；确定采访设备可以正常运转，提前估计到困难和意外，做好心理准备。

②征求采访对象的意愿进行采访录音；保存新闻图片供事后筛选。

③采访时提问态度要真诚、客观、不带个人倾向；事先围绕主题设计一些重要问题，采访时提问不要过大过空或词不达意，防止轻问重写。

第四章　新闻稿件的分析与选择

4.1　复习笔记

【知识框架(庖丁解牛)】

- 新闻稿件的分析与选择
  - 分析与选择新闻稿件的意义与方法
  - 新闻价值分析
    - 新闻编辑分析选取稿件的第一步
    - 具体考虑
      - 时间
      - 新意
      - 重要
      - 接近
      - 显著
  - 社会效果分析
    - 新闻编辑分析选择稿件的第二步
    - 坚持基本原则
    - 具体考虑
      - 分析受众心理，立足于全局
      - 用辩证的眼光看问题
      - 合理、合法，杜绝有明显危害性质的新闻
  - 媒介适宜性分析
    - 新闻编辑选择分析新闻稿件的第三步
    - 具体考虑
      - 媒介的受众定位与功能定位
      - 同题报道“差异化”的原则
      - 媒体的性质与容量
  - 应注意的问题及“更正”的处理

【考点难点归纳(厚积薄发)】

考点一：分析与选择新闻稿件的意义与方法(见表4-1)　★★

表4-1　分析与选择新闻稿件的意义与方法

要点	具体内容
意义	①有助于落实新闻媒体的编辑方针。 ②有助于满足受众的信息需求。 ③有助于新闻稿件合乎新闻媒体的容量要求
方法	①在所有稿件中，根据新闻价值分析挑选出真正意义上的新闻稿件。 ②在具有新闻价值的稿件中，根据社会效果分析挑选出符合媒介立场与导向的稿件。 ③在具有良好社会效果的新闻稿件中，根据稿件对新闻媒介的适宜性分析挑选适合表现媒体特色的稿件

考点拓展：新闻选择的注意事项

1. 要有全面的观点

全面的观点，要求克服思想上的片面性和绝对化，用开放的态度和辩证的方法来看待事物。利与害作为一对矛盾，在一定的条件下会互相转化。编辑人员只有全面地观察和分析问题，才能趋利避害，对新闻作出恰当的取舍。

(1)不能只看到新闻中积极的一面，而忽视了其中可能存在的消极的一面。

(2)不能只看到新闻中消极的一面，而忽视了其可以转化为积极的一面。

2. 要有平衡的观点

报道平衡是对新闻媒体的共同要求。在新闻的选择中，通常要把握好这样一些平衡关系：

(1)重点与一般的平衡。

(2)领域、行业及其各构成要素的平衡。

(3)肯定性因素与否定性因素的平衡。

考点二：新闻价值分析(见表4-2) ★★★★

表4-2 新闻价值分析

要点	具体内容	
新闻价值分析	时间	新闻发生的时间与报道发布的时间差越小，新闻价值越大
	新意	受众感兴趣的信息越多，稿件的新闻价值越大
	重要	①新闻内容能得到多大范围的受众的关心，或者它与多少受众有关系，主要侧重量的考察。 ②新闻得到人们多大程度的关心和共鸣，主要侧重质的考察
	接近	①新闻所报道的事件或人物在地理上与受众靠近。 ②报道的内容与受众心理贴近
	显著	新闻中的要素，如人物、地点、事件越著名，越能在社会上引起轰动
新媒体环境下的稿件选择标准	稀缺性	重视内容的罕见、新奇、人情味等
	稳定程度	主要指媒体源的稳定程度
	热门程度	判断某一垂直领域上的热点，考虑“值不值得用”

考点三：社会效果分析(见表4-3) ★★★★

表4-3 社会效果分析

要点	具体内容
原则	分析新闻稿件的社会效果，必须坚持的基本原则是：新闻报道必须有利于国家和人民的利益，具有推动历史进步和人类和平的积极作用。具体而言，选择新闻的着眼点主要有以下几个方面： ①是否有利于宣传党的路线方针政策，推动我国的经济建设和社会进步。 ②是否有利于展示国家的发展建设成就、弘扬高尚的道德和精神。 ③是否能够反映人民群众的呼声和愿望，发挥舆论监督作用。 ④是否有助于传播科学文化，丰富人民的物质文化生活，提高全民族的文化素质

续表

要点	具体内容
关注点	①将新闻稿件的内容、发布新闻的时机与社会背景结合起来考虑，要认真分析受众心理，立足于全局看问题。 ②要注意用辩证的眼光看问题。 ③要注意合理、合法，要杜绝有明显危害性的新闻

考点四：媒介适宜性分析 ★★★

1. 媒介适宜性分析(见表4-4)

表4-4 媒介适宜性分析

要点	具体内容
根据媒介的受众定位与功能定位分析	①对稿件是否适用的判断，必须考虑新闻的报道内容和形式是否符合媒介的特定受众群体的需要，是否符合媒体自身的功能定位。 ②功能定位决定了报纸的内容和传播水平，也就决定了对每一条稿件的取舍
根据同题报道“差异化”的原则分析	①媒介竞争的不断加剧，客观上要求所有媒体的新闻报道都应该追求特色，与竞争对手有所差异。 ②每一次的新闻报道都要与以往的同一主题的报道有所差异，表现出“这一次”的特点
根据媒体的性质与容量，从把握重点与平衡的角度分析	①稿件的整体结构、数量、质量要与报纸的性质和报道重点相吻合。 ②稿件的整体结构、类型和数量，要能够做到报道面与报道对象的平衡

2. 新闻侵权(见表4-5)

表4-5 新闻侵权

要点	具体内容
概念	指新闻报道主体违反新闻法规和其他法律规范，通过新闻传播媒介，在新闻采访、写作、编辑、发表过程中，以故意捏造事实或过失报道等形式，向公众传播不当或法律禁止的内容，从而侵害了公民、法人或其他组织的人格权，造成不法侵害的行为
处理	①要高度重视稿件内容的合法性。要避免新闻侵权，注意保留采访的“真凭实据”。 ②一旦发现自己的报道有失误或他人提起诉讼，可以采取的措施有：a. 发表更正；b. 原封不动地发表有关的信件和文章；c. 重新展开调查；d. 发表受侵害人名誉的正面报道、辩护文章
类型	①新闻报道内容失实。 ②新闻报道评论不当。 ③未经核实转载其他媒体报道，事后证实报道不实。 ④在报道中采用与报道内容无关的照片，或者未经同意采用照片。 ⑤过失报道或暴露他人隐私。 ⑥褒扬性的新闻报道同样容易引起新闻侵权

考点五：分析选择新闻稿件应注意的问题及“更正”的处理（见表4-6）　★★★

表4-6　分析选择新闻稿件应注意的问题及“更正”的处理

要点	具体内容	
注意问题	①充分发挥稿件的各种用途，最大限度地开发利用新闻信息资源。 ②慎重、及时地处理每一篇稿件。 ③重视作者的附稿信，尽快通知作者处理结果。 ④注意发现人才、建立作者队伍	
“更正”的处理	错误类型	①新闻事实方面的差错。 ②新闻报道立场观点的差错
	“更正”方式	包括：①“来函照登”；②编写“更正”；③重发新闻；④公开检讨

4.2　课后习题详解

1. 分析与选择稿件的意义和目的是什么？

答：分析与选择新闻稿件是新闻编辑业务中很重要的一个环节，对于新闻产品生产与新闻传播活动具有非常重要的作用和意义。

（1）有助于落实新闻媒体的编辑方针

编辑方针具体落实到媒介新闻产品生产的过程中，不仅对新闻报道的策划和组织具有约束力，同时也对每一篇稿件的选择和采用具有规定性。在新闻传播活动中，新闻编辑只有通过对稿件的分析与选择，才能保证新闻报道以及新闻产品合乎编辑方针的要求。

（2）有助于满足受众的信息需求

每一家新闻媒体都要研究自己的受众，充分满足自己特定受众群体的需要。在新闻编辑业务中，对新闻稿件进行分析和选择，保证新闻产品能够与受众需要相吻合。

（3）有助于新闻稿件合乎新闻媒体的容量要求

新闻媒体往往有容量的限制，新闻编辑对新闻稿件的选择和分析成为新闻传播活动中必不可少的环节，而且不同的新闻媒体因为形态和容量不同，分析与选择新闻稿件的标准也会有所不同。

2. 如何分析稿件的新闻价值？

答：新闻价值分析是新闻编辑分析选择稿件的第一步。分析一条稿件是否具有新闻价值，主要考虑五个方面：时间、新意、重要、接近、显著。

（1）时间

新闻是对最新发生的事实、最新出现的信息的报道，只有最迅速、最及时地把最新鲜的信息传达给受众，才能满足人们阅读（收听、收看）新闻的需要。所以新闻价值的大小要以新闻事件发生的时间与新闻报道发布的时间这两者之间的时间差为尺度来衡量，时间差越小，新闻价值越大。从时间角度来看，新闻是易碎品，它只在历史发展的某一“点”上作为“新闻”而存在，一旦越过这一“点”，新闻就不再是“新闻”，只能成为历史。因此，新闻媒体无一例外地要求新闻报道抢时间抢速度。

必须注意的是，对新闻时效的追求不能损害新闻报道内容的真实性和准确性，即要在新闻内容真实、准确的前提下讲求报道迅速及时。

(2)新意

新意是指新闻内容要给受众以新鲜感，尽可能多地向他们提供未知而欲知的信息，即新闻信息量要大。受众获得的感兴趣的信息越多，这篇稿件的新闻价值也就越大。

编辑对新闻稿件是否具有“新意”的判断，是以媒体的受众需要和兴趣为依据的，这也就要求新闻编辑要多从媒体受众的角度考虑问题。

(3)重要

重要是指新闻所报道的人物或事件能在受众中产生影响。新闻的重要性要以新闻发布后在社会上产生的反响为评判依据，因此在选择稿件的时候，编辑要能对这种可能产生的反响进行预测。预测的根据主要是看新闻报道的内容与受众的关联程度。这种关联程度：一是指这条新闻的内容能得到多大范围的受众的关心，或者说它与多少受众有关系；二是指新闻所反映现象或问题与受众的兴趣或利益有多深的联系，即它能得到人们多大程度的关心和共鸣。前者主要侧重量的考察；后者主要侧重质的考察。

新闻的重要性较多地体现在这几方面：①报道内容直接关系国家、民族的政治利益；②报道内容对于社会现实问题有强烈的针对性；③新闻所报道的问题或现象与普通群众的切身利益紧密相连。

对于新闻的重要性的评估，不但需要编辑对客观情况有全面、细致的了解，对当前形势有准确的把握，还需要编辑用辩证的、发展的眼光看问题。选择稿件时对于新闻是否重要的判断，既要考虑当前受众的兴趣，又要考虑其长远利益，这与新闻传媒既要服务于当前的社会需要，又负有引导社会舆论的职责是一致的。

(4)接近

接近是指新闻报道的内容与受众的接近性。具体而言，接近有两种含义：

①指新闻所报道的事件或人物在地理上与受众靠近；

②指报道的内容与受众心理贴近，能唤起读者的关注、同情和共鸣。

一般而言，人们对发生在自己身边的事要比对发生在远处的事更加留意、更想知道究竟，这也是新闻媒体大都比较重视本地区新闻的原因。在选择稿件的时候，地理上接近与否就成为编辑衡量稿件价值的一把标尺。

心理上的接近性则是一种复杂意义上的接近，它与人们普遍具有的好奇心、同情心有关。对于编辑来说，这种接近性的把握往往与新闻价值的其他标准如重要、显著、富有人情味等相联系。

(5)显著

显著是指新闻中的要素如人物、地点、事件越著名越能在社会上引起轰动，因此编辑在选择稿件时对新闻中所涉及的这些要素应格外注意。

①新闻中的主人公是否具有知名度，往往会影响人们对这条新闻的态度。这与人们崇尚名流、对有社会影响的人物渴望了解与接近的心理有关。

②新闻事件发生的地点是否显要，也影响新闻的价值。同样一件事，发生在人口稠密的大都市与发生在人烟稀少的乡村，受到人们注意的程度是不同的；发生在著名的地点，与发生在名不见经传的地方，社会效果也是大不一样的。

③新闻事件本身的显著性和知名度也是构成新闻价值的要素。一个事件如果早已为人注意，激起了人们的求知欲望，新闻传媒对它进行报道通常要比报道一件人们毫无心理期待的事件产生的效果强烈得多。

上述五个方面的因素是新闻编辑在分析新闻稿件是否具有新闻价值及新闻价值的大小时主要考虑的内容。一般而言，时间、新意、重要这三条是所有新闻稿件入选的必备条件。对稿件新闻价值大小的估量，要综合比较上述五个方面的情况，这些条件具备得越全面，表现得越突出，稿件的新闻价值也就越大。

3. 如何判断新闻稿件的社会效果？

答：社会效果分析是新闻编辑分析选择稿件的第二步。分析新闻稿件的社会效果，必须坚持的基本原则是，新闻报道必须有利于国家和人民的利益，具有推动历史进步和人类和平的积极作用。具体分析一篇新闻稿件的社会效果，主要应从以下几个方面进行考虑：

(1)分析新闻稿件的社会效果，要将新闻稿件的内容与发布新闻的时机及社会背景结合起来考虑，要认真分析受众心理，立足于全局看问题。

新闻编辑在选择稿件时，仅仅考虑新闻价值是不够的，还必须要有全局观念，要结合当时的社会背景、受众的心理来分析稿件可能产生的影响，有些稿件单纯从报道内容看似乎没什么问题，但结合当时的形势来分析，却是有负面影响的，这样的稿件就不宜发，或者先要“压一压”，等到条件成熟了、时机合适了再发。此外，对于一条新闻从什么角度来发稿，怎样进行稿件的组织搭配，同样也需要结合社会背景和受众的需要，从全局出发作出决策。

(2)分析新闻稿件的社会效果，要注意用辩证的眼光看问题。

凡事有利也有弊，编辑在处理稿件时要看到事物的复杂性。以辩证的眼光看问题，对于新闻编辑而言，无论是处理哪类稿件都非常重要。只有多问几个为什么，凡事进行多方位的思考，才能保证对新闻传播社会效果的正确预测，保证新闻报道的公正立场。

(3)对于新闻社会效果的判断，要注意合理、合法，要杜绝有明显危害性质的新闻。

一般而言，彻底“犯规”的新闻稿并不多见，如果有也非常容易识别。需要编辑格外注意的是“隐藏”在稿件内容中的某些情节、细节，某些描述、概括、评论之类步入“禁区”。这从近几年被报道对象投诉记者与新闻媒介的诸多案件中可以引以为训。大多数原告指控新闻诽谤和侮辱都不是对于新闻事实全体而言，而是抓住其中一些细节和言词的不实做文章。编辑在处理稿件时要特别注意这些问题。

4. 如何根据媒体的特点选择稿件？

答：根据媒体的特点选择稿件，应从三个方面加以考虑：

(1)根据新闻媒介的受众定位与功能定位，分析新闻稿件的媒介适宜性。

对稿件是否适用的判断，必须考虑新闻的报道内容和形式是否符合媒介的特定受众群体的需要，是否符合媒体自身功能的体现。报纸的新闻编辑对每一篇新闻稿件的适宜性判断，都要把它与报纸的定位相对照。

首先是读者定位，如果这是一家全国性的报纸，读者对象遍布全国，那么新闻报道的内容就应该是对全国读者都有意义的。如果是一家地方性的报纸，则与前者不同，新闻稿件的适宜性应该是相对于本地区的读者来说是适宜的。其次是功能定位。比如，机关报和都市报的功能定位不同，它们对稿件的要求也会不同。

(2)根据同题报道“差异化”的原则，分析新闻稿件的媒介适宜性。

媒介竞争的不断加剧，客观上要求所有媒体的新闻报道都应该追求特色，与竞争对手有所差异。而且，还要求每一次的新闻报道都要与以往的同一主题的报道有所差异，表现出“这一次”的特点。

“差异化”原则要求编辑研究新闻报道，包括研究自己媒体已经做过的同一选题的报道，还有其他媒体做过的或目前正在做的同一内容的新闻报道，在这样一种纵向与横向的比较中，判断稿件“这一次”的媒介适宜性。

(3)根据媒体的性质与容量，从把握重点和平衡的角度分析新闻稿件的媒介适宜性。

由于新闻的选择总是针对某一天的、某一版的需要进行的选择。因此，新闻编辑还要充分考虑到新闻报道与新闻版面的整体要求，根据报纸当时、当天稿件的总体情况对每条稿件的取舍加以定夺。这种定夺主要有两方面考虑：

①稿件的整体结构、数量、质量要与报纸的性质和报道重点相吻合。

比如一家面向文化界的专业性报纸，报道重点通常是文化领域的新闻，在此前提下再兼顾其他。具体到每一阶段甚至每一天的用稿，都是文化界的新闻所占比例最大，其次才是经济新闻、国际新闻、社会新闻等。这样该报编辑在处理每条新闻稿时就要针对报纸用稿的这个特点来考虑稿件是否合适。如一条经济报道，虽然从稿件本身来看有新闻价值，社会效果也不错，但具体到这家报纸，就可能因为经济方面的报道已经占有足够的比重，而只能让位于一条更适合该报报道的文教新闻。这是一种“量”的考虑，通过“量”的把握表现报道重点、体现报纸的特色。反过来，一条经济新闻在某家综合性报纸也许能被编辑挑选上，但拿到一家经济类报纸，可能会被“枪毙”，因为经济报纸是以经济报道见长的，它对经济新闻的要求自然要比其他类型的报纸高，这是从“质”的方面体现报纸的重点、水准和特色。

②稿件的整体结构、类型和数量，要能够做到报道面与报道对象的平衡。

任何一家报纸的报道内容都不会是单一的，报道对象也不能固定不变，即报纸要有一定的报道面和报道对象。报道面与报道对象其实也是构成报纸特色的一个重要方面。因此，编辑在选择稿件时，除了对每条稿件本身作出评价之外，还要根据报纸报道面与报道对象的要求对稿件是否适合某一天某一版采用作出判断。

5．新闻稿件的用途主要有哪些？

答：新闻稿件是新闻媒体最宝贵的一种新闻信息资源，编辑在分析与处理稿件时，不能仅仅考虑稿件是否适合媒体刊播，只满足于把能够采用的稿件挑选出来，还应该认真研究那些不宜公开的稿件的价值，充分发挥新闻稿件的各种用途。

(1)如果一条稿件不宜立即采用，是否有备用的价值？如果稿件是因为报道时机不合适，或者内容上有问题没搞清楚，可以作为备用稿件，或根据稿件中存在的问题要求记者、作者重新采访写作。

(2)如果一条稿件不宜公开刊登，是否有作为内参的价值？有些新闻稿件不适合公开报道，主要是它们涉及的新闻事实比较敏感或复杂，公开发表可能会造成不良的社会后果，这类稿件可以考虑作为内参发表，使其在一定范围内产生影响。

(3)如果一条稿件不宜采用，是否其中还隐藏着其他有价值的线索或内容？是否可以作为其他新闻报道的依据？在一些新闻稿件中，主体新闻事实不具有公开报道的价值，但稿件中相关的事实却值得重视，这就为后面的采访提供了线索和依据，编辑可能从中发现新的主题，为记者的采访报道提供线索，甚至可以据此策划与组织报道，指挥有关记者和原稿件的作者进行合作。

(4)如果一条稿件不宜公开发表，是否有必要转交有关部门进行处理？有些稿件尤其是作者的自发来稿，反映的问题不具有普遍意义或代表性，但稿件中涉及的问题却关系到一些人的切身利益，反映了比较严重的问题，对这类稿件，编辑应该转交到有关部门，帮助作者反映情况，使问题最终能够得到解决。

6. 为什么要对媒体上的错误进行更正？更正的主要方式有哪些？

答：(1)对媒体上的错误进行更正的原因

在办报实践中，由于各种各样的主客观原因，新闻报道中出现差错是难以避免的。一旦发现已经发表的新闻稿件中存在差错，媒体就需要采用补救的方式进行“更正”。这是因为：

①无论出现了何种差错，都会对报道对象产生一定的影响，有些涉及个人和组织名誉的报道，其差错对当事人的伤害往往更大，这也是导致新闻官司的一个主要原因。

②只有对媒体上的差错及时进行更正，才能为报道出错所伤害到的相关组织和人员消除负面影响、挽回名誉损失，使可能出现的侵权诉讼得以避免，或者使媒体在诉讼发生后化被动为主动。

③及时更正新闻报道中出现的差错，也是维护新闻职业道德规范的必要举措，它能够体现媒体的客观公正原则，保持新闻媒介在社会中的公信力。

(2)更正的主要方式

编辑对“更正”的处理是编辑工作的一项重要内容。更正主要有以下几种方式：

①以“来函照登”的方式进行更正

在新闻稿件中的差错见诸报端后，被涉及的当事人或单位通常会来信来电提出抗议并说明真相，新闻编辑应对这些情况进行调查核实，一旦证实稿件中的差错确实存在，可直接刊登报道对象的来函，以消除差错稿件产生的不良影响。

②以编写“更正”的方式进行更正

即针对稿件中的事实差错，以简要的文字说明指出差错所在，公布正确的内容。这种更正方式是编辑在核实事实的基础上自己编写的，有时在更正中还会简要说明出现差错的原因，并向所涉及的个人或单位致歉。

③以重新发布新闻的方式进行更正

一旦发现新闻稿件中的差错，编辑还可以利用后续报道的方式，在向读者提供最新信息的同时，对前一稿件中的差错加以纠正，这也是一种更正。另外，针对那些出现重大立场观点差错的稿件，因为影响较大，也往往需要重新发表一条立场观点正确的稿件，再次加以报道，以挽回影响。

④以公开检讨的方式进行更正

这主要针对特别重大的差错，因为在社会上影响很大，产生严重后果，编辑部不但要更正差错，还需要向当事者和广大读者公开检讨，有时还要说明对有关记者编辑人员的处理结果以及报社内部的整改措施。

7.［综合练习之三］：根据前一章［综合练习之二］中设计的报道方案，从已经采写的稿件或相关媒体的报道中选择若干篇适合采用的稿件。

答：根据报道策划的方案，可以选用的自采稿件或相关媒体的报道包括：

(1)开幕式之前的报道

本报讯　17日20时许，第24届大冬会主运动员村国际青年沙龙灯火辉煌、一派喜庆祥和气氛，由黑龙江省京剧院、省杂技团、黑龙江大学学生团队共同奉献，一台融京剧、杂技、曲艺为主的综合晚会“冰雪不夜天”精彩呈现。来自世界各地的百余名运动员欢聚一堂共同感受大运村里的中国文化。

当晚18时许，记者随演员们通过层层安检抵达位于黑龙江大学的大冬会主运动员村的国际青年沙龙会场，会场以中国红为装饰，舞台两侧的国粹“中国脸谱”尤为引人注目。记者发现，虽然距演出开始尚早，但迫不及待的外国运动员已早早来到现场等候观看表演，甚至有运动员好奇地走进京剧演员化妆间，提前学起画脸谱的技巧，好不热闹。

这台专门为各国运动员准备的演出“中国味”十足。20时许，演出在民乐合奏《喜洋洋》《步步高》中拉开序幕，黑龙江大学的学生们将中国民乐演奏得韵味十足、悦耳动听，让台下各国运动员沉醉其中；在独舞《剪花女》中大红绸与舞者融为一体，表演者上下翻飞的红绸，让台下的运动员眼前为之一亮。当黑龙江省杂技团演员奉献的魔术表演登台时，现场的气氛被一下子点燃了，台上魔术师的精湛技艺令台下运动员大呼不可思议。鼓掌、欢呼不过瘾，一位外国运动员主动走上台与魔术师来一次互动，没料想在魔术师眼皮底下，他也没能揭穿魔术的小窍门，台下运动员对两位第一次默契的合作报以雷鸣般的掌声。

当晚演出最吸引运动员的当属传统京剧选段，黑龙江省京剧演员表演的武戏《三岔口》《说唱脸谱》充分展现了中国国粹的独特魅力，令现场运动员激动不已，运动员们纷纷拿出相机、DV纪录精彩纷呈的节目。

晚会在学生们精彩的街舞中落下帷幕，运动员与学生们共同联欢庆祝即将召开的“大冬会”。来自英国代表团的运动员安娜看完演出激动万分，她笑着告诉记者：“运动员村真是太棒了，让我有种回家的感觉，所有的节目都很精彩，让我对中国文化加深了解，感谢演员们的辛苦努力！”

黑龙江大学外事处处长张晓光教授向记者介绍，从即日起大冬会主运动员村将以国际青年沙龙会场为平台，每晚为各国运动员们准备丰富的文化“盛宴”，将连续为运动员演出9场近90个综艺节目，让运动员们在欢声笑语中度过美好时光，通过体育平台进行文化交流，更好地传播中国文化。

(2)开幕式报道

本报讯　冬日的冰城，银装素裹；如火的热情，献给大冬盛会。

第24届世界大学生冬季运动会，在人们的期待中，来了！

他们是开幕式前记者在哈尔滨国际会展中心体育馆遇到的普通观众，年龄不同，身份各异，却在“冰雪、青春、未来”的感召下，托起了共同的理想。

在体育馆大厅出售大冬会特许商品的柜台前，一位老者面带笑容。“大冬会虽然是年轻人的节日，我看到身边那么多年轻的面孔，那么有朝气、那么有活力，我感觉自己也跟着年轻了……”，73 岁的退休干部张义武说，这是他的心里话。

吉祥物“冬冬”最受小朋友的欢迎。手捧可爱的“冬冬”，6 岁的小朋友张桓瑞说出了小观众的心里话，“大冬会在我的家乡举办了，我要到赛场为运动员加油”。

哈尔滨成功举办大冬会，骄傲的不仅是冰城人，全省人民都为之感到自豪。初中生崔卓和妈妈特地从大庆赶来哈尔滨观看开幕式，“很多同学都羡慕我能来看大冬会的开幕式，他们也很喜欢大冬会的吉祥物‘冬冬’，我特意买了几个‘冬冬’的小纪念品带回去送给大家”。

出售大冬会首日封的柜台前同样围满了观众。“下午四点，我们还没得及摆好商品，观众就围过来了”，哈尔滨邮电局工作人员张熠楠一边麻利地为购买了首日封的观众盖邮戳，一边对记者说。“从进场到现在一共盖了多少个信封?”“太多了，真是数不清了。”市民申先生一下买了 50 个首日封，他的一席话道出了很多排队购买首日封市民的心声：“大冬会在咱们家门口召开了，对咱们哈尔滨人来说是件大喜事，我得把喜悦传递给更多的朋友，让他们在异国他乡也感受一下大冬会的气息！让大家收到来自大冬会、来自哈尔滨的问候!”

“您好，您的座位应该从这个通道进去往下走。”来自哈尔滨理工大学的志愿者陈松岩今天的工作内容是为观众引路。他和伙伴们下午 2 点就到达体育馆，开始紧张的工作了。虽然身在开幕式演出现场，陈松岩仍然需要坚守工作岗位不能离开，“虽然不能看到精彩的开幕式演出，但我们并不觉得遗憾，只要大冬会的各项工作能够顺利进行，就是我们这些志愿者最大的骄傲”。

言为心声。热情好客、开放进取的黑龙江人，展开双臂，迎接来自世界各地的体育健儿，共赴青春冰雪盛会。

(3)赛事报道

本报 2 月 20 日讯　19 日，哈尔滨理工大学滑冰馆被阵阵呐喊声充斥着，之前并没有被赋予为大冬会中国代表团夺首金任务的女子短道速滑 1500 米比赛，却上演了历史性的一幕——中国队的三名小将周洋、刘秋宏和孙琳琳通过精彩配合力压三名韩国选手，为中国代表团赢得了首枚金牌，她们还包揽了该项的前三名，为短道速滑队取得了开门红。

今天的比赛首先进行的是女子 1500 米的争夺，在第一轮比赛中，中国的四名女将都顺利地以小组第一名的身份晋级下一轮。半决赛中，我国选手孟晓雪和两名韩国名将郑巴罗、金慧景分到了第一组，结果由于体力不支，孟晓雪没能进入到下一轮，两名韩国选手通过战术配合双双晋级。第二组，虽然我国选手刘秋宏孤身作战，但实力强劲的她没有给对手机会，与另一名韩国选手梁信永同时进入决赛。第三组的比赛成了两名中国选手和一名韩国选手的较量，周洋和孙琳琳通过完美的配合对韩国队还以颜色，全部进入决赛。这样一来，决赛就成了三名中国选手和三名韩国选手之间的争霸赛。

决赛开始后，第一的位置在中国和韩国选手间频繁地交换，在还剩五圈的时候周洋突然发力，迅速地占领了第一位，紧接着刘秋宏也赶超上来。在还剩两圈时，孙琳琳也从外道超越韩国队，就这样，三名中国选手全部冲在前面，而且将优势一直保持到了终点。在全场的欢呼声中，三朵冰上“姐妹花”冲过终点线，为中国代表团夺得了大冬会的首枚金牌。

在随后进行的男子 1500 米比赛中，中国选手只有高鸣进入到决赛，虽然他在决赛中全力以赴，但终因实力差距明显而没能进入前三名，最终只获得了第四名。而韩国选手则包揽了前三名。

20日，短道速滑赛场将分别进行男女500米决赛和女子3000米接力预赛的角逐，届时，我国选手刘秋宏将有望冲击女子500米金牌。

(4)赛场人物报道

本报25日讯　中国选手董飞飞在24日举行的女子5000米比赛中取得冠军。赛后的新闻发布会上，董飞飞表示，在开赛以来的比赛中，自己拿的都是银牌，总是以那么一点点的劣势和金牌失之交臂。21日的女子3000米比赛中，成绩和冠军付春艳相差0.6秒，20日1500米和冠军小平奈绪相差0.24秒。

今天这个比赛，董飞飞自己暗下决心，一定要拼了，不相信自己就是天生的亚军命。所幸发挥正常，平均分配了体力，最终以个人最好成绩获得冠军。

随后记者对董飞飞进行了专访。董飞飞告诉记者："从比赛结束到现在，我已经收到了亲人和朋友们的十几条短信，他们在短信里面说为我骄傲，虽然这个冠军让他们等候的有些久"。说着董飞飞的眼泪开始在眼眶中打转。当记者问及飞飞是否已经告知乔静教练自己终于在本届大冬会上夺得金牌了的时候，飞飞说："她在国外呢，我现在没有办法告诉她，但是我会想办法尽早告诉她，让她分享我的金牌，因为如果没有她，我就不会有扎实的训练基础，塞吉尔教练再厉害我也不会像现在这样提高这么迅速。"说着飞飞笑了。

这是一个闪烁着泪光的微笑，是一个为梦想拼搏了太久后，舒心和感激的微笑。也许大家都还记得上一枚银牌的新闻发布会上，董飞飞洒泪谢乔静，那么这一次的金牌发布会上，董飞飞的泪则是来自梦想的实现！

本报25日讯　中国选手付春艳，在24日举行的女子5000米比赛中获得银牌。赛后的新闻发布会上，年仅20岁的小姑娘活泼地笑着，她告诉记者们，她今天是拼了命滑行，终于得到一枚银牌，她太高兴了。

当有记者问及，上次得到金牌，用付春艳自己的话说也是"拼命"得来的，而且撞线后还体力不支脚下一软，摔倒在冰面上，怎么这次还是"拼命"呢的时候，这个可爱的小姑娘笑得更加灿烂，她说："我每次比赛都是这样，我要尽全力！甚至在训练中我也会这样。今天我滑出了个人的最好成绩，以后我还是会继续拼命的！"

8. 阅读并分析下面这篇稿件，指出它存在的不足。如果你是《中国青年报》的编辑，会要求记者怎样采写这条新闻？请提出设想，并说明理由。如果你是中国人民大学校园报纸《青年人大》的编辑，又会要求记者怎样采写这条新闻？也请提出设想，并说明理由。

《全国青少年网络文明公约》正式发布

今天上午，人大学生活动中心网络教室里掌声阵阵，一片欢腾。对于全国亿万青少年来说，今天是一个特殊的日子，共青团中央、教育部、文化部、国务院新闻办公室、全国青联、全国学联、全国少工委、中国青少年网络协会联合召开网上发布大会，向社会正式发布《全国青少年网络文明公约》。10时整，全国人大常委会副委员长许嘉璐郑重按动键盘，正式揭开了中国青少年计算机信息服务网上的《全国青少年网络文明公约》主页面，宣告《全国青少年网络文明公约》正式发布。这标志着我国青少年有了较为完备的网络行为道德规范。这是我国青少年网络生活中具有里程碑意义的一件大事，必将在今后的网络使用中产生深远的影响。

在发布大会上。深受青少年网友喜爱的王小丫、姜昆、董浩被聘为《全国青少年网络文明公约》宣传大使。人大的学生代表向全国青少年发出《遵守公约，文明上网，营造健康的网络道德环境》倡议：积极响应《公民道德建设实施纲要》的号召，高举网络文明的旗帜，自尊自爱，文明上网，要严格自律，争做遵守网络道德的模范；要弘扬新风，争做传播网络文明的使者；要规范操作，争做维护网络安全的卫士；为营造健康向上的网络环境，推进我国社会主义现代化建设事业贡献出年轻人的青春、智慧和力量！

记者看到，除大会中心会场外，全国31个省、自治区、直辖市设立了分会场，各地万余名青少年通过互联网参加了发布大会。随着活动的进行，不断有青少年网络爱好者点击《全国青少年网络文明公约》主页面，表示响应支持公约。主会场和各分会场的观众通过网上直播观看了北京、天津、上海、重庆等11个省、市的活动。主会场和分会场之间形成了强烈的呼应，整个活动场面热烈，富有网络特色。

团中央书记处常务书记、全国青联副主席孙金龙，教育部副部长王湛，国务院新闻办公室副主任蔡名照出席发布大会并讲话。会议由团中央书记处书记赵勇主持。

据悉，发布《全国青少年网络文明公约》，是团中央贯彻江泽民总书记“三个代表”重要思想，落实《公民道德建设实施纲要》的重要举措，旨在推动网络道德建设，进一步提高青少年道德水平。目前，信息化已经成为当今世界经济和社会发展的大趋势，以互联网为主要特征的数字化正在深刻地改变着世界。全球已有1亿多台电脑和100多万个计算机网络与互联网相连，上网用户已达到5亿。近年来，我国互联网发展非常迅速，目前，上网人数已达2650万，并且还在以每年翻一番的速度增长，其中青少年占80%以上。团中央等部门在调查中发现，网络已成为青少年学习知识、交流思想、休闲娱乐的重要平台，它增强了青少年与外界的沟通和交流，有利于创造出全新的生活方式和社会互动关系，有利于青少年的发展。同时，青少年也最容易受到网络不健康现象的侵害。例如，有的青少年在网上浏览不良信息，有的超时无节制上网，有的因缺乏自护意识而上当受骗等。今年10月，上海两名女中学生因约见网友离家30多天，身心受到严重伤害。在武汉、广州、天津、重庆等城市，中小学生因上网而夜不归宿已经成为一个严重的社会问题。据调查，青少年性犯罪与网络色情内容有着比较大的关系。所有这些现象说明，网络秩序亟待规范，网络道德亟待加强。为了增强青少年自律意识和自护能力，保障他们健康成长，经过认真研究，反复论证，多方征求意见，团中央等部门正式推出了《全国青少年网络文明公约》。

日前，共青团中央等八单位已发出通知，将在全国范围内开展学习、宣传公约的系列活动，增强青少年网络安全防范意识和网络道德意识，倡导全社会关注青少年网络环境，荡涤网络不良现象。11月26日，将在全国100所大学、1000所中学、1000所小学集中组织青少年学生开展以宣传青少年网络文明公约为主题的丰富多彩的团、队日活动，在大、中、小学校张贴《全国青少年网络文明公约》宣传画，在中小学生中发放《全国青少年网络文明公约》宣传卡；12月2日，《全国青少年网络文明公约》的宣传活动将结合青年文明社区道德建设行动进入所有的“青年文明社区”，广泛动员和组织广大社区青少年，积极学公约、守公约、议公约、传公约，在社区掀起宣传《全国青少年网络文明公约》的高潮；12月上旬，结合创建“青少年安全放心网吧”工作，在互联网的服务场所开展公约的宣传活动；

12 月中旬，全国近百家网站将进一步开展《全国青少年网络文明公约》宣传活动，利用网络媒体的优势大力宣传《全国青少年网络文明公约》。

答：《〈全国青少年网络文明公约〉正式发布》这条稿件结构混乱，套话过多。稿件中没有公约本身的核心内容，也没有说明公约是怎样制定的，以及活动选择在人民大学举办的原因。此条稿件应予以压缩，或分为多篇稿件处理。《中国青年报》作为团中央的机关报，在报道事件的同时，应该代表并体现团中央的立场和态度。而人大的校报，则要重点抓取此则新闻中与人大密切相联系的因素，以凸显地域接近性。

《中国青年报》用稿可作如下处理：

团中央等发布《全国青少年网络文明公约》

本报北京 11 月 22 日电　今天上午，人大学生活动中心网络教室里掌声阵阵，全国人大常委会副委员长许嘉璐郑重按动键盘，揭开了中国青少年计算机服务网上《全国青少年网络文明公约》主页面，宣告《全国青少年网络文明公约》正式发布。这标志着我国青少年有了较为完备的网络行为道德规范。

据统计，目前我国上网人数已达 2650 万，并以每年翻一番的速度增长，其中青少年占 80% 以上。网络已成为青少年学习知识、交流思想、休闲娱乐的重要平台，同时，青少年也最容易受到网络不健康现象的侵害。

为增强青少年自律意识与自护能力，保障其健康成长，团中央、教育部、文化部、国务院新闻办、全国青联、全国学联、全国少工委、中国青少年网络协会联合推出《全国青少年网络文明公约》。

除大会中心会场外，全国 31 个省、自治区、直辖市设立了分会场，各地青少年通过互联网参加了发布大会。先后不断有青少年网络爱好者点击《全国青少年网络文明公约》主页面，表示支持公约。

团中央书记处常务书记全国青联副主席孙金龙，全国人大常委会副委员长许嘉璐出席会议并讲话。会议由团中央书记处书记赵勇主持。教育部副部长王湛、国务院新闻办公室副主任蔡名照以及文化部等有关部委的负责同志出席了大会。

在今天的发布会上，人大学生代表向全国青少年发出《遵守公约，文明上网，营造健康的网络道德环境》倡议。

4.3　考研真题与典型题

4.3.1　概念题

1. 稿件选择标准(上海大学 2013 年研)

2. 新闻价值(湖南大学 2019 年研；兰州大学 2019 年研；南林 2019 年研；中传 2018 年研；四川大学 2018 年研；云南大学 2018 年研；西南大学 2018 年研；上海交大 2015 年研；上海大学 2015 年研；人大 2014 年研；复旦大学 2014 年研；南京大学 2014 年研；厦门大学 2011 年研；南开大学 2010 年研)

3. 稿件失实

4. 更正

5. 报道平衡

4.3.2 简答题

1. 选稿有哪些基本标准？（云南大学 2003 年研）
2. 简述优秀的新闻稿件的判断标准。（兰州大学 2018 年研）
3. 简述新闻稿件编辑把关的流程和意义。（暨南大学 2018 年研）
4. 怎样判断稿件所写内容是否有新意？
5. 从哪些方面分析稿件所写内容同读者的相关性与接近性？
6. 编辑在选择稿件时如何进行媒介适宜性分析？（云南大学 2018 年研）
7. 根据我国现行的法律规定，有哪几类内容是报纸上禁止刊载的？结合稿件的分析，举出其中违反政策、法律和道德规范的实例。

以下为历年考研试题精选，未附答案，供读者参考

简述批判性思维在新闻编辑中的作用。（四川大学 2018 年研）

4.3.3 论述题

1. 试述分析稿件需要进行哪几个方面的对照。
2. 试述新闻传播编辑把关的特点，并举例说明。（上海交大 2010 年研）

4.3.4 实务题

1. 作为一个编辑，你如何处理下面这篇稿件？如果决定采用这篇稿件，还应在哪些方面作些修改？（人大 1995 年研）

材料：

西昌市烤烟保险灾后获赔偿 15.97 万元

本报讯　到 11 月 30 日止，四川西昌市保险公司已向巴汝等乡的烟农兑现烤烟因冰雹灾害的损失赔偿 15.97 万元。今年，西昌市保险公司为了支持彝乡农村发展商品经济，尽快帮助农民脱贫致富，新开办了烤烟投保，交纳保险费 10 万元。8 月上旬，巴汝等几个乡的部分烤烟遭受冰雹灾害，造成 799 亩烤烟损失。市保险公司克服彝乡不通车，交通不便，受灾地点又分散造成的困难，及时赶到各乡现场查勘核损。经过近三个月的努力，终将 799 亩受灾烤烟的保险赔偿 15.97 万元逐户送到烟农手中。

2. 请从编辑的角度，评析下面这篇稿件。（人大 1995 年研）

材料：

万荣县长出租“坐骑”

4 月 19 日，细雨霏霏。8 时 30 分，山西万荣县县长安德天主持召开常委扩大会。他的司机老张像往常一样，把安县长乘坐的桑塔纳红色小轿车开到了县城的出租车场。车刚停稳，一位做苹果生意的老农，便敲开了车门，坐到县长的“坐骑”小车急驶而去。两个月前的这一天，县长的“坐骑”出租时，整个县城为之哗然：“这不是开玩笑么，县太爷的车还能出租?”尽管张师傅诚心诚意地拉顾主，但却没人敢乘。又过了几日，安县长告诉张师傅：“我今天不用车，你再去出租。”果然，桑塔纳一到出租车场，情形较前次大有改观，很快就被人租用，一天 6 小时赚了 300 元，如此这般，两个月下来，赚了 2600 元。租车费如数交到了政府会议处，张师傅按规定领取了生活补助费。安县长出租“坐骑”，最了解情况的还是司机老张。万荣是山西有名的贫困县之一，财政收入入不敷出。干部职工的工资都保证

不了，其他各项开支就更加艰难。特别是近几年油价成倍上涨，过去一辆车一年费用5000元，现在1.5万元也还不下来。老张为安县长开车两年，补助费没领过一分，该报销的六七百元修车费还迟迟解决不了。这种财政重负，犹如一块石头压在安县长的心上。他思来想去，决定在不影响正常工作的情况下，出租“坐骑”，以车养车。消息不胫而走，老百姓由不敢坐，到后来抢着坐，使安县长得到了在办公室根本不会有的“小车效应”。安县长出租“坐骑”，老百姓普遍称好。但有关部门也为此提出过疑义。对此安县长神情坦然地说：“从市场经济角度来说，这根本不必大惊小怪。一辆车、一年要耗油，要维修，要发司机补助，得花多少钱？车空着或闲着，捎脚拉客，搞点增收，减轻些财政负担，有何不可！从更深层的意义说，小车出租对填平官民鸿沟、取之于民、用之于民也是一件好事。”

以下为历年考研试题精选，未附答案，供读者参考

作为编辑，你对下面这篇机器创作的稿件有何评价？作为记者，你认为针对这个题材应当有哪些方面的采访？试写出采访提纲。(四川大学2016年研)

材料：

国家统计局周四公布数据显示，8月CPI同比上涨2.0%，涨幅比7月的1.6%略有扩大，但高于预期值1.9%，并创12个月新高。

国家统计局城市司高级统计师余秋梅认为，从环比看，8月份猪肉、鲜菜和蛋等食品价格大幅上涨，是CPI环比涨幅较高的主要原因。8月份猪肉价格连续第四个月恢复性上涨，环比涨幅为7.7%，影响CPI上涨0.25个百分点。部分地区高温、暴雨天气交替，影响了鲜菜的生产和运输，鲜菜价格环比上涨6.8%，影响CPI上涨0.21个百分点。蛋价环比上涨10.2%，影响CPI上涨0.08个百分点，但8月价格仍低于去年同期。猪肉、鲜菜和蛋三项合计影响CPI环比上涨0.54个百分点，超过8月CPI环比总涨幅。

他表示，从同比看，8月份CPI同比上涨2.0%，涨幅比上月扩大0.4个百分点，主要原因是食品价格同比涨幅有所扩大。8月份，食品价格同比上涨3.7%，涨幅比上月扩大1.0个百分点，其中猪肉、鲜菜价格同比分别上涨19.6%和15.9%，合计影响CPI上涨1.05个百分点。非食品价格同比上涨1.1%，涨幅与上月相同，但家庭服务、烟草、学前教育、公共汽车票和理发等价格涨幅仍然较高，涨幅分别为7.4%、6.8%、5.6%、5.3%和5.2%。

8月份，全国居民消费价格总水平环比上涨0.5%。

银河证券的分析报告认为，预计到年末生猪价格将超过上一轮“猪周期”价格高点，如果猪肉价格集中在四季度上涨，并且重合蔬菜上涨周期，那么四季度单月，尤其是12月份CPI同比涨幅超过2%的可能性较大。

交通银行金融研究中心预计，未来CPI仍有缓慢上行的可能，部分月份同比涨幅可能高于2%，但全年CPI涨幅将低于3%的政策目标值，物价状况暂不会明显制约货币政策操作空间。

民族证券宏观分析师朱启兵表示：“7月实体经济新增信贷的大幅回落难以持续，预计8月新增信贷再度扩张至11000亿元，货币政策继续维持宽松。”

申银万国证券研究所首席宏观分析师李慧勇表示：“预计后面至少还会有25个基点的降息空间。一方面，实际负利率已不是制约，如果需要可以继续降息。另一方面，降息此

前受制于汇率，汇改主动释放了贬值压力。”

8 月 26 日起，央行下调一年期存款基准利率 0.25 个百分点至 1.75%，目前工商银行、建设银行等金融机构一年期存款利率普遍为 2%。

居民消费价格指数(Consumer Price Index，简称 CPI)是度量居民生活消费品和服务价格水平随着时间变动的相对数，综合反映居民购买的生活消费品和服务价格水平的变动情况。

4.4　考研真题与典型题详解

4.4.1　概念题

1. 稿件选择标准(上海大学 2013 年研)

答：稿件选择标准是指新闻编辑挑选适合自己媒介采用的稿件时所依据的标准，主要包括三方面：①新闻价值。新闻稿件能否刊用，刊用的价值大小，首先取决于稿件内容的新闻价值大小。编辑判断新闻价值的依据主要有：及时、新意、重要、显著、接近。②社会效果。社会效果分析是编辑对稿件发表后可能产生的社会效应进行的预见性分析。③报纸自身的特点。主要包括：a. 根据报纸的性质、地位和任务分析稿件的内容和形式是否相宜；b. 根据报纸的读者定位分析稿件是否适合自己特定读者群的需要；c. 根据同类报道选题已有的报道，分析稿件是否有发表价值；d. 根据报纸近期的报道情况，在考虑报道中心与报道面、报道对象之间以及报道内容之间需要讲求平衡的前提下分析稿件的发表价值。

2. 新闻价值(湖南大学 2019 年研；兰州大学 2019 年研；南林 2019 年研；中传 2018 年研；四川大学 2018 年研；云南大学 2018 年研；西南大学 2018 年研；上海交大 2015 年研；上海大学 2015 年研；人大 2014 年研；复旦大学 2014 年研；南京大学 2014 年研；厦门大学 2011 年研；南开大学 2010 年研)

答：新闻价值是指事实所包含的足以构成新闻的种种特殊素质的总和。新闻价值的要素有时新性、重要性、接近性、显著性、真实性、人情味、趣味性等。不同的社会形态，不同的阶级具有不同的新闻价值观和价值尺度。西方新闻学把读者兴趣作为新闻价值的试金石；无产阶级新闻学则把满足广大人民群众获知新闻的需求、注重社会效果作为新闻价值的基本含义。新闻价值理论产生于西方 19 世纪 30 年代的大众化报纸时期，它是在新闻社会化、商品化的客观过程中应运而生的。中国最早研究新闻价值的是徐宝璜。

3. 稿件失实

答：稿件失实是指新闻稿件所写的内容不真实，即新闻所反映的客体缺乏客观根据，具有主观成分。新闻内容失实主要有两种情况：①新闻作品中基本事实不真实，即新闻作品中的“事实”与客观存在的事实不符；②新闻作品中反映的内容不全面，所反映的内容不是事实的全部。稿件失实的表现形式包括虚构、添加、拼凑、夸张、偏颇、孤证、回避、幻影、假象等。

4. 更正

答：更正是指在办报实践中，由于各种各样的主客观原因，新闻报道中会出现差错，报纸对这些差错采取的补救措施。需要更正的差错大致有两类：①新闻事实方面的差错；②新闻报道的立场观点有错，即记者或作者对新闻事实的分析判断和价值评价不当，而编辑没有发现其中的问题，未能把好关，导致稿件产生不良影响。

5. 报道平衡

答：报道平衡是指各种报道的量符合一定比例，而不是畸轻畸重。它包括报道重点与报道面的平衡、选材领域的平衡、报道对象的平衡等。在新闻报道中，记者经常会遇到包含着矛盾对立的复杂事件。为了使报道公正准确，记者必须兼顾矛盾双方，从不同的消息源获取信息，并将对立面的事实和观点同时摆出来。

4.4.2 简答题

1. 选稿有哪些基本标准？(云南大学2003年研)

答：选稿包括以下几个基本标准：

(1)真实准确

这是最基本的选稿标准。中外新闻观差异良多，但在对待新闻的真实性问题上却有着惊人的相似之处，即大多数中外新闻界人士都认为真实准确是对新闻作品最基本的要求。

(2)具有新闻价值

在真实的基础上，新闻价值分析是新闻编辑分析选择稿件的第一步，新闻之所以成为新闻，是因为它所报道的事实具有某些特殊的素质，能够满足受众了解最新情况的需要。如果一条稿件不能把这些特殊素质展示出来，那么它就不具备新闻稿件必须具备的最基本的条件，不能被新闻媒体采用。所以，新闻编辑选择稿件时，首先是以新闻价值作为衡量稿件可否采用、如何采用的标准的。分析一条稿件是否具有新闻价值，主要考虑五个方面：时间、新意、重要、接近、显著。

(3)具有良好的社会效果

分析新闻稿件的社会效果，必须坚持以下几个基本原则：①新闻报道必须有利于国家和人民的利益，具有推动历史进步和人类和平的积极作用；②要将报道内容与发布新闻的时机及社会背景结合起来考虑，要认真分析受众心理，立足于全局看问题；③要注意用辩证的眼光看问题；④要注意新闻稿件的合理、合法，杜绝有明显危害性质的新闻。

(4)要适合所在媒体的性质以及媒体的受众定位和功能定位

新闻编辑分析和选择新闻稿件，除了要以新闻价值标准和社会效果标准对稿件作出评判以外，还要对稿件是否适合于自己的媒体进行分析，从中挑选最能体现媒体特色的新闻稿件。

2. 简述优秀的新闻稿件的判断标准。(兰州大学2018年研)

答：对新闻稿件进行选择，目的是要选出适用的新闻。一条适用的新闻，应该既有好的内容又有好的表现形式。优秀的新闻稿件要符合以下基本条件：内容真实、正确、具有新闻价值；表现形式适用，文字简练、生动。除了这些笼统标准，还要从以下三个方面全面考虑：

(1)社会评价

①遵守政治规范。稿件的内容违反政策，一般有以下几种表现：

a. 正误颠倒。有些来稿没有弄清什么是政策允许的，什么是政策不允许的，混淆了两者的界限。

b. 主次颠倒。如果所选用的稿件都是在次要点上做文章，就容易使受众对政策的基本精神产生误解，造成主次颠倒。

c. 强调一面，否定另一面。党和国家所制定的每项政策，都包含相互依存的几个方面，编辑选稿时注意不能有失偏颇。

d. 颂扬高尚思想、抒发美好感情时，忽视现行政策的要求。

②遵守法律规范。

③符合道德规范。道德规范是社会规范的重要组成部分。我国新闻职业道德规范也是编辑选择新闻稿件时应遵循的基本规范。从目前的实践情况来看，新闻稿件选择这个环节尤其需要贯彻实事求是和清正廉洁这两项要求。

(2)新闻评价

①真实准确、客观公正。新闻稿件失实的具体表现主要有以下十种：

a. 虚构。即所说的事情并无任何事实根据，全是无中生有、向壁虚构的。

b. 添加。有一定的事实根据，并非全部虚构，但其中某些情节和内容是通过“合理想象”主观添加上去的。很多报道出于报道效果需要，往往任意拔高。

c. 拼凑。即把不同人在不同时间、不同地点所做的事拼凑成一个人在同一时间、地点所做的事，充作一条新闻，导致新闻违背事实真相。

d. 夸张。即夸大或缩小事实，以一当十，把偶然的说成经常的，把个别的说成普遍的，或者反过来。

e. 偏颇。即抹杀事物发展中其他因素的作用，片面地夸大其中一种因素的作用。

f. 孤证。即根据几个孤立的事例得出与全局不相符合的结论。

g. 回避。即对一些有关全局的重要情况故意避而不写，只强调某一方面。

h. 幻影。似乎事出有因，细查却无实据，以幻影代替真实。

i. 假象。只是根据一些表面现象来认识和判断事物，这些现象虽然是存在的，但是并不能说明事物的本质，其中有些甚至是假象，是与本质相矛盾的。

j. 导演。事情虽然已经发生过，但完全是记者或某些人为了写报道而导演出来的，与事物的基本情况并不相符合。

②具有新闻价值。新闻稿件的取舍还取决于报道的内容是否具有新闻价值，即所报道的新近发生的事实在传播过程中所实现的能满足人们知晓、认识、教育、审美等诸种需要的功能。判断新闻价值的主要依据有：重要性、新鲜性、显著性、接近性和人情味。

(3)适用性评价

要对新闻的适用性即是否符合本媒体定位做出评价，这种新闻的适用性评价需要注意以下两方面：

①对稿件进行适用性评价必须考察新闻是否符合媒体的定位特点。媒体定位有特点才能使自己与其他媒体区分开来，才能赢得受众，才能在传媒市场上有立足之地。

②对稿件进行新闻的适用性评价要注意报道的平衡。根据客观的实际情况和报道的要求，使它们符合一定的比例，实现全面、真实、客观地反映世界本来面貌的目标。

3. 简述新闻稿件编辑把关的流程和意义。(暨南大学2018年研)

答：(1)把关的含义

“把关人”(gate keeper)概念最早是美国社会心理学家、传播学的奠基人之一库尔特·卢因在研究群体中的信息流通渠道时提出的，他认为在群体传播过程中存在着一些把关人，只有符合群体规范或把关人价值标准的信息内容才能进入传播渠道。

20世纪50年代，怀特将这一概念应用于新闻研究，提出了新闻传播的“把关”过程模式。怀特认为，新闻媒介的报道活动不是“有闻必录”，而是对众多的新闻素材进行取舍选择和加工的过程。在这个过程中，传播媒介形成一道关口，通过这个关口传达给受众的新闻或信息只是少数。

大众传媒的“把关”标准主要包括：①新闻信息的客观属性；②专业标准和市场标准(新闻价值和新闻要素)；③媒介组织的立场和方针。

(2)把关的流程

①初选。各编辑部门的编辑首先要对本部门负责的新闻稿件进行初选。初选也是“粗选”，编辑把他们初步认为合适的稿件选出来，提供给总编室或者相关版面的主编。

②复选。主要由总编室的编辑或版面主编对已经通过初选的新闻稿件进行再一轮的分析和选择，这轮选择更多地要考虑版面的限制和要求。复选也是“精选”，大部分稿件经过复选就可以编排见报了。但有时也有一些稿件经过前两轮选择后仍不能确定是否采用，还需要进行第三轮分析与选择。

③分析与选择。需要进行第三轮选择的稿件大多涉及重大问题的报道，或是重要批评稿件、重要存疑稿件、对报道效果较难把握的稿件等，需要由总编辑或编委会集体审定后作出决定。这一轮选择也可以称为“定选”。

④对新闻事实进行核实。对新闻事实的核实一般放在稿件修改这个环节中进行。如果在稿件修改时发现新闻事实方面有严重问题，仍然可以淘汰不用。

(3)把关的意义

新闻编辑工作就是将记者、通讯员的稿件，用最合理最优良的编辑手法，体现在版面上和节目中。编辑最主要的任务就是组稿和把关。

编辑对新闻稿的筛选就是包含于编辑过程中的一种重要的把关行为。报纸要体现和代表一定阶级、集团的利益和需要，这是新闻稿选择的标准和尺度。这种尺度首先表现于对新闻所反映的客观世界的变动的评价上，既要有一定的意义，又要是广大读者所感兴趣的。其次，还要表现于对新闻的评价上——通过新闻稿对客观事实的表述方式体现出来。因此，选用什么新闻稿，往往是与报纸的办报宗旨、方针联系在一起的。所以，编辑对新闻稿的选择就是进行把关，编辑要在把好政治导向关的基础上，把好新闻事实关，同时还要把好常识文字关。

(4)新闻编辑在发挥把关作用时应当注意的问题

①质疑、严查新闻来源。质疑是编辑的基本素质之一，对稿件中的任何细枝末节都要提出质疑。

②慎重使用网络新闻，注意准确性。网络的海量信息给新闻工作者提供了更多的消息来源，但是网络信息的海量性也导致了各种信息鱼目混杂，新闻的权威性较差，因此需要编辑慎重核实。

③强化道德观念和法律意识。杜绝新闻失实，编辑就要加强自身的道德意识和法律意识。

4. 怎样判断稿件所写内容是否有新意?

答:判断稿件所写内容有无新意可以从以下三个要点入手:

(1)从稿件所写的事实本身去判断

要看所写的事实是不是新近发生的变动,早已发生、但仍处在持续进行状态的变动,早已发生并已结束的变动和预计要发生的变动;要看这种变动出现概率的大小;要看这种变动是否具有与众不同的特点。总之,凡是新近发生的、出现概率较小的、具有鲜明特点的变动,对读者来说含有较多的未知因素,因而具有新意。例如,《上海最后两辆人力车被送进博物馆》一稿,表明到1956年上海用人力车作为交通工具的时代已经结束,这同在此之前报道人力车大大减少的稿件相比,更具有新意,因为它表明使用更为先进的交通工具的时代已经开始。

(2)从新闻媒介对变动的传播情况去判断

稿件内容的新与旧,是从读者的未知程度来判断的,影响读者知与未知的重要条件就是新闻媒介的传播。某一内容传播越多,读者也就知之越多;反之,则越少。因此,凡是从未传播或传播较少的,就含有新意。因此判断传播情况,一定要同读者实际获得信息的渠道多少联系起来考虑,这样才能准确判断读者的未知程度,才能把握所写内容对读者来说是否有新意,以及新意的大小。

(3)从外界环境的变动去判断

有些事实本身并未变,但由于外界环境发生了变化,人们对这些事实存在的状态是否会改变,产生了认识上的不确定性(即未知因素)。此时,重申这种状态不会改变就成了新闻。如亚洲金融风暴之后,中国政府重申人民币不贬值。当时,宣布这种"不变",有利于消除读者认识上的不确定性,这正是新闻的功能所在。同时,环境有变,与此相关的事物本身状态未变,这"有变"与"未变"形成强烈的反差,本身即含有新意。

5. 从哪些方面分析稿件所写内容同读者的相关性与接近性?

答:一篇稿件是否具有相关性与接近性以及相关性与接近性的大小,具体而言要从以下五个要点进行判断:

(1)稿件所反映的变动涉及的是全社会各成员的全局利益、长远利益,还是一部分社会成员的局部利益、暂时利益。前者较后者更为广大读者所关注,具有更大的相关性。如"四人帮"的被粉碎、党的十一届三中全会的召开,都是决定中国历史命运的大新闻,关系到每一个中国人,在世界上也产生重要影响,选用价值极高。

(2)稿件所反映的变动涉及的是现实生活中的主要矛盾还是次要矛盾。前者较后者更为广大读者所关注。现实生活中的"热点"与"难点"往往是矛盾的焦点,反映这些矛盾和推动解决这些矛盾的稿件,对读者而言往往更具有相关性。相反,与矛盾的焦点距离较远的,其相关性也相应减弱。

(3)稿件所反映的变动涉及的是现实生活中有关体制、思想方面的变化,还是某些具体做法的改变。变动的深度不同,读者的关切程度也不同。例如,有两篇写中学变化的稿件,一篇是写以培养农村适用人才为目标,着眼提高学生素质。另一篇是写农村中学某门课的教学方法有了改进。显然,前者影响大,后者影响小。

(4)比较变动在整体中所占的地位和所起的作用。一些稿件反映的变动同时构成同一客体的不同组成部分。在这些部分中，一般而言，处于核心部位的比处于外围部分的更为读者所关注，起主角作用的比起配角作用的更为读者所关注。因为前者较后者在整体中居于重要位置，起着更大的作用，对现实生活具有更大的影响。例如，同样是反映迎接亚运会的稿件，有的是写亚运会主体工程竣工，有的是写与主体工程配套的设施竣工。显然，前者比后者更为重要。

(5)稿件所写事实中的某些要素(如人物、时间、地点等)是否有特殊意义，这也是判断稿件是否具有相关性的一个因素。特殊意义是指这些要素与众不同，由于它的存在能使新闻事件对人民具有特殊的影响力。例如，具有显赫身份和某种权威性的任务、险要的地理位置、千载难逢的时刻等足以引起读者关注的，都可能使新闻中蕴含的价值增加。

(6)稿件内容的接近性，也是编辑分析和选择稿件时考虑的重要因素。一般而言，读者对于其所熟悉的环境中所发生的变动，都会产生一种亲近感，这是一种地理上的接近性。例如，一些有关革命老根据地发展变化的报道，之所以能特别拨动老同志的心弦，感情上得到寄托和满足是一个重要的原因。除了地域上接近以外，稿件所写对象与读者某些特点相类似，也会使其具有接近性。例如，青年读者喜欢有关青年的报道，就是因为他们与新闻中的人物是同龄人，两者在思想感情、行为方式和兴趣爱好方面有许多相似之处，更易于理解对方，易于感情上沟通。

6. 编辑在选择稿件时如何进行媒介适宜性分析?(云南大学2018年研)

答：编辑在选择稿件时要进行新闻价值分析、社会效果分析和媒介适宜性分析。其中，媒介适宜性分析应考虑：

(1)根据媒介的受众定位与功能定位，分析新闻稿件的媒介适宜性

新闻媒介创办之初，就对自己的受众定位与功能定位作出了明确规定，新闻编辑在日常工作中，对于新闻稿件的分析与选择也是在这样的前提下进行的。因此，对稿件是否适用的判断，必须考虑新闻的报道内容和形式是否符合媒介的特定受众群体的需要，是否符合媒体自身功能的体现。其次，还要考虑功能定位，即这家报纸为什么而办，想要达到怎样的目标。功能定位决定了报纸的内容和传播水平，也就决定了对每一条稿件的取舍。

(2)根据同题报道“差异化”的原则，分析新闻稿件的媒介适宜性

媒介竞争的不断加剧，客观上要求所有媒体的新闻报道都应该追求特色，与竞争对手有所差异。而且，还要求每一次的新闻报道都要与以往的同一主题的报道有所差异，表现出“这一次”的特点。

(3)根据媒体的性质与容量，从把握重点与平衡的角度分析新闻稿件的媒介适宜性

①稿件的整体结构、数量、质量要与报纸的性质和报道重点相吻合。

②稿件的整体结构、类型和数量，要能够做到报道面与报道对象的平衡。

7. 根据我国现行的法律规定，有哪几类内容是报纸上禁止刊载的?结合稿件的分析，举出其中违反政策、法律和道德规范的实例。

答：(1)根据我国现行的法律规定，报纸上禁止刊载的内容主要有：

①属于危害国家和社会方面的：a. 反对中国共产党的领导，煽动推翻无产阶级专政的政权和社会主义制度的；b. 主张分裂祖国和破坏民族团结的；c. 煽动闹事，扰乱社会秩序的；d. 煽动群众抗拒、破坏国家法令的实施的；e. 传播谣言的；f. 传播淫秽的；g. 传

播犯罪方法、教唆犯罪的；h. 泄露国家机密的。

②属于侵犯公民人身权利和民主权利的：a. 诽谤——故意捏造事实，羞辱他人的；b. 侮辱——故意用下流语言，羞辱他人的；c. 侵犯隐私权——未经本人同意，公布私人生活方面的秘密，如公布他人的信件、日记等。

(2)分析稿件时，除注意不得刊登法律所禁载的内容外，还应注意稿件对法律的运用是否正确。在这方面，常见的错误有以下四类：

①混淆各司法机关的职责。如："××市依法处罚18个违法犯罪分子。经检察机关批准，分别予以逮捕、劳动教养和拘留的处分"，其实只有逮捕须经过检察院批准，根据《刑事诉讼法》第59条规定，逮捕犯罪嫌疑人、被告人，必须经人民检察院批准或者人民法院决定，由公安机关执行。拘留和劳动教养的批准权力都不属于人民检察院。根据《刑事诉讼法》第61条规定，对于现行犯或者重大嫌疑分子决定可以先行拘留的是公安机关；根据《国务院关于劳动教养的补充规定》，劳动教养由民政、公安、劳动部门负责人组成的劳动教养管理委员会审查批准。

②各项法律的运用范围把握不准。如：拘役和拘留、罚金与罚款本来是用于处罚不同对象的，有些来稿中常常将其混淆。有的稿件写到×××因触犯刑法受到拘留××天的处罚。其实拘留分为刑事拘留、行政拘留等几种。刑事拘留是公安机关、人民检察院对直接受理的案件，在侦查过程中，遇到法定的紧急情况时，对于现行犯或者重大嫌疑分子所采取的临时剥夺其人身自由的强制方法；行政拘留是指法定的行政机关(专指公安机关)依法对违反行政法律规范的人，在短期内限制人身自由的一种行政处罚。两者适用范围完全不同。前面一例中把逮捕、劳动教养和拘留统统称作"处分"，也是混淆了法律的适用范围，三者既不是刑事处分，也不是行政处分。逮捕同刑事拘留一样，都是属于一种短期内的强制措施，劳动教养和行政拘留一样，都是属于一种刑事处罚。这种不同的司法用语，表明了不同的适用范围，不能混淆。

③对于量刑不当的做法予以肯定。有些犯罪分子按照法律本应受严厉的处罚，但由于量刑不当，处理较轻。有些来稿仍称犯罪分子受到了"严肃处理"。对于这种"'严肃处理'不严肃"的现象，显然不能正面加以宣扬，编辑分析稿件时对此要保持头脑清醒。

④不符合法律程序。有篇稿件写某地判处一死刑案件，从破案预审、起诉到宣判，只用了8天，按照刑事诉讼法所规定的程序，起诉书送交被告10天才能开庭，判决后还有10天的上诉期。即使是从快办案，审结一起死刑案件，8天也是不够的。

4.4.3　论述题

1. 试述分析稿件需要进行哪几个方面的对照。

答：在分析稿件时要进行以下七个方面的对照：

(1)稿件内容同所反映的客体相对照

新闻稿件所反映的客体必须是客观存在的事实，不能使用虚假的东西。有些新闻稿件存在着新闻失实现象，如虚构、添加、拼凑、夸张、偏颇、孤证、回避、幻影、假象等，对此可采用分析法发现稿件中的疑点，可以从以下几方面入手：①从稿件对同一事实的不同叙述中发现疑点；②分析一个事实各个组成部分之间的联系，从中发现疑点；③从稿件所提供的事实及作者对事实的评价中发现疑点；④从新闻来源中发现疑点。

(2)稿件内容同读者的原有认识相对照

要判断稿件中的哪些内容是读者未知的，编辑要根据平时对读者的了解，从稿件所写的事实本身、新闻媒介的传播情况以及外界环境的变动去判断。这主要包括：①要看所写的事实是不是新近发生的变动；②要看这种变动出现概率的大小；③要看这种变动是否具有与众不同的特点；④要同读者实际获得信息的渠道多少联系起来考虑；⑤要同外界环境的变化联系起来分析。

(3)稿件的内容同读者的需要相对照

能够满足读者需要的稿件，对读者才有意义，才具有刊载的价值。所以，要在读者未知的东西中选择出欲知、应知的部分，这是稿件分析的一个重点，可以根据相关性和接近性的原则选择。相关性内容包括：①稿件所反映的变动涉及的是全社会各成员的全局利益、长远利益，还是一部分社会成员的局部利益、暂时利益；②稿件所反映的变动涉及的是现实生活中的主要矛盾还是次要矛盾；③稿件所反映的变动涉及的是现实生活中的有关体制、思想方面的变化，还是某些具体做法的改变；④比较变动在整体中所占的地位和所起的作用；⑤稿件所写事实中的某些要素是否具有特殊意义。接近性主要有地理上和心理上的接近性。

(4)稿件内容同政策、法律、道德的要求相对照

稿件的内容不得同政策的基本精神相抵触，这是对稿件的最起码要求。稿件内容还应符合法律的有关规定，不刊载禁止刊载的内容以及注意稿件对法律的运用是否正确。稿件内容还必须符合社会主义社会的道德规范，符合新闻道德。

(5)稿件内容同本报特点相对照

报纸所担负的任务、它的读者对象、发行地区、出版周期等都是构成报纸特点的重要因素。这些因素往往影响对稿件意义的评价。所以编辑在分析稿件时，要考虑到报纸特点。

(6)稿件内容同发表时的外界环境相对照

稿件的内容能否为读者所理解和接受，能否在社会上产生良好的效果，往往同读者当时所处的环境分不开。写有某种内容的稿件，选择在什么样的外界环境下发表，往往关系到它能否产生良好的社会效果。

(7)稿件的内容同形式相对照

分析稿件主要偏重于内容方面，但是其形式选择如何，也直接影响到对内容的表现，因此分析稿件应把两者结合起来考虑。具体而言，就是要分析所选用的材料、体裁、结构和语言能否表达稿件所要阐明的主题，表现形式的选择要符合内容的要求。

2. 试述新闻传播编辑把关的特点，并举例说明。(上海交大2010年研)

答：新闻传播编辑把关的特点主要有：

(1)新闻编辑的把关是新闻制作过程中的最后一道关卡，具有重大的关系和影响。以一篇新闻稿为例，从最初的选题、采写、修改到上版面、印成铅字与读者见面，编辑是它的最后一个把关人。就像足球场上的守门员一样，编辑若出现失误将导致错误无法修正，因此给自己所在的报社的声誉造成无法弥补的损失。例如，《纽约时报》曾因编辑把关不力，刊载了假新闻，导致声誉下跌，最终《纽约时报》的总编辑等引咎辞职以挽回声誉。

(2)新闻编辑把关的内容不仅包括事实上的错误，还包括新闻报道在政治思想和政策上

的差错。例如，记者采写一篇关于劳模的典型报道，编辑不仅要保证记者采写的内容是完全准确和真实的，还要注意报道中是否有不符合政策的事实。有些报道的事实表面上看起来没有什么问题，但实际上不符合国家规定，是不宜宣传的。例如关于劳模带病、带伤坚持工作等事实就不宜报道，因为这不符合《劳动法》的规定和人道主义精神。

(3)新闻编辑具有信息把关功能，表现在以下四个方面：

①选择功能

新闻编辑工作的重要内容之一就是选择，选择发表什么内容的作品、选择何时、以何种方式发表等。编辑的选择一方面保证了传媒组织的正常运转，因为任何一家新闻出版机构，如果没有编辑对信息的选择，将会无从入手，信息也必定呈现出一种无序状态，选择就是编辑对杂乱无章的信息进行的一次梳理性工作。另一方面，编辑的选择有利于提高信息传播的有效性。

②导向功能

对编辑而言，决定传播这些信息而不传播另一些信息，多传播这类信息而少传播另一类信息，以及向受众着重推荐某些信息都是一种显见的导向。编辑对受众的导向，既可以强行灌输、重复传播某种信息，让该信息在受众生活中挥之不去，也可能通过“让事实说话”的手段来传播编辑的意图，还可以启动媒介的议程设置功能来影响受众谈什么、想什么，为公众安排议事日程。

③净化功能

净化作用大致包含两层意义：一是防止从作者那里产生的不合格或不利于社会发展的有害作品，通过传播渠道流向受众信息市场；二是为受众寻求佳作而在作者面前树立起铁的质量标准，帮助作者为达到这个标准而不懈努力。

④精化功能

如上所述的净化功能可能容易使人误认为编辑作为把关人，只在起过滤作用，被滤去的信息皆为杂质，允许通过的则为干净、清洁的。但就编辑把关的具体的情况看，有的被滤掉的信息并非都是不“净”的，有些可能是因为时间差(落后或过于超前)、空间差(不符合媒体所覆盖区域的特点)、受众层次差(不适宜于某特定媒体的基本受众群)及媒体取向甚至篇幅容量等因素，编辑不得不筛选掉大量“干净”的但却不适宜在某一时刻和某一媒体上发表的信息。这种处理其实就是信息的“精化”问题。

4.4.4 实务题

1. 作为一个编辑，你如何处理下面这篇稿件(材料略)？如果决定采用这篇稿件，还应在哪些方面作些修改？(人大1995年研)

答：作为一个编辑，应该尽量不要采用这篇稿件，因为这篇稿件内容很像一篇保险公司的公关软文，商业宣传味道太浓。

如果要采用这篇稿件，则应该更改报道的重点并增添新的内容。报道的重点可以放在农民的损失规避途径、冰雹灾害与农业损失或者如何减轻灾害天气的危害上。可以增加对烟叶受灾情况的细节描写，也可采访农业专家，咨询灾害规避的建议。标题也应随报道重点的改变而做修改。

2. 请从编辑的角度，评析下面这篇稿件(材料略)。(人大1995年研)

答：本篇稿件虽然内容新奇，但是却有一些存在争议的地方。

(1)县长的车是政府所有，并非私人物品，将其用于商业运营是否符合政策规定存在争议。

(2)小汽车出租是要登记和交税的，文中只字没提交税，还说租车费如数交到了政府会议处，这意味着县长的车成了“黑车”。

(3)文章中写道，老百姓对县长出租“坐骑”普遍称好，但是文章并没有写出对当地百姓的采访，消息源不够平衡和全面。

所以，此文很可能不能登载。

第五章 新闻稿件的修改

5.1 复习笔记

【知识框架(庖丁解牛)】

- 新闻稿件的修改
  - 新闻事实的核实与订正
    - 新闻稿件报道新闻事实的基本要求
      - 真实
      - 准确
      - 科学
      - 清楚
      - 统一
    - 核实与订正新闻事实的方法
      - 分析法
      - 核对法
      - 调查法
  - 立场观点的修正
    - 注意审查涉及敏感的政治和政策问题的文字表述
    - 分析事实与观点的逻辑关系，修正事实与观点不同导致的差错
    - 分析选材和角度，修正选材与角度不当导致的新闻立场偏差
    - 慎重把握涉及案件和法律的内容，注意防止“报纸审判”
    - 对于新闻稿件中可能造成“泄密”的内容要从严把关
  - 修改新闻稿件的方法
    - 校正——替代、删节、加按语
    - 压缩——对新闻导语、新闻背景材料、新闻主体的压缩
    - 增补——增补材料、回叙、增补新闻事实
    - 改写——改变主题和角度、调整结构、改变体裁、分篇、综合
  - 修改新闻稿件应注意的问题
    - “参照系”确定最佳修改方案
    - 改稿人选的确定
    - 使用正确的校对符号
    - 充分尊重作者的意见
    - 认真细致，防止出现新的差错
    - 注意语言文字的规范性，使用有意义的新生语言

【考点难点归纳(厚积薄发)】

考点一：新闻稿件的修改(见表5-1) ★★

表5-1 新闻稿件的修改

要点	具体内容
含义	改稿是一项基本的编辑业务，也是新闻编辑的一项常规性工作。修改新闻稿件与修改一般稿件都要求内容正确、主题突出、叙事清楚、条理分明、语句通顺、用词妥当、无错别字等

续表

要点	具体内容
新闻稿件与一般稿件的不同	①新闻稿件以客观存在的新闻事实为报道内容，它的内容表述必须与客观事实相符合，必须能真实、准确地反映事实。 ②新闻稿件更加强调正确的舆论引导作用，在政治上有更高的要求。 ③新闻稿件强调时效性，新闻编辑必须迅速而高质量地完成任务
新闻稿件修改的内容	①对新闻事实的核实和修正。 ②对新闻稿件中立场观点的修正

考点二：新闻事实的核实与订正 ★★★

1. 新闻稿件报道新闻事实的基本要求(见表5-2)

表5-2 新闻稿件报道新闻事实的基本要求

要点	具体内容
真实	新闻报道中所涉及的现实方面的各种材料，必须完全符合事实的本来面貌。不符合事实的情况有：①作者虚构；②东拼西凑；③细节夸张；④主观孤证；⑤道听途说，轻信假象；⑥作者有意“导演”
准确	构成事实成分的名称、时间、地点、数字、引语等都须准确无误
科学	涉及自然科学、社会科学的新闻事实、文字表述须符合科学
清楚	对于事实的表述要让读者看得明白，不留有疑问。不清楚的情况有：①名称过于简单；②缺少新闻要素；③缺少必要的背景交代；④缺少必要的细节交代；⑤缺少必要的解释
统一	①同一稿件中事实的表述前后要相一致。 ②表述方式要与全国规定的或通用的方式相一致

2. 新闻事实的核实与订正和新闻稿件中立场观点的修正(见表5-3)

表5-3 新闻事实的核实与订正和新闻稿件中立场观点的修正

要点	具体内容	
新闻事实的核实与订正方法	分析法	指通过对稿件所叙述的内容和叙述方法、写作条件等进行逻辑分析，发现其破绽和疑点的一种方法。具体操作包括：①检查新闻内容是否违反常识或不合情理；②检查稿件的前后内容是否自相矛盾；③分析消息来源的可靠性；④分析作者是否具备采写稿件的条件
	核对法	指借助有关资料发现和纠正稿件中事实差错的改稿方法。其资料要求：①权威性；②最新发布；③直接
	调查法	指针对稿件中有关事实表述中存在的疑点，对当事人或知情者进行核实的改稿方法。其适用稿件包括：①重要的新闻；②批评性新闻；③新作者的稿件；④容易失实的作者的来稿；⑤搁置了一段时间的稿件
立场观点的修正	①注意审查涉及敏感的政治和政策问题的文字表述。 ②分析事实与观点的逻辑关系，修正事实与观点不同导致的差错。 ③分析选材和角度，修正选材与角度不当导致的新闻立场偏差。 ④慎重把握涉及案件和法律的内容，注意防止“报纸审判”。 ⑤对于新闻稿件中可能造成“泄密”的内容要从严把关	

考点三：修改新闻稿件的具体方法及应注意的问题(见表 5-4) ★★★

表 5-4　修改新闻稿件的具体方法及应注意的问题

要点	具体内容
校正	指改正稿件中不正确的写法，包括事实、思想、语法、修辞、逻辑等。具体操作包括：①替代；②删节；③加按语
压缩	指通过删意、删句和删字，使原稿重点更突出，章节更紧凑，表述更简练。 主要包括：①压缩新闻导语；②压缩背景材料；③压缩新闻主体
增补	指补充原稿中需要交代而又遗缺的内容。 ①主要类型：a. 增补资料；b. 回叙；c. 增补新闻事实。 ②注意事项：a. 补充内容要有可靠根据；b. 增补稿件应征得作者同意；c. 运用资料应紧扣新闻事实；d. 一般不自行增补通讯社的新闻稿
改写	指由于角度选择不当、材料的详略安排不当、结构有问题或体裁不合适等，需重新组织材料、安排结构，对原稿重新写作。 方法包括：①改变主题与角度；②调整结构；③改变体裁；④分篇；⑤综合
注意问题	①将稿件放在新闻媒体的"参照系"中确定最佳修改方案。 ②根据实际情况与需要确定由谁来改。 ③使用正确的校对符号。 ④充分尊重作者的意见，使稿件保留原有的特色。 ⑤认真细致，防止出现新的差错。 ⑥注意语言文字的规范性，使用有意义的新生语言

考点拓展："两 R、五 W 检查法"和"六 C 工作法"(见表 5-5)

表 5-5　"两 R、五 W 检查法"和"六 C 工作法"

要点	具体内容	
"两 R"	"两 R"即 **Real**(真实)、**Reasonable**(合理)	
"五 W"	何事(What)	一篇稿件中尽量只告诉人们一个主要事件。如果事件比较简明，可以在几段后引入其他事件辅助说明；如果事件很复杂，就告诉人们其中最值得关注的点
	何人(Who)	事件中的主体和主要参与者
	何时(When)	说明事件或活动发生的日期、时间
	何地(Where)	写明地点，必要时对地点进行一些描述，以便给人们留下印象
	何因(Why)	解释意义和重要性
"六 C"	正确(Correct)	改正错别字和标点符号，文章要合乎语法，提法要正确，数字、度量要合乎规范
	清楚(Clear)	字迹、勾画要清楚，图片、画面上的文字要清楚
	简洁(Concise)	少用长句子，分段要清楚
	完备(Complete)	不要漏掉必要的细节
	周到(Courteous)	要处处为读者着想，冷僻的字最好注音，难懂的名词最好加注释，必要的背景要交待
	一致(Consistent)	稿件中前文后文、逻辑概念不要自相矛盾

【稿件修改案例分析】

陈力丹：如何改好一篇新闻稿

1. 原稿

泸水县公安边防大队认真开展“条令学习月”活动(主题)

为强化官兵的条令条例意识，做到依法管理部队。根据公安部《关于在全国公安边防部队中开展“条令学习月”活动的通知》和上级机关的有关指示精神，泸水县公安边防大队于4月28日至5月28日历时一个月，认真组织官兵开展了“条令学习月”活动，在部队中再次掀起了学习条令条例的新高潮。

在开展这次“条令学习月”活动中，该大队采取集中组织学习和个人自学相结合的方法，系统地组织官兵学习了中国人民解放军《内务条令》《纪律条令》《队伍条令》《警备条令》《军官服役条例》《士兵服役条例》以及公安部边防局《关于加强基层正规化建设管理规定》和《安全工作若干规定》等。边学习、边用条令条例对照检查，把学习与贯彻执行有机地结合起来。首先，合理安排学习时间，解决好工学矛盾。把每周星期二、五两个下午的时间列为学习日，由各单位行政主管组织官兵学习。对边、远、散的执勤点、检查室派出干部或指定专人组织学习，平时也安排相应的时间进行个人自学，做到工作学习两不误；其次，在学习中抓住重点，结合实际着力解决官兵中存在的条令条例意识不强，对部队管理教育主观臆断、随意性强，各自制定“土章法”，制度不落实、秩序不正规、警容不严整等问题。在强化条例意识和依法管理教育部队，严格落实各种制度上下功夫，确保学习活动不走过场、不流于形式。

片马边防工作站在学习活动中，认真汲取以往对部队管理不严，干部带班制度落实不力，班长和老兵随意体罚战士，致使出现两名新战士逃离部队的教训。以干部和班长骨干为重点，认真组织官兵学习条令条例和各项规章制度，坚持干部跟班作业，并明确规定：对随意打骂体罚战士的发现一个，严肃处理一个。从部队的作风纪律、警容风纪和一日生活制度、官兵的言行举止抓起，严格按条令条例，边学习、边对照检查，落实整改措施。通过开展“条令学习月”活动，使官兵们牢固树立了条令条例意识。

针对边防派出所在作风纪律、一日生活制度，警容风纪等方面执行得不严格的实际，片马边防派出所以支队在该所搞基层派出所正规化建设为契机，深入开展“条令学习月”活动。并采取边学习、边整改的方法，狠抓条令条例的学习教育，并制定了早操制度，考勤制度和值班、警容风纪检查等制度。通过学习，使边防派出所官兵的条令条例意识得到了明显增强。(954字)

2. 名家评析

第一句“为了……”就是套话。消息只能用叙述性语言报道事实，“为了……”属于作者对事实目的的判断，不是事实本身。是否真的“为了……”，应通过报道事实本身来体现。文中还有一些概括性的套话，例如“在强化……下功夫，确保……不走过场、不流于形式”，这样的话报道的不是事实，本身就是流于形式。

原文中的副词，诸如“认真”“积极”“深入”等等，全部删除。是否如此，应由事实本身来体现，消息中一般不应出现副词和形容词，除非事实本身确实需要使用副词或形容词来表现，例如重大空难、火灾、刑事犯罪的事实叙述。

除了“为了……”的套话删去外，一些空洞的“效果”叙述，也全部删去，因为没有事实作为依据；而有了事实，这些话又是多余的了。例如“通过……，使官兵们树立了××意识”“通过学习，使……得到了明显增强”。还有一种“针对……”的套路语言，也全部删去。一旦报道了针对缺点采取的改进方面的事实，那么不言自明，与这个事实相反的情况即是原来的缺点。

原文中一些同义反复的地方也应作简化。例如“4月28日至5月28日历时一个月”，其中“历时一个月”就是多余的。

这样删节下来，原文的近千字剩下300多字，报道中的所有事实都保留了下来。原文的水分这么大，按照原来的写作套路写出的东西，该是多么“面目可憎”（毛主席批评党八股时说的话），读者会主动读这种文章吗？而没人看的报道，又有什么宣传效果？

上面我提出的修改建议，只涉及新闻的写作方式。等我们把写作问题解决了，还要用新闻价值和宣传价值来衡量新闻是否值得发表。因为，并非报道了事实且消息写作规范，就一定是具有了新闻价值的消息。

3. 改后的消息稿

云南泸水县公安边防大队开展“条令学习月”活动（主题）

本报讯　云南泸水县公安边防大队4月28日至5月28日，组织官兵开展了学习各种部队勤务条令的活动。

该大队采取集中学习和个人自学相结合的方式，组织学习了《中国人民解放军内务条令》等六项军队条令和二项公安边防规定。各行政主管部门每星期二、五下午集中组织官兵学习。对边远、分散的值勤点和检查室，派出干部或指定专人组织学习。平日则安排时间要求个人自学。学习中对执行条令不力、制定“土章法”的现象进行了纠正。

片马边防工作站曾出现班长和老兵随意体罚新战士、致使两名战士逃离的事故。这次他们在学习中坚持干部跟班作业，并规定：对随意打骂体罚战士的，发现一个，严肃处理一个。片马边防派出所在学习中还制定了早操制度、考勤制度和值班、警容风纪检查等制度。（334字）

5.2　课后习题详解

1. ［综合练习之四］：根据第三章［综合练习之二］中的新闻报道策划方案，对上一章［综合练习之三］中选择的若干篇新闻稿件，运用改稿符号进行校正、压缩或改写。

提示：改稿是一项基本的编辑业务，也是新闻编辑的一项常规性工作。修改新闻稿件与修改一般稿件都要求内容正确、主题突出、叙事清楚、条理分明、语句通顺、用词妥当、无错别字等。对新闻稿件的修改主要包括对新闻事实的核实和修正以及对新闻稿件中立场观点的修正。改稿的具体方法包括校正、压缩和改写。

（1）校正是指改正稿件中不正确的写法，包括事实、思想、语法、修辞、逻辑等。具体操作包括：①替代；②删节；③加按语。

（2）压缩是指通过删意、删句和删字，使原稿重点更突出，章节更紧凑，表述更简练。主要包括：①压缩新闻导语；②压缩背景材料；③压缩新闻主体。

(3)改写是指由于角度选择不当、材料的详略安排不当、结构有问题或体裁不合适等,需重新组织材料、安排结构,对原稿重新写作。改写的方法包括:①改变主题与角度;②调整结构;③改变体裁;④分篇;⑤综合。(具体答案略)

2. 分析下面这篇稿件,指出其存在的问题,并将它改写成500字左右的消息。

效益第一:对虾养殖业必由之路

——对河北津滦养殖公司的调查与思考

今年由于国际市场的波动,对虾出口价格下跌,加上天灾及饵料价格飞涨等原因,使我国对虾生产受到很大损害,对虾养殖业面临大滑坡的严重局面。但是,河北省滦南县津滦养殖公司不仅没有亏损,而且效益比较显著。他们的经验是:大力挖掘企业内部潜力,努力减少投入、降低成本,把对虾养殖的风险降到最低点。津滦养殖公司地处渤海湾,滩涂面积辽阔,有大规模进行人工养殖对虾的良好自然条件。公司成立于1988年。是一家全民所有制企业,共有虾池102个,养殖水面7136亩。去年,这家公司像全国许多养虾单位一样,以高产为目标,主要使用鲜活饵料养对虾,平均亩产15.6公斤,加上市场需求大,收购单价较高(平均每公斤19.20元),每亩平均收入达2995元。但是,由于平均每亩投入2980元,成本太高,每亩只盈利15元,基本上是盈亏平衡。

今年年初,公司认真分析了养虾业的状况,总结去年的教训,认识到只有低成本、高效益,公司才能在竞争中立于不败之地。于是,他们果敢地提出,今年主要使用配合饵料养虾。5月份放苗入池后,除去早期投喂少量鲜活饵料外,其余时间全部投喂配合饵料。一年下来,饵料成本才893.3万元,仅此一项就较去年节省支出760万元之多;如果扣除今年配合饵料原料价格上涨等因素,则节省得更多。今年对于海湾的养虾业来说是个大灾年,先是放苗入池时碰上倒春寒,气温偏低,造成部分虾苗死亡;随后8月份又遇上严重的赤潮,引起相当一部分对虾病死,普遍减产25%甚至更多。在起捕时,收购价格又大大低于往年。这些不利因素,使这一带养虾企业受到极大损害。但是,津滦养殖公司由于使用配合饵料,每亩总投入1628元,虽然亩产减到114公斤,收购价格也只有每公斤16.60元,比去年每公斤平均下跌2.68元,但是却实现了每亩平均盈利268元,全公司净盈利191万元,效益明显好于去年。另外,今年由于饵料价格平均上涨30%左右,与去年同期相比,相当于公司多支出150万元;而如果收购价格仍保持去年每公斤19.20元的水平,则又可使公司多收入200万元左右。

津滦养殖公司之所以能够实现这种转变,其原因除了认真总结去年的经验教训之外,也还受目前市场上鲜活饵料供应状况的影响。人们传统上认为,对虾只有吃鲜饵才能长得大、长得好。但近几年对虾养殖面积大规模扩大了,鲜活饵料已经供不应求,不少地区对这一浅海生物资源实行掠夺性捕捞,严重破坏了生态环境,不少品种已近绝迹,而且价格猛涨。在唐山地区,兰蛤价格上涨了15倍多,卤虫价格上涨了17倍,同时,供不应求的局面又造成养虾成本居高不下。而配合饵料的价格一般在每公斤2.20元至3元之间,每公斤配饵相当于2.5公斤多的鲜饵。津滦养殖公司看准了这一点,及时调整了经营方针,变主要使用鲜饵为使用配饵,避免了亏损。

津滦养殖公司的经验给人们一条重要启示:我国的对虾生产只能走效益第一,而不是产量第一的路子。经过10多年的努力，我国已成为世界上的养虾大国，养殖水面达240万亩，为了保证年产量20万吨规模的养虾业健康稳定发展，迫切需要选择一条正确的战略方针。近两年来，不少地区养虾平均亩投入3000多元，个别地区甚至高达4000元。如果全国的养殖单位都形成这种高投入水平。以240万亩水面积计，一年就需资金72亿，这对我们这样一个发展中国家来说是非常不现实的。

由于饵料费用在许多养虾场的投入中约占70%以上，因此使用低成本的配合饵料，是减少投入、降低成本的最重要一环。

目前，我国养虾业实际上已经具备了大量使用配饵的条件。在饵料配方上国内已出现一批适合当前原料供应状况的科学配方，如北大化学系研制的"北大二号"就是一种配方比较科学的对虾饵料。这种饵料在津滦养殖公司和其他地区使用过程中，被证明诱食力强，抗缺氧能力强，可防止对虾浮头现象，而且对虾生长比较迅速；从饵料生产上看，近几年各地方已形成了一定规模的配合饵料生产加工能力，只要厂家端正经营方针，对现有设备适当进行改造，是可以基本上满足国内需要的。发展人工饵料养虾既可降低成本，减少风险，又能取得高效益，何乐而不为呢？

答：此条稿件的标题比较空泛，没有点出津滦养殖公司换饵料养虾增效益这一最核心的新闻事实。稿件中的病句较多，数字过多且进位不统一，前后相互矛盾，给读者阅读造成了障碍。对津滦养殖公司成功经验的总结也有问题。稿件中的背景资料过时，写法老套，放在第一段，结构不合理。稿件中不必要的说明、重复表述过多，有些事实表述不清。把改换饵料提高到战略方针的高度的说法值得商榷。最后一段中有为"北大二号"做广告之嫌。

修改后的稿件如下：

饵料"死"了效益"活"了

津滦养殖公司养虾有新招

本报讯　面对海湾养虾业的大灾年，河北津滦养殖公司却净盈利191万元，效益明显好于去年。该公司今年采用了配饵代替鲜饵的养殖办法，开创了"效益第一"的对虾养殖新思路。

今年年初，面对国际市场波动，对虾出口价格下跌，天灾及饵料价格飞涨，使对虾养殖业面临大滑坡的严重局面。津滦养殖公司认真分析了养虾业的状况，总结去年的教训，考虑到饵料费用在许多养虾场的投入中约占70%以上，因此使用低成本的配合饵料，是减少投入、降低成本的最重要一环。于是，他们果敢地提出，今年主要使用配合饵料养虾。5月份放苗入池后，除去早期投喂少量鲜活饵外，其余时间全部投喂配合饵料。一年下来，饵料成本才893.3万元，仅此一项就较去年节省支出760万元之多。

津滦养殖公司之所以能够实现这种转变，还受到目前市场上鲜活饵料供应状况的影响。近几年对虾养殖面积大规模扩大，鲜活饵料已经供不应求，不少地区对这一浅海生物资源实行掠夺性捕捞，严重破坏了生态环境，不少品种已近绝迹，而且价格猛涨。同时，供不应求的局面又造成养虾成本居高不下。津滦养殖公司及时调整了经营方针，变主要使用鲜饵为使用价格便宜的配饵，避免了亏损。

3. 请将下面两篇稿件综合改编成一条800字左右的消息。

作者原稿(之一):

今朝京城英雄多

——首都见义勇为好市民评选巡礼

当一酗酒的凶汉在公共汽车上殴打一男一女两名外地乘客，女乘客向周围人哭救而车上30多人竟无人相助时，身为共产党员的首钢工人杨宏本勇敢地站出来制止歹徒的违法行径。歹徒又持刀对杨宏本大打出手。在邪恶面前，杨宏本一身正气，毫不畏惧，同歹徒展开搏斗，将歹徒的刀打落踢下车。在群众的协助下，把歹徒制服，扭送公安机关。这是发生在去年11月16日深夜的事。

42岁的杨宏本最近获得“首都见义勇为好市民”光荣称号。这次北京市评选出的20位“好市民”中，有临危不惧与歹徒勇敢搏斗并抓获歹徒的8位，有不畏严寒破冰或深水中救人的6位，有不怕牺牲冲进烈火中救人和保护国家、群众财产的4位，有处险不乱、挺身而出在列车轮下救儿童和自然灾害中救助多人的2位。

因儿时车祸造成肢体残疾的27岁的王新文，在去年6月26日下午，邻居一精神病患者家中失火时，他拖着行走不便、右眼视力几乎为零的残疾身体，不顾一切3次冲进浓烟滚滚的屋内。当他把一个装满20公斤油，表面已着火的塑料桶冒险提出门外刚刚扔掉时，塑料桶爆炸起火。王新文忍着大面积烧伤的剧痛，又从火海中救出了病人及财物，并同邻居一起把火扑灭，制止了一场危及周围几十户居民的严重火灾。

北京开展“首都见义勇为好市民”评选活动已届3年，至今已经评选出“好市民”61人，评选出“见义勇为积极分子”129人；其中年龄最大的83岁，最小的只有9岁。他们中有工人、农民、学生、干部、教师，还有老红军。年龄最大的张福老人是怀柔县的农民。去年8月下旬，他拖着残疾的右腿翻墙冲进烈火浓烟中，救出了邻居家5岁儿童，并及时报火警，保护了群众的生命财产安全。年仅9岁的小英雄赵金硕，是1992年度的“好市民”，他勇敢机智地从火车轮下救出了一名两岁的小孩。

评选“见义勇为好市民”活动受到社会各界的大力支持。目前已有700多人和20多家单位向这项活动捐款达60多万元。保险公司向“好市民”给付了一定数量的保险金，并解决了因见义勇为造成的疾病或伤残的医疗及保险和生活困难问题。北京市向“好市民”颁发了“首都精神文明建设奖章”和奖杯，并号召向他们学习。

这次坐在主席台上披红戴花的英雄中，有一位河北来京务工的“没有户口的北京人”刘国忠。他在去年12月，从结冰的湖水中救出了两名儿童。

有关方面介绍，这三届“好市民”的评选中，北京市各区县、各行各业都评选推荐了大量的候选人，仅今年的候选人就有63人。记者从候选人的感人事迹中，看到了首都人民群众弘扬正气，见义勇为的精神风貌。

这次获“好市民”称号的农民个体经营者王德山对记者说：“政府和人民给了我这么高的荣誉，感到很激动，我觉得在别人遇到危难时，出于良心大家都应该伸出援助之手。事情让我赶上了，不这样做我在良心上会受到谴责。”王德山是在冰水中一下救出3名儿童的英雄。

作者原稿(之二)：

北京有20名市民获"见义勇为好市民"称号

北京近日评选出20位"见义勇为好市民"。同时有43人被评为"见义勇为积极分子"。

这是继北京自1992年开始评选"1991年度首都见义勇为好市民"活动以来，第三次评选。至今，已有61人获此殊荣。

今年的20名"好市民"中，年纪最大的83岁，最小的16岁。他们中，临危不惧与歹徒搏斗的有8人，在冰水中救人者有6位，救火者4位，在列车轮下和自然灾害下救人的2位。

北京"见义勇为好市民"的评选，是在全市各区县、各行业广泛推荐、评选的基础上，以无记名投票方式产生的。

获"好市民"称号的勇敢者，北京市政府授予其"首都精神文明建设奖章"和奖杯，并大力予以表彰，奖励"21遥彩电"1台；保险公司给每人上了人身意外保险，并给其中因见义勇为造成的疾病或伤残者及生活困难者一次性经济补偿；对个别伤残较重者投了养老保险。

北京对"好市民"广为宣传，鼓励人们争当"好市民"。据了解，这项活动受到社会各界大力支持与捐助，今后将继续开展"见义勇为好市民"评选活动。

答：示例如下：

20人获"首都见义勇为好市民"称号
年龄最大的83岁，最小的9岁

本报讯 北京近日评选出20位"见义勇为好市民"。同时有43人被评为"见义勇为积极分子"。这次评选是继北京自1992年评选"1991年度首都见义勇为好市民"活动以来，第三次评选。至今，已有61人获此殊荣。

这次北京市评选出的20位"好市民"中，有临危不惧与歹徒勇敢搏斗并抓获歹徒的8位，有不畏严寒破冰或深入水中救人的6位，有不怕牺牲冲进烈火中救人和保护国家、群众财产的4位，有处险不乱、挺身而出在列车轮下救儿童和自然灾害中救助多人的2位。

北京"见义勇为好市民"的评选，是在全市各区县、各行业广泛推荐、评选的基础上，以无记名投票方式产生的。

北京开展"首都见义勇为好市民"评选活动已届3年，至今已经评选出"好市民"61人，评选出"见义勇为积极分子"129人；其中年龄最大的83岁，最小的只有9岁。他们中有工人、农民、学生、干部、教师，还有老红军。

获"好市民"称号的勇敢者，北京市政府授予其"首都精神文明建设奖章"和奖杯，并大力予以表彰，奖励"21遥彩电"1台；保险公司给每人上了人身意外保险，并给其中因见义勇为造成的疾病或伤残者及生活困难者一次性经济补偿；对个别伤残较重者投了养老保险。

这次获"好市民"称号的农民个体经营者王德山说："政府和人民给了我这么高的荣誉，感到很激动，我觉得在别人遇到危难时，出于良心大家都应该伸出援助之手。事情让我赶上了，不这样做我在良心上会受到谴责。"王德山是在冰水中一下救出3名儿童的英雄。

评选"见义勇为好市民"活动受到社会各界的大力支持。目前已有700多人和20多家单位向这项活动捐款达60多万元。保险公司向"好市民"给付了一定数量的保险金，并解决了因见义勇为造成的疾病并解决了因见义勇为造成的疾病、伤残的医疗费用和生活困难问题。

北京市向“好市民”颁发了“首都精神文明建设奖章”和奖杯，并号召向他们学习。

4. 根据题3改编后的消息，再改写成一条140字以内的微博加以推介。

答：[20人获“首都见义勇为好市民”称号]近日，北京开展“首都见义勇为好市民”评选活动，这次评选是继1992年以来的第三次评选。至今，已有61人获“好市民”称号，129人获“见义勇为积极分子”称号。其中年龄最大的83岁，最小的只有9岁。他们中有工人、农民、学生、干部、教师，还有老红军。(133字)

5.3 考研真题与典型题

5.3.1 概念题

1. 真实
2. 核对法
3. 加按语(复旦大学2017年研；华中师大2017年研；湖南大学2017年研)
4. 压缩
5. 改写
6. 洗稿(中传2019年研)
7. 校对(北大2011年研)
8. 校正(复旦大学2016年研)

5.3.2 简答题

1. 简述改稿的一般程序。
2. 在稿件修改中，订正事实要达到哪些要求？(华科2002年研)
3. 为什么要重视调查核对？哪几种稿件特别需要调查核对？
4. 简述核实与订正新闻事实的方法。(西南交大2018年研)
5. 简述新闻传播者发布了失实报道后应该怎么办。(河南大学2019年研)
6. 比较作者修改与编辑自己修改有何不同？
7. 如何对新闻稿件中的立场观点进行修正？
8. 简述稿件改写的主要方法。(吉林大学2016年研)
9. 简述压缩稿件的原因和原则。
10. 如何理解改稿中的绝对性修改与相对性修改？(大连理工2004年研)
11. 编辑修改稿件应掌握哪些主要要点？
12. 和其他稿件相比，修改新闻稿应该注意的是什么？(陕西师大2019年研)

5.3.3 论述题

1. 试述编辑应如何处理规范语言与新生语言的关系。
2. 如何运用分篇及综合方法修改稿件？
3. 请详述在新闻稿件的校正中，发现事实差错的方法。(电子科大2013年研)

5.3.4 实务题

1. 下面是一篇社会来稿，请阅读稿件，指出其中存在的病句和其他错误，给出自己的编辑处理意见，并制作标题。(中国青年政治学院2010年研)

深夜秋风急，志丹县城街道行人匆匆而过。但在路灯下，一队人追着寒风正在捡拾烟头和纸屑，为首的是一位个子不高的中年人，这个人就是志丹县委书记祁玉江。

上任3年零3个月来，只要祁玉江在志丹县，他几乎每晚都去捡垃圾，他的这一举动在当地已是家誉户晓。

早就听说祁玉江"酷爱"捡垃圾，起初以为这是在作秀，直到10月18日晚10时，记者在志丹街头偶遇后，才得以证实这已经是祁玉江的"习惯"。

当时，祁玉江正在发火。他质问城管局负责人："保洁员哪里去了？""都下班了！"城管局负责人说。"保洁员不是每晚11点下班吗？""今天是周末……"在祁玉江的追问下，这名负责人有些支支吾吾。"是啊，今天是周末，你们以为我回家了，就可以早早下班了吗？现在没有保洁员，大家亲手捡吧。"听到县委书记说到这里，赶到现场的干部谁也不敢支声，一字排开在马路上开始捡垃圾。

祁玉江深夜捡垃圾的故事，县城的许多商户都曾亲眼所见，因此也能尾委道来。"小四川"是一家川菜馆的老板，他第一次见祁玉江也是在晚上。当时，他的餐馆门外台阶下有个塑料袋，结果被"一个小老汉"看见了，历声呵斥他捡起来。"我当时想，你谁啊，敢给我这么说话。不料，围过来几个人介绍说'这是新来的祁书记'，我一听赶忙捡起垃圾。围过来的人要罚我20元，结果祁书记不让罚，让我保持卫生，然后乐呵呵地走了。"

也就是从那时候开始，祁玉江便养成了"夜夜查卫生"的习惯。"他一般不打招呼，发现问题后打电话叫局长过来，等局长赶到时，县委书记已动手清理了。"志丹县城管局工作人员说，他们开始以为这是新官上任烧的"三把火"，没想到这把火一烧就是3年多。

祁玉江说："卫生要时时刻刻讲，否则就保持不好。领导干部不动手，下面人就不会重视，卫生便搞不好。"

由于祁玉江经常上街捡垃圾，志丹县城的大人小孩几乎都认识他，这句话确实不假。当祁玉江来到夜市时，他的出现让夜市出现稍许骚动，商户们说："祁书记经常来，谁敢不讲卫生？"

志丹县委的工作人员说，祁玉江检查卫生从不走过场，每次都把县城的主要街道及沿街小巷亲自走一遍。经过全县人3年多努力，志丹县城容貌也发生了巨大变化，该县从市级文明县城，到省级文明县城、卫生县城，再到全国文明县城、国家卫生县城，三年三大步，一气呵成。今年，志丹准备创建省级园林县城。

2. 辨析修改。(安徽大学2007年研)

要求：①指出这则消息的问题；②给出修改意见；③重新拟写导语。

材料：

今天，最高人民检察院和湖南省委、省政府在长沙分别授予湖南道县人民检察院检察长付玲玲同志"全国模范检察干部""湖南省优秀共产党员""人民卫士"的荣誉称号，表彰他在成功处置道县"8·16"恶性绑架爆炸事件中的英雄壮举。

今年8月16日上午7时40分，湖南省道县发生了一起歹徒劫持人质、警车，并扬言引爆加油站的恶性突发事件。付玲玲不顾因车祸四根肋骨断裂未愈的伤痛，迅速率领3名干警赶赴现场。当时，两名歹徒全身洒满汽油，手持炸药包、打火机和匕首，欲引爆加油站，气焰十分嚣张。付玲玲不惧危险，靠前与歹徒进行面对面的说服感化工作，迫使歹徒放弃炸毁加油站的企图。当歹徒劫持一名公安干警和一辆警车企图逃窜时，付玲玲临危不惧，主动请战，替换被劫干警。在车上有炸药包、歹徒手中有凶器的情况下，付玲玲只身一人，与歹徒进行了3个小时的周旋，反复做说服瓦解工作。为保护沿途群众的生命财产安全，他几次放弃逃生的机会，歹徒最终投案自首。

最高人民检察院检察长韩杼滨在表彰会上指出，付玲玲在生与死的考验面前，表现出了一个共产党员、一个人民检察官和一个领导干部的英雄气概和高尚品德，是实践“三个代表”重要思想的先锋战士。湖南省委、省政府作出决定，号召全省广大干部学习付玲玲同志为捍卫人民利益奋不顾身的英雄气概。

3. 编辑加工。(安徽大学2004年研)

下列文字，除标明作者外，均见《人民日报》。如认为需要，请予以再编辑加工(修改处请用规范校对符号)，或指出问题所在。

(1)曹操是一个很有本事的人，至少是一个英雄。(见鲁迅《魏晋风度和药和酒的关系》)

(2)克隆出6头母牛的科学家最近说，他们也许找到了逆转细胞老化过程的方法。据称，这种克隆方法看上去确实已经拔慢了这6头小母牛身上细胞的衰老时钟。(2003年5月23日第15版)

(3)同年5月，东城区教育局党委组织部正式任命范禄燕为景山学校副校长，学校法人，他面临着严峻的考验。(2000年6月9日第8版)

(4)署名文章《东北亚的一个积极事态》：“……8日，韩国总统金大中与日本首相小渊惠三在东京签署了题为《面向21世纪的日韩新型伙伴关系》的联合声明和日韩两国在政治、经济、安全、文化等领域加强合作的《行动计划》。日韩两国关系由此向前迈进了一大步，受到了两国舆论界的普遍欢迎。日韩关系的改善也是东北亚地区最近出现的一个积极事态。”(1998年10月13日第6版)

5.4 考研真题与典型题详解

5.4.1 概念题

1. 真实

答：真实是指新闻报道中所涉及的现实方面的各种材料，必须完全符合事实的本来面貌。编辑在选择稿件时，判断新闻内容的真实与否是首要任务，它是新闻稿件报道新闻事实的基本要求之一。最常见的新闻内容与事实不相符的情况包括以下几类：①作者虚构；②东拼西凑；③细节夸张；④主观孤证；⑤道听途说，轻信假象。此外，还有作者有意“导演”等。判断新闻稿件内容的真实与否是一项十分复杂的工作，它需要新闻编辑审慎细致地进行分析和查证核实。

2. 核对法

答：核对法是指新闻编辑借助有关资料，发现和纠正稿件中的事实差错的改稿方法。它是新闻编辑修改稿件的主要方法之一。为了保证新闻内容的真实性和准确性，编辑在修改稿件时需要针对自己拿不准的问题，找到相关的工具书和参考资料进行核对。采用核对法改稿，对所用的资料有以下三点要求：①所用的资料要有权威性；②所用的资料是最新发布的；③所用的资料是直接的，而非转抄来的。

3. 加按语（复旦大学 2017 研；华中师大 2017 年研；湖南大学 2017 年研）

答：加按语是指对原稿中的错误不直接改动，而以另外加按语的方式指出差错的一种修改方式。有时新闻稿件中的差错不是记者或作者采访写作上的原因造成的，而是报道对象客观上就存在的，而且这些内容又比较重要，不能用删节的方式删除掉，也不能用替代的方式直接改为正确的表述，这时就可以保留原来的文字，而以加按语的方式指出错误，做法是直接在错误的文字后面加括号和标注，如：（按："×××"有误，应为"×××"）。

4. 压缩

答：压缩是指通过对稿件的删意、删句和删字，使原稿在内容上更加突出重点、在章节上更加紧凑、在表述上更加简练的一种活动。稿件冗长是编辑经常遇到的问题，编辑只有对其进行压缩，才能去其糟粕，显其精华。压缩新闻稿主要从以下几方面着手：①对新闻导语的压缩；②对新闻背景材料的压缩；③对新闻主体的压缩。

5. 改写

答：改写是指对原稿的重新写作，改写是改稿中难度最大、操作最复杂的一种修改方法。改写通常是因为稿件的角度选择不当、材料的详略安排不当、稿件结构有问题或者体裁不合适等，需要重新组织材料、安排结构、重新写作。改写的方法主要有：改变主题与角度、调整结构、改变体裁、分篇、综合。

6. 洗稿（中传 2019 年研）

答："洗稿"是一种变相的抄袭。不同以往字句的抄袭，"洗稿"是把别人的创意、构思、标题等搬了去，从头到尾涂抹、改写一遍，乍看不同，但其实核心观点雷同。主要的洗稿现象有两种：规避新闻发布政策的洗稿和以非法转载为目的的洗稿。很多洗稿行为涉嫌侵犯相关权利人的署名权、修改权和保护作品完整权。"洗稿"已经成为内容生产行业贻害极深、却又无法根除的毒瘤。要想解铲除这颗毒瘤，必须要从技术识别、法规约束和行业自律等各方面着力，堵住"洗稿"和抄袭的漏洞，为原创写作创造出更好的环境。

7. 校对（北大 2011 年研）

答：校对是指校对人员根据原稿或定本核对校样或通读检查，将一切差错消灭在出版之前的工作。校对是由校雠、校勘演化而来的。校雠的含义，西汉学者刘向早已明确界定，他说："一人读书，校其上下得谬误，为校；一人持本，一人读书，若怨家相对，故曰雠也。"从现代意义上讲，这一概念包含两层意思：①校对工作的依据是原稿或定本。原稿是经过编辑加工后的付排稿；定本是指稿件之外供复制生产原本用的其他类型的制作底本。②校对的职责是既要根据原稿或定本来发现、纠正校样中的差错，又要发现原稿或定本本身的差错。

8. 校正（复旦大学 2016 年研）

答：校正是指改正稿件中不正确的写法，包括稿件中的事实、思想、语法、修辞、逻辑等各个方面。校正的目的是要消除各种差错。校正的操作方式有三种：①替代，即以正确的内容和叙述代替不正确的内容和叙述；②删节，即删除稿件中有差错的部分；③加按语，即不改动稿件中的差错，而是加按语指出其中的差错。

5.4.2 简答题

1. 简述改稿的一般程序。

答：新闻编辑在对一篇已经决定要采用的稿件进行修改时，一般的工作程序是：

（1）通读全文

目的在于认识原稿。这种认识包括两个方面：①把握稿件的主题、材料、结构、语言各方面的情况；②发现稿件存在的问题，并设想解决这些问题的方法。这种认识是修改稿件的基础。认识越清楚，下一步修改就越顺利，质量也越有保证。不能急于求成，在未通读全文的情况下，就边看边改。这样，只见树木，不见森林，往往容易改得不得要领，甚至歪曲原意。对于一些内容比较复杂的长稿，即使通读一遍也未必能认识，需要多通读几遍。宁可先多花一些时间，而不要匆匆动手，免得以后返工，更费时间。

（2）着手修改

即把前一步设想的方案付诸实施。但第一步的设想只能是一个大致的轮廓，不可能一一都想得很具体，因此，在着手修改时，需要进行更为细致的思考，做到字斟句酌。修改要用不同于原稿字迹颜色的墨水，如果颜色相同，则用笔要不一样。一般编辑和部组负责人的修改所用的笔或墨水也要有所区分，以便以后查对。

在原稿上修改，改正的字可写在行间或四周的空白处。假如原稿改动很大，或几经修改，原稿已改得比较乱，不易认辨，需要重抄。校正小样，要采用标准校对符号。符号要用引线勾画到四周较近的空白处，引线不宜交叉或重叠。

（3）改后检查

稿件修改完毕，必须从头至尾认真阅读，检查是否有在文理上、用字用词上的错误，有错则要进行校正。这种改后检查至少要进行一次，对于重要稿件，还要再检查第二次。

整个修改过程，需要对原稿和修改后的文字进行反复阅读。通过反复阅读来发现问题。阅读一般可以采用两种不同的方式：一种是略读，即着重注意内容，对某些细节，如用词不当、错别字、漏字、标点符号的运用等暂不去推敲；另一种是点读，即逐字逐句地去进行阅读，不仅注意内容，而且不放过任何细节。

修改过程中的阅读，应该根据需要灵活地采用这两种阅读方式，把它们很好地结合起来。在开始通读原稿时，可以采用略读的方式；在做最后一遍的检查性阅读时，可以采用点读的方式；而在着手修改时，既要有略读，也要有点读。这样就可以发挥两种阅读方式的长处，提高修改的效率和效果。

2. 在稿件修改中，订正事实要达到哪些要求？（华科2002年研）

答：新闻是对新近发生的、客观事实的报道。新闻编辑在改稿时，应对稿件中有关新闻事实的内容进行分析，看看有无需要核实和订正的地方。订正事实应达到以下几点要求：

（1）真实。新闻报道中所涉及的现实方面的各种材料必须完全符合事实的本来面貌。编辑在选择稿件时，由于稿件数量多，工作时间紧迫，不可能对每一篇稿件的真实性进行调查核实。因此，在修改稿件时，判断新闻内容的真实与否是首要任务。

（2）准确。构成事实成分的名称、时间、地点、数字、引语等都必须准确无误。编辑在修改稿件时，对那些越是细小的地方越要注意，比如有些不常见的地名，记者容易误听误记，如果编辑不认真把关，错误就会见诸报端，轻则贻笑大方，重则误事害民。新闻事实的准确表述还与时间的变动有关。随着时间的推移，有些事物不宜沿用过去的说法。

(3)科学。涉及自然科学、社会科学的新闻事实、文字表述须符合科学。

(4)清楚。对于事实的表述要让读者看得明白，不留有疑问。新闻稿件写得不清楚往往有这几方面的原因：①名称过于简单；②缺少新闻要素；③缺少必要的背景交代；④缺少必要的细节交代，读者对事件发展变化的过程很难把握；⑤缺少必要的解释。

(5)统一。统一有两层含义：①指在同一篇或同一组稿件中，关于事实的表述前后要相一致；②指新闻事实的表述方式要与全国规定的或通用的方式相一致。

3. 为什么要重视调查核对？哪几种稿件特别需要调查核对？

答：(1)重视调查核对的原因

调查法是新闻编辑针对新闻稿件中有关事实表述中存在的疑点，对当事人或知情者进行调查核实的一种改稿方法。

有些新闻稿件是否真实、准确地反映了客观事实，仅仅靠分析法和核对法还不能明确判断，比如稿件中涉及对一些现场情况的描写、对当事人的采访等，没有相关的资料能够证明其是否真实，是否准确无误，编辑就要在时间容许的情况下，针对报道中的疑点进一步进行调查。调查法往往通过电话、信件和走访等方式进行。对新闻事实的调查要注意全面地选择调查对象，尤其是对于重要问题和批评报道的调查，不能道听途说，也不能偏听偏信，要全面地向领导、群众和当事人了解情况，要广泛听取各方面的意见。

(2)特别需要调查核对的稿件

①特别重要的新闻。如重大典型、重大成果和发明，牵连重大政策问题的稿件。这类稿件由于社会影响大，务必准确无误。

②批评性新闻。这类稿件容易引起被批评者的挑剔，只要有一点内容与实情不符都可能招来官司，必须注意调查核实。

③新作者的稿件。由于编辑对新作者的为人与采访写作风格不了解，加之不少新作者对新闻报道的要求不甚明确，在稿件中“犯规”的可能性相对来说要大一些，因此对他们的来稿应多加调查核实。

④容易失实的作者的稿件。有些通讯员和撰稿人在采访写作中经常犯有主观猜想、以文学创作手法写稿的毛病，对这些人的稿件，编辑要格外小心谨慎。

⑤搁置了一段时间的稿件。由于新闻是对某一时刻发生的事情或出现的现象的报道，时间变了，情况也可能随之变化，因此在发表这类稿件时，必须对事实进行调查核实，必要时作出相应的修改。

4. 简述核实与订正新闻事实的方法。(西南交大 2018 年研)

答：核实与订正新闻事实的方法主要有三种：

(1)分析法。指新闻编辑通过对稿件所叙述的内容和叙述方法、写作条件等进行逻辑分析，发现其破绽和疑点的一种方法。这种方法在改稿时一般会首先采用，而且采用得最多。采用分析法，主要从以下几方面对稿件进行检查和分析：

①检查新闻内容是否违反常识或不合情理，情节是否过于奇巧，对事实的表述是否含糊其词。

②检查稿件的前后内容是否有自相矛盾之处。

③分析消息来源的可靠性。

④分析作者是否具备采写稿件的条件。

(2)核对法。指新闻编辑借助有关资料，发现和纠正稿件中的事实差错的改稿方法。为了保证新闻内容的真实性和准确性，编辑在修改稿件时需要针对自己拿不准的问题，找到相关的工具书和参考资料进行核对。采用核对法改稿，对所用的资料有以下三点要求：①要有权威性；②是最新发布的；③是直接的，而非转抄来的。

(3)调查法。指新闻编辑针对新闻稿件中有关事实表述中存在的疑点，对当事人或知情者进行调查核实的一种改稿方法。相比前两种方法，调查法需要的时间较多，工作程序也相对复杂一些。一般情况下，由于新闻报道要抢时效，不可能对所有新闻稿件都进行调查核实，但有几类稿件特别要注意调查：

①特别重要的新闻，如重大典型、重大成果和发明，牵连重大政策问题的稿件。

②批评性新闻。这类稿件容易引起被批评者的挑剔，只要有一点内容与实情不符都可能招来官司，必须注意调查核实。

③新作者的稿件。由于编辑对新作者的为人与采访写作风格不了解，加之不少新作者对新闻报道的要求不甚明确，在稿件中“犯规”的可能性相对而言要大一些，因此对他们的来稿应多加调查核实。

④容易失实的作者的来稿。有些通讯员和撰稿人在采访写作中经常犯有主观猜想、以文学创作手法写稿的毛病，对这些人的稿件，编辑要格外小心谨慎。

⑤搁置了一段时间的稿件。

5. 简述新闻传播者发布了失实报道后应该怎么办。(河南大学2019年研)

答：新闻失实从广义上说，是指新闻不能准确反映客观现实世界的真实面目，而造成的对于客观现实世界的虚假反映。从狭义上说，是指某一篇新闻报道中的事实与客观实际不相符合的情况。新闻必须真实，这是新闻工作的第一信条，然而当下，新闻失实却屡屡发生，若新闻工作者发布了失实报道，应做到以下几点：

(1)持续关注事件发展，注意收集受众反馈。现代网络传播技术给媒体信息的出错与纠正提供了更多的机会与平台。新闻传播者发布报道后应持续关注事件的发展与走向，并且注意受众通过网络评论、论坛回帖以及电话访问等途径发表的反馈。

(2)及时更正与纠错。媒体纠错早就被当作一项新闻道德规范与新闻职业规范，1906年清政府颁布的《报章应守规则》中就已明确要求“记载有错误失实，经本人或关系人声请更正者，即须速为更正”。在当下，新闻传播者一旦发布失实报道，需要立刻更正与纠错，避免报道在网络上广为流传，造成恶劣影响。

(3)敢于承认错误，面向公众真诚道歉。刊登失实报道的媒体，几乎很少看到正式更正与道歉的。更多只是刊登一则新的否认性报道，俨然给人一种虚假失实报道与己无关的姿态。这种“高高挂起”的态度会损害媒体公信力，因此，新闻传播者应该敢于承认错误，真诚地为失实报道向公众道歉，自觉接受批评与惩罚。

6. 比较作者修改与编辑自己修改有何不同？

答：作者修改与编辑自己修改之间的区别主要体现在以下两个方面：

(1)作者修改可以使编辑和作者实现交流与互动

因为编辑的意见一方面可以启发作者思路，作者根据掌握的材料可能会有新的补充，从而增加稿件的内涵。另一方面，编辑的意见未必都是恰当的，作者了解实际情况多，可能会有充足的理由证明编辑的意见不妥或不全面，通过双方交流也能给编辑以启发。一些时间不很紧迫，又需要较大修改，而且还需要补充采访，取得新材料的稿件，往往采用这种修改方式。

(2)编辑自己修改比较快捷，不耽误报纸及时出版

对那些改动不是很大很难，只作个别改动就可以的，或者发稿时间紧迫的稿件，编辑一般是自己动手修改。报纸上的大部分稿件，尤其是消息类报道，都是编辑修改后刊登的。

7. 如何对新闻稿件中的立场观点进行修正？

答：对新闻稿件中出现的立场观点方面的问题进行修正，主要应从以下几个方面着手：

(1)对新闻稿件中涉及的敏感的政治和政策问题的文字表述要特别注意审查，严格把关。

新闻稿件因文字表述不当导致出现政治差错的情况比较常见。一般而言，通过编辑选稿这一关，被选择刊登的稿件大多不会在政治导向和原则问题上有大的差错，但是，稿件中一些具体的概念、论点或提法仍可能有失准确、妥帖。最显而易见的是用字、用词的不当，导致出现政治问题。

(2)对新闻稿件中的新闻事实与观点的内在逻辑关系进行分析，修正因事实与观点不一致导致的差错。

有些稿件，单纯从新闻事实方面看没有什么问题，但是，从事实与新闻观点相联系的角度看就会发现新闻中的观点难以成立，这是因为新闻事实不能支撑新闻报道的立场和观点，它们之间缺乏合理的内在逻辑关系。

(3)对新闻稿件的选材和角度进行分析，修正因选材与角度不当导致的新闻立场观点方面的偏差。

新闻报道是新闻记者对客观存在的事实和认识的反应，新闻稿件对事实的表现总是受到记者本人的认识水平、采访的客观条件和稿件篇幅的限制，因此，新闻稿件表现出的立场与观点，也与这些限制有关。对新闻报道的角度与取材还会影响到一条新闻的兴趣和品位，编辑在改稿时就要分析记者或者作者对新闻事实的报道强调的是哪些要素，是以什么样的眼光去看待事实，这种角度和素材的选择表现出来的趣味是不是正确的、健康的。在激烈的新闻竞争中，要特别注意防止为了吸引读者眼球而放弃新闻专业原则的庸俗报道。

(4)对于新闻稿件中涉及案件和法律方面的内容，要特别慎重地把握分寸，注意防止“媒体审判”。

由于新闻媒介面向大众，它对案件的报道与评议能产生很大的社会影响，形成一种强大的舆论力量，这就会对一些尚未查清或有所争议的案件的判决形成干扰。所以新闻报道要注意避免“媒体审判”情况的出现。即使是可以公开报道的案件，在报道时也要注意把握好“度”。对残暴的、淫秽的行为不宜作过细的描写；对于案件中的受害者以及某些失足者的姓名应该加以隐匿。

(5)对于新闻稿件中可能造成的“泄密”内容要从严把关。

在现代信息社会，新闻媒体已经成为各国情报机关获得情报的重要来源，新闻编辑也

需要注意新闻稿件中可能出现的泄密问题，以防给国家和人民的利益造成损失。新闻稿泄密主要有以下几种情况：①信息量过大、报道过细引起的泄密；②报道时间把握不当引起的泄密；③不注意内外有别造成的泄密。

8. 简述稿件改写的主要方法。(吉林大学2016年研)

答：稿件改写是对原稿重新写作，是改稿中难度最大、操作最复杂的一种修改方法。稿件改写的主要方法有：

(1)改变主题与角度。新闻报道能否吸引读者，把最有价值的信息提供给读者，与新闻主题的确定和角度的选择有很大关系。所以，修改一篇材料不错但主题不够新颖、角度不能吸引人的稿件，就要改变原稿的主题和报道角度。

(2)调整结构。新闻稿件的结构直接关系到一篇稿件的阅读效果。好的结构，首先是条理清楚、方便阅读；其次还应该波澜起伏，引人入胜。为了最准确生动地表述内容，在新闻稿中必须合理地、艺术地安排结构，灵活巧妙地运用各种表现手法，该略的从略，该详的不惜笔墨，顺序、倒序、插序可以穿插使用，使新闻写作不落俗套。

(3)改变体裁。改变体裁就是将稿件的原有体裁形式改变成另一种体裁形式。新闻的体裁是多种多样的，不同的体裁适宜于表现不同的内容，报道效果也往往不同。随着官方微博、微信公号、App等新媒体产品的出现，新闻编辑还要将一些重要的新闻报道进行内容摘编，以这些基于社交网络平台的新媒体形态进行推介。

(4)分篇。分篇是将内容比较丰富、篇幅较长的稿件分成若干篇稿件。采用分篇这种改写方法，原稿必须具备这样一些条件：①内容重要，如果采用压缩的办法就不能保全要点，会损害报道内容；②报道内容比较丰富，一般是由若干个报道重点构成的，这些重点相互联系又相互独立，可以分开来表述，而不会影响读者对新闻内容的理解。

(5)综合。综合就是将若干篇稿件合并、改写成一篇新闻稿。有时，编辑会收到若干篇反映同一题材的稿件，各有各的长处，也各有各的缺陷，用其中哪一篇都觉得不尽如人意，但如果同时都用，篇幅过长而且内容不够精练，效果也不理想。在这种情况下，采用综合的改写办法，就能有效地解决问题，使稿件取各家所长，相互补充，信息量加大，而占用的版面却很经济。

9. 简述压缩稿件的原因和原则。

答：压缩，是指通过对稿件的删意、删句和删字，使原稿在内容上更加突出重点，在章节上更加紧凑，在表述上更加简练。

(1)压缩稿件的原因

①稿件累赘、冗长。

②非新闻事实或离题的议论多。

③稿件篇幅过长。

④报纸的特定要求。稿件并不冗长，只是限于版面，不能不作一些删节。

(2)压缩稿件的原则

①要将删意、删句与删字相结合对稿件进行修改。删意，是指将稿件中不重要的内容删节掉，使新闻主题更加突出。删句，主要是删除稿件中多余的或不准确的句子，如稿件中那些内容重复的话、描写不当的语句、多余的解释或议论等。删字，则主要删除新闻中

重复的、不正确的字词。

②压缩后的篇幅应该与稿件的新闻价值相般配。对于很有价值的新闻稿件不宜压缩得太简略，对于新闻价值较低的稿件则应压缩得更多，使其篇幅变短。

③压缩后的稿件应该符合新闻媒体一贯的风格和特色。

④适当增补字句，以完整、准确地表述报道内容。压缩稿件除了要对原稿的内容和文字进行删除外，有时为了使稿件能上下连贯、保持完整，还要在删掉一些段落和文字的同时，增补一些字句，使得全文通畅、一气呵成，不致因删改出现新的问题或差错。

10. 如何理解改稿中的绝对性修改与相对性修改？（大连理工2004年研）

答：修改稿件是选择稿件的继续。选择稿件是从稿件的大处着眼的，选定的稿件，只是基本可用，并不等于完全符合要求。送到编辑部来的稿子，对作者而言已经是成品；但是对编辑而言还只是半成品，甚至只是原料。大部分来稿需要进行修改，是由于这样两种情况：

(1)原稿虽然在基本思想、基本事实方面都是正确的、有意义的，但在某些地方，表达的思想不够完善，引用的事实不够准确，文字上还有毛病，需要进一步加工、润饰。

(2)原稿在思想、事实、辞章等方面都没有什么毛病，但由于要符合报纸的某些特定要求，还需要作一些必要的修改。如根据报纸的特点，需要突出某一部分，删去某一部分；因为要与其他稿件组成一组稿件一起发表，内容需要有所侧重；由于版面容纳不下，需要作适当压缩等等。

前一种修改，主要是改正错误，一般而言，不论稿件在什么情况下发表，在什么报纸发表，都是必需的，可称为绝对性修改；后一种修改则不同，不是改正错误，而是为了适应报纸的特定要求。每种报纸的要求不完全一样，每种报纸在不同情况下的要求也不完全相同。因此，这种报纸认为需要修改的，在另一种报纸可能认为不需要修改，即使需要修改，要求也不尽相同。同一种报纸，由于每天的版面的情况不相同，对于一篇具体稿件，今天和明天的修改也可能不完全一样。这种修改依具体条件而转移，可称为相对性修改。

没有第一种修改，报纸就必然出现谬误，失去其优良的品质；没有第二种修改，报纸的质量和特点也难以保证。因此，这两种修改都是必不可少的。

11. 编辑修改稿件应掌握哪些主要要点？

答：在整个改稿过程中，要注意以下问题：

(1)将稿件放在新闻媒体的“参照系”中，确定最佳修改方案。新闻媒体的种类与性质是多种多样的，对稿件的要求也不同，因此要使一篇新闻稿件适合于某一特定的媒体刊用，就必须由这个特定的媒体出发，建立一个修改稿件的“参照系”。

①根据媒体的特性与优势确定稿件的修改方案。

②根据读者的接受水平和心理状态决定如何修改稿件。

③参照过去有关的同类报道修改稿件。

④参照当时报纸稿件的总体情况和版面需要决定如何改稿。

(2)根据改稿时的实际情况与需要，确定由谁来改。对于差错不多、改动不大的稿件，编辑可以自己动手修改。但对于那些问题较大，需要重新选择主题、补充新闻事实的稿件，就要考虑记者或作者自己来改。

(3)改稿要使用正确的校对符号。最常用的校对符号有：改正、删除、增补、对调、转移、接排、保留、另行等。编辑在使用这套符号时要注意符合规范，不能自己随意生造；要勾画清楚，对稿件中的错误要用引线从行间画出，拉到页边空白处改正，不要在文中改；符号不能粘及上下左右不需改动的文字和标点，以免发生误会。在改稿时，还应该选用与原稿不同颜色的笔，引线与引线之间不要重叠交叉。

(4)改稿要充分尊重作者的意见，尽量使稿件保留原有的特色。新闻编辑在与作者协商修改稿件或约请作者自己改稿时，要充分听取作者的意见和建议，即使有意见分歧，也要心平气和地倾听作者的提法，耐心细致地说服和解释，不能发号施令，独断专行，没有商量地要作者服从自己。要在平等待人的前提下达成修改稿件的一致看法，使作者心情愉快地完成任务。

(5)改稿中要认真细致，防止出现新的差错。编辑在修改稿件时，无论是校正一个错误，还是增补一段材料，都必须存在可靠的根据，不能想当然，自以为是。对于自己一时拿不准的问题，或自己不太明白的知识，要向行家请教。要特别防止在改稿过程中因为不细致，出现新的差错。

(6)改稿中要注意语言文字的规范性，并注意使用有意义的新生语言。一方面，新闻媒体应该担负起推广普通话的责任，编辑在改稿时要注意语言文字的规范和标准，要注意把一些古文、方言、外国文字翻译成现代汉语和普通话。另一方面，也要考虑到新闻是对最新的社会变动的反映，对于一些已经被广泛接受的、健康的流行语，可以在新闻稿中适当采用，如“克隆”“追星族”“绿色食品”等，在社会交往中已经用得很广泛，这些有时代特点的流行语用在新闻稿件中能够表现社会的发展变化，是应该提倡的。但同时也要注意避免使用那些生造的、不合规范的、大多数人都不明白的新词。

12. 和其他稿件相比，修改新闻稿应该注意的是什么？(陕西师大2019年研)

答：修改新闻稿件与修改一般稿件有许多共同之处，如都要求内容正确、主题突出、叙述清楚、条理分明、语句通顺、用词妥当、行文生动、标点准确、无错别字等。但除此之外，修改新闻稿件还有一些特殊要求，具体如下：

(1)将稿件放在新闻媒体的“参照系”中，确定最佳修改方案

新闻媒体的种类与性质是多种多样的，对稿件的要求也不同，因此要使一篇新闻稿件适合于某一特定的媒体刊用，就必须由这个特定的媒体出发，建立一个修改新闻稿时的“参照系”。这个“参照系”能够决定编辑改稿的总的思路，编辑在修改一篇稿件时，只要把所要修改的对象放入这个“参照系”中，就可以明确这篇新闻稿是在哪一个“坐标点”上。运用这个“参照系”的方法有三种：①根据媒体的特性优势确定稿件的修改方案；②要根据读者的接受水平和心理状态决定如何修改稿件；③要参照过去有关的同类报道修改稿件。

(2)根据实际情况与需要确定由谁来改

对于差错不多、改动不太大的稿件，编辑可以自己动手修改。但对于那些问题较大，需要重新选择主题、补充新闻事实的稿件，就要考虑请记者或作者自己来改，因为编辑没有亲自去采访，对有些实际情况不了解。最好的办法是将自己的意见和建议告诉记者或作者，请他们补充采访并重新写稿。也有一些稿件，可以由记者、作者和编辑共同协商来进行修改。

(3)使用正确的校对符号

校对符号是在长期的编辑实践中形成并被大家共同认可的符号，它也是信息的代码和载体，与文字和标点不同的是，它传递的是内容改动的信息。编辑在使用这套符号时要注意符合规范，不能自己随意生造；要勾画清楚，对稿件中的错误要用引线从行间画出，拉到页边空白处改正，不要在文中改；符号不能粘及上下左右不需改动的文字和标点，以免发生误会。在改稿时。还应该选用与原稿不同颜色的笔，引线与引线之间不要重叠交叉。

(4)充分尊重作者的意见，使稿件保留原有的特色

①新闻编辑在与作者协商修改稿件或约请作者自己改稿时，要充分听取作者的意见和建议，即使有意见分歧，也要心平气和地倾听作者的提法，耐心细致地说服和解释，不能发号施令，独断专行，没有商量地要作者服从自己。要在平等待人的前提下达成修改稿件的一致看法，使作者心情愉快地完成任务。

②编辑改稿的目的是消灭稿件中的差错，保证新闻报道的质量，而不是把所有的稿件都变成一种模式。另外，作者的稿件一般都是或多或少有自己的风格特色的，编辑在修改稿件时应该看到这些个性和特色，并注意尽可能保留这种特色，不能因为稿件通过编辑之手，就变得篇篇如同是编辑一个人所写。

(5)认真细致，防止出现新的差错

编辑在修改稿件时，无论是校正一个错误，还是增补一段材料，都必须有可靠的根据，不能想当然，自以为是。对于自己一时拿不准的问题，或自己不太明白的知识，要向行家请教。要特别防止在改稿过程中因为不细致而出现新的差错。

(6)注意语言文字的规范性，使用有意义的新生语言

①新闻媒体应该担负起推广普通话的责任，编辑在改稿时要注意语言文字的规范和标准，要注意把一些古文、方言、外国文字翻译成现代汉语和普通话。

②要考虑到新闻是对最新的社会变动的反映，对于一些已经被广泛接受的健康的流行语，可以在新闻稿中适当采用。这些有时代特点的流行语用在新闻稿件中能够表现社会的发展变化，是应该提倡的，但同时也要注意避免使用那些生造的、不合规范的、大多数人不明白的新词。

5.4.3 论述题

1. 试述编辑应如何处理规范语言与新生语言的关系。

答：大众传播媒介是不同地区、不同民族、不同阶层的人交流情况和思想感情的重要工具，同时也担负着推广社会规范语言、消除交流障碍的职责。新生语言的出现在一定程度上对规范性语言的推广产生了重要冲击，编辑在处理规范语言和新生语言的关系时应注意以下几点：

(1)编辑要以现代汉语为行文标准，少用古汉语、洋话，非用不可时，对生僻的字最好注释明白，方便读者阅读。

(2)编辑要推广普通话。编辑在修饰文字时有必要把一些生僻难懂的文言和地方语改为现代汉语和普通话。即使是地方性媒体，也应用普通话写作。

(3)新闻报道并不完全排斥地方语，吸收生动活泼的地方语有利于丰富新闻语言。在某些特定的情节描写中适当采用地方语，会增强现场感和感染力。

(4)编辑应随时注意使用有意义的新生语言。有意义的新生语言，即当前社会新发现的健康流行的用语。作为反映、记录和交流当代社会新变化的大众传播媒介，应该选用流行的时代语言来传播新闻信息，领风气之先。

(5)编辑要重点把关，避免那些任意生造的、不合规范又不为多数人所理解的新生语言出现在大众传播媒介上，防止造成社会用语的混乱。

2. 如何运用分篇及综合方法修改稿件?

答：(1)运用分篇的方法修改稿件

分篇是指将内容比较丰富、篇幅较长的稿件分成若干篇稿件。编辑在处理一些篇幅较长、包含内容较多的稿件时，为了方便读者阅读，也为了版面的活泼美观，经常将一篇长稿分成几篇相对独立的短稿。

能够分篇的稿件的要求有：①内容重要，如果采用压缩的办法就无法保全要点，会损害报道内容；②报道内容比较丰富，一般是由若干个报道重点构成的，这些重点相互联系又相互独立，可以分开来表述，而不会影响读者对新闻内容的理解；③对一些领导人的长篇重要讲话，或者政府某方面的长公告，通常就用分篇办法来处理。

(2)运用综合方法修改稿件

综合是指将若干篇稿件合并、改写成一篇新闻稿。这个方法与分篇正好相反。有时，编辑会收到若干篇反映同一题材的稿件，各有各的长处，也各有各的缺陷，用其中哪一篇都觉得不尽如人意，但如果同时都用，篇幅过长而且内容不够精练，效果也不理想。在这种情况下，采用综合的改写办法，就能有效地解决问题，使稿件取各家所长，相互补充，信息量加大，而占有的版面却很经济。

采用综合这种改写办法对原稿的基本要求是：①若干篇稿件的材料都与一个共同的主题相关；②能从它们中间提炼出一个共同的主题，然后根据这个主题在每一篇稿件中选取可用的材料，重新进行组织，改写成一篇新的稿件。因此，定题与选材是综合的两个关键。

对若干篇稿件进行综合改写的要求是：①要善于概括，即从不同的稿件内容中发现共同的主题，以此来统率全文；②需要提炼，即要在相似的内容中选择具有代表性、最能说明问题的典型事例，而不重复使用相类似的材料。

3. 请详述在新闻稿件的校正中，发现事实差错的方法。(电子科大2013年研)

答：新闻的传播重在事实，新闻报道更主要的是借助于事实说话。新闻所报道、引用的事实必须完全真实、准确。因此，订正事实，是修改稿件的一个重要方面。在新闻稿件的校正中，发现事实差错的方法有：

(1)分析法

分析法是新闻编辑通过对稿件所叙述的内容和叙述方法、写作条件等进行逻辑分析，发现其破绽和疑点的一种方法。这种方法在改稿时一般会首先采用，而且采用得最多。它不需要借助其他工具，主要运用新闻编辑已经具备的知识和经验，通过对稿件的分析、比较，发现问题并进行改正。

采用分析法，主要从以下几方面对稿件进行检查和分析：

①检查新闻内容是否违反常识或不合情理，情节是否过于奇巧，对事实的表述是否含糊其词。

②检查稿件的前后内容是否有自相矛盾之处。新闻稿件的内容在表述上出现前后不一致、自相矛盾的情况，编辑根据逻辑学的“矛盾律”就能判断，其中必定有一处不对或两者都不对。

③分析消息来源的可靠性。这是编辑在判断新闻事实的真实性时必须要考虑的问题。因为在现实中，有些记者采访作风不深入，道听途说，甚至编造新闻的情况时有发生，新闻编辑在修改稿件时，如果不能及时发现这方面的问题，失实的报道就会流传到社会上，造成不良后果。

④分析作者是否具备采写稿件的条件。记者和作者采写任何一篇新闻稿，都需要一定的条件，如时间、空间、本人身份和当时客观环境的许可等。如果一条新闻超越了作者采访的可能范围，那么它的真实性就很值得怀疑。

(2)核对法

核对法是新闻编辑借助有关资料，发现和纠正稿件中的事实差错的改稿方法。为了保证新闻内容的真实性和准确性，编辑在修改稿件时需要针对自己拿不准的问题，找到相关的工具书和参考资料进行核对。

采用核对法改稿，对所用的资料有以下三点要求：一是要有权威性；二是最新发布的；三是直接的，而非转抄来的。

(3)调查法

调查法是新闻编辑针对新闻稿件中有关事实表述中存在的疑点，对当事人或知情者进行调查核实的一种改稿方法。相比前两种方法，调查法需要的时间较多，工作程序也相对复杂一些。一般情况下，由于新闻报道要抢时效，不可能对所有新闻稿件都进行调查核实，但有几类稿件特别要注意调查：

①特别重要的新闻，如重大典型、重大成果和发明，牵连重大政策问题的稿件。

②批评性新闻。这类稿件容易引起被批评者的挑剔，只要有一点内容与实情不符都可能招来官司，必须注意调查核实。

③新作者的稿件。由于编辑对新作者的为人与采访写作风格不了解，加之不少新作者对新闻报道的要求不甚明确，在稿件中“犯规”的可能性相对而言要大一些，因此对他们的来稿应多加调查核实。

④容易失实的作者的来稿。有些通讯员和撰稿人在采访写作中经常犯有主观猜想、以文学创作手法写稿的毛病，对这些人的稿件，编辑要格外小心谨慎。

⑤搁置了一段时间的稿件。由于新闻是对某一时刻发生的事情或出现的现象的报道，时间变了，情况也可能随之变化，因此在发表这类稿件时，必须对事实进行调查核实，必要时做出相应的修改。

5.4.4　实务题

1. 下面是一篇社会来稿(材料略)，请阅读稿件，指出其中存在的病句和其他错误，给出自己的编辑处理意见，并制作标题。(中国青年政治学院2010年研)

答：(1)修改意见

①错别字的修改——“家誉户晓”应为“家喻户晓”；“尾委道来”应为“娓娓道来”；“不敢支声”应为“不敢吱声”；“历声呵斥”应为“厉声呵斥”；“县委书记已动手清理”应为“县

委书记已动手清理”等。

②删除冗余内容——“他几乎每晚都去捡垃圾，他的这一举动在当地已是家誉户晓”，这一句中删除“他的”等。

③当时，他的餐馆门外台阶下有个塑料袋，结果被“一个小老汉”看见了，厉声呵斥他捡起来。应为：当时，他的餐馆门外台阶下有个塑料袋，结果被一个“小老汉”看见了，“小老汉”厉声呵斥他捡起来。

④当祁玉江来到夜市时，他的出现让夜市出现稍许骚动，商户们说：“祁书记经常来，谁敢不讲卫生?”应为：当祁玉江来到夜市时，夜市出现稍许骚动，商户们说：“祁书记经常来，谁敢不讲卫生?”

(2)标题：《这个书记“爱”捡垃圾　志丹县委书记亲力亲为，深夜街道捡垃圾》

2. 辨析修改(材料略)。(安徽大学2007年研)

要求：①指出这则消息的问题；②给出修改意见；③重新拟写导语。

答：(1)消息中存在的问题：

①导语使用新闻官腔，刻板平淡；

②主体部分段落冗长，层次不清；

③消息结尾空洞无味，套话连篇。

(2)修改意见：

①导语部分突出事件最具有显著性的信息，以引起读者的好奇心和阅读兴趣；

②主体内容丰富一些，添加事件的细节信息，段落要短小精悍；

③消息结尾要有力度，避免套话连篇，落于俗套。

(3)新导语：

今天，成功处置道县“8. 16”恶性绑架爆炸事件的付玲玲获得表彰。最高人民检察院和湖南省委、省政府分别授予其“全国模范检察干部”“湖南省优秀共产党员”“人民卫士”的荣誉称号。

3. 编辑加工。(安徽大学2004年研)

下列文字，除标明作者外，均见《人民日报》。如认为需要，请予以再编辑加工(修改处请用规范校对符号)，或指出问题所在。

(1)曹操是一个很有本事的人，至少是一个英雄。(见鲁迅《魏晋风度和药和酒的关系》)

(2)克隆出6头母牛的科学家最近说，他们也许找到了逆转细胞老化过程的方法。据称，这种克隆方法看上去确实已经拔馒了这6头小母牛身上细胞的衰老时钟。(2003年5月23日第15版)

(3)同年5月，东城区教育局党委组织部正式任命范禄燕为景山学校副校长，学校法人，他面临着严峻的考验。(2000年6月9日第8版)

(4)署名文章《东北亚的一个积极事态》：“……8日，韩国总统金大中与日本首相小渊惠三在东京签署了题为《面向21世纪的日韩新型伙伴关系》的联合声明和日韩两国在政治、经济、安全、文化等领域加强合作的《行动计划》。日韩两国关系由此向前迈进了一大步，受到了两国舆论界的普遍欢迎。日韩关系的改善也是东北亚地区最近出现的一个积极事

态。”(1998 年 10 月 13 日第 6 版)

答：(1)此句话出自鲁迅《魏晋风度及文章与药及酒之关系》，不是《魏晋风度和药和酒的关系》。

(2)“克隆出 6 头母牛的科学家最近说,”改为“最近，克隆出 6 头母牛的科学家说,”；“据称,”应为“据他们说”；“拔馒”应为“拔慢”。

(3)“纽”应为“组”；“，学校法人”应为“兼学校法人代表”；“考验”应为“挑战”。

(4)“署名文章《东北亚的一个积极事态》”应为：“《东北亚的一个积极事态》一文中写道”；“日韩两国关系由此向前迈进了一大步，受到了两国舆论界的普遍欢迎”应为“这受到了两国舆论界的普遍欢迎，日韩两国关系也由此向前迈进了一大步”；“事态”应为“势态”。

第六章　新闻标题的制作

6.1　复习笔记

【知识框架（庖丁解牛）】

- 新闻标题的制作
  - 新闻标题及其主要功能
    - 定义及特点
    - 历史沿革
      - “类题”
      - 单行题
      - 现代标题
    - 主要功能
      - 划分与组织新闻内容
      - 揭示新闻内容
      - 评价新闻内容
      - 吸引读者阅读
      - 美化版面并表现风格
  - 新闻标题的种类
    - 单篇新闻的标题及其与文体的关系
    - 多篇新闻共同的标题：大标题
    - 标题新闻
    - 实题与虚题
  - 新闻标题的结构
    - 单一式结构
    - 复合式结构
  - 新闻标题的制作方法
    - 从新闻中选择列入标题的内容
    - 确定标题的立场态度和感情色彩
    - 确定标题的结构和表现手法
    - 锤炼标题的文字

【考点难点归纳（厚积薄发）】

考点一：新闻标题的定义、特点、发展及其主要功能（见表6-1）★★

表6-1　新闻标题的定义、特点、发展及其主要功能

要点	具体内容
定义	指用醒目的形式刊于新闻之前，以揭示、评价新闻内容的一段简短文字
特点	①概括新闻主要事实或观点，对新闻内容进行评价。 ②简短、凝练，往往只有一句话或两三句话。 ③通常在新闻之前，并且字体字号与正文不同

续表

要点	具体内容	
发展阶段	“类题”	清光绪初年出现，表意概括、笼统，不算严格意义上的新闻标题
	单行题	19 世纪 70 年代，《上海新报》等开始使用单行题。开创一文一题的历史，是一个根本性的改变
	现代标题	20 世纪初出现，标题打破栏的界限，采用比正文大的字体，并出现辅助标题，成为一种独特的版面语言
主要功能	①划分、组织、揭示与评价新闻内容。 ②吸引读者阅读。 ③美化版面并表现风格	

考点二：新闻标题的种类 ★★★

1. 新闻标题的种类（见表 6-2）

表 6-2　新闻标题的种类

要点	具体内容		
以标题与稿件关系划分	单篇新闻标题	主题	标题的核心部分，说明最主要的事实或观点，字号最大、地位最突出
		引题	又称眉题、肩题，位于主题之前，以引出主题的辅题，字号小于主题
		副题	又称子题，位于主题之后，对主题作出补充和解释的辅题。字号小于主题和引题
		提要题	又称提示题、纲要题，位于主题与正文之间、用以概括主要事实和观点，字号介于标题与正文之间
		分题	又称小标题、插题，穿插在稿件中、对各部分主题进行概括的辅题，一般用于篇幅较长的新闻中
	多篇新闻共同标题	即大标题，又称横幅、牌子、刊头等，是对新闻事实的概括或观点立场的表述。主要用来集纳同一主题的新闻稿件，化零为整，形成报道规模	
以标题的内容特点划分	实题	叙述事实的标题，着重表现人物、动作和事件等，可独立存在	
	虚题	发表议论的标题，着重说明原则、道理等，不能独立存在，需依附实题	
标题新闻	指以标题形式报道新闻事实，是介于标题和简讯之间的一种新闻体裁。其特点有：①重要的新闻要素齐全；②有标题的结构和特点；③严肃、简洁，不加修饰或渲染		

2. 单篇新闻标题与文体的关系（见表 6-3）

表 6-3　单篇新闻标题与文体的关系

要点	具体内容
消息的标题	①消息是简明扼要报道最新发生的新闻事实的新闻体裁。 ②消息标题形式多样，内容简单的可作单一主题，内容复杂的可用主题加辅题的结构方式
通讯的标题	①通讯是向读者提供比消息更加详细的内容的新闻体裁。 ②相对于消息标题，通讯标题更加灵活自由，可标出事实，也可不标。 ③结构类型包括一行主题或主题 + 副题

续表

要点	具体内容
新闻评论标题	①新闻评论是针对现实生活中的问题、现象或热点展开议论，通过摆事实、讲道理，亮明自己立场、观点的新闻体裁。 ②评论标题一般是一行主题，对评论的主要观点加以阐述
网络新闻标题	一般不以引题+主题+副题的复杂结构出现，字数常在20字以内

考点三：新闻标题的结构(见表6-4) ★★★

表6-4 新闻标题的结构

要点	具体内容
单一式结构	指只有主题、没有引题和副题的结构类型，多数情况下是一行题。该结构需注意的问题有：①一般是实题，揭示最重要的新闻事实；②标题意义尽量完整
复合式结构	指由主题、引题和副题组成，有引题加主题或主题加副题的形式，也有引题、主题、副题三者俱全的形式。 ①引题与主题的关系：a. 交代背景、意义等引出主题；b. 叙述事实的开头引出主题，使长主题简短化；c. 提出疑问或发表议论引出主题。 ②副题与主题的关系：a. 补充主题未交代的事实；b. 补充事实的结果或影响；c. 印证主题的观点或回答主题的提问；d. 解释主题中的事实或细节。 ③复合式标题应注意的问题：a. 注意标题内在逻辑关系；b. 注意虚题与实题的结合；c. 注意标题分行是否合理，主题意义是否完整；d. 注意标题语意连贯

考点四：新闻标题的制作方法(见表6-5) ★★

表6-5 新闻标题的制作方法

要点	具体内容
选择列入标题的内容	①新闻中最新鲜、最重要的事实和观点。 ②新闻中最有特点的事实与观点。 ③选择的事实和观点要与新闻内容的本质相一致
确定标题的立场态度和感情色彩	①用事实说话——通过对事实的选择表达立场和感情。 ②选择恰当的角度——制题的立足点可以传递情感。 ③选择恰当的字词——语言要能够准确地传情达意。 ④掌握分寸——表达感情色彩应与媒体的性质和特点相称
确定标题的结构和表现手法	①根据媒体的介质特点、稿件的重要性、篇幅长短和体裁决定标题结构。 ②根据新闻报道意图决定标题的结构。 ③根据媒体的一贯风格制作标题，以保证媒体形象的相对稳定性。 ④根据当日版面编排的需要决定标题的结构。 ⑤采用具体形象的表述方式，适当运用修辞手法，使标题形象生动
锤炼标题的文字	①压缩标题的内容。 ②删除多余的字词。 ③通过改变叙述方法使标题简洁。 ④适当采用简称

考点拓展：《美国出版协会编辑论文集》列出的六条标题的标准

(1)事实、风格、涉及领域和重点都正确，强调消息的主题，必须平衡、公正、朗朗上口。

(2)必须清楚、简明、合乎语法规范，易读、易理解。

(3)富有活力、有意义，朝气蓬勃。

(4)能抓住读者的注意力，吸引读者阅读。

(5)有新鲜感和快捷感。

(6)尺寸长短须与新闻正文匹配。

6.2 课后习题详解

1. 什么是新闻标题？新闻标题有哪些功能？

答：(1)新闻标题

新闻标题是用以揭示、评价新闻内容的一段最简短的文字，用醒目的形式刊于新闻之前。其特点是：①概括新闻最主要的事实或观点，并且可以对新闻内容进行评价；②简短、凝练，往往只有一句话或两三句话；③位置通常在新闻之前(小标题穿插在文章中间)，并且字体字号与正文不同。

(2)新闻标题的功能

①划分与组织新闻内容。稿件如果没有标题，排列在版面上的结果将是首尾难分，相互之间的联系也无法表现。对于读者而言，没有标题的新闻内容很难让他们理清头绪、选择阅读。

②揭示新闻内容。新闻标题能对新闻稿件中最重要的新闻事实进行简要的提示，使读者在最短的时间内了解新闻说的是什么，这是新闻标题必须具备的一种功能。尤其是随着读者生活节奏的加快和报纸版面的增加，读者对新闻的选择越来越感到压力和困难，他们不可能有时间从头到尾一篇不漏地阅读所有新闻稿件，只能通过对新闻标题的粗略浏览，找到自己最感兴趣的内容。还有一些读者由于时间压力，只读标题，不读正文，他们更需要新闻标题能够提供最重要的新闻信息。所以，新闻标题要将重要的新闻信息反映出来，才能有效地帮助读者选择和阅读。

③评价新闻内容。随着多行题的大量采用，新闻标题不仅能够揭示最重要的新闻事实，而且还能够对新闻事实进行评论，代表新闻媒体表态、发言。新闻标题评价新闻内容，可以通过多种方式来实现：

a. 可以通过对新闻事实的选择进行评价，标题中写什么，不写什么，本身就是一种评价。

b. 可以通过对标题内容的安排进行评价，如把什么内容放在主题中，把什么内容放在辅题中，这也能让读者看到媒体的态度和评价。

c. 可以直接对事实发表议论。

d. 可以通过语言文字的运用，如选择褒贬鲜明的词语制作标题，表现媒体的态度和评价。

④吸引读者阅读。新闻标题不仅能向读者提供最重要的事实和观点，还能够以生动优

美的形式、幽默风趣的语言吸引读者阅读正文。如标题采用设问的方式，提出读者最感兴趣的问题，或者以比拟的手法，生动描述新闻事实最精彩的一幕，这些表现方式都会对读者产生强大的吸引力。当然，新闻标题能够吸引读者，首先还是它揭示的新闻内容是读者需要了解和感兴趣的东西，但标题的形式新颖，语言运用巧妙、形象，会使重要的内容得到更好的表现，激发读者更大的兴趣。

⑤美化版面并表现风格。新闻标题对版面的美化作用是非常突出的。标题的结构、语言、字体字号等不仅能够美化版面，而且还能表现一家报纸的风格特色。

2. 新闻标题的种类主要有哪些？在结构上分为哪两种？各应注意什么问题？

答：(1)新闻标题的种类

①根据标题与稿件的关系划分

a. 单篇新闻的标题。一篇新闻稿中，可能出现的标题共有五种：主题、引题、副题、提要题和分题。这些标题中，只有主题是可以独立存在的，引题、副题、提要题和分题都不能脱离主题独立存在。

b. 多篇新闻共同的标题，即“大标题”。

c. 介于新闻与标题之间的新品种：标题新闻。以标题形式对新闻事实的简要报道，介于标题与简讯之间。

②根据内容特点划分

a. 实题。指叙述事实的新闻标题，着重表现具体的人物、动作和事件等。

b. 虚题。指发表议论的新闻标题，着重说明原则、道理、愿望等。实题可以独立存在，而虚题不能独立存在，必须依附于实题。

(2)新闻标题的结构和应注意的问题

①单一式结构。单一式结构的标题只有主题，没有引题和副题。制作单一式结构的标题，要注意两个问题：

a. 单一式标题只有主题，没有辅题，所以一般情况下这种结构的标题是实题，向读者揭示最重要的新闻事实。

b. 单一式结构的标题没有辅题作为引导或者补充、解释，因此标题的意义必须完整，让读者看得明白，不存疑问。即单一式结构的标题必须是一个完整的句子，包含最重要的新闻要素。

②复合式结构。复合式结构的标题由主题、引题和副题共同组成，可以是引题加主题或主题加副题的形式，也可以是引题、主题、副题三者俱全的形式。制作这类标题要注意以下几个方面：

a. 引题与主题的关系。第一，以交代和说明相关的背景、意义、目的、原因、气氛、性状等引出主题。第二，以直接叙述主干事实的起始部分引出主题，使长主题简短化。要注意的是，这类引题与上述第一种类型不同，它通常交代“何人”与部分“何事”，因此是整个标题中不可删除的重要组成部分，离开这样的引题，主题的意思就是不完整的，不能独立存在。第三，以提出疑问或发表议论引出主题。提出问题的引题与主题形成一问一答，生动而有吸引力。发表议论的引题能够表明编辑部的立场观点，也能引起读者对主题中新闻事实的关注。

b. 副题与主题的关系。副题是在主题之后，对主题进行补充和解释的辅题。副题对主题的补充与解释，主要有这样一些方式：第一，补充主题中未交代的事实；第二，补充交代主题所揭示的新闻事实所产生的结果或影响；第三，印证主题的观点或回答主题的提问；第四，解释主题中概括的事实或描述的细节。

c. 复合式的标题要注意防止的问题。第一，要注意标题各部分之间的内在逻辑关系；第二，要注意虚题与实题的结合；第三，要注意标题分行是否合理，主题意义是否完整；第四，要注意标题各部分的语意连贯。

3. 试对若干报纸及其网站或者微信公号、新闻客户端某一相同题材的新闻标题进行比较分析，指出其优点和不足。

提示：该题主要分析的是传统媒体与新媒体在标题制作方面的特点，媒介性质不同，新闻标题的特点也会不同。因此，在分析标题优缺点时，不仅可以根据新闻标题制作要求进行分析，还可以结合媒介特性进行考虑。

4. 根据下面这篇新华社电讯稿，为晚报编写一篇200字以内的新闻摘要(日报已经刊发全文)，并为晚报及其微信公号各制作一条标题。

我国加大吸引高层次留学人才回国工作力度

新华社北京7月28日电(《人民日报》记者陈鹏　新华社记者沈路涛)　我国在吸引高层次留学人才回国工作的政策上有新的规定，在高层次留学人才回国任职条件、工资津贴水平、科研经费资助以及住房、保险、探亲、家属就业、子女入学等方面，较过去都有较大突破。这是人事部部长宋德福在今天举行的全国留学人员回国工作会议上透露的。

据介绍，最近，经党中央、国务院批准，人事部印发了《关于鼓励海外高层次留学人才回国工作的意见》。意见规定，国家鼓励银行、保险、证券业和国有大型企业以能创造经济效益和单位有承受能力的原则，自主引进海外高层次留学人才。高等院校、科研院所引进高层次留学人才，由国务院主管部门制定办法，所需资金按现行资金渠道解决。回国后主持的科研项目，确属国际先进水平或国内急需的，申报立项后可由国家提供科研配套经费。

海外高层次人才的遴选，将根据岗位急需，通过公平竞争，择优聘用；也可通过其他形式，经适当渠道考察确定。用人单位根据工作需要和人选条件。按干部管理权限。可聘任或委任其担任银行、保险、证券等单位领导职务，以及国有企业、高等院校、科研院所技术领导职务或高级行政管理职务，可以担任司局级职务。

回国工作的海外高层次留学人才，可保留国外长期或永久居留权(如绿卡)。根据工作需要，符合任职条件者经一定时间任职并放弃长期或永久居留权，可担任单位法定代表人。留学回国人员报酬应与其本人能力水平、对国家的贡献和所创造的社会经济效益挂钩，并建立竞争激励机制，根据职务、岗位变化和贡献大小进行调整。专利、专有技术、管理等要素可以参与分配。家庭生活基础在国外的，其合法收入纳税后，可兑换成外汇汇出境外。

在聘用或任职期间，回国工作的海外高层次留学人才将享受与用人单位其他人员相同的医疗、保险待遇。家庭生活基础在国外的可享受出国探亲假。随同海外高层次留学人才回国的家属(含外国籍配偶)在国内就业，用人单位有接收条件的，应为其安排工作。确有困难的，当地人事部门应积极帮助推荐就业。子女在国内上初中、小学的，由工作单位所在地的教育行政部门就近安排到条件较好的学校或“双语学校”“双语班级”，报考高中、大学的，可酌情给予适当照顾。

宋德福表示，按照党中央、国务院的要求，将通过改革奖励、津贴办法，逐步提高先期回国或国内成长的高层次人才的待遇，对于其中确有显著贡献的，可以同样享有相关优惠政策，以真正调动各方面的积极性。

答：(1)新闻摘要

人事部部长宋德福在今天举行的全国留学人员回国工作会议上透露，我国在吸引高层次留学人才回国工作的政策上有新的规定，在高层次留学人才回国任职条件、工资津贴水平、科研经费资助以及住房、保险、探亲、家属就业、子女入学等方面，较过去都有较大突破。据党中央、国务院要求，将逐步提高先期回国或国内成长的高层次人才的待遇，对于其中确有显著贡献的，可以同样享有相关优惠政策，以真正调动各方面的积极性。

(2)标题

①晚报标题示例如下：

人才强国战略的延续(引题)

人事部改良政策吸引留学人才归国(主题)

②微信公号标题示例如下：

新规：海外高层次留学人才回国工作可保留国外长期或永久居留权

5. 分析下列这条新闻的标题妥当与否，如果不妥。请另作一题。

唐山农民“抢雪”记

新华社石家庄2月27日电(通讯员×××)　春节刚过，一场大雪飘落冀东平原。大雪才停，农民纷纷出动“抢雪”，车拉人担，把雪运到农田里，培在果树下。

唐山农村这几年缺水严重，影响了庄稼收成。缺水成了农民的一块心病。马年伊始就下雪，庄户人喜上眉梢。雪后几天里，地处平原地带的玉田、三南、滦县、遵化等县，上万农民冒着严寒，把数万立方米积雪运到了农田里。往田里运雪的农民都说：“白雪堆到大田里，等于浇了一遍水，省工、省时又省电，春耕春种不用愁!”

答：标题过大，与文体不符。参考标题三则示例如下：

(1)白雪堆大田春耕不犯难——唐山农民积雪抗春旱

(2)唐山农民：久旱逢瑞雪抢运到农田

(3)唐山农民忙抢雪，缺水农田喝“冷饮”

6. 请给下列两条新闻作对角题。

本报讯　中国船舶工业总公司703研究所研制的彩色不锈钢，最近投入批量生产，并通过了国家经委委托中国新技术开发公司主持的鉴定。

彩色不锈钢是一种通过化学浸渍，使原色不锈钢表面呈现蓝、黄、红、绿等数十种颜色的新型材料，目前，世界上只有日本等少数发达国家能批量生产。用它生产的板材、型材、异型材颜色均匀，绚丽夺目，并永不变色，其耐腐蚀、耐高温、抗风化、耐磨擦等物理、化学和机械性能比原色钢更优。

参加鉴定的专家认为，这种新型材料在建材、化工、汽车工业、电子工业、轻工业，以及工艺美术装饰等行业，都有广阔的应用前景。

本报讯　江西吉水县乌江乡最近发现一种具有“甜、酸、苦、辣、涩”五味的矿泉水。

据化验，这种五味矿泉水中二氧化碳和放射性元素等含量，都符合国家矿泉水命名的标准。

江西省地矿局水文大队等正帮助吉水县勘探设计，拟开采利用这种奇特的矿泉水。

答：对角标题示例如下：

蓝黄红绿彩色不锈钢批量生产
酸甜苦辣五味矿泉水开采在即

7. [综合练习之五]：根据第三章[综合练习之二]中的新闻报道策划方案，为上一章[综合练习之四]中已经改编好的新闻稿件制作标题。

答：《首都大学生周报》是一份面向首都高校学生的报纸，因此风格应该是热情洋溢、青春活泼的，它的新闻标题也应该尽量凸显报纸的特色，达到充分吸引大学生读者注意力的目的。

(1)开幕式之前的报道

"冰雪不夜天"汇萃京剧、杂技、曲艺　大运村舞动中国风

本报讯　17日20时许，第24届大冬会主运动员村国际青年沙龙灯火辉煌、一派喜庆祥和气氛，由黑龙江省京剧院、省杂技团、黑龙江大学学生团队共同奉献，一台融京剧、杂技、曲艺为主的综合晚会"冰雪不夜天"精彩呈现。来自世界各地的百余名运动员欢聚一堂共同感受大运村里的中国文化。

当晚18时许，记者随演员们通过层层安检抵达位于黑龙江大学的大冬会主运动员村的国际青年沙龙会场，会场以中国红为装饰，舞台两侧的国粹"中国脸谱"尤为引人注目。记者发现，虽然距演出开始尚早，但迫不及待的外国运动员已早早来到现场等候观看表演，甚至有运动员好奇地走进京剧演员化妆间，提前学起画脸谱的技巧，好不热闹。

这台专门为各国运动员准备的演出"中国味"十足。20时许，演出在民乐合奏《喜洋洋》《步步高》中拉开序幕，黑龙江大学的学生们将中国民乐演奏得韵味十足、悦耳动听，让台下各国运动员沉醉其中；在独舞《剪花女》中大红绸与舞者融为一体，表演者上下翻飞的红绸，让台下的运动员眼前为之一亮。当黑龙江省杂技团演员奉献的魔术表演登台时，现场的气氛被一下子点燃了，台上魔术师的精湛技艺令台下运动员大呼不可思议。鼓掌、欢呼不过瘾，一位外国运动员主动走上台与魔术师来一次互动，没料想在魔术师眼皮底下，他也没能揭穿魔术的小窍门，台下运动员对两位第一次默契的合作报以雷鸣般的掌声。

当晚演出最吸引运动员的当属传统京剧选段，黑龙江省京剧演员表演的武戏《三岔口》《说唱脸谱》充分展现了中国国粹的独特魅力，令现场运动员激动不已，运动员们纷纷拿出相机、DV纪录精彩纷呈的节目。

晚会在学生们精彩的街舞中落下帷幕，运动员与学生们共同联欢庆祝即将召开的"大冬会"。来自英国代表团的运动员安娜看完演出激动万分，她笑着告诉记者："运动员村真是太棒了，让我有种回家的感觉，所有的节目都很精彩，让我对中国文化加深了了解，感谢演员们的辛苦努力！"

黑龙江大学外事处处长张晓光教授向记者介绍，从即日起大冬会主运动员村将以国际青年沙龙会场为平台，每晚为各国运动员们准备丰富的文化"盛宴"，将连续为运动员演出9场近90个综艺节目，让运动员们在欢声笑语中度过美好时光，通过体育平台进行文化交流，更好地传播中国文化。

(2)开幕式报道

大运圣火点燃激情　说说咱的心里话

本报讯　冬日的冰城，银装素裹；如火的热情，献给大冬盛会。

第24届世界大学生冬季运动会，在人们的期待中来了！

开幕式前，记者在哈尔滨国际会展中心体育馆遇到的普通观众，年龄不同，身份各异，却在“冰雪、青春、未来”的感召下，托起了共同的理想。

在体育馆大厅出售大冬会特许商品的柜台前，一位老者面带笑容。“大冬会虽然是年轻人的节日，我看到身边那么多年轻的面孔，那么有朝气、那么有活力，我感觉自己也跟着年轻了……”，73岁的退休干部张义武说，这是他的心里话。

吉祥物“冬冬”最受小朋友的欢迎。手捧可爱的“冬冬”，6岁的小朋友张桓瑞说出了小观众的心里话，“大冬会在我的家乡举办了，我要到赛场为运动员加油”。

哈尔滨成功举办大冬会，骄傲的不仅是冰城人，全省人民都为之感到自豪。初中生崔卓和妈妈特地从大庆赶来哈尔滨观看开幕式，“很多同学都羡慕我能来看大冬会的开幕式，他们也很喜欢大冬会的吉祥物‘冬冬’，我特意买了几个‘冬冬’的小纪念品带回去送给大家”。

出售大冬会首日封的柜台前同样围满了观众。“下午四点，我们还没来得及摆好商品，观众就围过来了”，哈尔滨邮电局工作人员张熠楠一边麻利地为购买了首日信封的观众盖邮戳，一边对记者说。“从进场到现在一共盖了多少个信封?”“太多了，真是数不清了。”市民申先生一下买了50个首日信封，他的一席话道出了很多排队购买首日信封市民的心声：“大冬会在咱们家门口召开了，对咱们哈尔滨人来说是件大喜事，我得把喜悦传递给更多的朋友，让他们在异国他乡也感受一下大冬会的气息！让大家收到来自大冬会、来自哈尔滨的问候！”

“您好，您的座位应该从这个通道进去往下走。”来自哈尔滨理工大学志愿者陈松岩今天的工作内容是为观众引路。他和伙伴们下午2点就到达体育馆，开始紧张的工作了。虽然身在开幕式演出现场，陈松岩仍然需要坚守工作岗位不能离开，“虽然不能看到精彩的开幕式演出，但我们并不觉得遗憾，只要大冬会的各项工作能够顺利进行，就是我们这些志愿者最大的骄傲”。

言为心声。热情好客、开放进取的龙江人，展开双臂，迎接来自世界各地的体育健儿，共赴青春冰雪盛会。

(3)赛事报道

中国队完胜女子短道速滑1500米比赛　包揽金银铜牌

本报2月20日讯　19日，哈尔滨理工大学滑冰馆被阵阵呐喊声充斥着，之前并没有被赋予为大冬会中国代表团夺首金任务的女子短道速滑1500米比赛，却上演了历史性的一幕——中国队的三名小将周洋、刘秋宏和孙琳琳通过精彩配合力压三名韩国选手，为中国代表团赢得了首枚金牌，为短道速滑队取得了开门红。

今天的比赛首先进行的是女子1500米的争夺，在第一轮比赛中，中国的四名女将都顺利地以小组第一名的身份晋级下一轮。半决赛中，我国选手孟晓雪和两名韩国名将郑巴罗、金慧景分到了第一组，结果由于体力不支，孟晓雪没能进入到下一轮，两名韩国选手通过战术配合双双晋级。第二组，虽然我国选手刘秋宏孤身作战，但实力强劲的她没有给对手机会，与另一名韩国选手梁信永同时进入决赛。第三组的比赛成了两名中国选手和一名韩国选手的较量，周洋和孙琳琳通过完美的配合对韩国队还以颜色，全部进入决赛。这样一来，决赛就成了三名中国选手和三名韩国选手之间的争霸赛。

决赛开始后，第一的位置在中国和韩国选手间频繁地交换，在还剩五圈的时候周洋突然发力，迅速地占领了第一位，紧接着刘秋宏也赶超上来。在还剩两圈时，孙琳琳也从外道超越韩国队，就这样，三名中国选手全部冲在前面，而且将优势一直保持到了终点。在全场的欢呼声中，三朵冰上“姐妹花”冲过终点线，为中国代表团夺得了大冬会的首枚金牌。

在随后进行的男子1500米比赛中，中国选手只有高鸣进入到决赛，虽然他在决赛中全力以赴，但终因实力差距明显而没能进入前三名，最终只获得了第四名。而韩国选手则包揽了前三名。

20日，短道速滑赛场将分别进行男女500米决赛和女子3000米接力预赛的角逐，届时，我国选手刘秋宏将有望冲击女子500米金牌。

(4)赛场人物报道

董飞飞：为了梦想再掉一次泪，我不是天生亚军

本报25日讯　中国选手董飞飞在24日举行的女子5000米比赛中取得冠军。赛后的新闻发布会上，董飞飞表示，在开赛以来的比赛中，自己拿的都是银牌，总是以那么一点点的劣势和金牌失之交臂。21日的女子3000米比赛中，成绩和冠军付春艳相差0.6秒，20日1500米和冠军小平奈绪相差0.24秒。

今天这个比赛，董飞飞自己暗下决心，一定要拼了，不相信自己就是天生的亚军命。所幸发挥正常，平均分配了体力，最终以个人最好成绩获得冠军。

随后记者对董飞飞进行了专访。董飞飞告诉记者：“从比赛结束到现在，我已经收到了亲人和朋友们的十几条短信，他们在短信里面说为我骄傲，虽然这个冠军让他们等候的有些久。”说着董飞飞的眼泪开始在眼眶中打转。当记者问及飞飞是否已经告知乔静教练自己终于在本届大冬会上夺得金牌了的时候，飞飞说：“她在国外呢，我现在没有办法告诉她，但是我会想办法尽早告诉她，让她分享我的金牌，因为如果没有她，我就不会有扎实的训练基础，塞吉尔教练再厉害我也不会像现在这样提高这么迅速。”说着飞飞笑了。

这是一个闪烁着泪光的微笑，是一个为梦想拼搏了太久后舒心和感激的微笑。也许大家都还记得上一枚银牌的新闻发布会上，董飞飞洒泪谢乔静，那么这一次的金牌发布会上，董飞飞的泪则是来自梦想的实现！

付春艳：为了梦想再拼一次命

本报25日讯　中国选手付春艳，在24日举行的女子5000米比赛中获得银牌。赛后的新闻发布会上，年仅20岁的小姑娘活泼地笑着，她告诉记者们，她今天是拼了命滑行，终于得到一枚银牌，她太高兴了。

当有记者问及，上次得到金牌，用付春艳自己的话说也是“拼命”得来的，而且撞线后还体力不支脚下一软，摔倒在冰面上，怎么这次还是“拼命”的时候，这个可爱的小姑娘笑得更加灿烂，她说：“我每次比赛都是这样，我要尽全力！甚至在训练中我也会这样。今天我滑出了个人的最好成绩，以后我还是会继续拼命的！”

6.3 考研真题与典型题

6.3.1 概念题

1. 新闻标题(上海交大2007年研；西安交大2006年研)
2. 类题
3. 大标题
4. 引题(中传2015年研)
5. 副题(南京师大2004年研)
6. 分题
7. 提要题(中传2014年研)
8. 新闻标题的实题和虚题(安徽大学2007年研；暨南大学2004、2002年研)

相关试题：虚题(中传2015年研)

9. 统一式标题
10. 标题新闻(南京师大2004年研)
11. 双头条(复旦大学2016年研)

6.3.2 简答题

1. 简述新闻标题的具体作用。(中传2011年研)

相关试题：

(1)简述新闻标题的功能。(电子科大2011年研)

(2)简述新闻标题的版面作用以及拟制标题的基本作用。(上海大学2007年研)

(3)新闻标题的特点与功能是什么？(电子科大2012年研；中央民大2005年研)

2. 新闻标题的类型有哪些？(复旦大学2007年研)
3. 提要题在发展过程中出现了哪些新的特点？
4. 简述标题新闻的特点。
5. 简述网络新闻标题的特点。(湖南大学2017年研；中传2006年研)
6. 简述网络新闻标题的制作要点。(华东政法2019年研)

相关试题：制作网络新闻的标题有何要求？(湖南大学2017年研)

7. 网络新闻标题与报纸新闻标题的异同。(南京大学2016年研)
8. 简述新闻标题的结构和制作要求。(四川大学2018年研)
9. UC浏览器上的新闻标题被调侃为“UC震惊部”，自媒体大号咪蒙的很多标题也引人争议。你对新媒体标题有怎样的理解和认识？写好新媒体标题应该考虑哪些因素？(陕西师大2018年研)
10. 新媒体语境下如何拟定优秀的新闻标题？(暨南大学2016年研)

6.3.3 论述题

1. 试述新闻标题的制作要求和方法。
2. 标题党的表现、成因与危害。(浙江大学2016年研)

6.3.4 实务题

1. 请为以下新闻制作多行标题和导语。（南开大学2011年研）

材料：

（新闻背景：中国文联副主席、中国民间文艺家协会主席、天津文联主席冯骥才受邀前往香港参加香港书展，于2010年7月26日晚上回到天津，行程为期六天。）

25日在会展中心举行的“名作家讲座系列”是香港书展的重头戏。继去年著名作家张贤亮受到读者追捧后，今年冯骥才的到来更令香港市民翘首期盼，讲座前几日，门票就已销售一空，这其中既有冯骥才的资深粉丝，更多的则是“文化保护”的坚定追随者。当天，更出现了众多读者站着聆听整场演讲的火热场面。

讲座由香港城市大学中国文化中心主任郑培凯主持。冯骥才演讲的题目是《我在做什么》，演讲围绕着在社会转型期，中国文化知识分子的社会责任及其思考，进行了近一个半小时的专题演讲。讲座中，冯骥才与郑培凯还以对话形式，谈论了中国非物质文化遗产的现状以及急需解决的问题。“中国非物质文化正在飞速地消失，每分钟都在消失。”冯骥才在讲座中特别用“我的心很疼痛”这样深情的句子表达出自己的担忧与急迫。

冯骥才还特别向香港读者介绍了自己参与的230个自然古村落的核查、保护工作以及对中国史诗的寻找。“外国人总说中国是没有史诗的民族，我们就在苗族发现了一万六千行的史诗。史诗记载了一个民族诞生及变迁的经过，少数民族的史诗有不少都是在歌声中传播。苗族的史诗还在沿用最古老的方法，族中有长者故去，年轻一辈就要在葬礼时听其他长者用歌声传唱民族历史。”

冯骥才说在这次演讲过程中他听到了来自“90后”的真实声音，这让自己感觉到兴奋与欣慰。特别是一个女孩在发言中还表达出对民间文化和中国古村落生存状况的担忧。冯骥才笑称自己与“90后”无代沟，更坦言自己对“90后”关心中国文化保护的现状很感动，他希望这一次的香港之行，能够唤起香港市民的一种自发与自觉，共同参与到非物质文化遗产的抢救与保护中来。

（来源：《今晚报》，2010-07-27）

2. 根据材料改写消息，并拟一个主题类标题。（复旦大学2015年研）

材料：

北京北海地坛公园藏高端会所　园方称曝光也没用

北海公园、地坛公园是全国重点文物保护单位，是北京珍贵的历史文化资源，也是中国传统文化的瑰宝。《经济参考报》记者近日暗访却发现，一家名为“乙十六商务会所”（以下简称乙十六会所）的餐饮企业，以私密、高端作为卖点，将会所开到了上述著名公园内。对此，市民议论纷纷，而一公园管理人员却告诫记者：别报道了，曝光也没用。

会所隐身国宝级公园占据绝佳位置

住建部《关于进一步加强公园建设管理的意见》明确要求，严禁在公园内设立为少数人服务的会所、高档餐馆等，对出租公园房屋及设施给私人经营等问题进行整改。《国有文物保护单位经营性活动管理规定（试行）》也要求，不得将文物保护单位设施对外租赁、承包用于商业开发。而藏身于全国重点文物保护单位——北海和地坛公园内的乙十六会所，均占据园内绝佳位置，令人疑惑不解。

在地坛公园一隅，有一处名为“集芳囿”的皇家别院，占地近万平方米。这座昔日皇家祈福的行宫，如今已变身高端会所，在“乙十六”三个烫金大字下迎来送往。这里是乙十六地坛总店，记者推开朱漆金钉大门，只见园内殿室、廊亭、池榭、爬廊、假山等错落有致，园内的遗迹正光殿、正和殿和北侧坛内墙的“盛世堂”，均变成了乙十六会所的包房和办公用房。记者看到，店内食客盈门，专用停车场豪车云集。该店一位服务部经理称，他们处在地坛公园最好的位置之一，“不出城廓而获山水之怡，身居闹市而得林泉之趣”。

记者随后驱车来到北海公园，西门入口处有标牌提示：所有车辆禁止入内。记者称是乙十六的客人，门卫随即予以放行，被引导至门内右侧的停车场。记者以“老顾客”身份拨通乙十六北海店电话，不一会儿店方的电瓶摆渡车就疾驰而至，上车后一路喇叭开道，沿湖行进约两公里，到达九龙壁前一处藏在深宅古院中的食府。

走进乙十六北海店，记者看到，这里鎏金绘彩，斗角瓦檐。庭院两侧设有七个雅间，厅内装饰均以龙凤为主题，饰以大型彩绘宫灯，配以明黄色的台布、餐巾、椅套，餐具采用仿清宫瓷器或银器，处处体现出浓郁的宫廷气派。

“我们处在北海公园的核心区。”服务人员介绍说，会所占用的御膳堂始建于清乾隆八年，是专供帝后们拈香祈福用膳之所，位于太液池北岸，九龙壁南面，西邻浴澜轩、阐福寺等著名景点，与园内标志性景点之一的永安寺白塔遥遥相望，步步都是景致，用餐后还可免费游园。“如此优雅尊贵的用餐环境，在国内很难找到第二家了。”

乙十六会所红领巾公园店同样也占据国家3A级景区红领巾公园的绝佳位置，该店距离公园核心景点人工湖不足20米，并辟有专用停车场。

突出高端私密一桌五六万元很常见

“大厅套餐有每位500元、800元两种，一直以来只提供套餐。前段时间风声紧，临时推出了单点。现在基本回暖了，准备取消单点。”乙十六北海御膳堂店工作人员介绍，“包厢内价格不含酒水最低每人800元，外加收15%服务费；比较受顾客青睐的是具有皇家气派的大房间。”

记者在菜单上看到，该店单价百元以下的菜品寥寥无几，绝大多数价位在四五百元，特别推荐的一款“宫廷秘汁扣花胶公”，每位14480元。所有菜品加收15%服务费。服务人员称，他们主打特色宫廷膳食，除了少量婚宴，来用餐的客人中政商界人士占主流，一桌消费五六万元很常见。

记者以办理会员卡为由，联系上乙十六红领巾公园店一销售经理，他表示，这里入门会费五万元，最高50万元，会员能享受更多尊贵服务，30万元以上的乙十六会员卡是很时尚的送礼佳品，“前段时间是有些影响，现在缓过气了，一些大机关、大型国企的客源开始回流，来京的地方官员也不少，第二天的豪华包间已订满，只剩几个小包间”。

据乙十六地坛总店一销售经理介绍，突出“私密性”，体现客人的尊贵，是他们区别于其他消费场所的特殊之处。他表示，这里每天最多接待26桌左右，跟朋友聊天，绝不用担心会被邻桌客人听到。他向记者承诺：店里最重要的一项规定是“保护隐私”，绝不公开客户任何信息，大额消费的可对菜单和消费记录做“无痕化”的特殊处理。

乙十六北海御膳堂店一位服务部经理告诉记者：“停车场在公园门口，就算是公务宴请，也看不出是来游园还是来吃饭的。重点客人还享有径直开车到食府并提供停车场地的特别待遇。同时食府南侧设有隐秘出入口直通包间，走此通道能避免遇到熟人。”她表示，这里主要采取会员制，客户大都是朋友介绍，极少有顾客主动进店，基本上都是相互介绍而来。

“光顾这里的多是政界人士和商界精英、名人，会所设有专门入口，预订餐位时隐去单位名称，只留姓氏或电话号码，店方可以为客人提供遮盖车牌的‘特殊服务’”。乙十六红领巾公园店一位营业经理对记者表示，工作人员都经过了严格培训，任何外来人员都不可能查会员的任何信息。

据介绍，乙十六地坛总店、北海店每半天的场地费分别是十万、六万，尽管价格不菲，但因为高端私密特点突出，仍很抢手。服务人员称 2013 年年会场地服务已经预订出去不少。公开的报道称，在商业网站组织的“2012 北京最牛年会场地评选”中，乙十六会所再度蝉联第一。

专家市民诟病园方称“曝光也没用”

乙十六会所对外宣传称，其经营策略是主打景致文化，打造皇家风范，并宣称国内“真正依托园林景致把餐饮做出规模和特色的，只有乙十六”。

“乙十六会所占用多处全国重点文物保护单位场所开高档会所，商业资本如此集中地挤占、侵蚀优质稀缺公共资源，不论是在公共管理领域还是商业运作领域，都实属罕见。”北京市文物系统一位专家接受本报记者采访时说：“开会所必然会有供水、供电、供气、排水、消防等改变和破坏原貌的设施改造，这样势必危害北海、地坛的完整性和延续性。”他举例说，北海公园里的仿膳饭庄长年烟熏火燎，后院 21 棵生长了几百年的松柏树被熏死，几百年不倒的廊厅突然倾斜坍塌，就是深刻教训。

记者随机采访了多名常在上述三大公园活动的游人，他们均为附近居民，没有人表示在乙十六会所用过餐。家住地坛公园附近的陈先生说，没想到古坛墙内竟有这处只属于少数人的奢华场所。他感叹这里“只见豪车进，不见游人出”。经常到北海公园散步的刘先生告诉记者，公园里的高档会所引来很多车辆出入、停留，不仅占用公共资源，乙十六在公园里疾驰的电瓶摆渡车也对来园休闲的市民形成安全隐患。

一些市民对记者感叹，公园本属于市民休闲娱乐的公共场所，现在成了酒旗飘扬、烟火气十足的私人享乐场，“闲人免进”“游客禁行”的牌子，硬生生将普通民众拒之于好山好水之外，这些珍贵的历史文化遗产正沦为权势和资本的附属品，原汁原味的北海公园、地坛公园正渐行渐远。

是谁赋予了乙十六会所无视文物整体风貌、侵占历史文化遗产的特权？是什么导致了国家重点文物保护单位的文化价值和公益价值的商业化“变现”？记者来到北京市公园管理中心采访，一位负责宣传工作的张姓工作人员称，领导和相关负责人都不在，记者可留下联系电话，等领导方便时再联系记者介绍情况。截至发稿，记者未得到该中心的音讯。此后，记者多次联系北京市公园管理中心，均未获得回应。

记者曾与地坛公园管理处联系，要求了解相关情况，该处一位姓曹的女性工作人员对记者说：“这事儿媒体以前报道过，不也没咋地吗？”她要记者回去告诉领导“这点事没新闻价值，别报道了，曝光也没用”。

（来源：《经济参考报》，2013-11-29）

3. 为编写好的消息制作一条单一型标题和一条复合型标题。(电子科大2011年研)

材料一:

在浙江、江苏、湖南等地,不少加油站前排起了等待加柴油的长龙。在温州104国道双南线东庄段的中石化加油站,等候加油的货车至少排出3公里长。等候的货车几乎占去了一半的国道,交警不得不在这一带来回值守以维持交通秩序,但仍然无法缓解拥堵现象。

在靠近宁波港附近的一家中国石化加油站门口,前来加0号柴油的车辆从加油站一直排到附近的主干道上。据估计,轮到最后一辆车加油,需要等候2~3个小时。

而让等候的司机感到窝火的是,即使轮到了自己,也没法加足油。在江苏南京,浙江的宁波、杭州等地,绝大多数加油站实行限量加油,一次只能加100元到300元。在湖州市320国道附近的一家加油站,一位正在排队等待加油的集装箱半挂车司机无奈地说:"我的车加足最少得1500元,但跑了几家加油站,不是没油就是限量加油,要再加还得换一家加油站重新排队。"

这还算是好的。不少加油站特别是民营加油站早早地就挂出了"柴油售罄"的牌子。卡车司机朱师傅说,自己一个上午跑了6个加油站,才加到300元钱的油。浙江省物价局的监测显示,由于货源紧张,衢州市的民营加油站已于10月15日左右停止供应柴油;而该市中石化反映,为保证零售供应,已于10月29日停止灌桶,限量供应批发。

在江苏南京的添力加油站,已经许久没有0号柴油了。"一是正规渠道拿不到货;二是炼油厂价格太高。"王站长说,批发价7800元一吨,而零售价折算下来每吨才7475元。批零倒挂决定了民营加油站不可能高价进柴油来卖。华东中油石油有限公司副总经理茹强华也表示,批零倒挂,导致一些小加油站停止供应柴油。而这又进一步加剧了柴油供应紧张的局面。

中国商业联合会石油流通委员会的调查数据显示,目前中国南部已有2000多家民营加油站因缺油而停业,广东、江苏、浙江等省数量均高达几百家。全国工商业联合会石油业商会的监测显示,北京、上海、重庆、大连、合肥、武汉等大城市,也都出现了柴油紧张的局面。

材料二:

业内人士认为,供不应求应是导致柴油荒的主要原因。

业界表示,国内炼油厂8~9月出现大规模检修,导致产量下降明显。国际油价持续高位震荡,地方炼油厂炼油成本增加,利润减少,生产积极性下降,出现减产甚至停产。截至9月底,浙江累计成品油库存35.70万吨,同比大幅下降34.5%,其中柴油库存下降49.1%。而前段时间台风和冷空气接踵而来,也直接影响油轮靠岸和油品资源调入。

浙江省煤电油运协调工作联系会议办公室主任、省经信委副主任凌云分析认为,经济快速回暖,带动企业生产用油、交通运输业和商贸物流用油不断攀升;临近年末进入基建工程施工旺季,工矿企业用油增多;禁渔期结束,沿海地区渔业用油需求恢复,加上秋耕季节的到来,农业机械用油上升,都是导致柴油荒的重要原因。

截至11月5日,我国最重要的货运港口之一宁波港集装箱吞吐量突破1100万标箱,超过1084.6万标准箱的年最高纪录,比去年同期增长近三成。"1~9月份浙江的出口交货值累计增长29.4%,这些大型运货车用的都是柴油。"凌云说。

不少业内人士认为，一些地方突击式限电，是导致柴油供不应求的关键。

根据国家“十一五”规划，我国单位GDP能耗在5年内必须下降20%。今年5月初。国务院发布《国务院关于进一步加大工作力度确保实现“十一五”节能减排目标的通知》，“对未完成任务的地区、企业集团和行政不作为的部门，都要追究主要领导责任”。

为在今年底，也就是“十一五”的最后期限完成节能减排目标，不少地方纷纷出台拉闸限电政策。从9月开始，广西、广东、江苏等省区开始对部分企业实施强制性拉闸限电或提高供电价格。广西不仅对落后产能实行限电，一些节能水平较高的企业也准备部分停产。在民营经济的发端地温州，部分地区企业每开工1天，就要停电2~4天。我国小商品市场所在地浙江义乌，从8月26日开始，全市分片区实行工业用电供两天限一天的政策。

一家农产品深加工出口企业的负责人告诉记者，企业每个月的实际用电量是15万千瓦时，但当地给他的用电指标仅为每月6万度。在不得已的情况下，他花了20万元买了台柴油发电机用来保障生产用电。

“现在每天用柴油1万元，折算下来每千瓦时电2元，以前大约0.7元。光电一项，成本就上升了近三分之二。”虽然成本大幅度增加，但刚刚度过金融危机的他为了留住客户，不得不继续他的“亏本生意”。

中国石化股份有限公司临海分公司经理蒋修飞在接受采访时也表示，今年10月份，临海的柴油用量相比9月份上升了19%，较去年10月份增长了38%。除了油品运输受阻，供应速度有所减慢，以及农忙季节需要大量柴油等影响因素外，“受节能减排影响，一些企业被拉闸限电，为不耽误生产纷纷自行发电”，是导致柴油用量猛增的首要原因。

“企业用电受限之后，为了赶生产、保进度，纷纷采取自发电的形式，在一定程度上对柴油形成较大的需求量。”中石化嘉兴分公司商业客户部经理朱严松估算，仅嘉兴地区各家企业用在自备发电上的柴油，每个月就要增加上千吨。

中石化浙江石油分公司副经理丁春生分析认为，9月以来，柴油进入消费旺期，需求上升明显。他举例说，在浙江部分加油站，0号柴油上半年日加油量基本稳定在1800吨，9月份至今，平均每日达到3600吨，最高的一天，甚至到过4000多吨。

材料三：

一方面饱受拉闸限电之苦；一方面柴油供应又持续紧张，部分企业生产难以为继。浙江金华一家制造企业的负责人说，10月份开始的突击式限电让企业生产线几乎停转，手上持有的订单难以按期完成。

柴油短缺带来的影响还不仅仅如此。在浙江一些县市，部分公交线路因为缺乏柴油出现停运。而柴油的紧缺和限量供应，也使得南方地区的晚稻收割受到严重影响。因为买不到柴油，长兴县虹星桥龙从村水稻收割机主余峰棋不得不停止收割，而浙江海盐县武原镇南洋村村民张军华家的收割机也只能工作半天停半天。眼看着大片金灿灿的稻子不能收割，农户们担心天气变化影响了收成。

此前，工信部新闻发言人朱宏任表示，绝不允许个别地区以完成节能减排目标为名，采取拉闸限电影响群众生活的行为。有专家认为，“柴油荒”在一定程度上反映出一些地方政府为完成节能减排任务，简单粗暴地采取“一刀切”的方式，给企业生产带来了负面影响。

这违背了节能减排的根本宗旨，也和中央转型升级、科学发展的导向相悖。

中国城乡发展研究中心副主任钟永生也撰文认为，受突击性限电制约，企业不得不采取“自备柴油发电”，此举不仅大量消耗燃油资源，而且还会形成更大的污染。这与国家节能减排的目标和要求背道而驰。

为缓解柴油荒的局面，中石化、中石油浙江分公司负责人表示，已特别向总部申请了配合，增加了每月的供应量。

“之前，中石化每月的柴油供应量稳定在 50 万吨，中石油大约在 13 万吨。11 月，两家供应量将达到 85 万吨，应该能够实现需求平衡。”凌云表示，月需求量从 60 多万吨一下子到 80 多万吨，原来的供需平衡被打破，需要一段时间才能实现新的平衡。但由于北方已经进入交通运输淡季，因此全国的供油还是可以保证。凌云表示，近期浙江柴油供应紧张的局面，从 11 月份开始有望缓解。

但专家同时也表示，在积极做好形势预估、采取调控措施稳定柴油批零价格、增加柴油供给量的同时，应将节能减排的措施真正落实到位，而不是采取简单的拉闸限电方式以实现减排指标，才能从根本上缓解当前柴油紧张的局面。

4. 根据材料回答问题。(人大 2016 年研)

材料：

《中共中央、国务院关于推进价格机制改革的若干意见》10 月 15 日发布。意见指出，要规范电信资费行为，推进宽带网络提速降费，为“互联网 +”发展提供有力支撑；指导、推动电信企业简化资费结构，切实提高宽带上网等业务的性价比，并为城乡低收入群体提供更加优惠的资费方案等。

这已经是政府部门年内第五次针对提速降费发声。今年以来，有关提速降费的措施密集出台，李克强总理三度督促运营商提速降费。5 月 20 日，国务院发布《关于加快高速宽带网络建设推进网络提速降费的指导意见》，提出包括宽带提速和电信资费下降的 14 条具体意见。7 月，工信部通信发展司司长闻库再次强调，工信部下一步还将强化定期跟踪，确保企业按照承诺落实全年网络提速任务，在年底前实现手机流量和固定宽带单位带宽的平均资费水平均同比下降 30%。

三大运营商也于今年 5 月公布了各自的提速降费方案。记者从工信部获悉，截至 9 月底，三大电信运营商在网络建设和升级提速方面已完成投资 2590 亿元，全年固定宽带资费下降 30% 的任务已基本完成。值得注意的是，年底前，这一投资数额或超 4350 亿元，也就是说，三大电信商四季度还将砸下超过 1500 亿元。由此可见，在各方压力下，提速降费已不得不为。但据一份投票调查显示，83% 的参与者表示对三大运营商的提速降费措施不满意，“设计不合理”“价格还不够低”甚至“为何不降反升”等抱怨声此起彼伏。

工信部总工程师、新闻发言人张峰回应称，提速降费离广大用户的期望值还有差距，工信部部长苗圩则表示，鼓励电信企业间竞争，允许民营资本进入将是下一步工作的重点。工信部总工程师、新闻发言人张峰从两个方面介绍通信业落实这项工作的有关情况。

在网络建设和升级提速方面，截至今年第三季度，三家电信基础电信企业完成投资达到 2590 亿元，预计到年底将达到或者超过 4350 亿元；同时，新增光纤到户覆盖家庭也要达到或者超过 1.3 亿户；4G 基站规模预计可以突破 150 万个。从目前来看，有可能提前完成这个目标。各地正在抓紧建设全光网城市，全国固定宽带用户平均接入速率将大幅度提高。

在网络降费方面，三家基础电信企业已经基本完成各地固定宽带资费的下调工作。据初步统计，截至目前，50兆和100兆带宽的价格平均分别下降30%与20%，其余的速率都实施了不同程度的提速不提价。在移动流量资费方面，三家企业相继推出面向全国移动用户每月49元到60元包含2GB流量的资费套餐。同时，从10月份开始全面实施面向所有移动用户套餐内的流量当月不清零。此外，还陆续推出降低国际漫游费、流量资费的措施，平均降幅也超过80%。

张峰表示，他非常理解广大用户还希望运营商在"提速降费"方面有更好的表现，"提速降费"可能离用户的期望值还有一定差距，这是通信业今后不懈努力的目标。"提速降费"也是一个系统工程，不会在某个阶段就能完成，而要持续不断地朝这个目标推进。

"鼓励民资进入宽带市场只是看上去很美"，资深产业观察家梁振鹏直言，"三大运营商垄断的局面短期内很难改变，民间企业也没有足够的资本去进行基础电信设施投资，到头来还得去垄断企业租宽带。政府提供指导价格或许是个好办法，但实施起来困难重重"。

在梁振鹏看来，"提速"已经渐入佳境，"降费"却还遥遥无期，"现在运营商提出的降费，实际只是降低单位带宽的费用，比如将10兆网速提高到20兆，但是用户每个月的支出并没有减少"。

(1)改写600字消息。

(2)拟定一个单一性标题，一个复合型标题。

(3)写评论文章的第一段并拟定标题。

5. 新闻采写编评。(人大2016年研)

材料：

11月20日是"世界儿童日"，微信与中社儿童安全科技基金、腾讯公益联合发布了"中国儿童失踪预警平台(CCSER)"。这是国内第一款儿童失踪预警平台，如果家长在平台为孩子建了"防丢档案"，万一孩子失踪，就可以迅速打开微信发布预警。周边的微信用户("志愿者")能在最短时间内收到推送的寻人信息，并在失踪黄金3小时里，分别形成半径30公里、90公里乃至690公里的寻人圈。

(来源：《扬子晚报》，2015-11-23)

(1)撰写一篇(组)融合新闻报道的深度策划案。

(2)为报道中的主打消息写一个导语(200字以内)，并撰写一个标题。

(3)策划一个电视新闻调查报道，时长20分钟左右。说明此次调查报道的选题理由和宗旨。

(4)策划一个电视新闻调查报道，时长20分钟左右。写出电视调查报道的标题。

6. 请为下面这篇稿件制作一条标题。要求标题必须是引、主结构；引题是虚题。

材料：

前不久，河北省临西县爆出一条新闻：一位组织重点培养多年的乡党委书记因为未能获得全乡半数教师的"满意"票，被组织决定留任现职两年，到期如仍不能通过教师评议，就降级使用。上任一年的县委书记刘力说："县委把尚方宝剑交给教师，就是要使教育真正硬起来，超常规发展，为经济腾飞打下基础。”临西无山、无水，交通不便，经济发展一直徘徊不前，而不少农民外出打工、搞流通却挣了大钱。这促使大批急于脱贫致富的群众“南征北战”找活干，加上有的领导急功近利、忽视教育投入，一时间学生流失情况加重、青壮年文盲增加。去年初，新的县委、政府领导在上任伊始，便大胆提出把教育投入、教育实绩作为考核各级领导工作的主要依据，考核工作不只由组织和教育部门进行，还需每年一次接受本单位全体教育系统人员的评议。获得全数“满意”票者，提拔时优先考虑；半数以上为“合格”；不及半数者限期改观，到期如仍不能通过评议，就降级使用，原姚楼乡党委书记王立田，任期5年，对教育投入320万元，全乡中小学办学条件、教师素质名列前茅。本来组织上要委以他任，但考虑到全乡教师的强烈要求及其获得的全数“满意”票，便毅然把他推上了全县“教育主管”的位子。领导真正重视了，教育也就“风光”了。1993年全县教育投入达到3850万元，超过前8年之和；全县没有发生拖欠教师工资现象；县第一、第二中学教学楼实现“当年开工、当年使用”；改建乡镇中小学18所，全部达到“花园式庭院”标准；15个乡镇成人技术学校实现电化教学，投资440万元的县电教中心开始使用。

7. 做标题。(中国青年政治学院2009年研)

2008年11月27日，从蒙古国南下的较强冷空气入侵北京地区，刮起了四五级偏北风，虽然南郊观象台白天最高气温达到8.7℃，但强劲的北风很容易带走人身体的热量，让外出的市民感觉到寒意阵阵，也敲响了严冬即将来临的警钟。昨天在逐渐加大的北风作用下，天空浮云消散，能见度迅速转好，空气又变得清新起来了。

8. 请为如下新闻制作多行标题和导语。(南开大学2010年研)

2007年上半年，金融业迎来了行业的繁荣发展，对人才的需求也明显增加。智联招聘高级猎头顾问Karen分析其原因有三个：一是外资银行越来越多地涉足人民币市场，再加上国内股份制银行、商业银行之间也竞争激烈，国内金融人才尤其是中高端人才极为抢手；二是国内外众多风险投资机构开始越来越多地在内地、海外拓展业务，投资银行领域的专业人才需求量增加；三是股市回暖，对理财顾问、理财分析、规划师等专业人才需求涨势迅猛，甚至很多在证券行业低迷而转做其他金融业务的人，也“好马吃了回头草”。

和房价一样，对房地产业人才的需求也是“涨”声一片。从1月到6月，房地产业在智联招聘网上登出的职位数量分别是23266、20900、30703、31002、30956、34535。尤其值得一提的是天津，其房地产业人才需求仅6月就比5月增加了29%。报告分析认为，这是因为环渤海大经济区形成以后，天津经济快速发展，滨海新区开发、开放步伐加快，吸引大量资金进入天津房地产市场。

今年上半年，电子商务人才需求从年初的27960个职位跃到了年中的45128个。从招聘的机构看，需要电子商务类人才的行业不仅限于专业的行业网站如阿里巴巴、当当网、卓越网等，传统行业如传媒、教育、旅游、金融、电信甚至制造等行业也成为电子商务人才就业的大户。其原因是，网络的发展和深入已经越来越得到传统企业和客户的认可，从网上卖电脑到网上卖汽车，电子商务已经成为传统行业的重要采购和销售渠道。

据统计，2007年高端人才的需求比往年高出20%~30%，并且季节性变化并不明显。智联招聘副总裁任玮吾分析，这表明中低端人才的成长速度过慢，而过慢的原因可能和国内大学教育过于理论化、没有开设紧跟市场需求的课程有密不可分的关系。比如3G人才，一些著名高校的电子信息类专业包括计算机专业都无法覆盖到3G技术点，国内市场又非常需要，这使得3G工程师供不应求。

（来源：《中国青年报》，2007-07-30）

9. 为本篇报道配置标题，标题字数不超过10个。（河北大学2009年研）

材料：

9月9日晚，一夜大雨。躺在床上的王泽君听着窗外的雨声，辗转反侧，几乎一夜未眠。

王泽君是四川省眉山市丹棱县农业局局长，在这秋粮种植的关键时期，气候的每一丝变化，都会揪紧他的神经。

10日，早7时许。王泽君匆匆起床，赶往单位。今年丹棱县雨水偏多，水稻种植较去年推迟了近一周，晚秋粮食作物的种植也延迟了一周，要是再不补救，粮食作物可能错过宝贵的生长时期。

来到单位，3名副局长已等在办公室。开了一个短会，王泽君将当天的工作分配下去，大家各自奔赴自己负责的乡镇。

上午10时许，记者随着王泽君赶到仁美镇雄义村。村里水稻已经收割完毕，放眼望去，田野上堆满了金黄色的稻草垛。村民摆放在道路旁的凝滞篓里装着“陇薯三号”土豆种、复合肥和开水壶，村民们或是田里栽种土豆，或是忙着挖掘排湿渠。

王泽君进入路边的田里。“哧溜”一声，鞋底下浸出了一汪泥浆。他眉头皱了起来：“土太湿了，这样不行！”叫来正在田里种土豆的村民罗淑蓉，“秋粮忌湿害，湿害不除就要带来病害、虫害、草害。”王泽君走到排湿渠前弯下腰去，撑开大拇指和食指，仔细丈量了水渠的深度：“沟太浅了，难怪水排不出去。”他抓过一把铁锹，把渠中的淤泥铲到了田埂上。不一会，渠中的积水开始流动，注入了田旁的水沟。

从1982年开始，王泽君就在农业局工作，当地农民对他非常熟悉，听说王局长来了，村民们纷纷围了上来，热情地与他打招呼，有人一把抢过王泽君手里的水杯，用自己的水壶给他倒了满满一杯开水。

过去，雄义村村民在收割水稻后，就等着小春种油菜，土地要“荒”上两月。现在通过栽种秋洋芋，可以从这“荒”掉的两个月里抢出一季粮食来，让过去的“大春——小春”两季变成现在的“大春——秋洋芋——小春”三季。“通过推广新技术和新品种。亩产洋芋1200公斤左右，农民收入增加了。”王泽君对记者说。

在村民熊松的地里，王泽君翻看土豆种上的稻草说：“稻草太厚，洋芋长苗后就接触不到阳光：行距太窄，影响将来油菜的种植……”熊松一边点头，一边撤去过多的稻草，村民们站在旁边，仔细地盯着王泽君的每一个动作，犹如学生上课一般专注。

在地里走了一圈之后，已经是下午1点多钟。王泽君蹲在排水渠旁，舀水洗去了满手的泥土，准备离开。“王局长，别走！”从双桥镇天宫村闻讯赶来的村民王国金拦住了他“到我们村吧，大伙都在等着你呢！下午我们招待你吃饭，晚上就在村里住。”王泽君把《稻草覆盖免耕秋洋芋栽培技术》散发给了当地的村民，随王国金一起走了。

晚上7点多王泽君结束了一天的工作，谢绝了村民吃饭的邀请，疲惫的他和记者一起踏上了回县城的路。

“虽然今年雨水较多，对晚秋粮食作物生长造成一定影响，但村民种粮的积极性非常高，相信随着新品种和新技术的推广，今年的秋粮可以取得不错的收成。”王泽君说，丹棱县有11万亩稻田，秋洋芋和秋大豆等晚秋粮食作物的种植面积还有很大的提升空间，晚秋粮食作物具有巨大发展潜力。

10. 为下则消息分别制作单一型标题和复合型标题。(四川大学2010年研)

8月27日，央视《朝闻天下》批评了一款名为“摩尔庄园”的网络游戏。这款游戏年幼的玩家们(许多在12岁上下，有的只有8岁)坚称，来自成年人世界的批评“愚蠢”和不公允。在他们眼里，这款游戏也许远比大人们想象得要重要和优秀。这里有可爱的宠物，还有可以倾诉的伙伴。这里的成员被称为公民，他们学着互相帮助和监督。他们还有一份属于自己的报纸《时报》，并由他们自己担任记者。他们(无法确知有多少孩子参与了这次行动——也许成千上万)当天一起围攻并踢爆了该栏目的百度贴吧。

(来源：《中国青年报》)

11. 给下面的消息分别制作单一型和复合型标题。(西安交大2008年研)

美国最有争议、最著名的当代文学家诺曼·梅勒11月10日在曼哈顿的家中因肾衰竭去世，享年84岁。诺曼·梅勒在美国文坛驰骋近半个世纪，两次获得普利策奖，也是好几届诺贝尔文学奖的热门提名，而他因为作品和自己的生活同时也受到不少争议。

诺曼·梅勒生于1923年，在哈佛大学获得了工程学学位。他一生共出版了30多本著作，其中包括小说、自传和其他非小说。他凭着作品《夜间的军队》和《刽子手之歌》分别获得了1968年和1979年的普利策小说奖，他大胆的文风和不健康的题材也使他受到不少争议。

不过，诺曼·梅勒却一生与诺贝尔文学奖无缘，尽管他几次是提名大热门。同时，诺曼·梅勒本人在生活中也是很受争议的作者。他好胜、耍小聪明，喝酒、打斗、吸烟上瘾，他有过六段婚姻，在第二段婚姻中，他甚至在一场酒会喝醉时刺伤了当时的妻子。梅勒有9个子女。而他本人还如唐吉诃德似的声称要成为纽约市长，但在1969年的竞选纽约市长中失利。

12. 记者写出如下报道，总编对标题不甚满意，请为这篇报道改写五个标题。(苏州大学2007年研)

材料：

私牌放开在杭州很快催生了数千新司机，但新司机们要小心，不要成了马路杀手。

据统计，今年上半年，浙江交通事故平均每天死亡17人，伤90余人。而交通事故肇事者中有50%~60%是三年以内的新驾驶员。

杭州市目前有70所驾校，2000余辆教练车，而部分教练人员为了取得经济效益，减少训练科目，压缩培训上车时间，这使得许多考取驾照者不会看仪表盘，也不了解汽车基本性能和最起码的油路、电路知识。这些新手上路，极易出事故，成为马路杀手。

为彻底封杀马路杀手，最近，杭州市交通局、杭州市公安局决定对驾驶员培训和考试实行联手管理——所有申请考试人员必须完成规定的训练科目、课时，并取得交通部门核发的培训结业证，方可参加考试。

公安，交通两部门还将不定期组织联合稽查，对违规培训的培训学校和教练人员及未取得培训从业资质的单位和个人从事驾驶培训的违法行为进行严肃查处。

13. 请将下列新闻的标题制作为某门户网站首页中的新闻频道推介标题。

材料：

成都拟争取对主要客源地实行落地签政策

成都商报讯（记者 雷浩然） 全国旅游综合改革城市试点研究工作第二次会议昨日在蓉举行。首批旅游综合改革试点城市成都、秦皇岛、舟山、张家界在会上对各自具体经验进行了总结交流。成都市旅游局局长白国欣表示，下一步成都将创新旅游开发经营机制和旅游投融资机制，加快开通成都与世界主要旅游客源地市场的直航线路，积极争取成都口岸对主要客源地国家或地区实行7天免签和落地签政策。

据介绍，为实现成都旅游跨越式发展，下一步，成都还将创新旅游开发经营机制，将合理开发利用旅游资源，推行所有权、管理权、经营权"三权分离"的旅游景区发展机制。引导旅游产业集聚集群发展，推进旅游项目投资、旅游商品研发、旅游装备制造走园区化、景区化和综合体化发展道路，结合实际建设旅游商品制造产业园、旅游教育和创意产业园区、国家级旅游度假区和大型旅游综合体。

14. 请为以下《人民日报》稿件拟定复合型标题。

材料：

人民日报北京11月19日电 2014年第三轮巡视即将开展，中央纪委副书记、中央巡视工作领导小组成员张军近日在接受采访时表示，在中央巡视组对复旦大学进行专项巡视后，教育部对群众有反映的复旦大学15名校领导进行了提醒谈话。

张军介绍，按照中央的部署要求，从今年3月起，中纪委分两批对6家单位进行了专项巡视试点：3月底到4月底，对科技部、复旦大学、中粮集团有限公司等3家单位进行了专项巡视；7月底到8月底，对国家体育总局、中国科学院、中国第一汽车集团公司等3家单位进行了专项巡视。从巡视单位的类型看，包括了国家部委、国有重要骨干企业、中管高校和中管事业单位等。

张军表示，从巡视时间上看，对每家单位的专项巡视都在1个月左右，比常规巡视的时间少了一半。从巡视效果上看，都实现了预期目的，成效明显。其中包括，促进被巡视单位认真落实党风廉政建设主体责任和监督责任。如，复旦大学优化院系党组织设置，配齐下级党委组织员队伍，强化对支部的分类指导；促进纠正了一批违反廉洁自律规定的问题。教育部对群众有反映的复旦大学15名校领导进行了提醒谈话；促进了对一些重点领域和关键环节的廉政风险防范。复旦大学进一步完善科研经费管理办法，强化预算执行过程监督，加强报销环节审核管理；加强对附属医院大型医疗器械、药品和耗材采购的监管；对江湾校区建设等基建工程严重违规、质量事故等问题，抓紧开展修缮工程，启动责任追究复查程序，加强对基建项目的现场监管。同时，教育部党组向75所直属高校通报了复旦大学的有关情况，要求各高校认真对照开展自查自纠，排查问题隐患。

张军同时表示，今年第三轮巡视将全部进行专项巡视，主要从中央国家机关、中管事业单位和国有重要骨干企业中选择巡视对象；同时，还将择机从巡视过的省（区、市）中选择回访对象。

6.4 考研真题与典型题详解

6.4.1 概念题

1. 新闻标题(上海交大2007年研;西安交大2006年研)

答:新闻标题是指用以揭示、评价新闻内容的一段最简短的文字,它通常被用来指代整篇新闻。新闻标题用大于正文的字号刊于正文之前,它既来自新闻,又对新闻具有多方面的能动作用。新闻标题具有揭示新闻内容、评价新闻内容、吸引读者阅读、美化报纸版面等功能。它具有以下特点:①选材必须标出新闻事实;②表述方式要有确定性,显现动态;③具有时态、语态、标点的特殊要求。按照构成,新闻标题可分为单一型和复合型标题;按照表现手法和表现重点不同,又可以分为实题和虚题。

2. 类题

答:"类题"是一种专栏新闻的标题,而并非为每条新闻所作的题。"类题"的表意很概括、笼统、勉强,算不了严格意义上的新闻标题,但它对于无题来说是一种历史的进步。

3. 大标题

答:大标题是指多条新闻共有的标题。大标题又称横幅、牌子、刊头等。它可以是实题,提示新闻事实,也可以是虚题,表达立场观点。大标题的作用是集纳同一主题的新闻稿件,化零为整,形成报道规模。

4. 引题(中传2015年研)

答:引题是指位于主题之前,用以引出主题的辅题,字号小于主题,常用于说明、引申和烘托主题。因排列有纵向和横向,又分别被称为肩题和眉题。引题不能脱离主题而独立存在,是依附于主题而存在,表现方法、句子结构和外在形式都比较自由。引题的字数可比主题少,也可比主题多。从简洁和美观考虑,两者的数量一般以接近为宜。引题在消息中运用得比较多,在通讯中一般不用引题。引题的功能表现在:①交代新闻的来源、背景和原因;②渲染新闻的环境、气氛。

5. 副题(南京师大2004年研)

答:副题是指主题的辅助题,主要用来补充、解释和证明主题,通常位于主题之后。副题又称子题、副标题,字号小于主题和引题。副题一般宜作实题,不作虚题,字数和行数可比引题更多一些。重要信息较多的新闻,副题可以作成短行的多层题,通常称之为"副题组"。消息和通讯的标题都可以有副题,但消息副题的前面不用破折号,而通讯副题的前面要用破折号。使用副题的情况包括:①如果主题无法概括新闻中重要的信息,就应借助副题予以补充;②如果主题就实论虚,不提供具体事实,受众易觉空泛,就应借助副题予以证明。

6. 分题

答:分题是指穿插在新闻稿件中、对每个部分的主题进行概括的辅题,又称小标题或插题。分题一般用于篇幅较长的新闻中,既是对新闻主标题的补充,又打破了长稿视觉上的冗长沉闷,美化了报纸版面。分题可实可虚,文字以简短为主。有时为了突出文中的精彩之处,也可加以变通。从平衡、美观的角度考虑,每个分题所辖文字和段落不宜差距过大。同时，为了增强整体感，避免凌乱，分题的表现形式也应大体相似，即虚与实、长与短、文言与口语等相对的表现手段，以不错杂在一起为宜。消息和通讯都可使用分题，又以通讯为多。

7. 提要题（中传 2014 年研）

答：提要题是指位于主题与正文之间、用以提纲挈领地概括新闻中的主要事实和观点、给读者以比较详尽的内容介绍的题目。提要题又称作提示题、纲要题，字号介于标题与正文之间。提要题一般用于内容比较重要、篇幅比较长的新闻中，旨在帮助读者迅速了解新闻的主要内容，使读者能在较短的时间内掌握较多的新闻信息。在读者没有时间阅读正文的情况下，这种提要题能够使读者获得满足。现在，这种以概括新闻要点、帮助读者快速阅读的提要题仍然在报纸上占有重要地位。

8. 新闻标题的实题和虚题（安徽大学 2007 年研；暨南大学 2004、2002 年研）

相关试题：虚题（中传 2015 年研）

答：新闻标题的实题是指叙述事实的新闻标题，着重表现具体的任务、动作和事件等。实题可以单独存在。虚题是指发表议论的新闻标题，着重说明原则、道理、愿望等。虚题不能独立存在，它必须依附于实题。实题表述事实，虚题表达立场观点。在许多新闻稿件的标题制作中，既要告诉读者基本的新闻事实，又要表达媒体对新闻事实的态度和观点，就会采取实题与虚题同时出现的方法，做成虚实结合的标题。

9. 统一式标题

答：统一式标题是指结构相一致，标题字数相等或相近，并在版面上以相同的字体字号整齐排列的两条或两条以上的新闻标题。统一式标题适用于主题有共同性的稿件群组，集纳编排，使其成为版面上相对独立的一个部分，这些稿件之间相互联系，表现特定的编辑思想。

10. 标题新闻（南京师大 2004 年研）

答：标题新闻是指以标题的形式对新闻事实的简要报道，是介于标题与简讯之间的一种新型新闻体裁。标题新闻一般具有三个特点：①重要的新闻要素比较齐全；②具备标题的结构和特点；③标题新闻通常比较严肃、简洁，不加修饰或渲染。

11. 双头条（复旦大学 2016 年研）

答：双头条是报纸版面编辑的一种处理方式。一个版上最重要的稿件通常在报纸的最左上方，用各种手段加以突出，它就是报纸每个版的头条。双头条则是有两条标题左右并立在报头之下，一般在两条新闻具有同等重要性时采用。

6.4.2 简答题

1. 简述新闻标题的具体作用。（中传 2011 年研）

相关试题：

(1) 简述新闻标题的功能。（电子科大 2011 年研）

(2) 简述新闻标题的版面作用以及拟制标题的基本作用。（上海大学 2007 年研）

(3) 新闻标题的特点与功能是什么？（电子科大 2012 年研；中央民大 2005 年研）

答：参见本章课后习题第 1 题答案。

2. 新闻标题的类型有哪些?(复旦大学2007年研)

答: 参见本章课后习题第2题答案。

3. 提要题在发展过程中出现了哪些新的特点?

答: 20世纪末期,出现了新型的提要题,主要有以下几方面的特点:

(1)提要题的内容从以往比较全面地概括新闻事实和观点发展到有侧重、有选择地对部分内容加以概括,甚至只对引出新闻事实的某些现象加以揭示,以造成悬念,吸引读者阅读正文。

以提要题制造悬念是一种大胆的突破。有些新闻的提要题,非但不“提”正文之“要”,甚至有意不从正文中选择内容,而是用看似扯得较远的话来引出正文,激发读者的阅读兴趣。

(2)提要题的形式从过去单纯的平铺直叙发展到运用多种表现手法,如描写、抒情、设问等,在结构上讲求灵活多变,富有层次和节奏感。

(3)提要题的版面位置从固定于标题和正文之间发展到灵活多样。总之,随着版面的不断创新,标题的版面形式,包括提要题的版面形式也在不断改变。

4. 简述标题新闻的特点。

答: 标题新闻是以标题形式对新闻事实的简要报道。主要特点有:

(1)标题新闻中重要的新闻要素比较齐全。因为标题新闻是独立存在的,标题下面没有任何解释或补充的文字,要使读者从标题中了解新闻的全部内容,就必须把所有必不可少的新闻要素都包括在标题中。

(2)标题新闻具备标题的结构和特点。标题新闻虽然不依附于新闻而存在,但它在形式上仍然是标题而不是文章。所以,它具备标题的结构与形式,如它可以是单一式的标题即只有一行主题,也可以是复合式的标题,即主题与辅题都有。标题新闻在制作上与新闻标题制作的原理是一样的。

(3)标题新闻通常比较严肃、简洁,不加修饰或渲染。这是由于标题新闻主要用于内容比较严肃、单一的政治、经济、外事、文化等题材的新闻上,而且要用尽可能少的文字说清楚新闻事实,不能给读者造成误会或悬念,在措辞上不宜花哨和繁琐,只求简明扼要、一目了然。

5. 简述网络新闻标题的特点。(湖南大学2017年研;中传2006年研)

答: 网络新闻标题的特点主要体现在以下几个方面:

(1)简洁明了。用最简洁的语言、最直接地把主要新闻事实说出来,而不必像传统报纸那样,讲究各种修辞表达方式,讲究生动形象、对称有韵味等。因为对于众多网络新闻消费者来说,短时间内尽快获知重要新闻才是最主要的目的。

(2)一行实题。这是由网络新闻海量、可存储的特点所决定的。面对互联网络浩如烟海的新闻信息,受众要找到自己需要的信息,新闻标题必须具体实在。一是避免网民因标题太长而分散注意力。二是由于网络新闻在主页上只有标题列表,如果出现虚题,网民可能会不知所云。

(3)求新求活。标题要富有内涵,要求新求活,努力把一行实题做出报纸多行标题的韵味。尽管网络的特性决定了网络新闻标题必须简练,但它作为吸引网民进一步阅读新闻的门径，必须做到新颖、活泼，充分反映内容来吸引“眼球”。

(4)特殊处理当日最重要的新闻标题。在报纸上，最重要的新闻一般都放在头版头条的位置并加以强势处理。网络新闻主页不具有报纸版次、版位、加框加线等版面编辑语言，但突出强调同样可达到先声夺人的效果。比如，配发新闻照片，辅以大字号加大加粗处理的标题等，使每日新闻都有“焦点”，成为与其他新闻网站竞争的“招牌”。

(5)一文多题。由于网络媒体有二级或三级页面的设置，主页标题一般简洁直接，网页内的文章标题相应地就要提供更多更完整的信息，似乎更接近于传统报纸的标题。从主页醒目简练的标题到网页内更具体明确的标题，到新闻报道的全文，再到相关背景资料和深入分析以及相关链接，层层递进，向读者提供全方位详尽的报道。

(6)煽情化。网络煽情新闻的标题往往是其卖点所在。因为在网络新闻的发布中，由于信息容量极大，而且网络新闻的非线性传播模式又不同于平面媒体，新闻在网页中往往是以标题的样式出现，只有受众对此标题感兴趣，才会点击观看详细内容，浏览相关的内容，所以网络新闻的标题就显得格外重要。因此，不少媒体在编辑制作标题时，就加入了刺激受众“眼球”的信息，以增强新闻的吸引力。这种挂羊头卖狗肉式的标题无疑会破坏读者再次阅读的热情，因此应该尽量避免煽情化。

6. 简述网络新闻标题的制作要点。(华东政法 2019 年研)

相关试题：制作网络新闻的标题有何要求？(湖南大学 2017 年研)

答：在传统媒体中，标题是新闻的眼睛，它同样也适用于网络媒体，甚至更加重要。网络新闻标题具有提示内容、评价新闻、吸引受众、信息索引、美化版面等作用。可以说，标题对网络媒体的重要程度远远超过报纸、广播和电视。制作网络新闻标题时要注意以下几点：

(1)题文一致。题文一致主要是指标题与新闻内容的一致性。编辑在制作标题时不能刻意强调新闻的一个方面而忽略了另一个方面。现在许多网站为了吸引网民的眼球，增加点击率，在标题中对网络新闻进行曲解，增加一些噱头在其中。这可能会在短期内增加新闻的点击率，但是长此下去，对网站的声誉和健康发展会造成极大的损害。

(2)重点突出。新闻信息的重点要在标题中得以体现，很多网民在浏览新闻网页时可能只是浏览新闻标题，因此网络编辑要把最具有新闻价值的部分突显出来，可以从以下几个方面入手：突出最新鲜的事实、突出最重要的新闻要素、突出最具趣味性的内容、突出最具冲突性的内容，只有重点突出的新闻标题才会受到受众的关注。

(3)简洁凝练。网站的页面空间是有限的，网民的时间和阅读习惯也决定了在一个页面上不能放置过多的标题。因此，网络新闻标题务求简洁，用最少的字数把最重点的内容表达出来。

(4)新颖生动。编辑在制作网络新闻标题时要注意标题的新颖性，运用多种手法对标题进行改变，让受众看到眼前一亮的标题。可以采用新的角度，做出独树一帜的标题，也可以用新名词或者是流行语来组织标题，吸引受众。另外，要运用多种表现手法，增强新闻标题的生动性。

(5)易读易懂。网络新闻标题是把信息呈现给最广大的网民，编辑在制作网络新闻标题时，要注意标题的大众化，做到易读易懂。用大众熟悉的语言与大众习惯的手法制作标题，让大家一看就能明白新闻内容与新闻重点。特别是在遇到一些涉及专业名词的新闻时，网络编辑要巧妙地转变，让普通大众都能接受。当然，大众化不等于媚俗化，编辑在制作标题时要注意把握度的问题。

7. 网络新闻标题与报纸新闻标题的异同。(南京大学2016年研)

答：(1)新闻标题

新闻标题是用以揭示、评价新闻内容的一段最简短的文字，用醒目的形式刊于新闻之前。

新闻标题拥有以下几方面特点：①概括新闻最主要的事实或观点，并且可以对新闻内容进行评价；②简短、凝练，往往只有一句话或两三句话；③位置通常在新闻之前(小标题穿插在文章中间)，并且通常以不同于正文的字体字号吸引人们关注。

新闻标题的主要功能包括：①划分与组织新闻内容；②揭示新闻内容；③评价新闻内容；④吸引读者阅读；⑤美化版面并表现报纸的风格。

(2)网络新闻标题与报纸新闻标题的相同之处

①基本功能相同

网络新闻标题与报纸新闻标题的基本功能包括：a. 揭示新闻内容、概括新闻事实、提供简要信息，使受众快速了解新闻内容，并引起受众注意；b. 评价新闻内容，通过对事实的选择和安排，对内容直接发表议论，表明媒体态度；c. 吸引受众观看或阅读新闻内容，从而完成新闻传播过程，实现新闻宣传目的。

②都有一定的字数限制

出于新闻标题的概括性以及版面美化等方面的原因，不论是报纸标题还是网络标题，在字数上都有一定的限制，不能过长或过短。

③都追求新奇深度

标题是新闻的眼睛，有一个好的、吸引人的标题，读者才愿意自主阅读。不论是报纸新闻标题还是网络新闻标题，都需要强调其新奇性、深度性，从而提升表达效果，吸引读者阅读。

(3)网络新闻标题与报纸新闻标题的不同之处

①标题形式结构的不同

a. 题文相对与题文分离。题文相对是报纸必须遵守的一条规则，即正文要围绕标题来编辑安排。因为传统意义上的新闻标题除了揭示新闻内容外，还起着划分版面，组织内容的作用。而在网络新闻时代，为了节约版面，新闻导读首页全部采用标题导读，正文采取超链接的方式与之联系，因而与正文出现了分离。另外，非重要新闻由于主页页面的限制和突出重要新闻的需要，就在每类新闻频道以“更多的新闻”之类的形式将标题放在与主页链接在一起的另一从页上。

b. 标题复杂与标题简单。报纸新闻标题大都是复合型结构，除主题外还有辅题，辅题又包括引题和副题。而网络新闻标题由于导读面的限制，除了特别重要的新闻在标题下有提要题外，一般情况下即使运用了复合结构，也只有单行标题；并且网络新闻标题导读首页不允许出现虚题，必须让网民了解标题的内容，以便确定是否继续点击。

c. 单一媒体与多媒体。报纸标题的种类单一，以静态文字标题为主，只能通过改变字体大小、颜色、方向来突出重点，偶尔辅以图片标题。而网络标题除了文字标题外，还有图片标题、视频标题、动画标题等，并可以进行24小时滚动，或添加一些表意符号来突出标题。

②标题功能的不同

a. 告知与吸引。报纸新闻标题的首要功能是揭示新闻内容，即告知读者发生了什么事。而网络新闻标题第一功能是吸引，只有将最重要的信息传达给受众，才能吸引受众的眼球，而不必全面概括新闻。由于网络新闻标题过分强调吸引功能，甚至出现了标题党现象。

b. 美化版面与链接搜索。报纸标题有统领稿件、划分版面的作用。网络标题采取分层引导超链接的形式，在美化版面的基础上还提供链接和搜索功能。

③标题内容的不同

报纸新闻标题与网络新闻标题在内容特点上也存在较大的差异。在报道社会新闻、娱乐新闻方面，传统的报纸一向以严肃的报风著称。而网络新闻则为了提高点击率，充分体现其标题的吸引功能，可能选择哗众取宠、耸人听闻，导致其风格庸俗化。

8. 简述新闻标题的结构和制作要求。（四川大学2018年研）

答：新闻标题是用以揭示、评价新闻内容的一段最简短的文字，用醒目的形式刊于新闻之前。

(1)新闻标题的结构(参见本章课后习题第2题)

(2)新闻标题的制作要求(参见本章复习笔记相关内容)

9. UC浏览器上的新闻标题被调侃为"UC震惊部"，自媒体大号咪蒙的很多标题也引人争议。你对新媒体标题有怎样的理解和认识？写好新媒体标题应该考虑哪些因素？（陕西师大2018年研）

答：(1)新媒体标题的概述

在传统媒体中，标题是新闻的眼睛，它同样也适用于新媒体，甚至更加重要。新媒体的写作和阅读是以一种超文本的形式呈现出来的，受众看到的正文大部分是通过点击网络新闻标题进入的，因此，一则新闻标题是否吸引人，是否能够说明问题，关系到标题的点击率和正文的阅读率。在网络或新闻传播中，主要新闻信息都由新闻标题来承担，新媒体标题的作用体现在提示内容、评价新闻、吸引受众、信息索引、美化版面等方面。可以说，标题对新媒体的重要程度远远超过报纸、广播和电视。

(2)新媒体标题的特点

①多媒体的特征

网络传播包括了以往媒体的所有表现形式，因此，在标题制作方面，可以充分发挥网络的多媒体优势，将文字、图像、音频、视频等有机地结合起来。编辑为了强调某一篇特定的报道，可以通过在标题中加入图片、音频或视频内容来吸引受众阅读。

②题文分离

在新媒体传播中，新闻的标题和内容是分离的，它们以超链接的形式存在。受众点击标题才能进入新闻的主体进行阅读，这打破了传统媒体的新闻阅读规律。新媒体标题题文分离的特性要求编辑在制作标题时要注意标题信息"藏"与"露"的问题，既要把信息呈现给受众，又要能吸引他们去点击。

③单一标题为主

网络新闻标题主要是以一行标题为主。首先，这是由网络媒体本身的特性决定的，网络的海量信息和首页版面的限定性要求用单行标题，单行标题比较容易排列，有利于网页本身的美观；其次是受众阅读习惯的要求，多行标题的使用需要网民换行阅读，容易造成网民的视觉负担，使网民产生厌烦的情绪，单行标题的使用则可以让网民快速地了解新闻信息。

④实题为主

新媒体标题一般以实题为主，因为实题可以完整地传递信息，有助于用户快速了解新闻事件。

(3)写好新媒体标题应该考虑的因素

①题文一致

题文一致主要是指标题与新闻内容的一致性。编辑在制作标题时不能刻意强调新闻的一个方面而忽略了另一个方面。现在许多网站为了吸引网民的眼球，增加点击率，在标题中对网络新闻进行曲解，增加一些噱头在其中。这可能会在短期内增加新闻的点击率，但是长此下去，对网站的声誉和健康发展会造成极大的损害。

②重点突出

新闻信息的重点要在标题中得以体现，因此新媒体编辑要把最具有新闻价值的部分突显出来，可以从以下几个方面入手：突出最新鲜的事实，突出最重要的新闻要素，突出最具趣味性的内容，突出最具冲突性的内容。只有重点突出的新闻标题才会受到受众的关注。

③简洁凝练

网站的页面空间是有限的，网民的时间和阅读习惯也决定了在一个页面上不能放置过多的标题。因此，新媒体标题要务求简洁，用最少的字数把最重点的内容表达出来。

④新颖生动

编辑在制作网络新闻标题时要注意标题的新颖性，运用多种手法对标题进行改变，让受众看到眼前一亮的标题。可以采用新的角度，做出独树一帜的标题，也可以用新名词或者是流行语来组织标题，吸引受众。另外，要运用多种表现手法，增强新闻标题的生动性。

⑤易读易懂

新媒体标题是把信息呈现给最广大的网民，编辑在制作新媒体标题时，要注意标题的大众化，做到易读易懂。用大众熟悉的语言与大众习惯的手法制作标题，让大家一看就能明白新闻内容与新闻重点。特别是在遇到一些涉及专业名词的新闻时，新媒体编辑要巧妙地转变，让普通大众都能接受。当然，大众化不等于媚俗化，编辑在制作标题时要注意把握度的问题。

10. 新媒体语境下如何拟定优秀的新闻标题？(暨南大学2016年研)

答：新闻标题，是指在新闻正文内容前面，对新闻内容加以概括或评价的简短文字，其作用有划分、组织、揭示、评价新闻内容，吸引读者阅读，美化报纸版面等。

“题好文一半”，新闻标题作为新闻的“眼睛”，对一篇新闻的传播效果理想与否起着至关重要的作用。新媒体环境下，无论是在微博、新闻客户端上还是在微信公众平台上面，直接给受众呈现的并不是全部的新闻内容，而单单是新闻标题以及新闻中所涉及的某些新闻图片而已，在这种情况下，新闻标题拟定得精彩与否直接关系着读者是否点击阅读新闻，进而直接影响新闻的阅读量与传播效果。

在新媒体语境下，拟定优秀的新闻标题可从以下几方面着手：

(1)由“复合题”向“单式题”转化

虽然复合题能够以较多的文字和虚实结合的方式表达出更为完整的含义，在传统媒体版面上有版面艺术美，但复合题因为其“多行”特性需要占据较大空间，在新媒体上并不适合，相反还会有碍于新媒体上新闻编排的美化。在窄窄的一条新闻标题的位置上写上过多的文字，会给人烦琐之感；而在主题下面配上与主题相关的图片，直接诉诸人的视觉会更能吸引读者的眼球，具有更好的传播效果。

(2)巧用夸张、拟人、比喻等修辞手法

新闻标题中运用适度的夸张修辞手法进行表达，往往有较强的吸引力和感染力，对新闻本身所传达的内容也有一定的强调作用。同样，运用拟人手法，将事物人格化，能够更巧妙地传递作者所提炼出的新闻的主旨。而使用比喻，则可以通过以一物喻另一物让表达更清晰明了、形象生动，符合新媒体环境下受众的阅读需求。当然，新闻写作要处理好新闻真实性要求和适度修辞之间的关系，即使是标题写作也不例外，可以通过给修辞表达加引号等方式取得二者平衡。

(3)多用口语化、大众化的表达

新媒体相对于传统媒体而言，其表达具有口语化和大众化倾向，这种倾向不仅体现在新闻写作上，还体现在新闻标题的制作上。新媒体环境下，读者的阅读习惯已经由深阅读变为浅阅读和浏览。与此同时，读者更看重标题内容是否揭示事实而非标题语言、形式是否规范优美。通俗化的口语表达最容易理解，也最符合新媒体传播特征。

(4)切忌过度修辞，成为“标题党”

虽然在新媒体环境下，标题越夸张、配图越有趣越能吸引受众的注意力，但是新闻工作者切不能为了点击率与浏览量便抛弃新闻伦理，做一个“标题党”。媒体在拟定标题时，不可为了吸引眼球而过分夸大其词，或文不对题诱骗读者。专业的新闻媒体更要在新媒体环境中保持自身的专业性，与一般的自媒体拉开差距，找到自己的定位，树立自己的权威。

6.4.3　论述题

1. 试述新闻标题的制作要求和方法。

答： 新闻标题的制作是新闻编辑的基本业务技能之一。胡乔木曾说，有时想一个好标题，等于写一篇文章所用精力的二分之一。标题制作的不易，由此可见一斑。制作出好标题需要掌握以下要求和方法：

(1)从新闻中选择列入标题的内容

新闻标题能否吸引读者，首先在于标题告诉读者的内容是不是他们最想知道的和最感兴趣的。标题比新闻篇幅短、字数少，不可能将新闻稿件中的所有要点和细节都写在标题中，所以，做好新闻标题的首要一步，是要善于挑选写进标题中的内容。

①标题应该告诉读者新闻中最新鲜、最重要的事实和观点。新闻的价值在于它能把最新发生的事实告诉读者，它最吸引读者的地方也就在于一个“新”字。新闻标题要能够满足

读者的求知欲，能够吸引读者，也同样要讲求这个“新”字。因而在考虑把新闻中的什么内容写入标题中时，注意力首先应放在那些最新鲜最重要的事实或观点上。

②标题应该告诉读者新闻中最有特点的事实与观点。好的新闻标题不仅告诉读者最重要的新闻信息，而且还能够使读者感觉到这条新闻与其他同类题材的新闻不同。在新闻传播活动中，同一新闻题材多次进行报道的情况是难免的，在报道新闻时，要注意表现“这一个”与其他的不同，做标题也要同样需要突出个性。

③标题选择的事实和观点要与新闻内容的本质相一致。标题虽然是从新闻中选择事实与观点加以表述，但由于标题字数和结构的限制，这种表述与文章中的表述往往不一样。标题比正文更加概括和简练，要用最少的文字容纳最多的信息。如果概括不全面，只说了部分事实而漏了其余，就会出现标题与新闻内容不相一致的情况。

(2)确定标题的立场态度和感情色彩

新闻标题的首要功能是揭示新闻中最主要的事实，而对事实怎样揭示，本身就有立场态度与思想感情寓于其中。

①用事实说话——通过对事实的选择表达立场和感情。标题采取什么样的政治倾向与感情色彩，与发布新闻的特定时代背景和客观环境是密不可分的。因此，在制作标题时，就要针对当前的形势考虑标题应该起到怎样的舆论导向作用，使读者有所悟、有所得。

②选择恰当的角度——制题的立足点可以传递情感。标题的角度不同，读者的感受也会不同。从贴近媒体受众的角度制作标题，就是要找准与受众在心理上、情感上最能贴近的那一点，使他们感觉到新闻与自己有关。

③选择恰当的字词——语言要能够准确地传情达意。我国汉语言文字非常丰富，同样一个行为，用不同的词来形容，读者的理解也会完全不同。标题在表述事实时同样如此，标题的遣词造句也能够表现立场和情绪。因此，编辑在标题的语言运用上要多动脑筋。

④掌握分寸——表达感情色彩应与报纸的性质和特点相称。新闻报道具有引导舆论的作用，这种引导是建立在及时准确地反映客观现实的基础上的。所以，新闻报道一方面要立场鲜明地反映现实，另一方面又要保持客观公正的态度。它既不能对社会变动、社会问题无动于衷，态度暧昧，也不能对群众的某些不健康的需求或情绪一味迎合。所以，新闻标题在表明立场态度的同时，还要注意“度”的把握，过犹不及。

(3)确定标题的结构和表现手法

新闻标题应该选择什么样的结构，是由标题的内容与编辑部的报道意图决定的。一般情况下，编辑在制作或修改新闻标题时，主要考虑以下几方面：

①根据稿件的重要性、篇幅长短和体裁决定标题结构。通常，重大报道题材、放于头条的新闻、篇幅较长的稿件可以考虑采用长标题、复合式标题。反之，不重要的、短小的稿件，更多地考虑用单一式的标题、短标题。标题结构与新闻体裁也有关系，比如消息标题必须标出新闻事实，通讯标题可以标出事实，也可以不标出事实，重在抒情或议论。

②根据新闻报道意图决定标题的结构。为了实现正确引导舆论的报道意图，对标题结构的安排往往要采用复合式结构，虚实结合，既说明事实也发表意见。

③根据媒体的一贯风格制作标题，以保证媒体形象的相对稳定性。标题是媒体展示个性特色的重要方面，成熟的媒体在标题的制作与版面安排上一般都有自己的特点，新闻编

辑制作新闻标题，除了要考虑新闻重要性、篇幅、体裁和报道意图这些因素之外，还要考虑自己的媒体一贯的传统和特色，这样才能使媒体在整体上保持相对稳定的风格。

④根据当日版面编排的需要决定标题的结构。标题是版面上的“局部”，它应该服从版面整体的需要。所以编辑制作标题与记者或作者写稿时制作标题的考虑有所不同，他一方面像记者或作者一样从稿件本身出发考虑标题的制作，另一方面还要考虑这条标题与其他标题、这篇稿件与其他稿件之间的关系。

⑤采用具体形象的表述方式，使标题形象生动。在确定了标题的结构以后，标题要形象化，就是要化静为动，化虚为实，多些具体细节的表现，少些抽象笼统的概括。激发读者的阅读兴趣。

⑥适当运用修辞手法，使标题形象生动。借用修辞手法，有助于新闻标题形象化地表现新闻内容，这也是编辑应予以重视的一种方法。经常用在新闻标题中的修辞法有比喻、比拟、借代、排比、复叠、对偶、对照、衍化、双关、设问、质问、反问、拈连等。

(4)锤炼标题的文字

制作标题的第四步是锤炼标题的文字。新闻标题要用大于正文的字号刊登出来，如果字数太多，在版面处理上就很难突出，甚至会排不下。所以，标题不仅要求具体、准确、生动，而且要求简练，主要可以从下面几方面着手：

①压缩标题的内容。在初步写好一条标题之后，先检查一下标题中是否容纳了一些不重要的内容，然后对那些相对不重要的内容进行压缩。

②删除标题中多余的字词。标题长，往往与语言文字不够精简有关，如有些标题重复使用同一个词或意义相近的词，或者使用了一些意义不大的字和词等。所以，锤炼标题的文字，就要对这类重复的或可有可无的词与字进行删除。

③通过改变叙述方法使标题简洁。有时标题字数较多，在内容与字句上都不便“动手术”，可以考虑改变叙述方法使标题变短。

④适当采用简称。在标题中必须标出的地名、人名、单位和机构名称、国名、事件名等，如果有简称，可以考虑适当采用，以减少标题的字数。如“中华人民共和国政治协商委员会”可以简称“政协”，“朝鲜民主主义人民共和国”可以简称“朝鲜”。但要注意运用简称必须得当，要符合惯例和约定俗成，不能生造。

2. 标题党的表现、成因与危害。（浙江大学2016年研）

答：(1)标题党及其表现

标题党是对在以互联网为代表的媒体上通过制作幽默、新奇、耸人听闻或者媚俗、低俗、庸俗等标题来吸引网友注意力，以达到增加点击量、知名度或者谋取经济利益等各种目的的网站编辑、记者、管理者和网民的总称。

在互联网新媒体上，标题党的主要表现包括：

①标题与文章内容不对应，所表达的信息与文章主体内容的基本事实不一致。

②标题暧昧含混，所指不一，容易产生歧义。一些网络标题常以“性”的暗示作噱头，在标题的语境下引入“性”的暗示信息，而文体本身则与性毫无关系，借此写作手法来刺激受众，引诱受众点击链接继续读下去。

③标题以点概面，不能够准确、全面的反映文体本身。标题和文体之间应该是反映和

被反映的关系，标题应该准确、全面地反映文体本身所包含的内容，但某些网络娱乐新闻标题为了吸引受众的眼球，刻意抓住新闻内容中一些无关紧要的话不放，并故意夸大、渲染而把其提炼成新闻标题，这种以偏概全的写作手法也是标题党的惯用形式。

(2)标题党的成因

①网络传播的快速发展为标题党的产生提供了客观环境。网络具有海量性、时效性、内容多样化、跨时空等特点，每天有不计其数的媒体利用网络进行新闻传播，一篇文章要引起网友注意并不容易，所以为文章取一个新颖的标题非常重要。而网站通常以点击量来决定一篇文章的价值，在利益的驱使下，文章的标题开始越来越新颖，以至于达到“题不惊人死不休”的地步。

②互联网页面布局的变化促使标题党产生。由于互联网具有信息的巨大容量和快速更新等特点，页面布局相对固定，导致标题字数受到行宽的限制。新闻报道转变为以“标题列表”的模式进行“滚动”，受众进入各大门户网站所看到的不再是“标题 + 内容”的传统新闻报道，而是“标题列表”形式的新闻题目。因此，新闻标题在网络传播中发挥了新的作用，怎样写出的标题能吸引读者便成为了每家媒体的研究内容。

③商业化利益的驱动，新闻专业主义缺失。在商业利益化的驱使下，网站为了获得较高的收益，就必须有更高的流量来获得广告商的青睐，网站提倡“一切为了点击率”，高点击率就意味着高权威性和影响力，从而获得高收入。在商业利益的推动下，网络娱乐功能恶性膨胀，出现诸如标题党之类的恶搞现象也就不足为怪。

(3)标题党的危害

①标题党的出现违背了新闻的真实客观公正原则，违背了马克思列宁主义新闻观的原则，使新闻报道脱离实际，失去了新闻的价值，是对新闻事业的破坏。

②标题党误导事实、扭曲真相，严重损害新闻媒体的公信力和社会形象。

③标题党对新闻当事者的声誉造成极大的伤害，损害了新闻当事人的合法权益，甚至可能在国内国际造成恶劣的政治影响。

④标题党对社会造成不利影响。标题党刻意突出新闻事件中的不和谐音符，从新闻事件本身或新闻当事人的言论中挖掘敏感话题大肆渲染，以掀起社会舆论的浪潮。由于标题党涉及的报道领域往往与当下最敏感的政治改革、社会矛盾冲突，关系群众切身利益的民生新闻等有关，与新闻事实不相符的标题很容易激化社会矛盾，挑起公众情绪，甚至诱导错误行为，带来难以估量的后果，对于化解矛盾、保持社会稳定发展极为不利。

综上所述，网络新闻标题制作显然不只是编辑的业务技巧问题，还是其职业道德、社会责任感的具体表现。在激烈的新闻竞争中，固然要提倡新闻业务创新，但创新不能以违背新闻专业规范和职业道德为代价，更不能因媒体或编辑个人的眼前小利而造成对公众和社会的损害。

6.4.4 实务题

1. 请为以下新闻(材料略)制作多行标题和导语。(南开大学2011年研)

答：(1)多行题示例如下：

冯骥才香港开讲，谈文化保护

笑称与“90后”无代沟

(2)导语示例如下：

本报×月×日讯 7月25日，冯骥才在香港书展以“我在做什么”为题作了演讲，主要讲了中国文化知识分子在社会转型时期的责任及思考，以及中国的非物质文化遗产的现状和问题。讲座上“90后”也表达了对文化保护的关心，冯骥才笑言与其无代沟。

2. 根据材料(材料略)改写消息，并拟一个主题类标题。(复旦大学2015年研)

答：(1)改写消息略。

(2)主题类标题示例如下：

北京北海地坛公园暗藏高端会所(主题)

公园管理员：别报道了，曝光也没用(副题)

3. 为编写好的消息(材料略)制作一条单一型标题和一条复合型标题。(电子科大2011年研)

答：(1)单一型标题示例如下：

南方多省出现柴油荒

(2)复合型标题示例如下：

南方多省出现柴油荒

突击限电是导致柴油供不应求的关键

4. 根据材料(材料略)回答问题(人大2016年研)

(1)改写600字消息。

(2)拟定一个单一性标题，一个复合型标题。

(3)写评论文章的第一段并拟定标题。

答：(1)改写消息略。

(2)①复合型标题示例如下：

中央价格改革意见：推进宽带网络提速降费(主题)

总理工信部再三敦促　与用户期待仍有差距(副题)

②单一型标题示例如下：

中央价格改革意见再提网络提速降费

(3)①标题示例如下：

提速降费势在必行，运营商应着眼长远

②评论第一段示例如下：

近一年来，互联网提速降费被再三提及，三大运营商虽然早已公布各自的“提速降费”方案并开始采取行动，但收效却不甚理想，难以满足老百姓的期待。当前形势下，运营商提速降费已是势在必行，政策的落地固然需要算经济账，但却不能停留于无休止的讨价还价和简单的利益核算，还应当看到政策背后的广阔前景和时代趋势。

5. 新闻采写编评。(人大2016年研)

材料：

11月20日是“世界儿童日”，微信与中社儿童安全科技基金、腾讯公益联合发布了“中国儿童失踪预警平台(CCSER)”。这是国内第一款儿童失踪预警平台，如果家长在平台为孩子建了“防丢档案”，万一孩子失踪，就可以迅速打开微信发布预警。周边的微信用户(“志愿者")能在最短时间内收到推送的寻人信息，并在失踪黄金3小时里，分别形成半径30公里、90公里乃至690公里的寻人圈。

(来源：扬子晚报；2015年11月23日)

(1)撰写一篇(组)融合新闻报道的深度策划案。

(2)为报道中的主打消息写一个导语(200字以内)，并撰写一个标题。

(3)策划一个电视新闻调查报道，时长20分钟左右。说明此次调查报道的选题理由和宗旨。

(4)策划一个电视新闻调查报道，时长20分钟左右。写出电视调查报道的标题。

答：(1)全媒体融合新闻报道深度策划方案示例如下：

①媒体选择：《新京报》。

②报道范围："中国儿童失踪预警平台"的发布(背景资料、倡导者、运营管理等相关情况)；平台的使用与志愿者参与情况；社会各界对该平台发布的反响以及未来运营管理的期待。

③报道重点：重点介绍"中国儿童失踪预警平台"现阶段的使用与普及情况，以号召广大民众与志愿者参与，发挥积极的社会效应。

④报道时间：11月21～11月23日

⑤人员安排：深度报道记者2名，编辑2名，网站与新媒体编辑2名。

⑥发稿计划：

11月21日

a. 报纸：发布800字消息，介绍"中国儿童失踪预警平台的发布与简单的操作方法，并将栏目链接到网站；发布相关信息图表，如当年内中国失踪儿童分省统计表；发表时评，如关于如何保障儿童的人身安全。

b. 网站：首页设置本专题栏目相关链接，该栏目同步报纸上的消息与评论，并结合网站可视化特点发布数据新闻报道，开放评论，及时关注网友评论并进行反馈。

c. 新媒体：利用微信公众平台推送新闻事件报道及相关文章，如关于如何保护儿童安全，以及招募"中国儿童失踪预警平台"志愿者等；利用微博发布相关新媒体报道，重点在于吸引广大受众参与，如《九张图告诉你如何使用"中国儿童失踪预警平台"》《【图文】"中国儿童失踪预警平台"志愿者招募》。

11月22日

a. 报纸：发表图文专访报道，展示相关专家如何看待"中国儿童失踪预警平台"的建立与发布；发表数据新闻，客观评述中国儿童失踪现状，以及平台的建立可能带来的改变；继续发表时评，内容针对如何保障儿童安全或者各有关方面对平台的期待。

b. 网站专栏：发布专家专访视频，包括专访全录和切条短视频。

c. 新媒体：利用微信、微博发布中国儿童失踪现状调查、关于"中国儿童失踪预警平台"使用的调查、以及社会各方对此话题的热点评论等。

11月23日

报纸、网站和微信微博等新媒体联动发布与主题相关的内容，形式可与前两日相同，内容进行呼应或补充，重点在于形成系列报道强势，强化宣传普及的效果。另外，本日全媒体组合报道可将平台的使用和招募平台志愿者作为报道重点。

(2)①导语示例如下：

新华社11月21日电　11月20日，微信与中社儿童安全科技基金、腾讯公益联合发布“中国儿童失踪预警平台(CCSER)”。一旦儿童失踪，家长可迅速打开微信，在CCSER儿童失踪预警平台上，基于已经建立的儿童防丢档案，及时发布预警信息。周边微信用户(“志愿者”)将在最短时间内收到推送的寻人信息，并在失踪黄金3小时里，分别形成半径30公里、90公里乃至690公里的寻人圈。

②标题示例如下：

中国儿童失踪预警平台今日发布(主题)

家长发布预警信息　志愿者帮助寻找儿童(副题)

(3)①选题理由：中国儿童安全问题已经不容小觑，每年有很多儿童被拐卖，找回儿童却困难重重。本次调查报道以“中国儿童失踪预警平台”的发布为新闻由头，从调查中国儿童安全现状入手，重点关注走失儿童及其家庭的现状，并结合该平台的运行使用，以及相关方面对此的意见、建议和期待，探讨如何防范儿童走失悲剧的发生。

②选题宗旨：保护儿童安全，促进下一代健康成长。

(4)电视调查报道标题示例如下：

联结的力量——中国儿童安全保护现状调查

6. 请为下面这篇稿件(材料略)制作一条标题。要求标题必须是引、主结构；引题是虚题。

答：标题示例如下：

相互制约才能相互促进(引题)

河北临西振兴教育，让教师决定领导升降(主题)

7. 做标题。(中国青年政治学院2009年研)

2008年11月27日，从蒙古国南下的较强冷空气入侵北京地区，刮起了四五级偏北风，虽然南郊观象台白天最高气温达到8.7℃，但强劲的北风很容易带走人身体的热量，让外出的市民感觉到寒意阵阵，也敲响了严冬即将来临的警钟。昨天在逐渐加大的北风作用下，天空浮云消散，能见度迅速转好，空气又变得清新起来了。

答：标题示例如下：

强冷空气袭京，严冬清新来临

8. 请为如下新闻(材料略)制作多行标题和导语。(南开大学2010年研)

答：(1)标题示例如下：

行业发展带动人才需求

金融房产电子商务需大量高端人才

大学教育应紧跟市场需要

(2)导语示例如下：

本报×月×日讯　今年上半年，金融业、房地产业和电子商务行业发展迅速，并产生了大量人才需求。高端人才需求急增两三成，大学教育与市场需求有待进一步贴近。

9. 为本篇报道(材料略)配置标题，标题字数不超过10个。(河北大学2009年研)

答：标题示例如下：

奔走乡间——为了秋粮丰收

10. 为下则消息分别制作单一型标题和复合型标题。(四川大学2010年研)

8月27日，央视《朝闻天下》批评了一款名为“摩尔庄园”的网络游戏。这款游戏年幼的玩家们(许多在12岁上下，有的只有8岁)坚称，来自成年人世界的批评“愚蠢”和不公允。在他们眼里，这款游戏也许远比大人们想象得要重要和优秀。这里有可爱的宠物，还有可以倾诉的伙伴。这里的成员被称为公民，他们学着互相帮助和监督。他们还有一份属于自己的报纸《时报》，并由他们自己担任记者。他们(无法确知有多少孩子参与了这次行动——也许成千上万)当天一起围攻并踢爆了该栏目的百度贴吧。

(来源：《中国青年报》)

答：(1)单一型标题示例如下：

媒体批评“摩尔庄园”遭年幼玩家抗议

(2)复合型标题示例如下：

《朝闻天下》贴吧被踢

媒体批评“摩尔庄园”遭年幼玩家抗议

年幼玩家认为该游戏重要且优秀

11. 给下面的消息(材料略)分别制作单一型和复合型标题。(西安交大2008年研)

答：(1)单一型标题示例如下：

曾两次获普利策奖的美国文学家诺曼·梅勒逝世

(2)复合型标题示例如下：

生前两次获普利策奖，但饱受争议

美国文学家诺曼·梅勒逝世

有过六段婚姻，竞选过纽约市长

12. 记者写出如下报道(材料略)，总编对标题不甚满意，请为这篇报道改写五个标题。(苏州大学2007年研)

答：改写示例如下：

(1)交通局公安局联合出击：紧抓驾驶员培训和考试

(2)浙江上半年交通事故频发

交通公安两部：将严肃查处违规驾驶培训

(3)彻底封杀“马路杀手”

交通公安两部联手整治违规驾驶培训

(4)杭州市严肃查处违法驾驶培训

违规培训学校与教练人员将受到严肃处理

(5)交通局公安局严格管理驾驶员培训考试

申请考试人员务必完成规定训练要求，取得培训结业证

13. 请将下列新闻（材料略）的标题制作为某门户网站首页中的新闻频道推介标题。

答：推介标题示例如下：

成都有望实行落地签政策

14. 请为以下《人民日报》稿件（材料略）拟定复合型标题。

答：复合型标题示例如下：

中央巡视组第三轮巡视来袭

15 名复旦大学校领导被“请喝咖啡”

第七章 新闻照片与信息图表

7.1 复习笔记

【知识框架(庖丁解牛)】

- 新闻照片与信息图表
  - 新闻照片与信息图表的兴起及发展
    - 新闻照片与信息图表的兴起
    - 新闻照片的发展概况与作用
    - 信息图表的发展概况与传播优势
  - 新闻照片的选择与编辑
    - 新闻照片选择的标准
    - 新闻照片的编辑方式
  - 信息图表的设计与制作
    - 信息图表的功能
    - 信息图表的构成要素
    - 设计、制作信息图表的准备工作
    - 信息图表的设计要求与制作原则
    - 设计、制作信息图表的重要环节
  - 互动式信息图表
    - 互动式信息图表的类型
    - 互动式信息图表的应用特征
    - 互动式信息图表的设计

【考点难点归纳(厚积薄发)】

考点一：新闻照片与信息图表的兴起及发展(见表7-1) ★★

表7-1 新闻照片与信息图表的兴起及发展

要点	具体内容	
兴起	信息社会的发展	把新闻信息以照片、图表的方式展示出来，将成为新闻传播、信息交流的重要方式
	受众阅读行为的变化	受众的阅读方式转变为“图形阅读＋文字阅读”，该方式既可节约阅读时间，又能降低阅读的心智成本，减少枯燥，增加趣味
	媒介传播技术的进步	制图软件的升级换代使得信息图表的设计与制作突飞猛进，动态图表、立体仿真图等展现出强大的视觉冲击力和感染力
新闻照片的发展概况	①20世纪中后期电视的出现，有力地推动了报纸对照片的运用，照片在报纸版面上多起来、大起来成为普遍现象。 ②1990年8月，我国首届总编辑新闻摄影研讨会提出“图文并茂，两翼齐飞”的方针，这是图片在我国报纸传播中地位提升的标志。 ③20世纪90年代中期我国新闻界开始使用数码技术，这是推动新闻摄影产生重大变革的关键一步	

续表

要点	具体内容
新闻照片的作用	包括：①吸引注意，方便理解和记忆；②佐证新闻事实的真实性；③再现新闻场景，纪实历史；④营造版面的视觉中心
信息图表的传播优势	包括：①传播信息的效率更高；②再现难以摄取形象的新闻事物；③传播信息时简洁直观，更具易读性；④可以突破时空限制

考点二：新闻照片的选择与编辑（见表 7-2）　★★★

表 7-2　新闻照片的选择与编辑

要点	具体内容	
选择标准	①内容真实自然。 ②报道题材具有新闻价值。 ③画面形象具有视觉冲击力和感染力。 ④景物层次丰富、对比清晰、制作精良，有利于制版印刷。 ⑤内容具有正面的社会效果，力戒负面作用。 ⑥内容和形式符合报纸的特点。 ⑦综合考虑照片之间的相互配合，避免画面重复	
编辑方法	采用方式	包括：①独立编发的新闻照片；②配合文字稿件的照片；③专题新闻摄影系列照片；④照片专栏；⑤照片专版
	编辑方法	①照片剪裁。需注意：a. 修正构图；b. 调整长宽比；c. 确定篇幅大小与外形。 ②编写文字说明。包括：a. 读者应知道但照片无法全部传递的信息；b. 照片拍摄者或者照片来源的文字介绍。 ③制作新闻照片的标题。包括：a. 写实性的标题；b. 写意性的标题

考点三：信息图表的设计与制作　★★★

1. 信息图表的功能（见表 7-3）

表 7-3　信息图表的功能

要点	具体内容	
制作流程	信息图表的设计与制作是一个搜索、过滤、整理和表达信息的过程，从分析信息、挖掘数据、设计图表到视觉展示，高效清晰地传递信息是整个工作的核心	
功能	信息整合功能	整合不同时空内的信息，挖掘信息的价值、数据的意义
	视觉审美功能	让受众在视觉上得到享受，在心理上产生愉悦感和收藏的欲望
	互动服务功能	受众可以在图表的多层次信息中任意选择

2. 信息图表的构成要素（见表 7-4）

表 7-4　信息图表的构成要素

要点	具体内容	
形式	文字	语言的载体和形态、传递思想的通用符号、信息图表的必要构件

续表

要点	具体内容	
形式	图形	主要包括点、线、面、箭头、标识、图画和照片等。具象图形元素清晰而明确，便于信息快速传达和简单接收。抽象图形元素可以营造阅读秩序，信息表达功能很强
	色彩	表达思想和传递情感的中介，在信息图表设计中用来区分信息
内容	标题	信息图表自成一体的标志，无标题图表不能达到传播新闻的目的
	信息来源	指图表内容的来源，它和绘制者一同确保信息的真实性
	时间地点	标注新闻发生的时间地点，是重视新闻时效性的表现
	新闻主体	指新闻的焦点，它需要制图者用鲜明的形象来揭示
	文字注释	消除受众在阅读图表时的信息不确定性的文字
	绘制者	指负责信息图表绘制的主体

3. 设计、制作信息图表的准备工作、要求与原则(见表7-5)

表7-5 设计、制作信息图表的准备工作、要求与原则

要点	具体内容	
准备工作	前提条件	①需要用图像传播信息而没有照片时。 ②摄影、摄像受限无法采制出所需图像时。 ③平面媒体需在版面上营造视觉中心，或渲染气氛时
	准备资料	①收集报道对象的全部信息。 ②记者采集的信息与编辑掌握的信息有出入时，要反复核对、确认
	平时的准备	①培养和强化采编人员的制图意识。 ②建立完善的合作机制和考核激励机制。 ③建立资料齐全的数据库
设计要求与制作原则	准确性	①事物的内容、性质或数量等表达无误。 ②确定精确的表达对象
	易读性	①精简信息，删除不必要的信息，分解枯燥的文字、数据。 ②尽量使用简单易懂，具有普遍性的图形符号传达信息。 ③建立信息秩序，理顺信息之间的逻辑关系，组织合理有序的信息结构
	艺术性	使用特异、新颖的图形元素营造刺激点，以吸引受众注意

4. 设计、制作信息图表的重要环节(见表7-6)

表7-6 设计、制作信息图表的重要环节

要点	具体内容
选择合适的题材	①考虑信息图表的题材。 ②判断文字稿的新闻价值与新闻要素，将最重要的信息放到图表的概括性文字中
收集和提炼信息	①依据文字资料收集信息。 ②查阅书籍更新背景资料。 ③对采集到的信息或数据进行分类、归纳、简化、提炼等加工

续表

要点	具体内容	
创意凸显主题	具象创意	指以写实为依据，开门见山，直指主题的创意方法
	抽象创意	指借助抽象的符号、图形，帮助、暗示或者引导受众产生指向性的联想，以抽象来表现意境和精神
选择恰当的色彩	①色彩必须传递特定的信息。 ②色调统一于主题基调并与主题和谐。 ③色彩可以使信息图表设计富有美感、令人愉悦，同时可强化重点信息、弱化次要信息	
合理安排构图	①构图应以核心信息为主体。 ②常见的构图方式有：a. 灵活运用对称式构图；b. 调整优先率，引导阅读顺序；c. 以段组划分版式，增强易读性	
确定合适的文字样式	图表编辑在选择、处理文字、数字的字体字号、行距字距时要精心	
核对检验细节	①查看标题、解释性或概括性文字、点、线、图标、色彩、制图人署名及所属媒体等要素是否齐全。 ②核对是否有事实性差错、技术性差错。 ③准确而直观地传达、展现事实，结构排列有序，设计明晰简洁	

考点四：互动式信息图表（见表 7-7）★★★★

表 7-7　互动式信息图表

要点	具体内容	
定义	指发布在网络上，综合文字、图像、音频、视频等符号，以动态为表现特征，具备和受众及时互动，实现双向交流等功能的信息图表	
类型	初级别互动信息图表	操作简单，几乎不用受众参与信息生产过程
	中级别互动信息图表	传受交互更为密切，通过互动实现信息生产的个性化
	高级别互动信息图表	赋予受众更大参与权，让受众参与新闻生产
应用特征	包括：①具有明显的时间线索；②具有很强的地理特点；③具有一定的逻辑关系；④注重认知规律和用户阅读体验	
待解决问题	①把信息或者数据可视化为相关联的图形。 ②使受众在互动中易于实现有认知目的的操作，在可视化的各环节中获得信息	
设计框架	信息可视化设计	通过形状、大小、位置、排列、各元素之间的关系，以及对视频、音频和 Flash 动画的综合运用，把抽象的数据或信息进行可视化组构
	传受交互操作设计	①层次化分解传播内容，确定各层次展示的先后顺序和位置。 ②明确不同层级的内容与网页之间的跳转关系。 ③把操作步骤具体化和人性化

7.2 课后习题详解

1. 报纸编辑选择新闻照片的标准是什么?

答:报纸编辑选择照片,一方面要考虑照片的内容具有新闻价值、良好的社会效果和合乎报纸采用,另一方面还要考虑照片作为一种形象化的作品,在技术上要达到一定的要求,适宜报纸的制版印刷。因此,图片编辑应该懂得摄影规律,能够把握摄影技巧,要善于发现那些能够成为新闻事件典型代表的新闻照片。概括来说,照片的选择标准大致有以下几条:

(1)照片反映的内容是真实的、自然的,而不是拍摄者摆布或假造出来的。新闻照片尤其强调画面内容的真实性,这种真实包括画面中的形象是真实的,人物的表情和新闻细节是真实的,现场气氛是真实的。

(2)新闻照片报道的题材具有新闻价值。编辑要分析照片所反映的新闻事实是否是新近发生的、重要的、显著的、具有趣味性的、与读者地理或心理上相接近的,这些新闻价值要素具备得越多,新闻照片就越有采用的价值。

(3)照片的画面形象具有视觉冲击力和感染力。新闻照片应该具有动感,编辑在选择照片时要考虑其画面是否抓住了报道对象最典型、最精彩的那一瞬间。

(4)照片画面上的景物层次丰富、对比清晰、制作精良,有利于制版印刷。编辑一般都要对图片进行剪辑和放大或缩小,如果照片层次不清、图像模糊,在制版以后就会效果不佳,照片中的主体得不到突出,视觉效果大打折扣。

(5)照片反映的内容具有正面的社会效果,力戒负面作用。

(6)照片的内容和形式符合报纸的特点。编辑选择照片与选择文字稿件一样要立足于本报的编辑方针,根据报纸的性质、立场、读者需求和风格特色来分析照片是否适合报纸采用,是否能够体现报纸应有的水平和一贯风格。

(7)要综合考虑照片之间的相互配合,避免画面重复。如果是选择系列照片编辑专题新闻报道,或者编图片专栏或专版,还要综合考虑照片之间的相互配合,要避免一组照片中出现画面重复的情况,而且要注意中景、远景和特写镜头画面的相互配合,使其组合后的整体效果大于每幅照片机械相加的总和。

2. 试为一些新闻照片配写文字说明和制作标题。

提示:文字说明应包含照片无法全部传递的信息和照片来源的文字介绍;新闻照片的标题分为写实性的标题和写意性的标题。(具体答案略)

3. 信息图表具有哪些传播优势?其形式构成要素和内容构成要素都有什么?

答:(1)信息图表的传播优势

①传播信息的效率更高。新闻照片对报道对象的反映比较逼真,但是,它在传播信息的选择性上很受限制,难免会摄入不需要的冗余信息、干扰信息。比较而言,信息图表则可以删繁就简,过滤不必要的次要信息或细节,突出主要信息或重要信息。

②再现难以摄取形象的新闻事物。一些事件或者现象用文字往往难以描述,这时候就需要借助图像来展现。但是,有些事件具有突发性和稍纵即逝的特点,还有的事物的图像信息采集非一般摄影、摄像技术所能实现。在这种状况下采用信息图表,以示意图的方式

再现新闻场景，把看不到的过程或结构简明扼要地勾勒出来或动态地演示出来，能够给予受众更完整、更直观、更清晰的认识。

③传播信息时简洁直观，更具易读性。信息图表作为视觉化的传播方式，以其呈现的简洁、生动、直观等优势，大大降低了受众解读信息时的费力程度。

④可以突破时空限制。信息图表能将时过境迁的事件或现象结合在一起，从中提炼出新的含义。在系列图表报道中，通过梳理同类信息，可以增强历史厚重感和内容的丰富性。

(2)信息图表的形式构成要素

①文字。文字是语言的载体和形态，是传递思想的规范性通用符号，它是信息图表的必要构件。信息图表设计中涉及的数据多以数字方式呈现，数字也属于文字范畴。信息图表中文字和数字的使用特点是追求准确、简短、简练和鲜明，为了吸引注意力和实现有效传播，可以通过图形软件对文字进行艺术处理，赋予其一定的色彩、阴影、旋转、透视、立体等效果。

②图形。图形主要包括点、线、面、箭头、标识、图画和照片等，这些图形元素有具象和抽象之分。具象图形元素直接、形象、生动，能够再现事物特征，清晰而明确，识别性强，贴近读者的日常视觉认识，便于信息快速传达和简单接收。抽象图形元素则需要读图者发挥联想，可以营造阅读秩序，具有很强的信息表达功能。

③色彩。色彩是表达思想和传递情感的中介，不同的颜色代表不同的属性，具有信息分类与强化的作用，并由此衍生出视觉心理。另外，色彩在信息图表设计中主要用来区分信息，比如主次关系、类型关系、整体与局部的关系等。

(3)信息图表的内容构成要素

①标题。标题是信息图表自成一体的重要标志，缺乏标题的图表会让受众一头雾水，不能达到传播新闻信息的目的。

②信息来源。信息来源是图表内容的来源，它和绘制者一同确保了信息的真实性。绘制者的署名是信息图表专业化发展的表现。

③新闻发生的时间地点。标注新闻发生的时间地点是重视新闻时效性的表现。在这个新闻易碎的时代，让受众快速获得时空概念，从而清晰地理解新闻信息是媒体竞争的焦点。

④新闻主体。新闻主体是指新闻的焦点，它需要制图者用鲜明的形象来揭示，它可能是具象的人物、事物，也可能是一起事件或者一个现象。

⑤文字注释。文字注释是在新闻主体确定后，采用简明扼要的文字来消除受众在阅读图表时的信息不确定性。

⑥绘制者。绘制者是负责信息图表绘制的主体。

4. 设计、制作信息图表需要把握哪些原则？主要的设计、制作环节包括哪些？

答：(1)设计、制作信息图表的原则

①准确性。信息图表设计的准确性主要是指表达的准确性，不仅是对所示事物的内容、性质或数量等表达的准确无误，而且还要确定精确的表达对象。只有这两个准确性结合在一起，才能实现图表设计的目标。因此，在设计图表之前，对概述性信息、细节性信息，乃至不同层面的详细数据都要准确把握，确保完成后的信息图表所传递的信息数据不伤原意，不仅内容上详尽、贴切，而且传达上清晰、明确。

②易读性。信息图表在设计上不仅要通俗易懂，同时应当考虑受众的认知水平、阅读习惯和心理承受能力。一般情况下，可以采取以下思路和举措来做到易读、易懂：a. 精简信息，删除不必要的信息，分解枯燥的文字、数据；b. 尽量使用简单易懂，具有普遍性的图形符号传达信息；c. 建立信息秩序，理顺信息之间的逻辑关系，组织合理有序的信息结构。

③艺术性。设计者可以通过使用特异、新颖的图形元素来营造刺激点，以求达到吸引受众注意的目的。当然，设计者在注重营造视觉刺激点的同时，不能忽略对受众审美观的把握。

(2)设计、制作信息图表的环节

①选择合适的题材。选择题材是新闻报道的第一步，为新闻报道确定了方向。选择题材是传播者的新闻价值观在报道实践中的体现，是在客观事实基础上，媒体的传播意图与受众的客观需求共同作用的结果。凡涉及以下内容的题材均可以考虑用信息图表来展示：a. 在报道中涵盖了数字、百分比，具有数据比较、发展趋势等信息要素；b. 事件发生的地点具有重要性，且可以找到最新的地图；c. 事件的发展按照时间顺序梳理更便于受众理解；d. 信息要素重大，值得推荐和强调，如影响重大的突发事件，建设成就或经济发展，重要政策和政府报告，重大工程的结构、进展或竣工；e. 信息结构清晰，有明显的要点可以迅速概括，帮助受众理解；f. 有些术语、名词需要解读才能更好地理解信息的价值和意义，如相关背景知识等。

②收集与提炼信息。在实际设计过程中，信息素材的收集制约着信息图表的产生，决定了信息图表的成败。信息的匮乏，势必造成内容空洞流于形式，这就失去了信息图表的核心价值。一般情况下，许多信息、数据的原始状态都较为繁杂。因此，对采集到的信息或数据进行分类、归纳、简化、提炼加工是必然的，这样才能使信息图表的展示更具逻辑性，有助于形成有序、明晰的信息结构。

③创意凸显主题。常见的创意构思方法主要有两种：具象创意和抽象创意。具象创意，指以写实为依据开门见山，直指主题的创意方法。抽象创意，指借助抽象的符号、图形，帮助、暗示或者引导受众产生一定指向性的联想，以抽象来表现意境和精神。无论是具象创意还是抽象创意，在选用图形元素时，都应当优先考虑采用与内容密切相关的元素。

④选择恰当的色彩。色彩在信息传播的过程中也起着重要作用，在信息图表设计中，色彩的使用并不是为美观服务，而是必须传递特定的信息，不传递信息的色彩是多余的。在信息图表中，色调统一于新闻信息的主题基调，色调与主题和谐，能够更好地烘托气氛。

⑤合理安排构图。信息图表设计中的构图是指根据题材内容和传播目的，把要传达的信息与视觉要素结合起来，构成一个协调、完整的画面。构图应以核心信息为主体。常见的构图方式有以下几种：a. 灵活运用对称式构图；b. 调整优先率，引导阅读顺序；c. 以段组划分版式，增强易读性。

⑥确定合适的文字样式。实践证明，信息图表常用的字体主要有中等线、黑体、综艺体等，这些字体轮廓鲜明、笔画清晰、间隙明朗，在视觉效果上能够突出内容，便于阅读。

⑦核对检验细节。信息图表应该包括标题、解释性或概括性文字、点、线、图标、色彩、制图人署名及所属媒体。制图结束后，首先要检查这些要素是否齐全。然后要检查是

否存在政治性、导向性、原则性差错，核对是否有事实性差错、技术性差错，以及在画面中是否有容易引起误解或存在隐患的地方。为了确保信息传播的真实、准确、清晰，要仔细审核细节部分。

5. ［综合练习之六］：根据第三章［综合练习之二］中的新闻报道策划方案，为版面设计、制作一张信息图表（配合文字报道和独立报道均可）。

提示：信息图表应该包括标题、解释性或概括性文字、点、线、图标、色彩、制图人署名及所属媒体。设计、制作信息图表应该遵循准确性、易读性、艺术性的原则。（具体答案略）

7.3 考研真题与典型题

7.3.1 概念题

1. 漫画
2. 图饰
3. 照片专栏
4. 信息图新闻（南京大学 2016 年研）

7.3.2 简答题

1. 请试述新闻报道中图片的种类和作用。（电子科大 2015 年研）
2. 请简述全媒体背景下图片应用的变化。（四川大学 2010 年研）
3. 照片的文字说明应该包括哪些内容？
4. 新闻图片在周刊编辑中的选择标准是什么？（电子科大 2013 年研）
5. 简述报纸版面中如何安排图片。（暨南大学 2011 研）

7.3.3 论述题

1. 试述照片剪裁需要注意的问题。
2. 改革开放以来，新闻照片在我国报纸版面上的编排有什么变化？

7.4 考研真题与典型题详解

7.4.1 概念题

1. 漫画

答：漫画是美术作品的一种，特点是以高度夸张、风趣幽默的表现手法揭示社会生活中的问题和现象，激发读者的兴趣，引导读者联想和思考。漫画在现代报纸上的使用也非常广泛，有根据新闻事实进行艺术加工的新闻漫画，时效性较强，经常刊登在新闻版上；也有反映社会生活现象的社会性漫画，通常刊登在专刊副刊上；还有用来配合文字报道的图解式漫画以及连环漫画、幽默画等。

2. 图饰

答：图饰是报纸版面的一种装饰，一般是用美术图案点缀和烘托报纸的报头、报眉、标题、栏题、版头或版面的其他部位，使整个版面更加美观生动，恰当地运用图饰还能使版面编排思想得到更加充分的体现。

3. 照片专栏

答：照片专栏是指报纸或杂志上专门登载摄影稿件的一部分篇幅，一般都有固定的名称和位置。照片专栏有两种：一种是在报纸版面上位置相对固定、有专门名称的一种以照片为主、标题和文字说明为辅的专栏，以连续的、有规律的方式出现，如《人民日报》曾经开设的“立此存照”。另一种是临时根据报道需要组织的专栏，也是以照片为主，标题与文字说明为辅。

4. 信息图新闻(南京大学2016年研)

答：信息图新闻是指在追求新闻可读性和新闻可视化的大背景下，合理运用图表进行新闻解读、数据展示、情景再现的新闻表现形式。信息图新闻对于提升新闻报道的传播力和亲和力、美化版面、对相关报道主题进行解读和深化具有重要的作用，是“后新闻业时代”新闻类型变化的最新表现方式。互联网、移动互联网及各种移动互联终端的出现，促进了信息图新闻这一新的信息生产及使用方式的产生。信息图新闻是媒体内容生产转型的有益尝试，它更符合移动互联网时代受众的信息接收方式，提高了信息接收的效率，对新闻生产者的能力提出了新的要求。

7.4.2 简答题

1. 请试述新闻报道中图片的种类和作用。(电子科大2015年研)

答：(1)新闻报道中图片的种类

①照片。报纸上常用的照片可分为新闻照片和非新闻照片两类。新闻照片就是以新闻事件、新闻人物为拍摄对象，再现新闻现场情景的照片，它可以作为独立的新闻报道出现在版面上，也可以配合文字报道一同编发。非新闻照片不具备新闻照片的新闻性、时效性，这些照片一般不作为独立的报道体裁刊登在报纸上，但可以用作题饰，即压在标题下面，或者配合某些文字报道刊用。

②漫画。漫画在现代报纸上的使用非常广泛，有根据新闻事实进行艺术加工的新闻漫画，时效性较强，经常刊登在新闻版上；也有反映社会生活现象的社会性漫画，通常刊登在专刊副刊上；还有用来配合文字报道的图解式漫画以及连环漫画、幽默画等。

③图示。图示包括统计图表、示意图和新闻地图三类。统计图表就是将统计数字制成表格图，便于读者集中阅读，一目了然。示意图不但将统计数字集中绘制成图，而且用形象化的手法表示这些数据所说明的意义。新闻地图是根据标准地图，将新闻发生地的地理位置绘制成更加简洁明确的地图。

④图饰。图饰一般是用美术图案点缀和烘托报纸的报头、报眉、标题、栏题、版头或版面的其他部位，使整个版面更加美观生动，恰当地运用图饰还能使版面编排思想得到更加充分的体现。

(2)新闻报道中图片的作用

①纪实性作用。作为独立报道体裁的新闻照片具有再现新闻现场、记载真实瞬间的作用，这类照片成为报纸上不可或缺的重要组成部分。

②证实性作用。非独立使用的新闻照片与非新闻照片具有证实文字报道的作用，这类照片对新闻资源的充分发掘，对提高新闻报道的可信度具有重要意义。

③解说性作用。图表、示意图、新闻地图、漫画等能够以形象性的符号统计和描绘新

闻报道中的某些内容，从而对相对比较枯燥的文字表述进行生动易懂的解释。

④装饰性作用。图片的形象性特征使其可以作为文字稿件的美化装饰手段。

⑤视觉冲击性作用。图片的形象性和直观性能够产生强烈的视觉冲击效果，产生巨大的吸引力与震撼力，这是文字报道所难以达到的。

2. 请简述全媒体背景下图片应用的变化。（四川大学2010年研）

答：（1）全媒体背景下，新闻图片的产生发生了变化。摄影记者仍是新闻图片的主要生产者，但是其角色和工作模式发生了转变。摄影记者转变成图文影并重的全能记者，并开始从事图片编辑，另外专题摄影报道也是其优势。网民和手机拍客也为媒体提供了越来越多的新闻图片。

（2）全媒体背景下，图片运作机制发生了变化。现在的图片运作机制一般可概括为：一个中枢、一张网、两大支柱、三扇窗。

①“一个中枢”，是指很多报社已经设立的图片中心或视觉中心。

②“一张网”，是指数字化图片管理系统，把图片中心的电脑同编辑记者的电脑、签约摄影师和拍客的电脑联结在一起，实现图片信息的实时有效传递。

③“两大支柱”，是指既要注重专业摄影队伍的发展和壮大，又要注重社会摄影队伍的挖掘和培养。

④“三扇窗”，是指把经过选编的新闻摄影作品通过报纸、互联网、城市街头的大型LED显示屏提供给广大受众。

3. 照片的文字说明应该包括哪些内容？

答：照片的文字说明应该包括三方面：

（1）读者应该知道的、但照片画面本身却无法全部传递的信息

这里有两种情况：一种是单独发表的新闻照片，必须借助文字说明来解释画面；还有一种情况是，照片要配合文字报道一同发表，这时如果照片画面本身的信息量足够，而且照片的篇幅也不是很大，比如配合人物报道发一张主人公的照片，就可以不加说明。但如果这张照片不是主人公的近照，那就还需要以文字说明补充交代一下照片拍摄的时间背景。

（2）有关照片拍摄者或者照片来源的文字介绍

有些照片是从其他新闻媒介上转载使用的，除了要标明拍摄者的姓名外，还应说明是转自于何处，或者是某某媒体为本报提供，这是对作者负责，也是对广大读者负责。

（3）专题报道的系列照片总说明

一般情况下，如果分说明比较详细，总说明就相对简练，如果分说明比较简练，总说明则应相对详细。因此，在编写系列照片的说明时，要统筹规划、全面考虑。编写总说明，要注意从全部照片中提炼和概括报道的主题思想，交代必要的背景信息，同时仍要注意生动活泼、言简意赅。

4. 新闻图片在周刊编辑中的选择标准是什么？（电子科大2013年研）

答：编辑选择新闻图片，一方面要考虑新闻图片的内容具有新闻价值、良好的社会效果和合乎报纸采用；另一方面还要考虑新闻图片作为一种形象化的作品，在技术上要达到一定的要求，适宜于制版印刷。概括而言，新闻图片在周刊编辑中的选择标准大致有以下几条：

(1)新闻图片反映的内容是真实自然的，而不是拍摄者摆布或假造出来的。新闻图片尤其强调画面内容的真实性，这种真实包括画面中的形象是真实的、人物的表情和新闻细节是真实的、现场气氛是真实的。

(2)新闻图片报道的题材具有新闻价值。编辑要分析图片所反映的新闻事实是不是新近发生的、重要的、显著的、具有趣味性的、与读者地理或心理上相接近的，这些新闻价值要素具备得越多，新闻图片就越有采用的价值。

(3)画面形象具有视觉冲击力和感染力。新闻图片的最大特点是以形象性的符号生动再现新闻场景，因此，编辑在选择新闻图片时要考虑其画面是否抓住了报道对象最典型、最精彩的那一瞬间。

(4)画面上的景物层次丰富、对比清晰、制作精良，有利于制版印刷。编辑一般都要对图片进行剪辑和放大或缩小，需要层次清晰；黑白照片的黑白对比不宜太大，也不能太小，以免影响制版效果；彩色照片画面的色彩不宜太多，景物不宜太多太琐碎，主色调最好能够与版面的主色调和风格相协调。

(5)反映的内容具有正面的社会效果，力戒负作用。新闻图片的视觉冲击力不能是来自于对社会阴暗面或者丑恶行为的夸张性的表现，更不能是对一些犯罪场面、淫秽行为的直接展示，还不能泄露不应泄露的国家机密。

(6)内容和形式符合周刊的特点和风格。编辑选择新闻图片要立足于周刊的编辑方针，根据其性质、立场、读者需求和风格特色来分析是否适合采用，是否能够体现本周刊应有的水平和一贯风格。

(7)协调图片之间的关系。如果是选择系列图片配合专题新闻报道，或者编辑照片专栏或专版，还要综合考虑图片之间的相互配合，要避免一组图片中出现画面相重复的情况，而且要注意中景、远景和特写镜头画面的相互配合，注重组合后的整体效果。

总之，编辑对新闻图片的选择不仅会影响到周刊图文配合质量，关系到新闻传播效果，还会对摄影记者的引导起到潜移默化的作用。

5. 简述报纸版面中如何安排图片。(暨南大学2011研)

答：报纸的图像化、色彩化越来越明显。注重设计的报纸，一般都会对图片要求精益求精。这也正符合了现代读者的需求和市场的需要。图片越来越多地承载了传递信息的功能。丰富、色彩鲜艳的图片很容易成为版面的视觉中心，形成很强的视觉冲击力。报纸上经常采用的图片种类较多，从表现形式上看，有侧重于真实再现的新闻照片，也有侧重于艺术创作的美术作品。总体归纳起来，报纸上最常用的图片主要有以下四种：照片、漫画、图示、图饰。

(1)照片的安排。报纸编辑选择照片，一方面要考虑照片的内容是否具有新闻价值、良好的社会效果和合乎报纸采用，这与对文字稿件的选择是相同的；另一方面还要考虑照片作为一种形象化的作品，在技术上要达到一定的要求，适宜于报纸的制版印刷。新闻照片尤其强调画面内容的真实性，配合文字报道的照片还要注意图片反映的内容与文字报道相一致，编辑选择照片与选择文字稿件一样要立足于本报的编辑方针，根据报纸的性质、立场、读者需求和风格特色来分析照片是否适合报纸采用，是否能够体现报纸应有的水平和一贯风格。安排照片时，编辑还要综合考虑照片之间的相互配合，要避免一组照片中出现画面重复的情况，而且要注意中景、远景和特写镜头画面的相互配合。

(2)漫画的安排。编辑在选择和采用插图漫画时，要注意漫画与主题的联系是否紧密，尽可能选用与报道内容最贴切、能够充分表达报道主题的漫画作品。报纸编辑对漫画的选择和编排首先要注意在政治思想上把好关，因为政治性、社会性漫画具有评论事实、发表意见的作用。必须要考虑到传播效果。编辑对漫画中所反映的问题是否典型、反映的时机是否恰当、表现的方式是否合适、揭露和讽刺的分寸是否把握得当要慎重分析。其次，编辑还要对漫画的意义是否深刻、构思是否新颖、笔法是否幽默风趣加以分析，要尽可能采用思想性强且不落俗套的漫画作品。

(3)图示的安排。图示是报纸上一种形象化的资料展示。它包括统计图表、示意图和新闻地图。编辑在设计制作图表时，应对文字稿件进行详细的分析和消化，用在统计图表中的数字要来源可靠、准确无误，能够说明问题、表现报道主题。编辑要根据内容的需要精心选择最恰当的表现方式，要注意条理清楚、通俗易懂。如果包含数字，还要注意对数字的标注和表现要准确无误。此外，还要注意画面形象美观、活泼、新颖。如果选择标准地图作为样本制图，要注意它的绘制日期，不能选用已经过时的版本。

(4)图饰的安排。图饰主要用于装饰报头、报眉、标题、栏头，有时在版面上相对较空的位置，也穿插一些图饰，俗称“版花”。图饰对标题、栏头和版面的装饰在电子技术运用于排版之后，使用的频率似乎不再如铅印时代那样高。从方便快速阅读、营造简洁明快的版面风格考虑，编辑开始大量运用电脑制作造型简单、不加装饰的栏头，标题的制作也开始固定于某一两种字体，不多加修饰。编辑在设计和采用图饰时，要根据稿件的内容以及版面整体安排的需要，选取最能传情达意的合适的画面。当然，在图片较多、讲求时效性的新闻版面上，图饰的使用不宜多。

总之，在挑选图片时要考虑到画面是否富有动感、矛盾是否激烈、人物表情是否丰富。图片选择要从特定的角度来观察和反映新闻事件。好的图片在视觉上要形成冲击力，重要的还在于裁剪和选择，对于过于复杂的图片就要求编辑考虑各方面的因素加以裁切，以突出中心，抓住读者的眼球。

此外，版面编辑在使用图片时，要根据图片的价值大小，确定其在版面上占有相应的面积。特别重要的图片应该不惜版面，巨幅刊登。当然，在运用巨幅照片时，同时也要考虑到照片本身的清晰度，不能因篇幅放得过大，变得模糊，影响照片的表现效果。

安排图片时还要注意，一个版面上并非图片越多越好。在版面上编排图片的目的是为了使图片自身的魅力得以充分展示。通过图片对视线的吸引，合理地制造版面的强势和视线流。如果一个版面的图片太多，就会形成多个视觉中心，这样不仅难以显示强势作用，还会使版面显得杂乱无章。因此，版面的图片不在多而在精。

7.4.3 论述题

1. 试述照片剪裁需要注意的问题。

答：在剪裁照片时，需要注意以下几点：

(1)照片构图的修正

一般而言，新闻照片在当初拍摄时已经考虑到取景构图的问题，但由于新闻摄影往往要抢时间，还会受到拍摄距离和拍摄角度等客观因素的限制，难免有不该摄入的对象也进入画面的情况，这样新闻主体在照片上就不够突出，主体与背景的比例也会失当。因此，编辑在剪裁照片时，就要根据报道意图分析照片的构图是否合理，对那些与主题关联不大的旁枝侧节的东西加以剪除，使画面的布局更加合理，新闻主体形象更加鲜明。

例如，有些报纸编辑在采用新闻人物照片时，考虑到照片原来选取的背景与所反映人物的特点并不协调，或者背景太乱影响了人物形象，就干脆将照片的背景全部剪裁掉，只保留人物，这样人物形象在版面上非常突出。还有一些照片是用来衬托标题的，照片的一部分将被压在标题字下面，这时就要考虑标题所占据空间的大小以及所处的位置，使照片被标题遮盖的部分不是这张照片中最重要的内容，而且要考虑照片的色调能够突出标题。在这种情况下对照片构图的处理与对独立发表的新闻照片的构图的处理有很大差异。

(2)照片长宽比例的调整

编辑在剪裁照片时一方面要考虑到照片的长宽比例应该符合审美要求。通常情况下符合“黄金比例”是最好的，但另一方面也要考虑到照片在版面上的位置以及稿件配置时的特殊需要。比如版面编排时需要一张压题的狭长横幅照片，或者需要一张竖立于版面中心位置的狭长纵幅照片。如果是同时采用多张照片，还会因为要处理好它们相互之间的位置和大小比例关系，需对一些照片进行特殊规格的剪裁。当然，对照片长宽比例的调整，要以不损害照片主题思想的表现、不损失主要内容为前提。相反，有时恰恰会为了更好地表现主题，而选择某种特殊的长宽比例。

(3)照片篇幅大小与外形的确定

编辑对照片用到多大篇幅，一方面要考虑到照片新闻价值的大小、社会效果是否突出。一般对于重大主题的新闻照片应该给予相对大的篇幅。如果照片拍摄的人物很多、图像比较复杂，也应该给予足够的篇幅使读者能够看清楚。另一方面，还要考虑到照片的质量，如果照片本身的清晰度不是很高，放得很大效果就会不佳。

此外，如果是编辑系列新闻照片，还要考虑一组照片中的主次区分，选择画面最典型、视觉效果最佳的一张作为主打照片，给以最大篇幅。其他照片的大小和长宽比例则在考虑版面设计整体效果的前提下灵活掌握，一般应做到大小相结合，远景照片、中景照片和特写照片相结合，不同角度拍摄的照片相结合。

照片的外形一般以矩形居多，因为外形为矩形的照片方便版面的整体安排，也有助于版面的整齐美观。但在现代报纸编排中，也存在有意用非规则外形的照片来活跃版面的做法，特别是在一些副刊、专刊中，照片经过异型的剪裁，在版面上成为突破常规、令人耳目一新的特殊部分，营造出这些版面与众不同的风格和个性。有些报纸的新闻版也在尝试这种异型的剪裁。

2. 改革开放以来，新闻照片在我国报纸版面上的编排有什么变化？

答：新闻照片是指以新闻事件、新闻人物为拍摄对象，再现新闻现场情景的照片，它可以作为独立的新闻报道出现在版面上，也可以配合文字报道一同编发。由于其具有纪实性、证实性、解说性和装饰性的作用，在媒介竞争不断加剧、读者的生活节奏不断加快的今天，新闻照片在报纸上的地位也必然不断提高，编排上也发生了重大的变化。

改革开放以来，新闻照片在我国报纸版面上的编排变化具体体现在以下几个方面：

(1)大——2001 年 7 月 14 日，《北京晨报》《中国青年报》《经济日报》《环球时报》《新民晚报》《新快报》《深圳特区报》等报纸均在一版刊登了4栏、5栏和通栏大幅新闻照片，突出报道北京申奥成功的重大消息。而在中国传统版面上，图片少而且很小，上世纪80年代中期，《中国日报》率先在头版上半版版心位置刊登超过三栏宽度的大照片。到了新世纪的今天，报纸对图片的重视更是不容置疑，头版没有图片的报纸是难以想象的。而且越是重要的新闻，配发的新闻照片就有可能越大。

（2）多——现在报纸使用图片不仅注意大，而且着意多，以量取胜。大多重要的新闻不再单单是靠文字报道来突出渲染，而是通过大量运用有代表性的新闻照片来反映新闻事实，更具有鲜明性和生动性。

（3）增加国际新闻图片的报道量。许多报纸用图片报道世界上发生的新闻事件，而且每张图片都有新闻标题和新闻说明，借以争夺读者的眼球，扩大市场发行份额。

（4）注重图片报道的策划。现在报纸的图片报道特别是重大新闻报道已经不仅仅是摄影记者单方面的事，而是一个由总编辑、责任编辑、图片编辑、摄影记者和技术保障部门积极配合的系统工程。它要求有事前的新闻策划，有摄影记者深入新闻现场的即时采访拍摄，有在技术部门或在通讯技术设备保证下的及时传输，有图片编辑对前方图片稿件采摄实事求是的宏观指导和调整，以及落实新闻策划的微观实施，以确保重大新闻图片报道的成功。

第八章　新闻稿件配置

8.1　复习笔记

【知识框架（庖丁解牛）】

- 新闻稿件配置
  - 意义
    - 全面反映报道客体，深化主题
    - 运用多种表现手法，加强传播效果
    - 优化新闻产品，表现风格特色
  - 稿件组合
    - 同题组合
    - 专栏组合
    - 集中编排
  - 稿件发展
    - 配评论
    - 加按语
    - 配资料
    - 配新闻

【考点难点归纳（厚积薄发）】

考点一：稿件组合　★★★

1. 稿件组合的定义与前提（见表 8-1）

表 8-1　稿件组合的定义与前提

要点	具体内容	
定义	指将若干篇具有某种内在联系或共同特点的稿件组织为一个稿群，使之成为媒介新闻产品中相对独立的一个组成部分	
前提	主题相同	稿件都反映同一主题，报道的中心思想相同
	内容相同	稿件在反映社会生活、事件、人物、地点、时间等方面具有同一的因素
	形式相同	稿件所运用的体裁、符号、表现手法等相同

2. 稿件组合的主要方法（见表 8-2）

表 8-2　稿件组合的主要方法

要点	具体内容	
同题组合	定义	指将相关稿件放置在同一个标题下，作为一个整体发表
	方法	①组合内容性质一致的稿件，从稿件内容的同一性中归纳主题。 ②组合内容性质对立的稿件，从稿件内容的矛盾性中提炼主题。 ③组合内容互为补充的稿件，从稿件内容的互补性中概括主题

续表

<table>
<tr><th>要点</th><th colspan="3">具体内容</th></tr>
<tr><td rowspan="2">同题组合</td><td>优点</td><td colspan="2">加强稿件凝聚力，升华主题，减少重复，节约版面</td></tr>
<tr><td>缺陷</td><td colspan="2">包括：①每条稿件的重要性不能充分体现；②篇幅易长、版面易显臃肿</td></tr>
<tr><td rowspan="6">专栏组合</td><td>定义</td><td colspan="2">指以集纳性的专栏集中主题相关联的稿件</td></tr>
<tr><td rowspan="4">分类</td><td>从设计与制作上看</td><td>分为固定的、连续出现的专栏和不固定的、非连续出现的专栏</td></tr>
<tr><td>从稿件构成上看</td><td>分为单一性专栏和集纳性专栏</td></tr>
<tr><td>从内容上看</td><td>分为专一性专栏和综合性专栏</td></tr>
<tr><td>从传播方式上看</td><td>分为单向告知式、双向问答式和多向讨论式</td></tr>
<tr><td>注意事项</td><td colspan="2">包括：①提炼共同的主题突出某种编排思想；②写作上不必求全求大，应写得短而精；③根据媒介的特点作一些特殊处理</td></tr>
<tr><td rowspan="2">集中编排</td><td>定义</td><td colspan="2">又称“集纳”，指将若干篇内容相关的稿件集中在一处刊登</td></tr>
<tr><td>特点</td><td colspan="2">①各篇稿件都要保留标题，而非用一条共同的标题。
②一般是非连续的，没有栏名，甚至没有大标题，也不一定用围框、勾线等强调其独立性。
③规模有大有小。
④由若干稿件组成稿群，但不被刻意强调。
⑤本质上是利用稿件之间的某种共同特征做集中处理，形成稿群，以突出某一主题思想</td></tr>
</table>

考点二：稿件发展（见表 8-3）★★★

表 8-3　稿件发展

<table>
<tr><th>要点</th><th colspan="2">具体内容</th></tr>
<tr><td>定义</td><td colspan="2">指对已有的稿件做资料、观点或最新信息的补充</td></tr>
<tr><td rowspan="4">主要方式</td><td>配评论</td><td>指为重要的新闻稿件配发简短的言论。其特点包括：
①必须从新闻稿中“借题发挥”，即评论要依托新闻报道。
②所配的评论必须是对新闻主题的深化，要高于新闻报道，给人以启迪。
③配发的评论篇幅不宜过长，一般不应长于它所依托的新闻稿</td></tr>
<tr><td>加按语</td><td>指编辑对所发表的稿件附加简单的说明或批注。
其分类包括：①评论性按语；②说明性按语</td></tr>
<tr><td>配资料</td><td>指为新闻稿件补充配发相关的资料，是对新闻报道的“扩展”。
①按内容分类：a. 新闻背景；b. 新闻人物与组织；c. 新闻地理；d. 科学知识；e. 词语解释。
②按形式分类：a. 文字；b. 照片；c. 图示</td></tr>
<tr><td>配新闻</td><td>指对新闻稿件中新闻事实的一种“发展”。其适用情况包括：
①体现报道客体与其他事物的联系，使受众看清事物发展的客观环境和动因。
②对新闻事实的最新发展，或者由这一事实引发的相关结果进行补充报道</td></tr>
</table>

考点拓展：报道的配置(见表8-4)

表8-4 报道的配置

要点	具体内容
综合性配置	综合性配置是报道配置最常用的方式之一。它强调内容和形式的多样化，以吸引方方面面的受众。综合性配置要尽可能做到“六个结合”：①点面结合；②庄谐结合；③褒贬结合；④图文结合；⑤长短结合；⑥多种文体结合
同一性配置	指将具有某一或某些要素相同的稿件聚集在一起。优点是可以增强新闻单元的逻辑性和条理性，形成强势，获得规模效益和比较优势。同一性配置按其外显形式不同，可分为强标识组合和弱标识组合
延伸性配置	指增配其他稿件，对新闻加以拓展，使之丰富、深化。延伸可以是广度延伸，也可以是深度延伸
解释性配置	指当一篇新闻的内容不易为广大受众所理解或明了的时候，借助其他资料加以说明的组合方式。优点是可以帮助受众释疑解难，驱散迷雾，开阔知识视野。解释性配置用以说明的材料有文字资料和示意图表
多媒体配置	指运用文本、图片、动画、音频、视频等多种编排元素构成一篇或一组新闻报道。它有内涵式多媒体和外延式多媒体两种形式

8.2 课后习题详解

1. 稿件配置的意义主要体现在哪些方面?

答：稿件配置是新闻编辑工作的主要内容之一，具有以下几方面重要意义：

(1)有助于充分挖掘新闻信息资源，全面反映报道客体，深化主题

无论稿源多么丰富，每一单篇的新闻稿件，其报道范围、报道深度相对于无限变化的客观存在来说都是极其有限的，单稿的这种缺欠在报道一些并非十分重要、十分复杂的客体时，可能不会造成太大影响，因为受众并非对所有的报道客体都要知道其全部的信息。然而，如果是报道重要的事件、人物或问题，单稿的缺欠就会有很大的影响，使报道不能全面地反映客体，不能满足受众的需要。这时，通过稿件的配置，就能够弥补单条稿件的这种不足。

尤其要注意的是，对于受众普遍关心的重要事件、人物或问题，单篇稿件很难包容全部的信息，应该采用若干稿件充分地挖掘新闻信息资源，从多种角度采写，从不同的层面上表现主题，通过稿件的配置来全面反映报道客体。

(2)有助于灵活多样地运用表现手法，加强传播效果

任何媒介的某一条稿件所能采用的表现手法是很有限的，往往只能用一种体裁来表现主题。而稿件配置特别是“稿群”的运用，能够弥补单稿在表现手法上的局限性，获得更好的报道效果。正是由于多种体裁的稿件相配合，才使报道的主题得到更加充分的表现，报道也因此更有广度和深度。

(3)有助于优化媒介的新闻产品，表现风格特色

新闻产品都是由局部构成的一个系统，新闻稿件是组成新闻产品的最小元素。不同的新闻媒介，这些最小的元素的组织结构和组织方式不同，即媒介有不同的整合稿件、发展报道的策略和手段，由此便表现出有不同的版面风格、专栏特色。

新闻稿件的组合与发展，对于优化新闻产品这一系统具有重大意义。事实上，在新闻编辑策划新闻产品之时，就对稿件的整合和发展有所设计，之后的新闻报道策划则进一步将这种设计细化到每一个选题的报道方案中，再到后面，编辑运用各种编辑手法修正、补充和组织稿件，最终完成了新闻产品与新闻报道的设计目标。

稿件配置，一般是根据新闻产品中各部分的定位和风格特色的规定而操作的。新闻产品的局部设计与新闻报道策划中已经包含了稿件配置方面的设计，新闻编辑不过是在编排稿件时按照方案中的设计对稿件加以配置。然而，这并不排除新闻编辑在超出原先的设计范围之外，对稿件进行临时的配置。这种临时性的稿件配置在任何新闻媒介都是随时会发生的，可以视作是对报道方案的一种调整和补充，是编辑主观能动性的表现。这种临时性的配置对于优化媒介新闻产品、体现风格特色同样具有意义。

2. 什么是稿件组合？主要方法有哪些？

答：(1)稿件组合的含义

稿件组合是指将若干条具有某种内在联系或共同特点的稿件组织为一个稿群，使之成为媒介新闻产品中相对独立的一个组成部分。单篇稿件能够组合在一起，前提是这些稿件相互间有某种关联或具备某些共同特点：①主题相同；②内容相同；③形式相同。

(2)稿件组合的主要方法

新闻编辑在处理稿件时，要根据稿件的关联或特点，对单篇稿件加以组合。稿件组合的主要方法有：

①同题组合。指将相关的若干条稿件放置在同一个标题之下，作为一个整体发表。同题组合稿件通常有这样几种确定主题的思路：

a. 组合内容性质一致的稿件，从稿件内容的同一性中归纳主题。内容性质一致的稿件经常会在同一个时间集中出现，一种可能是新闻编辑在策划某一报道时，预先设计了组合报道方式，布置了若干记者在不同地区同时采访某一问题。另一种可能是编辑事先并没有策划组合报道，但在记者、通讯员和作者的来稿中，有若干条稿件主题一致，内容性质一致，编辑在发现了这些稿件的共同特性之后，编排版面时临时决定将它们组合在一起，制作一条标题统领所有这些稿件。

b. 组合内容性质对立的稿件，从稿件内容的矛盾性中提炼主题。编辑经常会在稿件中发现内容性质相对立、相抵触的稿件。通常是两条新闻：一条表现高尚，一条表现丑恶；一条批评赞扬，一条揭露批判。这种内容性质相悖的稿件编排在一起，能够形成鲜明的对比，使每条稿件原先的主题得到深化。

c. 组合内容互为补充的稿件，从稿件内容的互补性中概括主题。新闻报道的客体往往不是孤立存在的，新闻编辑在处理稿件时，应该注意报道客体这种复杂性及其外在联系，将报道同一客体的内容相互补充的稿件组合在一起，以全面地表现事物发生发展的前因后果，以及事物与外部环境的联系。

②专栏组合。指以集纳性的专栏集中主题相关联的稿件。专栏组合稿件在操作上需注意以下几方面：

a. 专栏组合与同题组合一样，要求被组合的稿件具有共同的特征。因此，编辑在处理稿件时，要注意从稿件中提炼其共同的主题，从而突出某种编排思想。

b. 专栏特别是集纳性的专栏，是由若干条稿件组合而成的，其中每一条稿件都是构成报道主题的一个部分，因此在写作上不必求全求大，而应写得短而精。一般而言，专栏适合发短稿，短稿虽不能反映主题的全部，但多条稿件组合在一起，相互补充，就能够取得较好的传播效果。

c. 专栏组合在报纸版面上自成格局，与相邻的其他稿件有较明确的区分，因此新闻编辑需要根据媒介的特点作一些特殊处理。如制作专栏标题，在版面编排时适当加线围框，以示其与周围稿件的分隔。

③集中编排。又称“集纳”，指将若干条内容相关的稿件集中在一处刊登。集中编排与同题组合不同，各条稿件都要保留自己的标题；集中编排与专栏组合也不同，它一般都是非连续的，没有栏名，甚至可以没有大标题，也不一定用围框、勾线等方式强调其相对独立性。集中编排在本质上与同题组合、专栏组合一样，是利用稿件之间的某种共同特征做集中处理，形成稿群，以突出某一主题思想。因此，编辑在运用集中编排时，也是根据稿件之间的某种内在联系和共同性来操作的。

3. 什么是稿件发展？主要方法有哪些？

答：(1)稿件发展的含义

稿件发展是对已有的稿件做资料、观点或最新信息的补充。与改稿中的增补不同的是，这种补充是另外加发稿件，单独成篇，作为对原稿的补充说明、论述或阐释。

(2)稿件发展的主要方法

新闻稿件由于篇幅的限制或体裁的限制，对新闻事实的报道往往有某方面的不足，需要对已有的稿件加以发展。稿件发展的主要方式有：

①配评论。指为重要的新闻稿件配发简短的言论，配合新闻稿件的评论要根据报道内容立论，并且深化报道。

②加按语。指编辑对所发表的稿件附加简单的说明或批注。按语主要有评论性按语和说明性按语两种类型。

③配资料。指新闻编辑为新闻稿件补充配发相关的资料，是对新闻报道的一种“扩展”。从内容上看，所配的资料主要有：新闻背景、新闻人物与组织、新闻地理、科学知识、词语解释。从形式上看，所配的资料主要有：文字、照片、图示。

④配新闻。是对新闻稿件中新闻事实的一种“发展”。配新闻主要有两种情况：一种是通过配新闻来体现所报道的客体与其他相关事物之间的联系，从而使受众看清事物发展变化的客观环境和客观动因。另一种情况是对稿件中新闻事实的最新发展，或者由这一事实引发的相关结果进行补充报道，这种补充报道以新闻稿的形式配发在原稿旁边。

4. 如果你是一家都市报的编辑，要根据普通市民的兴趣和文化水平对下列这篇稿件进行重新改编与稿件配置，使其更加生动活泼、通俗易读，你认为可以采用哪些编辑方法？请简要谈谈你的设想。

“我国从 1999 年起已连续 4 年粮食减产，靠挖库存来平衡需求。而库存粮食很有限，去掉陈粮最多还能挖抵两年。如果我国粮食不足，靠进口不仅运输难以解决，国际粮价也必然上涨。”全国人大农业与农村委员会副主任委员万宝瑞日前在北京说。这意味着，两年后，如果粮食继续减产，我国的粮食缺口只能靠从国际上进口高价粮来补。

万宝瑞的说法并非危言耸听。多位专家也提醒，我国粮食生产的“数量安全”存在隐患，应引起高度警觉。

“先有数量安全，后有质量安全”，是中国绿色食品协会会长刘连馥强调的观点。他说，我国的粮食产地面积曾经高达15亿亩，年产量也曾经达到5亿吨左右。按我国现有人口12亿来说，每个人每年的平均口粮约400千克。但现在我国粮食产地面积下降到14亿亩，年产量也下降为4.5亿吨，人均口粮只有375千克。“照这种趋势发展，如果粮食产地面积和产量都越来越少，而人口却在不断增加，到2030年，拿什么来维持那么多人的生存?”

国家食物与营养咨询委员会主任卢良恕也说，二三十年后，我国人口的持续增长将达到最高峰，预计达到16亿人。耕地的减少、水资源的紧缺和非耕地资源开发需投入巨大资金，人民生活水平的提高和食物需求的不断增长，都成为我国食物安全的巨大压力。

这位同时担任中国农业专家咨询团主任和中国农科院学术委员会名誉主任的院士说，1995年以后，我国连续4年粮食生产总量在5亿吨左右，人均占有量达到400千克，使我国农业进入新的发展阶段。但这个量仅仅是初步小康型标准。

1999年以后，我国粮食连年减产。数据显示，1999年至2001年，我国粮食累计减产5965万吨。2000年以来，我国粮食消费需求大致在4.8亿至4.9亿吨之间，一般当年产需缺口在0.25亿至0.35亿吨，尽管当年生产不能满足，由于库存充足，粮食供应仍可满足。但我国库存粮食毕竟有限，去掉陈粮最多还能挖抵两年。而目前世界粮食贸易额年均只有2亿吨左右，这决定了中国的粮食供给必须坚持自力更生。

针对当前人们一听说粮食或蔬菜沾上农药化肥，就痛加讨伐的做法，刘连馥指出：“发展各种安全食品的时候，一定要先考虑我国国情。不能盲目地将那些曾为我们解决粮食的数量危机起过很大作用的化学农药、化学肥料完全抛弃。”

他说，在制定绿色食品的各种标准和要求时，我们没有像西方许多国家那样，单纯追求纯净的、自然的“农业”，而是采取了分级标准。我国的绿色食品在保证食品质量安全的同时，明显表现了高产量与高质量、高效益相结合的特点。如A级绿色食品的大多数标准参照了联合国粮农组织和世界卫生组织的食品法典委员会的各种标准，安全卫生方面的检测项目和污染物标准限值，一般都严于国家标准。

刘连馥说，相比较而言，有机食品生产所侧重的是环保，无公害农产品生产侧重的是最终产品的安全，而绿色食品则是环保、安全并重。如果是严格按照各自标准生产的，肯定都是安全食品。无论是谁，都得以解决农产品的供需矛盾为前提!

专家们建议，将食物安全纳入国家的中长期发展规划，并建立食物安全预警系统，以应对突发事件。

答：这篇稿件主要就是关于几位官员、专家对粮食安全问题的观点，中间涉及不少较为专业的术语以及大量的数据，普通市民看起来会比较费力，或者因其枯燥而不愿意去看。为了解决这个问题，可以采用以下编辑方法对稿件进行配置：

(1)加按语。根据这篇稿件的特点，宜加说明性的编者按，对稿件涉及的粮食安全问题以通俗的语言进行说明，这样，读者一看就一目了然，便于其对下文进行相对轻松的阅读。

(2)配资料。稿件中涉及绿色食品及粮食贸易等专业术语，因此，需要对这些术语进行必要的词语解释。同时，可以配相关科学知识的趣味材料，最好辅之以图片、图表等。

(3)配新闻。粮食安全方面的报道国内外有很多，可以选取其中浅显易懂而又与我国情况关系最为密切的稿件，对这些稿件的阅读可以使读者获得更多关于粮食安全的信息，从而帮助理解这个问题。

(4)配评论。编辑从自己的角度去看这个问题，同时可以约一些对此问题感兴趣的市民聊一聊他们对这个问题的看法，根据这些素材撰写该问题的评论。这样做的一个好处就是提供了一个市民理解水平上的看待这个问题的角度，这样市民读者才会觉得亲切易懂。

5. [综合练习之七]：根据第三章[综合练习之二]中的报道策划方案，将前几章已经编辑并制作好标题的稿件进行配置。

提示：新闻稿件由于篇幅的限制或体裁的限制，对新闻事实的报道往往有某方面的不足，需要对已有的稿件加以发展。稿件发展的主要方式有：配评论；加按语；配资料；配新闻。(具体答案略)

8.3 考研真题与典型题

8.3.1 概念题

1. 稿件配置(山西大学2019年研；暨南大学2018年研)
2. 延伸性配置(陕西师大2019年研)
3. 稿件组合(西南交大2018年研)
4. 稿件的配合(华科2006年研)
5. 组合报道(暨南大学2019年研；华科2005年研)
6. 新闻集纳(中传2005年研)
7. 新闻拓展
8. 同题集中(上海财大2007年研；华科2003年研)
9. 专栏组合(四川大学2018年研)
10. 编者按(暨南大学2019年研；西南大学2019年研；湖南大学2019年研；陕西师大2016年研；上海财大2010年研；上海大学2009年研；浙江大学2001年研)
11. 说明性按语(湖南大学2006、2004年研)
12. 政论性按语(中传2016年研)
13. 集中编排(中传2016年研)

8.3.2 简答题

1. 适于进行稿件组合的稿件应具备哪些特点?

2. 在新闻报道的后期编辑中，对报道进行配置和组合具有什么样的意义和作用?(云南大学2007年研)

3. 简述报道配置的若干方式。(上海交大2007年研)

相关试题：

(1)简述新闻编辑工作中的“报道的配置”。(大连理工2008年研)

(2)怎样进行稿件的配置?(暨南大学2004年研)

4. 概括出常见的集合式报道的主要类型与特点。(东北师大2007年研)

5. 简述按语的类型及特点。（暨南大学 2010 年研）
6. 编辑在对新闻加以发展时，用哪些资料来进行配合？（电子科大 2014 年研）

8.3.3 论述题

1. 请结合实例论述同题组合稿件确定主题的思路。
2. 结合实际，对新闻稿件综合性配置要领进行阐述。

相关试题：

(1)报道的综合性配置应做到哪些结合？（简答题，西安交大 2007 研）

(2)综合性配置及要领是什么？（简答题，上海交大 2006 研）

8.3.4 实务题

根据所给材料，改写消息，并以这篇消息为中心组成一个专栏，并详细说明拟配置稿件的体裁类型及具体内容。（人大 2006 年研）

材料：

今年 4 月 16 日，深圳的消费者陈小姐在一家眼镜行配了一副 258 元的平价眼镜。5 月 27 日早上，陈小姐擦镜片时，尽管非常小心，但右眼镜片还是突然脱落。对此，眼镜店负责人一口咬定这是陈小姐人为损坏所致。两百多元的眼镜只用了一个月零 11 天，陈小姐决定通过鉴定来维权。然而，鉴定部门答复，目前暂无眼镜行业装配标准，对其眼镜是否装配合格无法做出检测。由于没有可依据的鉴定结果，消委会无法帮陈小姐有效维权。标准缺失，消费者不得不为劣质眼镜埋单。前不久，消费者罗先生向深圳市消委会反映：购买的某品牌手机拿回家后就不能开机，次日要求更换时，门市经理引他到某通信维修人员处检测。一个小时后，罗先生得到的结论是手机进入不明液体导致不能开机，属于人为损坏，不能更换和免费维修。消委会统计的结果显示，类似罗先生的遭遇屡有发生，商品明明有问题，经销商自行检测的结果要么是没有故障，要么是人为造成，以此设置重重障碍，直到消费者放弃维权为止。消费者刘小姐在菜市花 4 元买一斤青豆，做饭时，发现煮出来的青豆变了颜色。检测部门告诉她，要检测染色剂是否对人体有害，检测费约需 1000 元。为了弄清花 4 元钱买来的青豆是真是假，要花 1000 元检测费，刘小姐只得作罢。细心的刘小姐根据质量检测部门的检测报价，将消费者经常遇到的“问题商品”需要做检测、鉴定的费用列了一个清单：全项检测一双皮鞋的质量需花费上千元；检测服装、面料需 4000 多元；一套沙发的检测费用高达 6000 元；检测十多元一斤的熏酱食品的费用约 300 元，检测纤维含量的费用约 200 元。据深圳市罗湖区消委会统计，他们受理的消费投诉中，每年有 10% 的消费者因检测费用过高而被迫放弃维权。不少消费者表示，他们几乎不会为了区区几百元的商品，也不会为讨回一个公道而固执地去另外花钱对商品进行检测，顶多让消协出面调解，大事化小，小事化了。

8.4 考研真题与典型题详解

8.4.1 概念题

1. 稿件配置（山西大学 2019 年研；暨南大学 2018 年研）

答： 稿件配置又称报道配置，是指按一定的报道意图将稿件搭配、组织成有机完备的整体。整体影响部分，结构制约功能。好的配置可以使报道显得有序易读，可以使报道得到强化和深化，可以使报道获得整体优于部分之和的积极效应。相反，稿件配置得不好，则会削弱甚至损害报道的整体效果。报道配置的方式主要有以下几种：①综合性配置，这是报道配置最常用的方式之一，强调内容和形式的多样化，以吸引方方面面的受众；②同一性配置，是将具有相同性的稿件聚集在一起；③延伸性配置，即增配其他稿件，对新闻加以拓展，使之丰富、深化；④解释性配置，即当一篇新闻的内容不易为广大受众所理解或明了的时候，需要借助其他资料加以说明。

2. 延伸性配置(陕西师大2019年研)

答：延伸性配置是稿件配置的一种方式，即增配其他稿件，对新闻加以拓展，使之丰富、深化。这种延伸可以是广度延伸，也可以是深度延伸。广度延伸即对新闻进行补充，增加相关信息。它着眼于加大信息量，因此又可视为量的延伸。深度延伸即对新闻着力开拓，深入揭示其底蕴。它着眼于提高信息质量，因此又可视为质的延伸。其主要方法是配发评论，常用的评论形式有本报评论员文章、短评、编者按和编后，尤以编者按和编后居多。

3. 稿件组合(西南交大2018年研)

答：稿件组合是指将若干条具有某种内在联系或共同特点的稿件组织为一个稿群，使之成为媒介新闻产品中相对独立的一个组成部分。单篇稿件能够组合在一起，前提是这些稿件相互间有某种关联，或者具备某种共同的特点。这种关联或者特点主要有：①主题相同，即稿件都反映同一主题，报道的中心思想是一样的；②内容相同，即稿件的内容在某一点上相同，所反映的社会生活、事件、人物、地点、时间等方面具有同一的因素；③形式相同，即稿件所运用的体裁、符号、表现手法等相同。

4. 稿件的配合(华科2006年研)

答：稿件的配合是指根据稿件内容和实际需要，增发各种新材料，对原有稿件中的内容进行论证、补充和解释。配合稿件的目的在于：增加说服力和感染力、增加易读性。稿件的配合有三种基本方式：①配评论；②加按语；③配资料。

5. 组合报道(暨南大学2019年研；华科2005年研)

答：组合报道又称整合报道，是指集中一组稿件反映同一时间、不同地点的同类情况，或同一主题、不同门类的情况，形成较大的报道规模，以让读者从稿件的整体联系中或对比反差中领略新闻现象背后的实质，揭示现实深层问题的报道方式。组合报道是一种编辑手段，以大力度、广度，立体地呈现新闻。其组合方式主要是体裁的组合、版面语言的结合和声音的结合。其特点主要有：①有视觉冲击力；②注重内容的组合；③信息量大；④能优化资源配置。

6. 新闻集纳(中传2005年研)

答：新闻集纳是指一种短新闻的发布形式，又称“新闻集锦”。一般把若干则简讯分类编排，并冠以栏目或题目刊出或播出。这种形式有利于充分利用稿件，扩大版面或节目的信息容量，但一次集纳的条数不宜太多，表达也要力求简明。

7. 新闻拓展

答：新闻拓展是指通过稿件的配置，即通过对一些稿件配发图片、资料和评论，并且将从不同角度反映主题的若干条稿件组织为一个整体，形成“稿群”，使新闻报道达到单篇稿件所无法达到的广度和深度。这样的报道不仅在“告知”层面上更加视野开阔，信息量大，使报道主题得到全面的反映，而且更能够触及问题的实质，对报道客体进行深入的剖析，使主题得到升华。

8. 同题集中(上海财大 2007 年研；华科 2003 年研)

答：同题集中是指将相关的若干条稿件放置在同一个标题之下，作为一个整体发表的活动。同题集中的作用在于：①以多条稿件从多种角度报道一条新闻，或者全面报道事物的各个侧面、各个阶段，使受众能够全面了解报道对象，获得更多的信息；②以多条稿件反映同一主题，能够造成报道声势，形成报道重点，从而使主题得到强调甚至升华；③多条稿件归纳于同一标题之下，必然删除稿件之中相互重复的内容，从而精简了稿件，节省了受众的阅读时间。

9. 专栏组合(四川大学 2018 年研)

答：专栏组合是指以集纳性的专栏集中主题相关联的稿件。专栏是报纸、网页和广播电视节目中相对独立的一个组成部分，它是由某些具有某种特征的稿件，按照某种特殊的编排形式组成的。从专栏的设计与制作来看，有一类专栏是固定的，在一段时间内连续出现。这种专栏有的在媒介新闻产品设计时就已经确定了，其名称、篇幅、内容和风格特色都有事先设计。还有一类则是不固定的、非连续性出现的，编辑对这类专栏并没有事先的设计，而是在编排稿件时根据稿件之间的某种联系，临时将若干条稿件组合成为一个相对独立的单元，以专栏的形式出现。

10. 编者按(暨南大学 2019 年研；西南大学 2019 年研；湖南大学 2019 年研；陕西师大 2016 年研；上海财大 2010 年研；上海大学 2009 年研；浙江大学 2001 年研)

答：编者按又称编者按语，是指一种依附于新闻报道或文稿的画龙点睛式的简短的编者评论，是报刊、通讯社、广播、电视等新闻传播媒介的编者专用的对新闻稿件所加的评价、批注、建议或说明性文字，也是新闻媒介的编者最常用的一种发言方式。编者按语是配合新闻报道或文稿而发的评论形式，是编者为使受众更准确、更全面、更深入地了解新闻和理解新闻而写的短小评论，也是编者借助于新闻或文稿传达自己的态度、意图和观点的发言方式。

11. 说明性按语(湖南大学 2006、2004 年研)

答：说明性按语是指对发布稿件的背景、用意，对稿件的来源、作者的情况等加以说明的文字，它对稿件中某一句话、某一个字作解释和说明，以帮助读者准确地了解其意思。在策划性选题的报道中，编辑经常采用说明性按语对整个报道的背景和宗旨加以说明。另外，在推出新的专栏时，也往往采用“编者按语”“开栏的话”等来向读者说明开辟此栏的宗旨与目的，顺带向读者约稿。

12. 政论性按语(中传 2016 年研)

答：政论性按语是编者对新闻或文稿所加的简短的评价或议论性文字，或者提纲挈领地点明报道的中心思想，传达最新的指示精神，划清是非界限和政策界限，或者运用褒贬提示、引申生发等方式，通过个别启发一般。它具备四项功能：①提纲挈领、简明扼要地把新闻报道和文章的中心思想点出来，进一步揭示事物的内涵和意义，帮助受众理解报道和文章发表的意图，提高阅读效果；②联系新闻报道或文章，及时传达党和政府有关的最新指示精神，交代或重申有关问题的政策界限；③肯定和赞扬社会生活中先进的经验和做法，批评错误的思想倾向和行为，编者按需要及时抓住新闻报道中的典型，代表编辑部讲话；④借题发挥，在新闻报道的基础上将文章中所包含的思想再提高一步，使读者得到更多理性的认识，强化报道的说服力。

13. 集中编排(中传2016年研)

答：集中编排又称“集纳”，是一种将若干条内容相关的新闻稿件集中在一处刊登的编排方式。编辑在运用集中编排时，主要根据稿件之间的某种内在联系和共同性来操作，其本质与同题组合、专栏组合相似，都是利用稿件之间的某种共同特征做集中处理，形成稿群，以突出某一主题思想。但集中编排与同题组合不同，因为集纳的各条稿件都要保留自己的标题；集中编排与专栏组合也不同，因为集纳的新闻稿件一般都是非连续的，没有栏名，甚至没有大标题，也不一定用围框、勾线等方式强调其相对独立性。

8.4.2 简答题

1. 适于进行稿件组合的稿件应具备哪些特点？

答：单篇稿件能够组合在一起的前提是这些稿件相互间有某种关联，或者具备某种共同的特点。这种关联或特点主要有：

(1)主题相同。稿件都反映同一主题，报道的中心思想是一样的。比如有若干条新闻稿件分别报道各地植树造林的情况，由于报道的主题相同，就可以组合在一起。

(2)内容相同。稿件的内容在某一点上相同，所反映的社会生活、事件、人物、地点、时间等方面具有同一的因素。比如若干条稿件都与新发明新发现有关，或者所报道的事情都发生在同一地区，这些共同的因素使得这些稿件可以组合在一起。

(3)形式相同。稿件所运用的体裁、符号、表现手法等相同，比如都是照片，都是简讯，都是来信等，它们也可以组合在一起。

新闻编辑在处理稿件时，要根据稿件的上述关联或特点，对单篇稿件加以组合。

2. 在新闻报道的后期编辑中，对报道进行配置和组合具有什么样的意义和作用？(云南大学2007年研)

答：参见本章课后习题第1题答案。

3. 简述报道配置的若干方式。(上海交大2007年研)

相关试题：

(1)简述新闻编辑工作中的“报道的配置”。(大连理工2008年研)

(2)怎样进行稿件的配置？(暨南大学2004年研)

答：报道配置就是按一定的报道意图将稿件搭配、组织成有机完备的整体。整体影响部分，结构制约功能。好的配置可以使报道显得有序易读，可以使报道得到强化和深化，可以使报道获得整体优于部分之和的积极效应。相反，稿件配置得不好，则会削弱甚至损害报道的整体效果。报道配置的主要方式有：

(1)综合性配置。这是报道配置最常用的方式之一。它强调内容和形式的多样化，以吸引方方面面的受众。新闻单元(新闻版或新闻节目)少的新闻媒体，报纸的要闻版，广播电视的新闻联播节目，更需要采取这种配置方式。综合性配置要尽可能做到“6个结合”：点面结合、庄谐结合、褒贬结合、图文结合、长短结合和多种文体结合。

(2)同一性配置。这是将具有相同性的稿件聚集在一起。这种方式可以增强新闻单元的逻辑性和条理性，还往往能够形成强势，获得规模效益和比较优势。同一性配置按其外显形式的不同，可分为强标识组合和弱标识组合。

(3)延伸性配置。这是一种增配其他稿件，对新闻加以拓展，使之丰富、深化的配置方式。这种延伸可以是广度延伸，也可以是深度延伸。

(4)解释性配置。当一篇新闻的内容不易为广大受众所理解或明了的时候，需要借助其他资料加以说明。这种组合方式，可以称之为解释性配置。它可以帮助受众释疑解难，驱散迷雾，还能开阔受众的知识视野。解释性配置用以说明的材料有文字资料和示意图表。

4. 概括出常见的集合式报道的主要类型与特点。(东北师大2007年研)

答：参见本章课后习题第2题答案。

5. 简述按语的类型及特点。(暨南大学2010年研)

答：按语是编辑对所发表的稿件附加简单的说明或批注。按语主要有评论性按语和说明性按语两种类型。

(1)评论性按语。评论性按语是对整篇稿件或者稿件中的某一部分发表意见，以引起受众的注意和思考。配发评论性按语与配发评论的不同在于，按语更加简短，一般没有标题。

(2)说明性按语。说明性按语主要是对发布稿件的背景、用意，对稿件的来源、作者的情况等加以说明，也可以对稿件中某一句话、某一个字作解释和说明，以帮助读者准确地了解其意思。在策划性选题的报道中，编辑经常采用说明性按语对整个报道的背景和宗旨加以说明。另外，在推出新的专栏时，也往往采用“编者按语”“开栏的话”等来向读者说明开辟此栏的宗旨与目的，顺带向读者约稿。

6. 编辑在对新闻加以发展时，用哪些资料来进行配合？(电子科大2014年研)

答：稿件发展是对已有的稿件做资料、观点或最新信息的补充。与改稿中的增补不同的是，这种补充是另外加发稿件，单独成篇，作为对原稿的补充说明、论述或阐释。稿件发展的主要方式包括配评论、加按语、配资料和配新闻。其中，配资料是新闻编辑为新闻稿件补充配发相关的资料，是对新闻报道的一种“扩展”，所配的资料主要有以下几种类型：

(1)新闻背景。新闻背景指新闻事件的背景资料，主要介绍新闻事件的历史渊源和发展过程。

(2)新闻人物与组织。新闻人物与组织指新闻中重要人物的生平资料和重要组织的基本情况介绍。新闻人物资料主要包括个人简历、家庭情况、个人爱好等。新闻组织资料主要包括组织的创建与发展历史、工作或经营范围、主要业绩等。

(3)新闻地理。新闻地理指对新闻所涉及的重要地点的地理知识介绍。如战争报道中往往涉及具体的战斗地点，地形地貌和气候条件对战争影响很大，科技新闻中也时常涉及一些特殊的地理条件，这些地理方面的情况读者不一定很了解，就需要以配资料的方法加以简要介绍。

(4)科学知识。科学知识指新闻中涉及的有关自然科学与社会科学的知识。如有些新闻稿件中涉及新的科技成果、新的专业领域等，是读者比较陌生的，需要配资料予以说明。

(5)词语解释。词语解释指对新闻稿件中比较难懂的专业术语、典故、方言、外来语等进行解释。如在许多专业性较强的报道中，往往包含着大量读者不熟悉的专业名词和术语，稿件本身并没对此进行解释，编辑就要通过配资料的方式，向读者进行通俗的解释和说明。

8.4.3 论述题

1. 请结合实例论述同题组合稿件确定主题的思路。

答：同题组合就是将相关的若干条稿件放置在同一个标题之下，作为一个整体发表。运用同题组合，首先要对稿件的主题与内容加以分析，以找出稿件的共同点，确定统领这些稿件的共同的主题，以这一主题为基础制作稿件共同的标题。同题组合稿件通常有以下几种确定主题的思路：

(1)组合内容性质一致的稿件，从稿件内容的同一性中归纳主题

内容性质一致的稿件经常会在同一个时间集中出现，一种可能是新闻编辑在策划某一报道时，预先设计了组合报道方式，布置了若干记者在不同地区同时采访某一问题。如《经济日报》曾针对飞机、火车不正点的问题，策划组织了“话说‘正点率’”的报道。根据编辑部的安排，北京、上海、广州、西安和昆明五个城市的驻地记者在同一天对当地机场实地调查，分别发回有关飞机当日正点情况的报道，编辑得到的这5条消息在内容上就是相同的，但这5条消息并没有一条条单独刊登，编辑将它们分别做了删改之后，合并为一条稿件，制作了一条共同的标题“航班何处能正点请看前日五机场”。这样的同题组合是在前期的报道策划中就早先设计好的一种报道手法。

另一种可能是编辑事先并没有策划组合报道，但在记者、通讯员和作者的来稿中，有若干条稿件主题一致，内容性质一致，编辑在发现了这些稿件的共同特性之后，编排版面时临时决定将它们组合在一起，制作一条标题统领所有这些稿件。

组合内容性质一致的稿件，主要是利用稿件内容的横向性联系，更加全面地报道某一主题，形成一定的报道规模。比如反映某一问题在不同地区的表现、反映某一事件在不同人群中的反应等，所用的稿件越多，报道面往往也越大，越能表现事物发展的全貌。但这种同题组合，稿件是同一水平上的累积，不会因为所组合的稿件越多，报道就越有深度。

(2)组合内容性质对立的稿件，从稿件内容的矛盾性中提炼主题

编辑经常会在稿件中发现内容性质相对立、相抵触的稿件，通常是两条新闻：一条表现高尚，一条表现丑恶；一条批评赞扬，一条揭露批判。这种内容性质相悖的稿件编排在一起，能够形成鲜明的对比，使每条稿件原先的主题得到深化。内容性质相悖的稿件要形成对比性的组合，同样要求这些稿件具有某些共同的特征。

(3)组合内容互为补充的稿件，从稿件内容的互补性中概括主题

新闻报道的客体往往不是孤立存在的，比如一个新闻事件总有其发生的原因，发展的过程，还会引起各方面的反应，出现某些结果。因此，新闻编辑在处理稿件时，应该注意报道客体这种复杂性及其外在联系，将报道同一客体的、内容相互补充的稿件组合在一起，以全面地表现事物发生发展的前因后果，以及事物与外部环境的联系。例如，1995年5月29日新华社播发了许多条有关波黑局势恶化的新闻，这些消息发自世界各地，且观点差异较大。《羊城晚报》国际版采用同题集中的方式刊登了六条新闻。

主题：波黑局势恶化

①三百余维和士兵被扣

②安理会表示决不向“讹诈”妥协

③美国赞成加强维和力量

④英国打算向波黑增派军队

⑤法国向前南附近海域派遣航母

⑥俄国派遣国防、外交部长调停

新华社的这些新闻稿在内容上有紧密的内在联系。波黑向北约战斗机开炮是事态发生变化的开端，也是联合国及美、英、法、俄等国作出强烈反应的缘由，所以这些消息的内容是互为补充的，它们结合在一起才能反映事物发展变化的因果与全貌。

《羊城晚报》国际版编辑对这些独立播发的新华社电讯稿采用了同题组合的方法，将每条消息都压缩之后，连排在一起，制作了一个共同的标题，使得这组报道互为补充，信息更加集中，报道主题更加突出，有助于读者全面了解情况。

同题集中的稿件配置方式具有明显的优点，如能够使稿件之间凝聚力加强，报道主题得到升华，并且能减少相互重复，节约版面。但是这种编辑方法也有其缺陷：一是它将若干篇稿件集中编排，每条稿件的重要性因此不能充分体现；二是多条稿件连排，篇幅易拉长，版面易显得臃肿。所以，运用同题组合稿件的方法，要注意对组合的稿件进行必要的压缩，将重复的内容删去。

同题集中的稿件原来每篇都有自己的标题，运用同题组合时一般不再将每条标题单独刊出，而是以一条标题统领所有的稿件，这样可以突出共同的主题，并且节省了版面空间。

2. 结合实际，对新闻稿件综合性配置要领进行阐述。

相关试题：

（1）报道的综合性配置应做到哪些结合？（简答题，西安交大2007年研）

（2）综合性配置及要领是什么？（简答题，上海交大2006年研）

答：综合性配置要尽可能做到“6个结合”：

（1）点面结合

这里的“点”，指的是重点；这里的“面”，指的是一般情况。新闻报道要有重点，即要有反映当前主要矛盾和矛盾的主要方面的新闻，要有反映当前群众普遍关注的热点问题的新闻。没有这样的重点，新闻报道就会缺少分量。但是在此基础上，也要有反映次要矛盾和矛盾的次要方面的新闻，也要有反映非热点问题的新闻。这样才有利于受众全面地了解和认识现实，才能满足受众的多样化需求。

以《新京报》为例，它的每期报纸都会有多个版面，主打版面会用来报道大家最关心的国家大事以及房市等热点问题，而其他版面则会更多地用来报道民生新闻以及与大家生活息息相关的天气预报、生活小贴士等。

（2）庄谐结合

现实生活中不乏庄重、严肃的新闻，这些新闻有些是受众欲知的，有些是受众应知的，不能不予报道。但如果一个新闻单元中都是这样的新闻，受众的情绪得不到必要的调节，兴趣和注意力便会减弱。因此，在可能的情况下，也要适当安排一些轻松活泼的新闻。

目前，市面上流通的报纸，不仅对大家普遍关注的国内外热点事件进行报道，还会穿插一些明星娱乐的花边新闻，甚至一些小幽默、小笑话。

(3)褒贬结合

新闻媒体应当褒扬先进。先进代表事物发展的方向，不褒扬先进，就不能很好地引导群众前进。然而先进与落后是相比较而存在的，只褒扬先进，不批评落后，就不能有效地促使落后向先进转化，就不能很好地发挥新闻媒体的舆论监督作用。所以，报道的配置不能忽略批评性稿件。

《南方周末》在进行稿件配置时，不仅安排部分褒扬性质的稿件，对正面现象进行提倡，同时还安排大量的批评性的稿件，揭露社会黑暗面，提出一些供大家反思的现象。正由于它敢于批评，黑白分明，因而受到受众的喜爱与支持。

(4)图文结合

这主要是就报纸而言，报纸应当既有文字，又有图片。图片的功能远不止美化版面。它可以不受读者的语言文字和文化水平的限制，可以起到其他形式不可替代的作用。图片所具有的直观、显眼等优势，使它成为报纸与电视竞争的有效手段。“图文并茂，两翼齐飞”，这是当代报纸编辑人员应有的新观念。

通常情况下，一个版面至少应安排一张图片。如果没有合适的新闻照片，也可配置速写、漫画等。例如，2001年3月14日，《新闻晨报》报道欧洲国家由于牲口不断得病，人们害怕吃牛羊猪肉而大量订购加拿大的马肉，编辑在发表这篇新闻时配了一幅妙趣横生的漫画，使新闻增加了对读者的吸引力，也加深了读者的印象。

(5)长短结合

就稿件的篇幅而言，应尽量做到长短相间。有些新闻内容重要，虽然长一些，受众也愿意接受。但如果一个新闻单元都是长稿件，既不利于扩大报道面，也不利于调节受众的视觉或听觉，妨碍信息传播的效果。

以《人民日报》为例，在报道国家重要方针政策时，通常会用很多笔墨撰写长篇稿件进行报道和解读，但是它一般不会用整整一个版面来写一篇稿子，而是会在这一版穿插一些短讯，并将政策性问题未完部分转到另一版。

(6)多种文体结合

消息是传递新闻最便捷的体裁。在一个新闻单元中，以消息为主是正常的，也是必要的。但除此之外，还应尽可能安排一些通讯、评论、来信等，以避免体裁的单调，提高版面和节目的活跃度。

现在的报纸基本已步入多元文体时代，除了传统的新闻报道，还引入了读者反馈、评论专版、理论版以及文艺副刊等，像《南方周末》的评论版、《人民日报》和《光明日报》的理论版目前已经形成品牌。

8.4.4 实务题

根据所给材料(材料略)，改写消息，并以这篇消息为中心组成一个专栏，并详细说明拟配置稿件的体裁类型及具体内容。(人大2006年研)

答：(1)改写消息示例如下：

眼镜行业暂无装配标准　消费者维权正遇各种困境

10%的消费者因检测费用高而放弃维权

本报×月×日讯　4月16日，深圳的陈小姐配了一副平价眼镜，使用了一个月零11天之后镜片脱落。陈小姐想通过鉴定眼镜装配来维权，却被告知暂无眼镜行业的装配标准。目前，这种情况并不鲜见，消费者维权正遇到各种困境。

陈小姐4月16日在一家眼镜行花258元配了副平价眼镜，5月27日早上，尽管陈小姐很小心地擦镜片，右眼镜片还是突然脱落。对此，眼镜店负责人咬定是陈小姐人为损坏所致，陈小姐决定通过鉴定来维权。然而，鉴定部门答复，目前暂无眼镜行业装配标准，对其眼镜是否装配合格无法做出检测。由于没有可依据的鉴定结果，消委会无法帮陈小姐有效维权。标准缺失，消费者不得不为劣质产品买单。消费者罗先生也曾向深圳市消委会反映，自己购买某品牌手机拿回家后就不能开机，门市经理带他检测后的结论是人为损坏，无法更换和免费维修。又有刘小姐在菜市场买了一斤青豆，做饭时发现煮出来的青豆变了颜色。刘小姐想检测染色剂是否对人体有害，却被告知需检测费1000元。

据刘小姐的调查，检验皮鞋、服装面料、熏酱食品等的费用动辄几百几千，消费者基本上不会为了几元几十元的商品去做个昂贵的检测。而如果是商家自行检测，结果往往会像罗先生的情况一样，要么认为产品没有故障，要么认定是人为造成。据深圳市罗湖区消委会统计，他们受理的消费投诉中，每年有10%的消费者因检测费用过高而被迫放弃维权。消费者维权遇到重重困境。

（2）配置稿件

①再选取两个不同城市、相同性质和内容的消息与这一消息构成全景图，揭示这种问题存在的普遍性。

②以消息为中心，配置一篇有关消费者维权难的深度报道，全面深入解析我国现在普通消费者在维权道路上所面临的困境和阻力以及造成这种现象出现的体制和制度上的原因和可能造成的影响，以达到形成社会舆论、影响官方决策的目的。

③配置一篇维权成功的案例，请有经验的维权者提供经验和诀窍。

④配置一篇新闻短评，反映报道者对此的看法和观点。

第九章　版面设计

9.1　复习笔记

【知识框架（庖丁解牛）】

- 版面设计
  - 基本知识
    - 版面的定义
    - 版面的基本功能
      - 导读功能
      - 导向功能
      - 标志功能
    - 版面设计的基本原则
      - 服务品牌形象的视觉策划
      - 服务受众阅读的“化繁为简”
      - 使编排思想和设计艺术相统一
  - 版面语言
    - 版面空间：区域、面积、距离、形状
    - 编排手段：字符、图像、线条、色彩、多媒体
    - 版面布局
      - 稿件的布局结构：排列、穿插
      - 题与文的布局结构
        - 排文的基本形式
        - 题与文的长度关系
        - 标题自身的排列形式
        - 标题与文的位置关系
  - 版式
    - 报纸的版式
      - 基本概念
      - 西方国家报纸的版式变化
      - 我国报纸的主要版式类型
    - 网页的版式
      - 影响因素
        - 显示终端
        - 网络版面编排手段
      - 常见类型
        - 根据页面导航元素的特征划分
        - 根据稿件模块的排列方式划分

【考点难点归纳（厚积薄发）】

考点一：版面的基本知识（见表 9-1）　★★

表 9-1　版面的基本知识

要点	具体内容	
定义	版面是各类稿件在媒体上编排布局的整体产物，是媒体内容的外在表现形式，是媒体视觉形象的载体	
基本功能	导读功能	引导与方便用户浏览和阅读的功能
	导向功能	以特殊的版面语言表现立场、态度和感情的功能
	标志功能	展示媒体的特色和个性，使其与同类媒体相区别的功能
设计的基本原则	①服务品牌形象的视觉策划：通过统一化、规范化的视觉传达系统将媒体的经营理念、管理策略、行为规范等信息表达出来，在用户心目中确立独特的媒体形象。 ②服务受众阅读的“化繁为简”： a. 将希望用户阅读的内容进行强化设计，突出媒体内容的特色； b. 为用户设置清晰的视觉引导路线，使版面富有流动感。 ③使编排思想和设计艺术相统一：以版面需要作为调度采编的“指挥棒”，使整个采编流程围绕最终的版面成果运转	

考点二：版面语言 ★★

1. 版面语言（见表 9-2）

表 9-2　版面语言

要点	具体内容		
版面语言	指版面特有的表现手段。基本形式包括：①版面空间；②编排手段；③版面布局结构		
版面空间	定义	指一个版面所提供的、用以表现编排思想和内容的空间	
	主要元素	区域	是版面语言的一种形式，其运用主要体现在版序和区序上
		面积	面积越大越能吸引读者注意，也越能给读者以视觉冲击
		距离	利用距离的接近，使人们很自然地将某些稿件视为一个整体
		形状	有两类：夹角都是 90 度的矩形和夹角小于 90 度的多边形。对重要的稿件应该考虑用矩形编排
编排手段	定义	指安排版面所采用的物质手段，是版面语言的一种基本形式	
	具体手段	字符	①字符的变化主要表现在字体和字号。 ②字符的不同外部特征，给用户以不同的视觉刺激，使用户产生不同的感受
		图像	媒体上通过摄影、绘画、摄像等手段所呈现的形象，它不但传递信息，还能构成版面的风格和个性
		线条	①主要类型包括：水线和花线。 ②作用包括：强势作用、区分作用、结合作用、表情作用、美化作用
		色彩	①属性包括：色相、明度、彩度。 ②作用包括：强势作用、表情作用、标志作用
		多媒体	编排手段包括：音频、视频、动画、互动式信息图表、时间轴

2. 版面布局结构(见表9-3)

表9-3 版面布局结构

要点	具体内容	
定义	指版面各组成部分之间相互联系的形式，包括稿件的布局结构、题与文的布局结构两个方面	
构成	稿件布局结构	指版面上各篇稿件相互结合的表现形式。 其类别包括：①排列；②穿插
	题与文的布局结构	指标题与正文之间的相互联系的表现形式。 其类别包括：①排文的基本形式；②题与文的长度关系；③标题自身排列的形式；④题与文的位置关系

考点三：版式 ★★★

1. 版式(见表9-4)

表9-4 版式

要点	具体内容	
定义	指版面的基本形式，是通过版面区域功能划分及稿件布局结构所形成的相对稳定的模式	
报纸版式的基本要素	报型	①指报纸的外形，包括报纸的平面面积和长宽比例。 ②我国报纸传统的规格主要是：对开报和四开报
	版心及基本栏设计	①版心是一块版在除去周围留的空白以后容纳文字与图片的区域，其大小决定版面的容量。 ②基本栏是将版心进行纵向的等分后的栏
	版面各区域的功能划分	①“静态式设计”，是指版式在前期设计之后，就作为相对稳定的模式长期运用，不因为每天新闻内容不同而改变统一的版式风格。 ②“静态式设计”的优点包括：a. 使版面形象具有稳定性；b. 节省版面编辑的工作时间；c. 在重大事件报道时，如果采用打破固定结构的方式进行版面设计，读者一眼就能注意到版面的变化
	稿件的布局结构	①在静态式设计理念提出之前，版式主要由稿件的布局结构决定。 ②在采用静态式设计之后，稿件的布局结构受到总体设计框架的制约，但它依然对版式具有影响

2. 西方国家报纸的版式变化(见表9-5)

表9-5 西方国家报纸的版式变化

要点	具体内容
垂直式	①标题与正文按基本栏排列，版面纵向分割，整齐有序，但缺少变化。 ②稿件的重要性通过标题的行数区分，而不是由长度区分。 ③很少采用图片，版面语言贫乏，版面设计对内容的表现力较差
水平式	①稿件随标题的栏数截为短行，串排在标题下，题与文构成横的长方形。 ②标题排列突破基本栏的限制，标题形式简化，层次减少，字号加大。 ③图片增多，篇幅加大，多用横的长方形照片。 ④版面删除栏线和装饰性印刷符号，题与文之间、图片周围空隙加大

续表

要点	具体内容
垂直与水平混合式	①版面编排以横为主，横竖结合。 ②头版在变化中讲求连续。 ③特别重视图片的作用，使图片成为版面的核心。 ④标题字号比前一时期减小，同一版上用粗体字和细体字形成强烈对比，注重字体的一致性。 ⑤基本栏减少、加宽，使版面更加优雅、简单
静态模块式	①版面完全以模块为基础确定整体结构框架，并规定专栏版位和形式、稿件题文格式、标题字体字号、色彩与线条的使用规则，版面设计不轻易改变。 ②对模块的设计包括单稿模块与多稿组合的模块两类。 ③重视彩色图片，较多地使用示意图来解释新闻。 ④重视稿件的精编和内容提示，标题结构简单，字体统一，字号较大；重视版面留白；色彩鲜艳；版面结构清晰，富有美感和活力

3．我国报纸的主要版式类型(见表9-6)

表9-6　我国报纸的主要版式类型

要点		具体内容
以内容组合特点分类	集中式	用整个版面或版面的绝大部分刊登有关统一主题的稿件
	综合式	稿件多、报道面广，报道内容虽有主次之分，但不有意突出这种差别
	重点式	有意突出版面的某一部分内容，通常用加大标题字号、配发大幅照片、加框等编排手法
以稿件排列的结构特点分类	规则对称式	以版面的垂直中分线为对称轴，左右两边安排同量的、同形的稿件，稿件长短和标题大小形状完全相同
	非规则对称式	讲求整个版面的对称，通常以上下呼应或者对角对称的方式，形成整个版面的平衡
	齐列式	版面整齐划一。其局限包括：①对稿件的要求比较特殊，只适用于表现内容上具有共同性、无须特别强调差别的稿件；②由于编排方式统一，变化较少，容易使版面过于严肃

考点拓展：报纸版式的新发展(见表9-7)

表9-7　报纸版式的新发展

要点	具体内容
版式观念的变化	①品牌意识增强。 ②读者意识增强。 ③设计意识增强
版面风格的变化趋势	①版面结构向三列分割式(或三横分割式)和封面杂志式结构转变。 ②图片的运用更大胆，数量大大增加，所占的版面空间也越来越大，类型越来越丰富，形态变化多样。 ③新潮版式倡导简洁、整齐、清爽、醒目、大图、大标题、短文、模板化。 ④日益重视导读。 ⑤标题变化：a. 加大标题字号；b. 改变题文比例；c. 减少标题字数；d. 强化标题形态；e. 调整语言顺序；f. 去掉花哨装饰

4. 网页的版式(见表9-8)

表9-8 网页的版式

要点	具体内容	
影响因素	显示终端	①网页版式设计需要适应不同尺寸的显示屏。 ②网页显示的内容信息不是一次性全部呈现的，因此需在网页版式设计时充分考虑视觉连续性。 ③网站显示终端对用户阅读方式的开发也不容忽视
	网络版面编排手段	多媒体元素的应用极大地开拓了网页设计的动态视觉效果，使用户具有视听双重享受
常见类型	以页面导航元素特征划分	①文字导航型版式。 ②图像导航型版式
	以稿件模块的排列方式划分	包括：①垂直型版式；②水平型版式；③网格型版式；④自由型版式

9.2 课后习题详解

1. 什么是媒体的版面？版面的功能是什么？

答：(1)媒体的版面

版面是各类稿件在媒体上编排布局的整体产物，是媒体内容的外在表现形式，是媒体视觉形象的载体。作为用户第一接触的对象，媒介版面对于读者、对于媒介本身的重要性不言而喻。好的媒介版面既是传递新闻信息的最佳载体，又是媒介赢得用户的利器。

(2)版面的功能

①导读功能。指媒介版面引导与方便用户阅读的功能。广义上的导读功能是对所有版面而言的，如版面的编排结构合理，标题、文字、图片、色彩、线条等运用恰当，能引导与方便用户选择和阅读；狭义的导读功能专指报纸第一版或网站导读页开辟导读窗口，向用户展示整个报纸或网站的精彩内容，方便与引导用户浏览和阅读。

②导向功能。指媒体版面以特殊的版面语言表现立场、态度和感情的功能。编辑通过版面编排传递给用户某些信号，希望用户按照编辑的意图去关注某些内容，接受某种观点。新闻传播的舆论引导功能从版面的角度而言，也是由此实现的。版面的表态是间接的、含蓄的。版面编辑将自己的态度和情感投入到对版面空间、编排手段和布局结构这类构成“版面语言”的要素的运用中，通过这些要素的组合与设计，来实现引导舆论的功能。

③标志功能。指版面能展示媒体的特色和个性，使其与同类媒体相区别的功能。媒体的定位不同，编辑方针不同，体现在报纸版面上，也会表现出不同的版面形象。好的版面具有形象标志的功能，可以让用户不看媒体名称就能从众多媒体中一眼认出它，而且对之怀有感情。版面的标志功能，是在媒体设计时就需要考虑并确定的，比如版面的结构特点、标题设计的规则、稿件多少与篇幅长短的规定、版面图片的规定、色彩运用的规则等，都不应是版面编辑随心所欲的产物，而是在媒体设计时直至长期的办报实践中形成的规范化的操作。

2. 什么是“版面语言”？请选择你所熟悉的一家新闻网站，分析其版面语言的特点。

答：(1)版面语言

版面语言是指版面特有的表现手段。其基本形式包括：版面空间、编排手段和版面的布局结构。版面语言是具象的，诉诸视觉。它又是象征性的，所传递的含义是以象征手法来表示的。读者在感知版面的位置、形状、色彩等时，能够同时理解这些版面语言的含义。

①版面空间

版面空间是一个版面所提供的、用以表现编排思想和内容的空间。包含的主要因素有：

a. 区域。报纸是由若干个版构成的，每个版都是一个版面空间。这些版面空间因为版的顺序排列不同，在吸引读者注意的效果上也会不同。即使在一个版面空间中，还有上下左右不同的位置，这些位置对读者的视线吸引也是不一样的。因此，报纸版面中不同的区域，强势不同。区域作为版面语言的一种形式，其运用主要体现在版序和区序两方面。

b. 面积。在同一块版面上，面积越大的图片越能吸引读者注意，面积越大的标题也越能给读者以视觉冲击。因此，版面编辑应该根据稿件的价值，在版面设计时注意以恰当的面积来表现其重要性。

c. 距离。运用版面空间表现稿件之间的联系，是通过对稿件的空间组合来完成的，这种空间组织就是利用距离的接近，使人们很自然地将某些稿件作为一个整体来看待。

d. 形状。稿件在版面上都是以一定的形状出现的，总体而言，稿件的形状有两类，一类是夹角都是 90 度的矩形，一类是夹角小于 90 度的多边形。矩形非常规则，结构简单，易于与周围的东西区分开，因此也容易引起人们注意。所以，矩形比多边形更有强势。在版面上，对重要的稿件应该考虑用矩形编排。形状的另一个意义在于它能够帮助将相关的稿件进行归类。在版面上，采用相同形状编排一组稿件，也同样会达到这样的视觉效果，读者会将形状一样的稿件作为一个整体来看待。

②编排手段

a. 字符。字符在版面上能成为一种重要的编排手段，是因为字符的形的不同外部特征，可以给读者的视觉以不同的刺激，使读者产生不同的感受，因此具有不同的强势和风格特色，能够表现编辑思想。在版面编排中，字符的变化主要表现在字体和字号两个方面，不同的字体字号强势不同，具有不同的风格色彩。

b. 图像。图像是形象而直观的，很多图像的面积比标题的最大字号还大，而且墨色较重，在视觉上有立体感，所以给读者的视觉冲击比较大，比如新闻照片、绘画、图表等，在版面上比标题还要醒目，也更有强势。在现代报纸上，图像是非常重要的一个元素，它在版面上能够形成“视觉中心”，成为影响版式的重要部分。

c. 线条。线条在版面上也是运用得较多的一种编排手段。线条分为水线与花线两类，水线又有正线(细线)、反线(粗线)、正反线(一粗一细两行平行线)、双正线、双反线、曲线和点线。花线又称花边，是有花纹图案的线条，花线一般比水线粗而醒目。线条在版面上具有强势、区分、结合、表情、美化等作用。

d. 色彩。色彩有色相、透明度和彩度三种属性，在彩色版面上，图片是彩色的，有些报头、栏头、标题和线条也可以是彩色的，而且在报纸版面的前期整体设计中，色彩就应该作为一个重要元素被重视。色彩能够作为一种编排手段，是因为它具有强势、表情和标志三种作用。

e. 多媒体。多媒体是网页版面编排中的特殊元素，也是网页版面有别于报纸版面的特色所在。在网页中，多媒体编排手段主要包括音频、视频、动画、互动式信息图表和时间轴等。

③版面的布局结构

a. 稿件的布局结构，指版面上各篇稿件相互结合的表现形式。稿件之间的结合是以每条稿件的形状为基础的，稿件的形状可分为矩形和多边形两类，稿件的形状不同，稿件之间接壤的方式就不同，稿件在版面上的布局结构也就不同。根据稿件不同形状之间接壤的特点，可以将稿件的布局结构分为排列和穿插两种。

b. 题与文的布局结构，是标题与正文之间的相互联系的表现形式，题与文的布局结构相对于整个版面而言只是一个局部，但这个局部不是孤立存在的，它与版面其他的局部有紧密的联系，如果局部的题文布局结构不好，整个版面的效果也会受到影响。题与文的布局结构主要包括四个方面：排文的基本形式、题与文的长度关系、标题自身的排列、题与文的位置关系。

(2)人民网的版面语言特点

人民网创办于1997年1月1日，是《人民日报》建设的以新闻为主的大型网上信息交互平台，也是国际互联网上最大的综合性网络媒体之一。作为国家重点新闻网站的排头兵，人民网坚持以“权威性、大众化、公信力”为宗旨，以“多语种、全媒体、全球化、全覆盖”为目标，以“报道全球、传播中国”为己任。版面设计是美的体现，可以直接推动内容的传播。网络编辑应根据所要传播的内容，构建明晰的专题框架和新颖的表现形式，以吸引读者眼球。下面以“汶川地震三周年”之际人民网对此事件的报道来分析其版面语言特点。

①栏头设计

栏头是新闻网站版面吸引人们注意力的第一个要素，也是烘托版面气氛的一个重要手段。精心制作的栏头，可以使人在瞬间形成对于所报道内容的基本印象。人民网在做2011年的“汶川巨变三年间”专题时，栏头设计为蓝天白云下绿叶繁茂，代表了新生的力量，以一本厚重的书本样式呈现在网民面前，给人以历史的厚重感。“汶川巨变三年间”专题栏头的视觉冲击力使网民瞬间形成基本印象，吸引网民关注汶川这几年的巨大变化，关心灾区人民的生活状态。

②版式设计

人们长久以来的阅读习惯是“从左到右，从上而下”。根据这一习惯，人民网的网络编辑将最吸引受众的内容放在左上角，大致上采取“川”型版式。首先引入眼帘的是一排大字和Flash图片，左边是重要新闻信息，中间配有小图片镶嵌于文字中，右边是配有互动板块，整体上富有层次感。版面的最右下角留白，一般右下角是关注的“弱势区”，网民基本上不会关注，此区留白是编辑的明智之举。

③色彩搭配

不同的色彩给人不同的心理感觉，版面的色彩应与主题和风格相一致。色彩搭配应为内容服务，并与其他网站同类题材的新闻专题区别开来。人民网在做一个专题报道时，版面总体的平衡感通过暖色调与冷色调之间的调配和各栏目版面面积的协调来把握。如此次专题中，通栏的大标题和下面的新闻图片主要是暖色调，周围文字版面以黑色、绿色为基调，这样就构成了一个冷暖和谐的大版面。

④图片选择

网络编辑在策划版面时，对大小不同的照片的安排恰当与否，以及如何选择处理图片，以怎样的方式呈现给受众，对最终的页面效果与传播效果都将产生非常大的影响。人民网的图片处理十分到位，将新闻事件与图片对应着显示，让网民看到文章的同时，可以观看图片。如“高层动态”板块，显示中央高层对地震灾区恢复重建工作的关心和指导，配有几行标题新闻，可以点击进行链接，达到图文并茂的效果。

3. 报纸的版式和网站的版式各有哪些主要类型？它们各自的特点是什么？

答：版式是指版面的基本形式，是通过版面区域功能划分及稿件布局结构所形成的相对稳定的设计模式。报纸和网站页面的版面设计虽然都遵循平面设计的基本原则，但由于媒介呈现形态的差异，报纸版式和网页版式各有特色。

(1)报纸的版式

①根据内容组合特点分类的主要版式

a. 集中式。其特点是用整个版面或版面的绝大部分刊登有关同一主题的稿件。稿件可以是相互并列、互为补充的，从各种角度、各个侧面来反映问题；也可以是对比式的，通过正反两方面的对照来表现某一主题。

b. 综合式。其特点是稿件多、报道面广，虽然报道内容有主次之分，但是在版面处理上并不有意突出这种差别。

c. 重点式。其特点是有意突出版面上的某一部分内容，使其成为版面上引人注意的重点。对重点内容的处理通常用加大标题字号、配发大幅照片、加框等编排手法，使读者一眼就注意到这一重点区域的内容。

②根据稿件排列的结构特点分类的主要版式

a. 规则对称式。其特点是版面左右对称，即以版面的垂直中分线为对称轴，左右两边安排同量的、同形的稿件，稿件长短和标题大小形状完全相同，从而使版面匀称、整齐。由于规则对称式版面对稿件的要求较特别，比如相对称的稿件必须长短一样，相对称的标题也必须长短、结构相似，有时为了这种完全对称，就要影响稿件内容，使稿件合适于对称式版面。另外，规则对称式的版面也容易显得呆板，所以在新闻版面上不宜多用。

b. 非规则对称式。其特点是讲求整个版面的对称，通常以上下呼应或者对角对称的方式，形成整个版面的平衡，非规则对称式不像规则对称式要求那么严格，必须以中心轴左右对称，而是一种不对等的对称，较为生动。主要有上下对称和对角对称两种。

c. 齐列式。其特点是采用统一的方式整齐地排列稿件，使版面出现整齐划一的效果。这种版面的最大特点是版面上所有稿件在表现形式如标题形式、排列形式、装饰手法等各方面完全相同，变化较少。齐列式版面对稿件的要求比较特殊，它只适用于表现内容上具有共同性、无须特别强调其相互差别的稿件，而且由于编排方式统一，变化较少，容易使版面过于严肃。

③西方报纸版面的主要类型及其特点

a. 垂直式。其特点是标题与正文都按基本栏排列，版面纵向分割，整齐、有次序，但缺少变化；稿件的重要性主要通过标题的行数区分，而不是由标题的长度(栏数)区分；很少采用图片，版面修饰少，版面语言贫乏，版面设计对内容的表现力较差。

b. 水平式。其特点是多数稿件随标题的栏数截为短行，串排在标题下面，题与文构成横向的长方形，方便阅读；标题排列突破了基本栏的限制，较多使用二三栏题与多栏题，标题形式简化，层次减少，字号加大；图片增多，篇幅加大，多用横幅长方形照片；版面抽去栏线，删除装饰性印刷符号，题与文之间以及图片周围空隙加大。

c. 垂直与水平混合式。其特点是版面编排以横为主，横竖结合，避免单调；头版在变化中讲求连续；特别重视图片的作用，使图片成为版面的核心；标题字号比前一时期减小，同一版上用粗体字和细体字形成强烈对比，注重字体的一致性；基本栏减少、加宽，使版面更加优雅、简单。

d. 静态模块式。其特点是采用静态设计，版面完全以模块为基础确定整体结构框架，并规定专栏版位和形式、稿件题文格式、标题字体字号、色彩与线条的使用规则，每天的版面设计都是在这个大框架中进行，不轻易改变。对模块的设计包括单稿模块与多稿组合的模块两类。重视彩色图片，较多地使用示意图来解释新闻，使信息传播更加直观、形象，方便阅读和理解。重视稿件的精编和内容提示，标题结构简单，字体统一，字号较大；重视版面留白；色彩鲜艳；版面结构清晰，富有美感和活力。

(2)网站的版式

按照不同的分类标准，可以把常见的网页版式划分为多种类型，如：按照主导页面的元素是文字还是图像，可以划分为文字导航型和图像导航型；按照稿件模块的排列方式可以划分为垂直型、水平型、网格型和自由型。这两种分类方法划分出的类型可以交叉并用。

①根据页面导航元素的特征来划分

a. 文字导航型版式。即以文字作为页面导航元素的网页版式。这类版式并不排斥图像的运用，但是图像的装饰性高于叙事性，它们只是版面的点缀，这类页面中图像的面积远小于文字的面积，文字才是页面的主导视觉元素。大量使用文字、省略图片，使这类网站在色彩构成上较为简单，页面显得理性和清晰。在当代网站设计中，一些以传递观点性信息为主的网络专题也常采用文字导航型版式，以期通过文字传递一种更为理性的、逻辑的思考。文字导航型版式也是网站手机页面中不可或缺的版式之一。受限于网速和上网资费，无图模式是网站手机页面中的必备设置。因而网站手机的首页页面多设计为文字导航型版式，以便于为用户节省流量，提供更大的信息量。

b. 图像导航型版式。在图像导航型版式中，图像不只是页面的装饰，还成为页面结构中的导航元素，图像在页面中占据显著的位置，且图像面积远大于文字面积。这类版式首先出现在西方的一些网络专题页面设计中。

②根据稿件模块的排列方式来划分

a. 垂直型版式。类似报纸的垂直式版式，其页面一般纵向分割为两栏或三栏，突出主导模块的纵向感，视觉上清劲修长，给人整齐、理性和有次序的视觉观感，但如果网页向下延伸的距离较长，垂直型版式就会给人带来页面缺少变化的感觉。垂直型版式在手机页面的版式设计中尤为普遍，因为手机的形状和浏览的限制，用户使用手机登录互联网时相对更习惯和更方便用手指上下翻动页面，所以一般的手机新闻客户端在页面设计上多采用垂直型版式，页面采用一栏排文，沿屏幕纵向延伸。

b. 水平型版式。水平型版式主要突出主导模块之间的宽窄对比，强调横向的稿件模块。相比垂直型版式在网站页面中的普及，这种版式一般出现在较为小型的网站首页，或是一些网络专题首页上。水平型版式往往采用富有设计感和视觉冲击力的图像作为网页第一屏的主要元素，给用户带来开阔大气的视觉感受。

c. 网格型版式。网格型版式页面几乎没有纵向或横向贯通版面的栏，取而代之的是一系列大小有区别的矩形网格错落有致地结合起来，形成一种更为灵活多变的视觉效果。网格型版式已经成为平板电脑客户端网页设计的重要版式，因为平板电脑的尺寸与杂志相类似，因而更便于体现网格型设计的视觉优势。

d. 自由型版式。自由型版式突破了各种规范的稿件布局的限制，采用变形的不规则的文字或图像编排方式，形成与一般网站常规设计不同的版式，从而给用户带来耳目一新的视觉观感。这种自由型版式的创新之处在于其对常规版式的突破，它较多地出现在网站专题的首页设计上，体现出专题从内容到形式的策划性和独具匠心。但是对于一个网站的常规页面而言，自由型版式因其不遵循一般的分栏规则，因而不易也不适合推行。

以上是网页版式中一些常见的类型，其与报纸版式有相似之处，也有区别。在实际的网页设计中，一个网站页面的版式设计往往是多种版式相互结合的产物，网页版式设计是一项与时俱进、不断创新的工作，将随着数字技术的发展和设计潮流的更新而不断发展进步。

4. 对若干媒体有关同一主题报道的版面编排进行比较分析，指出其各自的特点和不足，并提出改进的建议。

答：2018 年 5 月 14 日，四川航空公司一架重庆至拉萨的航班在 9800 米高空出现机械故障，驾驶舱风挡玻璃破裂。机组成员凭借过硬的飞行技术和良好的心理素质，驾驶飞机安全备降成都双流国际机场，所有人平安而归。事发后半小时，《成都商报》红星新闻发布了首条简讯，经国内媒体铺天盖地的转载后，迅速引起了社会的高度关注。以下以四川省党报《四川日报》和都市报《成都商报》对川航迫降的突发事件报道为例，分析其版面编排。

（1）《四川日报》版面编排的特点：擅于综合使用多种布局方式，使版面图、文、题之间的呈现效果和谐与精美。同时，提炼川航迫降事件的时间、空间和主体等关键词作为栏目名或小标题，使文章在突出中心的同时，更具有逻辑性，版面布局规整、严肃，对于此类严肃性突发事件来说更有说服力与权威性。

不足与建议：在对川航迫降事件的报道中，《四川日报》运用了 7 幅图、4 张表，而《成都商报》运用了 24 幅图、7 张表，可见《四川日报》在对图像语言的使用频率和技巧上存在不足，因此《四川日报》应该一改传统党报呆板的特点，美术编辑应在版面编排上多下功夫，向都市报借鉴，融入“读图时代”，吸引受众。

（2）《成都商报》版面编排的特点：在对川航迫降事件的报道中，《成都商报》运用统一醒目的文字、事件中飞机的大图以及固定的框图线条，给川航迫降这一连续性的专题报道设计了专栏样式和栏头，使其在整篇报纸中具有高辨识度；另外图片和线条均选用了橘红色、深红色这一类引人注目、带有警示和提醒意味的颜色，并暗指迫降事件的危险性和急迫性。

不足与建议：警惕自媒体式浮夸报道，对于一些主观性较强以及有较强烈的情绪性的词语不适宜将其放大作为标题甚至突出显示，如此次川航迫降报道中《成都商报》不断使用的“史诗级备降”“民航界的罕见传奇”“奇迹英雄机长”等，这类词的使用应该加以斟酌。另外，应该对上级领导对该事件的高度重视与后续处理情况进行报道。

5. ［综合练习之八］：根据第三章［综合练习之二］中的报道策划方案，将前几章中已经编辑与配置好的稿件设计编排成一个报纸版面，画出版样图，并进行电子排版。

提示：版面是各类稿件在媒体上编排布局的整体产物，是媒体内容的外在表现形式，是媒体视觉形象的载体。在进行报纸版面的设计编排时应注意遵循以下原则：

（1）服务品牌形象的视觉策划。通过统一化、规范化的视觉传达系统将媒体的经营理念、管理策略、行为规范等信息表达出来，在用户心目中确立独特的媒体形象。

(2)服务受众阅读的“化繁为简”。将希望用户阅读的内容进行强化设计，突出媒体内容的特色；在版面设计中为用户设置清晰的视觉引导路线，使版面富有流动感。

(3)使编排思想和设计艺术相统一。以版面需要作为调度采编的“指挥棒”，使整个采编流程围绕最终的版面成果运转。(具体答案略)

9.3 考研真题与典型题

9.3.1 概念题

1. 版面(陕西师大2018年研)

相关试题：报纸版面(厦门大学2006年研；复旦大学2006年研；中央民大2003年研)

2. 版面设计(云南大学2003年研)

3. 版式

4. 报型(华东师大2019年研)

5. 版心(厦门大学2011年研)

6. 基本栏(中央民大2005年研)

7. 变栏(厦门大学2009年研；湘潭大学2009年研)

8. 长栏与破栏(厦门大学2007年研)

9. 报头

10. 报眼(四川大学2018年研；陕西师大2018年研)

11. 中缝

12. 通版

13. 假头条(上海大学2010年研)

14. 版面空间(暨南大学2017年研；华科2004年研)

15. 报序

16. 区序(厦门大学2008年研)

17. 版面强势(暨南大学2017年研；北大2002年研)

18. 版面语言(清华大学2018年研；天津师大2015年研；中国社会科学院2007年研；郑州大学2007年研)

19. 版面元素(复旦大学2019年研；陕西师大2016年研；上海交大2007年研；西安交大2005年研)

20. 线条(中央民大2004年研)

21. 分栏(南京大学2003年研)

22. 垂直式版面

23. 通栏标题(中央民大2004年研)

24. 集中式版面(暨南大学2019年研)

相关试题：集中式编排(陕西师大2019年研；中传2016年研)

25. 重点式版面(暨南大学2005年研)

26. 视觉中心

27. 纯净版面(北大2012年研)

28. 版样

29. 广播电视节目编排(华南理工2019年研)
30. 对称型编排(复旦大学2000年研)
31. 模块式编排(复旦大学2000年研)
32. 编排设计的原则(上海交大2004年研)
33. 版面编排意图(上海大学2009年研)
相关试题：编排思想(华科2002年研)
34. 专刊(中传2015年研)
35. 组版构想(上海大学2016年研)

9.3.2 简答题

1. 版面在报纸中有什么作用?(华科2007年研)
相关试题：
(1)简论报纸版面的功能。(湘潭大学2009年研；厦门大学2003年研)
(2)版面的功能包括哪些方面?(郑州大学2006年研)
2. 报纸版面的编排是编辑把信息传递给读者的最终手段，请谈谈版面编辑的作用。(复旦大学2004年研)
相关试题：简述编排设计的主要价值。(上海交大2007年研)
3. 分析说明版面设计的工作内容和操作程序。
4. 报纸版面的编排应遵循哪些原则?并作简要说明。(大连理工2005年研)
5. 结合案例，简述电视新闻栏目编排如何形成节奏。(暨南大学2019年研)
6. 如何理解版面语言?(人大2003年研)
7. 什么叫版面空间?其意义何在?(复旦大学2000年研)
8. 简述线条在版面设计中的作用。
9. 简述版面编辑中色彩的作用。(复旦大学2018年研)
10. 交叉式编排方式的特点和优缺点。(大连理工2007年研)
11. 画版样的“三先三后”原则。(西安交大2007年研)
12. 简述国内报纸版面存在的问题。
13. 谈谈你对报纸版面中出现的大标题、大图片的看法，举例说明。(华科2007年研)
14. 请选择你所熟悉的一家报纸，分析其头版的特色。
15. 现代技术的运用在报纸版面上有哪些明显变化?
16. 版面的转接需要注意哪几点?(电子科大2015年研)

以下为历年考研试题精选，未附答案，供读者参考

1. 简述版位在报纸版面编排中的作用。(暨南大学2017年研)
2. 简述当前我国报纸版面设计的优点和遇到的难题。(上海大学2012年研)
3. 简述版面语言的元素和功能。(四川大学2017年年研)

9.3.3 论述题

1. 如何运用版面语言强化重要稿件?(安徽大学2006年研)
2. 如何理解版面语言?结合你所熟悉的报纸实例，分析近几年来我国报纸在版面语言运用方面的变化。你认为版面语言为什么会发生上述变化?(人大2003年研)
3. 版面怎样才能美?结合实例加以说明。

4. 请按照布局结构分类，详述我国现代市场化报纸版式运用中的几种主要形式。(电子科大2013年研)

5. 请详述专副刊与新闻版的异同，以及专刊和副刊的区别。(电子科大2014年研)

9.3.4 实务题

根据报纸编辑学的有关知识，评价2010年9月23日《人民日报》一版的版面。(清华大学2011年研)

(1)这个版面属于A、B、C中的何种版式?

A. 垂直式版式、水平式版式、平直混合式版式;

B. 综合式版式、重点式版式、集中式版式;

C. 穿插式版式、模块式版式、垂直式版式。

(ABC每一小题内只允许选一个答案)

(2)具体说明“头条下”(左半版的框线内部分)是使用何种稿件配置和布局结构的方式来显示稿件关系的。

(3)从版面美化和规范的角度，谈谈你对这个版面的看法。

人民日报
RENMIN RIBAO
2010年9月 23
温家宝敦促日方立即无条件释放中国船长
抵达纽约出席联合国千年发展目标高级别会议和第六十五届联大一般性辩论
温家宝与美国企业、金融、学术界人士座谈
神州庆佳节 和谐进万家
全国各地开展“我们的节日·中秋”主题活动
重庆开展心连心慰问活动
本溪玉树师生欢度中秋
呼和浩特市民“低碳”过节
我国成功发射“遥感卫星十一号”
温家宝与美国华文媒体和港澳媒体负责人座谈
温家宝在联合国千年发展目标与艾滋病讨论会上的讲话
(第二版)
李长春会见爱沙尼亚议长埃尔格马
李克强会见亚美尼亚总理萨尔基相

注：除报头与所有照片为彩色外，其余文字、线条均为黑色。

9.4 考研真题与典型题详解

9.4.1 概念题

1. 版面(陕西师大 2018 年研)

相关试题：报纸版面(厦门大学 2006 年研；复旦大学 2006 年研；中央民大 2003 年研)

答：版面是各类稿件在媒体上编排布局的整体产物，是媒体内容的外在表现形式，是媒体视觉形象的载体。作为用户第一接触的对象，媒介版面对于读者、对于媒介本身的重要性不言而喻。好的媒介版面既是传递新闻信息的最佳载体，又是媒介赢得用户的利器。从理论上看，媒介版面应该具有三种功能：①导读功能；②导向功能；③标志功能。

2. 版面设计(云南大学 2003 年研)

答：版面设计，又称版式设计，是平面设计中的一大分支，主要指运用造型要素及形式原理，对版面内的文字字体、图像图形、线条、表格、色块等要素，按照一定的要求进行编排，并以视觉方式艺术地表达出来，并通过对这些要素的编排，使观看者直觉地感受到要传递的意思。

3. 版式

答：版式是指版面的基本形式，是版面在特定的报型中，通过版面区域功能划分及稿件布局结构所形成的相对稳定的模式。版式作为版面编辑的相对稳定的模式，具有规范版面编排、指导日常版面编辑业务的作用。在办报实践中，版式变化需要慎重，它是报纸改版的一部分。改版既包括报纸内容结构的改变，也包括版面形象的变革。决定版式的最基本的要素有：报型、版心及基本栏设计，版面各区域的功能分布和稿件的布局结构。

4. 报型(华东师大 2019 年研)

答：报型是指报纸的外形，包括报纸的平面面积和长宽比例。我国报纸传统的规格主要是两种：对开报与四开报。但从 20 世纪末开始，一些报纸为了版面形象的创新，或者为了节省纸张成本，开始采用长宽比例与传统规范不同的异型版面。西方国家的报纸报型规格非常多，每家报纸都可以根据自己的喜好设计报型，而且有些报纸在用纸上也追求与众不同的效果，如用彩色纸印刷。由于报型是报纸版面一个重要的外部特征，也是稿件布局结构所依托的基础。所以，报型对版式具有重要影响。报型的选择一方面要考虑读者的需要，另一方面要考虑报纸本身的定位与形象要求。

5. 版心(厦门大学 2011 年研)

答：版心是指除去周围留的空白，一块版面上真正容纳文字与图片的区域。通常说的报纸的版面容量主要是指版心的容量。报纸版面的先期设计中，除了要选择报型，还要设计版心，即使是同样报型的报纸，周围留的空白不一样多，版心的大小也会因此不同。版心对于版面编辑的意义在于它规定了版面上容纳图片与稿件的总体篇幅，版面编辑选择稿件与修改和配置稿件时都要以这个容量为基准。

6. 基本栏(中央民大 2005 年研)

答：基本栏是指在版心中采用一定的分栏制所形成的等距的栏。一个报纸版面的基本栏的多少是相对固定的，但不同报纸的基本栏数量因报而异。如过去多数对开报纸都分八个基本栏，现在有些报纸将基本栏设计为 6 栏或 7 栏，栏与栏之间的空隙加大，使整个版面显得更加疏朗。基本栏的划分以方便读者阅读和便于编辑排版为目的和原则。

7. 变栏(厦门大学 2009 年研;湘潭大学 2009 年研)

答:变栏是指编辑在排版时对基本栏做出的变化。变栏有两类:①"长栏"或称"并栏",即将基本栏成倍地合并,如"二作一"(2 个基本栏合并为 1 栏)、"三作一"(3 个基本栏合并为 1 栏)等;②"破栏",即将基本栏打破,重新等分,如"三作二"(将 3 个基本栏重新等分为 2 栏)。

8. 长栏与破栏(厦门大学 2007 年研)

答:长栏与破栏是指变栏的两种形式。版面除了采用基本栏之外,有时还采用变栏,即以基本栏为基础而生化出来的栏。变栏有两种:一种是长栏,即将基本栏成倍地合并,如"二作一"(2 个基本栏合并为 1 栏)、"三作一"(3 个基本栏合并为 1 栏)等;另一种是破栏,即将基本栏打破,重新等分,如"三作二"(将 3 个基本栏重新等分为 2 栏)。目前中国对开报纸采用的都是 8 栏制,基本栏已经比较小,所以小于基本栏的破栏用的很少。

9. 报头

答:报头是指报纸第一版刊登报名和其他内容的区域,多数横排报纸的报头位于一版左上角,面积为二分之一版心宽,六分之一版心高。报头刊登的常规内容包括报名、出版单位、刊号、总期数、出版日期等。

10. 报眼(四川大学 2018 年研;陕西师大 2018 年研)

答:报眼,又称"报耳",是横排报纸第一版报头(指非通栏报头)右侧的版面区域。如果报头通栏,报眼就不存在了。报眼所占版面不大,但因位置显著,一般用来刊登比较重要而又短小的新闻,或者刊登当日报纸的内容提要,也有的报眼不单独编排,而与下面的版面连接编排。

11. 中缝

答:中缝又称"报缝",是指一张报纸相邻两块版之间的空隙。中缝可以空着,也可刊登广告、实用信息,或者用于版面上长文的转文等。一些大报为了版面的庄重与美观,将中缝空而不用;也有不少报纸,特别是四开报纸,为了更充分地利用版面,则用报缝刊登广告、电视节目、知识小品等。

12. 通版

答:通版是指打通报纸上相邻的两个版面形成的版。通版的面积包括这两个版和两版间的中缝,一般用于报道重大事件。对于四开报等小报而言,通版的使用有助于表现重要的新闻内容。但对于篇幅较大的大报来说,通版往往不方便读者阅读,因此不宜过多使用。

13. 假头条(上海大学 2010 年研)

答:假头条,又称"小头条"或"头条前",是指处于版面重要位置,但实际上并非头条的新闻。一般而言,假头条位于真正的头条之上、之左,标题小于真正的头条,涉及重要的人物、机构、活动等,但并无实质性的重要内容。

14. 版面空间(暨南大学 2017 年研;华科 2004 年研)

答:版面空间是指一个版面所提供的、用以表现编排思想和内容的空间。版面空间能够帮助编辑表现编排思想,因为它不仅仅是一个物理意义上的空间,它还包含着多种重要的因素,编辑就是通过对这些因素的利用,传递给读者某些信号和暗示,从而实现传播的效果和目标。版面空间中包含的主要因素是：区域、面积、距离和形状。

15. 报序

答：报序是指版面的先后次序。目前比较流行的版序有三种：①多张叠在一起，第一张正面为第一版和最后一版，背面为第二版和倒数第二版，第二张正面是第三版和倒数第三版，反面是第四版和倒数第四版，依此类推。②分张依次叠放，第一张为一至四版，第二章为五至八版，依此类推。③整份报纸分为若干个组，每一组由多张叠在一起，即以第一种方式形成其中的每一组。前两种版序为自然版序，第三种为人为分隔出来的多组化的版序，这种版序打破了自然版序，使报纸出现了多个头版，这在报纸版面较多的情况下有利于报纸的内容分割，也方便读者选择阅读。

16. 区序(厦门大学 2008 年研)

答：区序是指版面各个局部依强势大小所排列的次序。在一块版面上，不同的区域强势不同，这与人们浏览报纸版面的习惯有关。在横排的报纸上，一般而言上半版比下半版更有强势，左半版比右半版更有强势。所以，如果把横排报纸版面空间纵横切割成四个不同区域，最具强势的是左上区，也即头条的位置；其次是右上区；再其次是左下区；强势最小的是右下区。在我国报纸的版面编排中，区序规律的运用占有重要地位，是表现编排思想的主要手段之一。对于重要的稿件，应该放在上半版刊登，最重要的稿件，应该放在头条位置。

17. 版面强势(暨南大学 2017 年研；北大 2002 年研)

答：版面强势是指版面具有的能够吸引读者注意的特性。一个读者阅读报纸的时候，对每个版面及每个版面的各个局部的注意是不同的，因而形成不同的版面强势。版面强势大，意味着吸引读者的程度高；版面强势弱，吸引读者注意的程度低。但版面强势也不完全是由版面空间的区域决定，版面语言的其他形式如编排手段、布局结构等也对版面强势的形成有很大作用。

18. 版面语言(清华大学 2018 年研；天津师大 2015 年研；中国社会科学院 2007 年研；郑州大学 2007 年研)

答：版面语言是指版面特有的表现手段。版面语言的基本形式包括：版面空间、编排手段和版面的布局结构。版面语言是具象的，诉诸视觉。它又是象征性的，所传递的含义是以象征手法来表示的。读者在感知版面的位置、形状、色彩等时，能够同时理解这些版面语言的含义。

19. 版面元素(复旦大学 2019 年研；陕西师大 2016 年研；上海交大 2007 年研；西安交大 2005 年研)

答：版面元素是构成现代报纸版面的基本成分，包括正文、标题、图片、线条和色彩，其各自的特点和性能是：①正文即用来显示报道和文章的文字。正文涉及字的大小，字的大小具有评价的功能，字大说明内容重要，字小说明内容次要。②标题是很有寓意功能的编排元素。标题与正文一样，也涉及字号与字体。③图画和照片是版面最具强势的视觉刺激物。它可以创造瞬间吸引力，一下子成为读者的视觉中心。作为与电视竞争的一种重要手段，图片尤其是新闻照片在当代报纸上的运用，明显呈现出增多加大的趋势。④线条是现代报纸上运用广泛的编排元素。线条有多种式样，名称也各不相同。不同式样的线条具有不同的风格。⑤当代报纸版面编排设计离不开色彩的运用。当代报纸在运用编排元素方面表现出"七多"，即：正文呈模块形状多、标题用黑体字多、大标题多、图片多、大照片多、直线多、色彩多。这反映出版面设计追求简洁、醒目、直观、顺畅和时代感的趋势。

20. 线条(中央民大2004年研)

答：线条作为版面的编排手段之一，运用得较为普遍。线条分为水线和花线两类。水线包括正线(细线)、反线(粗线)、正反线(一粗一细两行平行线)、双正线、双反线、曲线和点线。花线又称花边，是有花纹图案的线条。花线一般比水线粗而醒目。线条在版面上具有强势作用、区分作用、结合作用、表情作用和美化作用。

21. 分栏(南京大学2003年研)

答：分栏是指在报纸编辑中将报纸的版面划分为若干栏。横排报纸的栏是自上而下垂直划分的，每一个栏的宽度相等。一个版面按几栏分版是固定的。这种相对固定的、宽度相同的栏称为基本栏。每一个报纸都有相对固定的分栏制。一个报纸采用何种分栏制，依据是否有利于读者阅读，是否有利于表现报纸的特点来确定。

22. 垂直式版面

答：垂直式版面是最古老的版面形式，曾长期统治美国报纸的版面，一直延续到19世纪末。垂直式版面的主要特点是：①标题与正文都是按基本栏排列，版面纵向分隔，整齐、有次序，但缺少变化；②稿件的重要性主要是通过标题的行数区分，而不是标题的长度(栏数)区分；③很少采用图片，版面修饰少，版面语言贫乏，版面设计对内容的表现力较差。

23. 通栏标题(中央民大2004年研)

答：通栏标题是指书籍报刊上自左至右或自上而下贯通整个版面不分栏的大标题，通栏标题是标题中的"龙头老大"，强势作用最为显著，不可滥用。美国《华尔街日报》至今仅出现过3次通栏标题，分别用于报道珍珠港事件、海湾战争和"9・11"事件，可见使用之慎重。

24. 集中式版面(暨南大学2019年研)

相关试题：集中式编排(陕西师大2019年研；中传2016年研)

答：集中式版面是报纸的一种版式类型，它利用一个版的主要篇幅或全部版面来报道同一主题。集中式版面上的稿件可以是相互并列、互为补充的，从各种角度、各个侧面来反映问题；也可以是对比式的，通过正反两方面的对照来表现某一主题。集中式版面所报道的主题往往是重大的，如国内外重大事件、重大典型等。它内容集中，具有较大的声势，给人以强烈深刻的印象。但它的主题单一，只能在十分必要时采用，用得太多，不仅会造成报道面的狭窄，还会使读者司空见惯，失去应有的效力。

25. 重点式版面(暨南大学2005年研)

答：重点式版面是指相对突出一、两个重点内容的版面。其特点是强调版面的某一局部，使这一局部成为版面上引人注意的重点。突出、强调重点内容的编排手段通常包括：加大标题字号、配发大幅照片、加框等，使读者一眼就能注意到这一重点区域的内容。一般而言全版只有一个重点，但有时也有两个重点。当版面上有一两篇或一两组稿件特别重要，需要在版面上予以强调时，往往采用这种版面。

26. 视觉中心

答：“视觉中心”，最早是西方报纸版面设计中的专用名词，是指在版面上对读者视觉冲击最大、首先引起读者注意的那一部分。报纸版面上的“视觉中心”通常是面积最大的一张(组)新闻图片，位置大多在版面的中部偏上一点，对稳定版面的重心、固定版式结构具有重要意义。

27. 纯净版面(北大2012年研)

答：“纯净版面”是20世纪末报纸版面设计中出现的一种趋势。报纸版面专家马里奥·加西亚把简洁朴素、整齐简单的版面称之为“纯净版面”。“纯净版面”上对于版面元素的应用十分单纯，奉行“少即是多”的美学观念。它的作用和目的在于使读者目光能很直接地投向新闻及图片本身，提高了可读性和易读性，帮助读者最便捷地获取信息。《华尔街日报》和《纽约时报》的版面设计是“纯净版面”的代表。

28. 版样

答：版样是指编辑在完成设计版面的准备工作后，在旧报纸或版样纸上画出的事先设计好的报纸版面。它是具体体现编辑的组版意图的蓝图。版样确定后，激光照排室就可以根据这张蓝图进行组版工作。画版样要求准确、清楚、迅速。准确，即所画的版面大小和稿件的实际篇幅相符。如果两者相差很多，拼版就很困难。清楚，即要把组版意图，包括各个细节都在版样上交代清楚，使拼版工人一看便明白。迅速，即不能延误出版时间。版样一般是按照如下次序进行的：①先安排重要稿件，后安排次要稿件；②先安排长稿件，后安排短稿件；③先安排辟栏、专栏、围框新闻、图片，再安排其他稿件；④先安排版面的四角，后安排版面的其他部位。

29. 广播电视节目编排(华南理工2019年研)

答：广播电视节目编排是指广播电台、电视台播出内容的基本组织形式和播出形式。它是一个按时间段划分、按线性传播方式安排、依时间顺序播送内容的多层次系统。就一个台而言，节目至少包括一套节目、一个节目、一次节目三个层次。因分类角度不同，广播电视节目可以分为多种类型，如按播出时间、方式，可分为直播、录播、转播节目；按类别形成划分，可以将节目看做“原生”和“派生”两类；按内容性质，可分为新闻性、教育性、文艺性和服务性节目等。

30. 对称型编排(复旦大学2000年研)

答：对称型编排是指以中轴线为轴心，进行上下或左右对称编排的排列方式。对称型编排使画面统一、庄严，给人高品质、可信赖的感觉。在对称式画面中，可以采用版面均衡的方法来传达信息，在平衡中寻求不平衡，使画面更具动态感。

31. 模块式编排(复旦大学2006研)

答：模块式编排是目前比较流行的版面设计。效果是独立成块，不与其他稿件交叉。从视觉美学的角度看，模块式编排还能够产生一种单纯而规整的美感，能尽量减轻阅读时的心理压力，从而获得更好的阅读效果。版面上强调留白，这种版式符合当代白领读者追求简约、平和的审美习惯。模块化的功能是以信息单元化达到信息清晰化。它的优点在于便于快速撤换稿件，便于快速拼版。

32. 编排设计的原则（上海交大2004年研）

答：编排设计的原则是指版面和节目的编排设计要实现自身价值必须遵循的一些基本原则，这些原则包括：①相符原则，即编排设计要与服务对象相一致；②重点原则，即编排设计要突出重点、分清主次；③有序原则，即编排设计要分清条理和层次；④便易原则，即编排设计要易于受众阅读或获取信息。

33. 版面编排意图（上海大学2009年研）

相关试题：编排思想（华科2002年研）

答：版面编排意图，又称编排思想，是版面编辑设计版面的指导思想，是根据对各篇稿件的评价和分析，在版面上适当安排这些稿件的整体构思。编排思想最核心的内容是：①确定版面上的头条和重点稿件；②考虑稿件与广告的关系处理；③考虑稿件之间相互关系的处理；④考虑版面引导作用、表情作用的发挥。

34. 专刊（中传2015年研）

答：专刊是指围绕某一特定主题所设的栏目或编辑的特刊。专刊是以特殊的方式反映并引导社会舆论，传播先进思想的手段。专刊是读者深入了解外界重要变动的窗口，是传播各类知识的课堂。专刊可以丰富读者文化生活，推动文化事业发展。专刊是各大报纸突出报纸个性的手段，是报纸联系读者的重要纽带。按照选材范围、题材性质、内容配置的结构方式以及表现方法等综合因素分类，专刊可分为新闻性专刊、学术性专刊、服务性专刊和社会性专刊等。

35. 组版构想（上海大学2016年研）

答：组版构想是指编辑在运用版面元素之前首先通读一遍已选定的所有稿件，通过阅读、比较与鉴别，初步形成的关于如何设计版面的组版思路。组版构想集中地体现了报纸的宣传报道意图，鲜明地体现报纸编辑部对国内外各种事件的立场、观点和态度，表明报纸编辑部的喜怒哀乐。组版构想的主要内容包括：①确定各个版组及其中各版的读者定位和编辑思想；②确定各版名称、报道范围和重点；③确定版中主要专栏的名称、内容、篇幅、体裁、风格等；④确定广告在各个版面所占的篇幅、位置及广告类型；⑤确定各个版的版式特点和风格特色。编辑在构想版面的编排时，要注意在正确分析稿件的基础上形成编排思想，版面布局要匀称、和谐，有意识地把标题、图片安排得错落有致，运用稿件形状设计、题文结合等方式，使版面内容与形式达到高度统一。

9.4.2 简答题

1. 版面在报纸中有什么作用？（华科2007年研）

相关试题：

（1）简论报纸版面的功能。（湘潭大学2009年研；厦门大学2003年研）

（2）版面的功能包括哪些方面？（郑州大学2006年研）

答：（1）报纸的版面

版面是各类稿件在报纸上编排布局的整体产物，是各类稿件内容的整体表现形式，是读者第一接触的对象。作为读者第一接触的对象，报纸版面对于读者、对于报纸本身的重要性不言而喻。好的报纸版面既是传递新闻信息的最佳载体，又是报纸赢得读者的利器。有人提出版面要有“三步五秒效应”，即在读者接触的最初几秒钟里就能吸引读者购买和阅读，说的就是这个道理。从理论上看，报纸版面应该具有三种功能：导读功能、导向功能和标志功能。

(2)版面的功能

①导读功能。指报纸版面引导与方便读者阅读的功能。广义上的导读功能是对所有版面而言的，如版面的编排结构合理，标题、文字、图片、色彩、线条等运用恰当，引导与方便读者选择和阅读；狭义的导读功能是专门针对第一版来说的，指头版开辟导读窗口，向读者展示整个报纸的精彩内容，方便与引导读者阅读。

②导向功能。指报纸版面以特殊的版面语言表现立场、态度和感情的功能。编辑通过版面编排传递给读者某些信号，希望读者按照编辑的意图去关注某些内容，接受某种观点。新闻传播的舆论引导功能从版面的角度而言，也是由此实现的。版面的表态是间接的、含蓄的。版面编辑将自己的态度和情感投入到对版面空间、编排手段和布局结构这类构成“版面语言”的要素的运用中，通过这些要素的组合与设计，来实现引导舆论的功能。

③标志功能。指报纸版面能展示报纸的特色和个性，使其与同类媒体相区别的功能。报纸的定位不同，编辑方针不同，体现在报纸版面上，也会表现出不同的版面形象。好的版面具有形象标志的功能，可以让读者不看报名就能在“芸芸众报”中一眼认出它，而且对之怀有感情。

报纸版面的标志功能，是在报纸设计时就需要考虑并确定的，比如版面的结构特点、标题设计的规则、稿件多少与篇幅长短的规定、版面图片的规定、色彩运用的规则等，都不应是版面编辑随心所欲的产物，而是在报纸设计时直至长期的办报实践中形成的规范化的操作。

2. 报纸版面的编排是编辑把信息传递给读者的最终手段，请谈谈版面编辑的作用。(复旦大学 2004 年研)

相关试题：简述编排设计的主要价值。(上海交大 2007 年研)

答：版面编辑的作用主要表现在以下三个方面：

(1)表态功能

版面空间由于受人们注意的先后和强弱的不同，形成了重要与次要的区别。位置居前或刺激力度强的，容易引起受众的注意，因而显得重要；位置居后或刺激力度弱的，不容易引起受众的注意，因而显得次要。这样，稿件安排在不同的区间或时段，运用不同的编排手段，就在无形中显示了新闻媒体对稿件内容的评价。同时，编排手段，诸如文字、线条、色彩、声音、音乐等等，不是单纯的物质符号，随着人民生活感受的变化，它们还或多或少地被赋予一定的感情色彩。

因此，版面编辑可以告诉受众什么是必须引起重视的，什么是不必大惊小怪的；什么是应当赞成的、提倡的，什么是应当反对的、抵制的。换言之，受众从版面和节目的编排设计中，可以了解新闻媒体对新闻报道的立场和态度，了解这些媒体的倾向性。

(2)启示功能

版面作为各种内容编排布局的整体，通常由若干篇稿件组合而成。按照系统论的观点，整体大于各组成部分之和。各篇稿件组合在一起，在一定条件下会产生稿件所没有的信息，即会给受众带来某些启示。

启示功能具有两重性，一种是消极的，一种是积极的。启示性信息不仅可能在组合编排中产生，也可能产生于连续编排之中。

(3)吸引功能

版面能否吸引受众，报道的内容自然是主要的，但首先起作用的往往是版面和节目的编排设计。这是由于打开报纸时，受众最先感知的是版面的编排形式。版面如果遵循视觉、听觉的心理和生理规律，突出最重要、最精彩的报道，表现新颖夺人，主次分明，条理清晰，疏密相宜，张弛有度，转换巧妙，衔接自然，就不仅可以一下子吸引受众，而且能使受众更便捷、轻松地接受信息，延续注意力，不因编排设计凌乱、粗放和平庸而缺乏持续阅读的兴趣。

总之，版面编排不是无足轻重的。如果说文字等传递的信息是显性信息，那么通过版面编排传递的信息就是隐性信息。编辑工作过程是一个价值判断过程，版面编排是综合性的价值判断，这种判断的结果在很大程度上是通过隐性信息传递给受众的。隐性信息是新闻媒体对客观事物的立场、观点和态度的一种反映，尽管形成隐性信息的版面编排手段是中性的，不同的新闻媒体都可以采用，但隐性信息具有明显的倾向性，是影响舆论的一个不可忽视的因素。此外，隐性信息又具有不可更正性，是事后无法修改的。因此，编辑人员对于版面编排不仅要高度重视，而且要十分慎重，力求显性信息和隐性信息的完美统一。

3. 分析说明版面设计的工作内容和操作程序。

答：版面设计的工作内容和操作程序主要包括以下几点：

(1)进行前期版面策划，确定编排思想

版面前期策划形成了版面编排思想，但在开始编版前，编辑还要认真通读该版的所有稿件，通过比较和思考，发现这些稿件之间的内在联系和秩序，对如何将这些稿件编排到版面上加以更细致的考虑。后期的这项工作中，编辑思想得到进一步明确，或者根据情况的变化作出适当的调整。编辑思想最核心的内容是：①确定版面上的头条和重点稿件；②考虑稿件和广告的关系处理；③考虑稿件之间相互关系的处理；④考虑版面引导作用、表情作用的发挥。

(2)把握版面信息量与用稿量

一个版面所包含的读者欲知而未知的内容的多少构成版面的信息量。一个版面上读者急切需要知道的东西越多，这个版面的信息量也就越大。版面上采用的稿件有多少是版面的用稿量。用稿量大，则版面上登的稿件条数多，但不一定等于信息量大。一个好的报纸版面，应该尽力做到用稿量与信息量成正比。即用稿量大，信息量也随之加大。

版面的用稿量是有定数的，信息量却是无定数的，目前还没有一种科学的方法来给报纸的信息量做“量”的规定和检查。需要强调的是，在把握用稿量时，还要注意稿件品种的多样化。

(3)配置稿件

在确定版面编排思想之后，稿件配置是版面设计的基础性工作，只有通过稿件配置，才能使版面内容分类组合，形成相对独立的部分，实现版面编排思想。配置稿件的具体办法包括稿件的组合和稿件的发展两类。

稿件组合是将若干条具有某种内在联系或共同特点的稿件组织为一个稿群，使之成为版面上相对独立的一个组成部分。稿件组合的主要方法有同题组合、专栏组合、集中编排。稿件发展是对已有的稿件做资料、观点或最新信息的补充。稿件发展的主要方式有：配评论、加按语、配资料、配新闻。

(4)编写导读

有些重要稿件根据其传播价值本应放在头版或首页，但因为篇幅太长，如果全文刊登会影响头版与首页其他稿件的处理，减少版面上的信息量，这就需要以导读的形式处理。导读分为标题式、提要式和海报式三类，并且可以灵活地组合运用。

(5)准确计算稿件篇幅

文字稿件以基本栏为计算单位。图片以对角线方法放大缩小，折算成栏宽、行高。标题换算成相当于正文文字的篇幅，标题的篇幅除了要算进标题字符所占的面积外，还要注意留白。另外，标题的长度应尽量采用基本栏的整倍数，所以在计算篇幅时要以标题所占的总栏宽多于标题实际需要的长度为准，总行数也以略多于标题实际需要的行数为妥，这样才能在标题与正文之间留出一定的空隙。

(6)画版样

先确定头条、图片、专栏、刊头的位置，一般是先占领版面的四角与周边地带，然后设计标题与正文排列。要注意正确使用画版符号。版样通常画在报社特制的版样纸上，这些版样纸已经标明了基本栏和行数。在版样上，标题的面积要留准确，并写出标题全文或标题中的关键词；照片说明的位置要准确标出，并注明“文字说明”；围框或加线的稿件，框、线都要画出来，并注明其种类和型号。画版样一般先画版面大致轮廓，再仔细加工，直到准确无误。最后定稿的版样应该每一细节都准确、清楚。

(7)对版面上的误差进行处理

处理版面容量与稿件篇幅误差的方法有：加减稿件、补充或压缩稿件、加大或缩小标题、合并或增加自然段、加减空白、改变字距、标点。处理正文的转接的方法有：①转版要注明文章下转何版、上接何版，转版的部分另加标题；②同版转文不可逆转，转文不应高于标题，或低于前文结束处，不应“跳栏”；③同一基本栏中如转入两段无题文字，应加线隔开。

(8)看大样

版面排好后印出的样张称为大样。编辑应认真检查，特别是标题、图片和版面设计。大样改正后的样张为清样，经有关负责人审查签字后即付印。版面编辑看大样，着重要检查以下几方面：①标题是否与正文相符，大小、位置、字体字号等是否合适。各版的标题是否有相互重复或矛盾的地方。②图片与说明是否相符，画面是否完整，大小是否合适，有无颠倒。④版面层次是否清楚，转文、空白、线条、底纹等是否合适。④文章转版是否正确，稿件文字是否正确。

4. 报纸版面的编排应遵循哪些原则？并作简要说明。(大连理工 2005 年研)

答：版面是报纸各种内容编排布局的整体表现形式，报纸是否可读、能否在报摊上吸引视线，很大程度上决定于版面。因此，版面设计在现代报纸中的地位越来越重要，版面设计的要求也越来越严格。报纸版面的编排设计要实现自身的价值，必须遵循以下基本原则：

(1)相符原则

即编排设计要与服务对象相一致。这里包括三层意思：

①要与报纸的性质和特点相一致。如党政类报纸强调政治意识、大局意识，编排设计应注意突出政治性、宏观性和权威性新闻，风格基调以庄重大方为宜。而大众化报纸更重社会性、服务性，编排设计应突出反映民生、民情和社会风尚习俗类新闻，风格基调以轻松、活泼为宜。如果两者相反处理，就不能准确地体现各自的个性，就会有损报道意图和传播效果。

②要与新闻单元的性质与特点相一致。新闻单元的性质和特点不同，编排设计也应有所不同。一般而言，要闻和政法新闻以严肃内容居多，这类新闻单元的编排设计应持重一些，不宜花哨。而文娱、体育和社会新闻以轻松内容居多，这类新闻单元的编排设计应洒脱一些，不宜板滞。如果两者相反处理，内容与形式显得不协调，就会妨碍新闻报道的可信性或可读(听、视)性。

③要与稿件的价值和特点相一致。稿件价值大的，应强化处理(有重大事件时，新闻激动人心，编排设计应特别显赫)；稿件价值小的，应淡化处理，否则，会对受众产生误导作用。同样，反映喜庆内容的稿件，应用热烈奔放的处理方式；反映悲伤内容的稿件，应用素朴沉重的处理方式，这样才容易产生感染力。

(2)重点原则

即编排设计要突出重点，分清主次。报道的组合要点面结合，编排设计要把这个“点”体现出来，突出出来。突出重点，不仅有利于体现报道思想，强化指导性，也有利于加大新闻单元内部的反差，更好地吸引受众的注意，加深受众的印象。

报纸的版面空间不是等值的，有重要程度上的区别，编排设计的手段也有刺激强弱的不同。突出重点，就应把重点稿件安排在版面的重要区间，或者运用集纳、大标题等特殊手段予以强化。

(3)有序原则

即编排设计要分清条理和层次。有序就是要做到同类相聚，异类相分。具体而言，内容的类别和感情色彩相同的要靠在一起，反之则适当错开。如果不加区别，互相混淆，既不利于增强新闻单元的逻辑性和表现力，也可能造成误解、感情上的冲突甚至政治上的差错。

(4)便易原则

即编排设计要易于受众阅读或获取信息。受众不仅期望信息多而好，而且要求获取便而易。尤其是在信息日益丰富、生活节奏加快的今天，受众更希望能够便捷地获取信息。这就要求编排设计尽可能为受众多提供方便。

就报纸版面而言，最起码要做到眉目清楚，了然易辨，不要题文异处，头尾不明，造成寻找困难和视觉不畅。栏的长短要适中，文的走向要顺当，让人读来自然，不费目力。看惯横文的读者，看竖文会感觉不适，面向这类读者的报纸，应该尽可能减少甚至不用竖文。

5. 结合案例，简述电视新闻栏目编排如何形成节奏。(暨南大学2019年研)

答：电视新闻节目线性传播的特点决定了节目在编排上对受众有很大的影响，受众对新闻信息的理解很大程度取决于信息接收的瞬间，只能按照节目的编排顺序逐条观看。这就要求编辑运用恰当的编辑技巧，精心挑选有价值的新闻突出重点，打造节目特色板块，利用峰谷技巧设置兴趣点，营造节奏调整受众心理，最大限度吸引受众的观看兴趣，使其保持积极地收视状态，进一步强化节目的传播效果。

(1)精心选准头条突出重点

电视新闻节目的头条能够直接叩击观众的心灵，引起受众最大程度的关注。因为头条新闻有着其他位置的新闻无可比拟的传播优势，它直接决定着观众对整档节目的兴趣。电视线性传播的特点决定了头条新闻位置的重要性，优越的位置容易产生“先声夺人”的效果。选择头条就是要选择当天新闻价值最大的新闻，受众最想知道和最应该知道的信息，头条新闻往往代表一期节目的重点。

(2)打造特色板块形成段落

电视新闻编排既是一门思维的艺术，又是一门时间分割的艺术。如何合理地分割时间达到理想的传播效果，板块化编排是比较科学的方法。电视新闻节目的板块化编排技巧使节目段落层次分明，一目了然，便于受众观看。打造特色板块目的是为整档节目服务，使新闻节目更加丰富多样，引起受众的观看兴趣，提高节目的传播效果。

(3)利用峰谷技巧营造节奏

在一档新闻中，各条新闻的安排是否具有节奏感直接关系到新闻的编排是否成功。利用峰谷技巧来营造节奏，能不断刺激受众的注意力，使受众始终保持旺盛的收视状态，把节目安排得像山峰峡谷一样，高低起伏，有意将长短新闻、重要次要新闻、有趣或相对无趣的新闻、软硬新闻搭配穿插，每个组合从新闻价值最高的新闻开始，然后由高峰逐渐走向低谷，当处于低谷状态时再找到一个新的转变，使新闻节目重新回到高峰，营造新闻节目的播出节奏，减轻受众的收视疲劳，以保持节目的收视率。

6. 如何理解版面语言?(人大2003年研)

答: 版面语言是指版面所运用的材料和结构规则构成版面表现内容的特殊语言。其含义是借助于版面空间、编排手段和版面的布局结构来实现的。版面语言是相当稳定的。随着版面语言的丰富和发展，现代报纸对版面语言的认识和运作也更趋于多样化。版面语言及其运用的变化和发展是报纸演变和发展的重要标志之一。对于版面语言的理解可以从以下三个方面入手：

(1)版面空间

版面空间是表现报纸编排思想的一定大小的纸张所提供的空间。版面空间存在着强势上的差异。强势是指版面吸引读者注意的特性。充分认识和正确运用版面空间的强势，是组织版面的重要问题。

(2)编排手段

报纸版面的编排手段，包括字符、图像、线条、色彩等，它们构成版面空间的实体。不同的字符、图像、线条和色彩作为编排手段具有不同的特点，会使读者产生不同的阅读心理。

①字符是形、音、义的统一体。字符的形具有不同的外部特征，在版面编排中，字符的形的不同外部特征可以给予读者不同的心理感受，因而是表现编排思想的重要编排手段。

②图像是构成报纸外貌的重要组成部分。图像与字符相比，在吸引读者注意，增强版面强势，以及美化、活泼版面方面具有更大的优势。具有动态的、大幅面的图像往往是版面的视觉中心。重视图像已经成为当今报纸改革版面的一个趋势。图像的具体形式有：照片、绘画、刊头、题花、题饰等。

③线条是除字符、图像外用得最多的版面编排手段之一。线条有水线、花线、花边几种。水线又可分为正线(细线)、反线(粗线)；双正线(两行细线)、双反线(两行粗线)；正反线(两行线，一粗一细)、导点、点线、曲线等。线条在版面中具有强势作用、区分作用、结合作用、表情作用以及美化作用。

④色彩在版面上具有传情、表现强势、生成美感、表意等作用。

(3)版面的布局结构

版面的布局结构是版面的全局与局部、局部与局部之间的联系的表现方式。版面的布局结构的任务是要安排好版面的整体与局部、局部与局部之间的关系，使之做到合理、适当，即能够符合读者的阅读习惯，并有助于读者的理解。

总之，版面语言有助于版面风格的具体体现。中国报纸的各种不同的版面风格，如《人民日报》的严肃、《新京报》的素雅、《北京晚报》的亲民都是通过不同的版面语言表现出来的。

7. 什么叫版面空间？其意义何在？(复旦大学2000年研)

答：(1)版面空间的含义

版面空间是一个版面所提供的、用以表现编排思想和内容的空间。其包含的主要元素有：

①区域。报纸是由若干个版构成的，每个版都是一个版面空间。这些版面空间因为版的顺序排列不同，在吸引读者注意的效果上也会不同。即使在一个版面空间中，还有上下左右不同的位置，这些位置对读者的视线吸引也是不一样的。因此，报纸版面中不同的区域，强势不同。区域作为版面语言的一种形式，其运用主要体现在版序和区序两方面。

②面积。在同一块版面上，面积越大的图片越能吸引读者注意，面积越大的标题也越能给读者以视觉冲击。因此，版面编辑应该根据稿件的价值，在版面设计时注意以恰当的面积来表现其重要性。

③距离。运用版面空间表现稿件之间的联系，是通过对稿件的空间组合来完成的，这种空间组织就是利用距离的接近，使人们很自然地将某些稿件作为一个整体来看待。

④形状。稿件在版面上都是以一定的形状出现的，总体而言，稿件的形状有两类，一类是夹角都是90度的矩形，一类是夹角小于90度的多边形。矩形非常规则，结构简单，易于与周围的东西区分开，因此也容易引起人们注意。所以，矩形比多边形更有强势。在版面上，对重要的稿件应该考虑用矩形编排。形状的另一个意义在于它能够帮助将相关的稿件进行归类。在版面上，采用相同形状编排一组稿件，也同样会达到这样的视觉效果，读者会将形状一样的稿件作为一个整体来看待。

(2)版面空间的意义

版面空间能够帮助编辑表现编排思想，因为它不仅仅是一个物理意义上的空间，它还包含着多种重要的因素，编辑是通过对这些因素的利用，传递给读者某些信号和暗示，实现传播效果目标的。

8. 简述线条在版面设计中的作用。

答： 线条是除字体、字号以外，用得最多的版面编排元素。线条在版面中可以显示不同的作用，归纳起来有以下几个方面：

（1）强势作用。重要的稿件可以借助线条使其突出。如给某篇稿件加框，则此篇稿件会因与其他稿件在版面处理上的不同，而引起读者的注意，因而增加了强势。

（2）区分作用。稿件与稿件之间加以线条，能将多篇稿件清楚地区分开来，便于读者阅读。

（3）结合作用。给几篇稿件加以相同的框线或装饰线，这几篇稿件的关系就会显得更紧密。

（4）表情作用。线条是表达情感的非常丰富的语言，选择恰当，则能显示出丰富的表情，为版面增添活力。如直线方向明确，有简明、单纯、大方的视觉效果；曲线有弧度的变化，产生优雅、抒情或运动的感觉。

（5）扩张作用。有的稿件需要单独安排在一个版面内，但其本身的内容又不能撑满一个整版，有的稿件是名家短文，文字不多但分量很重。这时，就可以借用线条加框的办法来起到扩充的效果。

（6）美化作用。适当地运用线条，可以使整个版面生动而富于变化，是版面设计很好的编排手段，也是一种不可替代的艺术语言。

9. 简述版面编辑中色彩的作用。（复旦大学2018年研）

答： 在报纸普遍采用彩色印刷之后，色彩已经成为版面上最具有强势的一种版面元素。色彩能够作为一种编排手段，是因为它具有以下几方面作用：

（1）强势作用

在彩色版面上，色彩最能吸引用户的目光，版面因为色彩的加入而充满了变化，因此彩色版面上的标题字体变化不宜太多，字体如果再花样繁多，就会使整个版面过于花哨，反而不利于突出重点。在彩色版面上，编辑尤其需要注意彩色图片的使用，充分利用好色彩的强势特点，突出最重要的内容。同时，也要注意色彩运用的“度”，如果将所有标题、线条、栏头等都用彩色，甚至将稿件的正文也以彩色铺底，就会因色彩过多，什么也得不到突出，并且干扰用户阅读。

（2）表情作用

由于不同的色彩作用于人的心理能够产生不同的效果，如红色对于中国用户来说往往代表着喜庆，黑色意味着噩耗和沉重，因此版面上对色彩尤其是面积较大的色彩的运用，能够表达情感，影响用户的情绪，从而使版面更加有感染力。

（3）标志作用

色彩对人的心理的影响与象征效果，使版面编辑能够利用色彩奠定版面的基调，如《都市快报》选择了橘红色作为版面的主色调，报名和一些版头、栏头都统一用这种颜色，从而给读者与众不同的形象。版面的色彩基调应该与报纸的性质、功能、特点相吻合。

色彩的心理效应还与人们的经验、三属性对视觉的刺激以及人们的个性、气质、习惯及追求有关。由此而言，版面对色彩的调和不仅要考虑色彩的三属性，还要结合媒体的用户对象来进行选择设计。比如面向儿童的媒体版面色彩应该鲜艳、清纯，而面向知识分子的媒体版面色彩则不宜太艳丽太杂。

10. 交叉式编排方式的特点和优缺点。(大连理工2007年研)

答：(1)交叉式编排方式的特点

①在一个版面上，对称式、齐列式编排形式均有运用。

②标题、正文采取横竖相间的形式，但以横排为主，竖排为辅。

③经过编排后的稿件在版面上形成的平面图形四边形、多边形同时存在，稿件之间讲究穿插、咬合。

(2)交叉式编排方式的优点

①交替运用各种编排形式，稿件、线条纵横交错，使版面增加了变化。

②可以化长为短，消除版面因稿件偏长产生的沉闷之感。

③适应性较强，各种稿件都能在版面上显示出各自的强势。

(3)交叉式编排方式的缺点

①设计和排版花费时间较多。

②如果长稿过度穿插，会给阅读带来不便。

11. 画版样的“三先三后”原则。(西安交大2007年研)

答：画版样的“三先三后”原则是指：

(1)先安排重要稿件，后安排次要稿件

重要稿件是版面的主角，它安排在什么位置关系特别重大，因此，要优先安排。重要稿件安排好了，其他稿件的安排就可以适当灵活一些。先安排头条、图片、专栏、刊头，后安排其他稿件。如果是静态式设计的版面，这种安排相对简单得多，因为版面各区域的功能划分是事先确定的，只要将各类稿件放到相应的位置上就行。但在非静态设计的版面上，头条、图片、专栏的位置不是固定的，就需要根据当日稿件的情况来定。

头条是版面上最重要的内容，在设计时一般以全版最高的规格来表现它，比如标题的位置占得比其他稿件的标题多，所用的字号也比其他标题大。但在有些情况下，头条稿件本身的分量不是很重，或是有其他稿件的重要程度不亚于它时，就不能特别突出头条。

(2)先安排辟栏、专栏、围框新闻、图片，再安排其他稿件

辟栏、专栏、围框新闻、图片在版面上都是以比较方整的形式出现的，它不能被其他稿件穿插，如果放在最后安排，可能会因没有合适的位置而难以处理。图片、专栏和刊头等一般都有固定的形状，而且以方形为多，它们一方面在版面上会因色调较重或装饰特殊而引人注目，对于整个版面的平衡和美观举足轻重，另一方面由于大小和形状已定，排版时一般不随意改变。所以，与一般稿件相比，这类东西在设计版式时应该优先安排。

(3)先安排版面的四角，后安排版面的中间

四个角安排好了，等于压住了版面的“阵脚”，再来安排其他稿件就比较容易。这也主要是针对于非静态设计的版面而言的。因为版面上稿件多，计算篇幅时难免不准，重要稿件不能因为版面不够而压缩，形状固定的稿件如图片、专栏等也不能因版面不够而随意缩小或变形，因此，将这些稿件先放置在版面的四角及周边，然后再将其他相对不重要的稿件排在版面靠中间的位置，在排版操作上能够减少返工和调整，提高工作效率。而且，由

于图片、专栏等是规则的矩形，先在版面四角分布，也便于采用对角对称等方式，使版面重心稳定，轻重均衡。

12. 简述国内报纸版面存在的问题。

答： 报纸这一历史最悠久的新闻媒介为后来的电子媒介、网络媒介提供了产品制作的模本，但新一代媒介成长起来以后，又会对其赖以脱胎的模本发起挑战。这种挑战的严酷性在于，新媒介总是拥有比老媒介更全面的符号系统和更强大的传播功效：广播拥有听觉性符号；电视又加上视觉性符号；网络不但视听符号兼备，而且还有强大的链接功能和无限的信息容量。在这些强大对手的冲击之下，报纸唯有更加努力地发掘自身的潜力，才有可能保持永久的生命力。因此，报纸的革新是永无止境的。

目前我国报纸版面设计中存在着以下一系列亟待改进的地方：

(1)编排思想的不稳定和版面形象的不确定

这主要表现在版面设计缺乏明确和稳定的风格定位，容易受市场因素的干扰。如一些机关报受晚报、都市报影响较大，脱离自己的性质和功能，盲目仿效一些在市场上比较走红的报纸的版面，结果导致内容与形式的不吻合，甚至于媚俗，有损严肃报纸的权威性和可信性。也有一些市场化程度较高的报纸近年来频繁改变自己的版式设计，报纸形象塑造没有明确的指向，版面的随意性说明报纸还处于很不成熟的阶段。

(2)报纸各部分的版面风格不协调

有些报纸近年来频频扩版，但各版组、各周刊以及各个版缺少统一的风格定位，任由各版主编自由编排，结果标题字体字号各搞一套，版头栏头缺乏统一设计包装，导致报纸各部分的作用相互削减，整个报纸无法确立统一的整体形象。曾有一家报纸的“人物周刊”仿效《南方周末》的某块版面，与该报的其他周刊以及新闻版风格迥然不同，这种落差实际上破坏了报纸的整体形象。

(3)版面设计盲目追求感观刺激，形成“泡沫版面”

“泡沫版面”的特点是版面元素的使用过度夸张，表现形式与所表达的内容的价值不相称，比如大量使用不含多少新闻价值的巨幅照片，内容并非很重要的稿件却做出了比报名字号还大的标题，还有一些专版大量使用非新闻照片装饰版面，照片的内容与报道内容毫不相关……这些做法实际上造成了版面资源的浪费，让读者感到故弄悬虚。

(4)版面设计无章法、无秩序

虽然主张版面设计要敢于突破旧的条条框框，但这不等于可以在版面设计上随心所欲，朝令夕改，让读者无所适从。版面创新成功与否，不能以编辑自己的感觉来判断，只能以读者的体验与评价为准。当编辑站在读者的角度来审视，就会发现版面设计中实际存在许多妨碍快速有效阅读的因素：

①标题位置无章法。随意切断稿件下文的排列，造成阅读不便，浪费读者的时间。

②字体字号运用无章法。与新闻稿件的报道价值不相称，读者不易领会编辑的报道思想。

③稿件排列无章法。不恰当的破栏使版面杂乱，既不美观也不方便阅读。

④照片、图表的规格与排列无章法。扰乱整个版面的格局，甚至切断文章的排列，有些照片位置的不当还会造成读者的误解。

⑤网纹使用无章法。如对照片说明、对稿件正文滥用网纹铺底，很伤读者的眼力，实际是为形式而损伤内容。

⑥色彩运用无章法。主要表现为滥用色彩，标题、栏题、报头、照片、图表甚至正文都五颜六色，版面上没有重心也没有主色调，看上去很热闹，但实际妨碍了内容和思想的表达。滥用色彩还会导致各部分相互冲突，造成不协调的版面效果，这显然不利于报纸品格和风格的塑造。

⑦线条、花边运用无章法。对花边在什么情况下用，直线在什么情况下用，并无成熟的考虑，直线的粗细也随心所欲。结果线条花边作为版面语言的功能不能得到恰当的发挥。

⑧广告编排无章法。在版面上的位置、大小、形态没有规定和限制，一些报纸在新闻版的任意位置放置广告，甚至用新闻包围广告，或出现与报道内容相冲突的广告，既有损报格，也是对读者利益的侵害。

13. 谈谈你对报纸版面中出现的大标题、大图片的看法，举例说明。(华科2007年研)

答：报纸版面中出现的大标题、大图片是一种既有利又有弊的版面编排方式。这种编排方式的主要特点是标题显赫，照片增大，线条粗黑，色调浓重，醒目夺人。这一方式能够对视觉构成强烈的刺激，国外有学者称之为"拳击式示现"。

20世纪中后期电视的出现对报纸重视图片的运用起到了巨大的推动作用。因为照片提供给读者的固定形象对于那些习惯了电视图像的人们来说具有强烈的吸引力，于是照片在报纸版面上多起来、大起来，并成为一种普遍的现象。1982年美国诞生了一家全国性报纸《今日美国》(USA Today)，在版面上大量采用大幅的彩色照片，而且每天出版整版的彩色天气预报示意图，以一种"快餐式"报纸的活泼新颖的形象在西方报坛独树一帜。

国外的一些报纸较早地采用了这种编排方式。中国自20世纪90年代开始流行，其中尤为引人注目的是《北京青年报》。该报将版面确定为浓重型，有些重要的正文和标题增加色块，配以底纹，形成黑白灰的强烈反差；新闻照片增多加大；稿件之间用黑粗直线分割，淘汰花边花纹。这些编排元素变革的结构，一改版面视觉形象，造就了"浓眉大眼"的独特风格，能够引起读者的注意和视觉兴奋。该报改为大报后，依旧保持了这种色调浓重的编排方式。但是这种方式也有一定的弊端，如果处理不当，会带来令人压抑和虚张声势等负面效应。因此，对这一编排方式的使用应慎重。

14. 请选择你所熟悉的一家报纸，分析其头版的特色。

答：《南方周末》头版的特色：

(1)版面凸显新闻、张扬个性

版面是报纸各种内容编排布局的整体表现形式，它反映了报纸对现实生活的态度，也反映了报纸的个性。报纸是否可读、易读，在一定程度上也取决于版面。因此，版面决不能只是内容的消极表现，而应是内容的能动反映。在新闻同质化的今天，《南方周末》的长处不是在于新闻的实效性、走"短、平、快"的路线，而在于一周新闻的汇总，重大新闻的深度报道和有见地、合时而著的评论。

(2)重点突出，简洁明快

《南方周末》内容上的特点决定了其版面的特点，特别是它的头版。头版是一张报纸的门面，也是一张报纸的办报思想和全报风格、特色在小空间中的精粹和汇总。在市场上，一张报纸能不能卖出去、卖出去多少和其头版的内容与编排有着很大的关系。

总体而言，《南方周末》在头版的编排上很注重对于线条、字符、图片和色彩等版面元素的综合运用和创新。在头版上，《南方周末》使用两段线条在版面上划分出三大部分的空间。第一条竖线将头版分为左右两个区，在左面一个基本栏大小的空间内竖向安排了报头和导读这两块内容，在右面五个基本栏的空间内则用一条横线分为新闻和评论两部分。这样的分割形式使头版条理清楚、节奏明快。

在报头正下方的导读是《南方周末》于1995年创造的新形式。其本质是题文分版编排中新闻标题的集纳。在报纸逐渐步入厚报的时代，导读的形式既可以是对报纸精华信息的集中，又可以看做是分报头在头版的延伸，还可以堪称是头版中一句话新闻的小栏目。它能增加头版的信息量，为读者阅读提供指导。由于形成了相对独立的栏目，它还克服了因标题容易与版面其他内容混淆而给读者阅读造成不便的毛病。但它毕竟是从题文分版编排中演化而来的，因而它依然存在浪费版面的弊病，新闻部分基本上是一到两条深度报道新闻或新闻综述。

(3)重视报纸头版的视觉冲击力

《南方周末》在处理有着两条新闻的头版时，对处于报头左上位置的新闻采用了题文分版安排的方式。对于该条新闻的标题则多采用黄色或反白色字体加上红底粗框的处理方式。其标题本身多采用超长或超短的大字号通栏题的形式，其字号点数多在54左右。第二条新闻多采用类似于英国《TIMES》的文转其他版的方式。在标题的处理上同样也采用了和第一条新闻标题的处理方法相近的模式，只是字体较第一条更大、更醒目，语言也更加口号化。如果新闻部分只有一条新闻，它的处理方式除了通栏大标题和配发大图片以增加其强势外，更为注重对主题的集纳，使版面醒目、大气。

《方舟评论》是《南方周末》头版上相对固定的评论性栏目，大约要占右侧版面空间的四分之一。它的评论分为两种：一种是和上面的新闻有着密切关系的、属于配发的评论，既能突出原报道的分量，又能深化报道思想和平衡报道角度。另一种是和上面的报道没有任何关系，但与当前社会、政治、经济、文化生活密切相关的时评。评论除标题字号小于新闻标题外，其正文多使用小5号的仿宋体。在新闻内容同质化、独家新闻越来越少的年代，把自己的独家时评相对固定地放在头版上并占据较大的空间，应该也算是对编排手法的一种创新。

(4)大胆使用图片，为其重要新闻配发的照片或图片都占据了很大的版面空间

这是《南方周末》编排灵活的一个重要特征。图片具有向读者提供视觉形象，增强直观性，加深读者印象；烘托气氛，抒发感情，增强感染力；以具体形象作通俗注释；提供证据；吸引读者阅读等作用。图片本身的视觉冲击力不仅强化了新闻的感染力，也起到了吸引读者购买、阅读的作用。就算是单独的图片报道，如果图片抢眼，它也会被安排在头版。

(5)独家报道，独家视角与独家评论

《南方周末》是一份周报，但它又是一份有着很强新闻性的周报。把独家报道在头版用明显的方式标示出来是《南方周末》头版的一大特点。传统意义上的“独家新闻”更多倾向于新闻封锁中的“我有你无”为主要特点的新闻，在信息高度开放、传播渠道十分发达的时代，这种现象几乎是不可能的。在这方面，《南方周末》更为注重把策划的独家报道放在头版以

显不同。如2004年11月4日的《中国官员学者零距离目击美国大选》，除在大幅照片的左上角明确表明“本报独家报道”外，同时与新闻评论并重，用了近三个版的篇幅报道了该新闻的前前后后。《南方周末》头版内容凸显出批评与曝光的倾向和“正义、良知、爱心、理性”的宗旨。虽然在新闻时效性上《南方周末》几乎没有任何优势，但其长处在于充分发挥报纸媒体的优势做深度报道。《南方周末》头版的深度报道特点十分鲜明，它巧妙地避开了热点问题同质报道的竞争而剑走偏锋取了一种“另类”的手法，这种手法可以概括为深度报道与“文学化”的有机结合。目的在于突出《南方周末》新闻的独家视角，表明报纸对于新闻本身的态度和评价。

《南方周末》头版这样安排的好处有三：①吸引读者眼球。标题、色彩和图片既醒目又重点突出，容易使受众在很短的时间内在众多的报纸中注意到每期《南方周末》的新闻卖点和评论热点。②层次分明、内容有力。主打新闻、各分报头的导读一目了然。独家时评立场鲜明，口号式标题煽动性强，所有这些都容易引起读者共鸣或调动读者兴趣，形成购买欲。③编排形式与内容的有机结合，充分展现了《南方周末》报纸现代、写实、批评的个性与风格。

15. 现代技术的运用在报纸版面上有哪些明显变化？

答：现代技术，特别是电子排版的推广，不但大大改善了出版印刷行业的劳动条件和工作环境，提高了生产效率，而且还大大优化了排印质量。现代技术的运用在报纸版面上的明显变化主要有：

(1)由于电子排版是用计算机操作，准确而精致，使过去铅字手工排版时容易出现的行不直、线不正、字出格等现象消失了，版面更加清晰美观。激光照排的字体、字号、花边、底纹等也比铅字排版时的种类多，而且运用起来十分方便，比如从一种字体改为另一种字体，只需按几个键就能够完成，无须重新排字。

(2)电子排版还有直观的优势，它使整个版面形象逼真地显示在编辑面前，效果如何在排版过程中即可感觉得到，这是铅字排版时看到的反版无法做到的。

(3)电子排版与胶印相配套，板子上的油墨通过橡胶滚筒印到纸上，压力小，网版线较密，因而色调比铅排时油墨直接印到纸上要柔和得多，照片特别清晰，层次感强，版面富有美感。

16. 版面的转接需要注意哪几点？(电子科大2015年研)

答：在报纸的版面编辑中，文章在版面中经常需要转接。这与题文关系一样，也是稿件内部的布局结构关系，是整个版面布局结构的一个重要组成部分。转接要自然，合乎阅读习惯，这样才能便利读者去阅读内容；反之，就会使读者在阅读过程中产生困难，甚至“迷途而返”。所以，易读应该是转接要遵守的基本原则。转接有两种：一种是栏的转接，一种是版的转接。

(1)栏的转接注意事项

①不能跳栏。即不能越过一栏而转入另一栏。

②不能逆转。栏的转接由左至右(横排)，而不能反过来由右转到左。

③同一栏中不要同时转入两条不带标题的文字，否则容易造成错读。

④要尽量避免在文章告一段落的地方转栏，以免读者误会文已结束，而不再去读下一

栏的文字。

⑤转入另一栏应尽量避免文碰文的情况，如果难以避免，要用线条或星花隔开两栏文字，以免读者把两段文字连接起来阅读。

⑥从上一栏转到下一栏，下一栏接的地方不要低于上一栏转的地方，不要高于标题。因为读者一般阅读的习惯是，遇到文字转接的时候，往往是在标题和转文之间这个距离之内来寻找下一栏转入的文字。因此，在这个距离内的转接是合乎阅读习惯的，低于转的地方或高于标题，都不合乎阅读习惯，因而是不便于阅读的。

(2)版的转接注意事项

①在转的地方要注明"下转第×版"，在接的地方要注明"上接第×版"。

②转到另一版的文字，要尽可能写标题。如果一个版上同时有两篇文章转入，标题更不能省。标题要用原题，但可省略辅题只写主题；所占栏数可少于原题，字号也要小点。

③转到另一版的文字不宜太短，太短不易找寻。

④转的地方最好是文章告一段落的地方。这样读者正好利用这个自然的停顿去翻页，接着阅读就比较顺当。如果这样做有困难，至少应该在一句话完了以后转，而不要一句话还没有完中途进行转接，以避免因翻页割断文意。

⑤不能逆转。要闻版是最重要的版面，其他版的文章不能转入要闻版。

9.4.3 论述题

1. 如何运用版面语言强化重要稿件？(安徽大学2006年研)

答：版面语言指的是版面特有的表现手段，它的基本形式包括：版面空间、编排手段和版面的布局结构。对重要稿件的强化，可以从版面空间和编排手段这两个方面入手：

(1)版面空间方面

版面空间是一个版面所提供的、用以表达编排思想和内容的空间。版面空间不仅仅是一个物理意义上的空间，它还包含多种重要的因素，编辑通过对这些因素的利用，传递给读者某些信号和暗示，才能实现传播效果目标。

编辑通过版面空间强化重要稿件，可以利用版面空间中的主要因素——区域、面积、距离、形状。比如，要想重点突出某一新闻稿件，可以将其放在最强势的区域。一般而言，头版的上半版的位置，版面强势最大；也可以加大稿件以及其新闻配图的面积，吸引读者的注意力等。

(2)编排手段方面

编排手段是安排版面所采用的物质手段，是版面语言的一种基本形式。版面编排的手段包括字符、图像、线条、色彩。一般可以采用以下三种方法来强化重要稿件：

①凸显法。一般情况下，一个版面中都有一两篇或一两组稿件需要引起读者注意，这时，编辑就要灵活运用凸显法进行编排。即对要特别突出的重要稿件除安排在具有强势的区域外，还可采用其他编辑手段，如放大标题字号、使用长栏、加框加线等，以增强其在版面上的强势。

②同题集中。同题集中，是指编辑把内容相关联的稿件置于一个标题之下集中发表的方法。同题集中是以稿件内容的联系或相互补充为前提的。常见的结构关系有以下几方面：

a. 联合编排。即相同的内容或相同的报道对象，采用同题集中，突出其中同一的方面。

b. 连续编排。即几篇稿件是报道同一事件连续发生发展过程的，可采用同题集中方式在一个栏目里刊发(可以有统一标题，也可以没有统一标题)，这样编排可鲜明地揭示事件发展的来龙去脉。

c. 对比编排。即把内容相互矛盾的稿件采用同题集中的方式编排，通过标题的对比，揭示事物的矛盾性质，鲜明的衬托可使稿件更有说服力和感染力。

d. 参照编排。即把几篇反映同一事实但消息来源不同的稿件置于同一标题下，这样有利于读者参照阅读。

③相关编排。编辑稿件时常会碰到对等性稿件和对比性稿件。编辑必须及时发现，加以组合，形成强烈的版面语言。对等稿件组合，可形成版面局部强势，产生“乘数”效应。而对比性稿件的组合，可以给读者以思考和启发。

2. 如何理解版面语言？结合你所熟悉的报纸实例，分析近几年来我国报纸在版面语言运用方面的变化。你认为版面语言为什么会发生上述变化？（人大 2003 年研）

答：版面语言是指版面所运用的材料和结构规则构成版面表现内容的特殊语言，是新闻通过版面编排与设计，用最符合自己身份的音量、音色、语感以及语言量来表达的一种语言。

版面语言是相对稳定的。一些早期报纸的版面安排的材料和结构规则，如字符、线条以及栏的转接等，现在依然存在并被运用。但版面语言又是发展的，随着科技的发展以及编辑经验的积累，现代报纸版面语言比过去更为丰富了。比如，色彩已成为现代报纸版面传情表意的重要材料，而在早期报纸是不可能具有的；现代报纸版面的结构规则，由于版面的扩大、栏的增多以及对版面认识的深化，也有了不少变化。随着版面语言的丰富和发展，现代报纸对版面语言的认识和运用也更趋于多样化。版面语言及其运用的变化和发展是报纸演变和发展的重要标志之一。而版面语言对报纸内容的表达也具有能动作用，它是报纸引导舆论的重要方式，是帮助和吸引读者阅读的重要手段，是形成报纸个性的重要组成部分，对于一张报纸来说它的版面语言尤为重要。

(1)近几年我国报纸在版面语言运用方面的变化主要体现在以下几个方面：

①重视头版的开掘

所有的报纸都很重视头版，因为头版是读者阅读报纸的开始。随着报业竞争的加剧，市场上可见的报纸种类越来越多。除了一些忠实读者，许多人往往会根据他们对某份报纸头版的第一感觉来决定是否购买。报纸的运营是否成功和读者的选择是息息相关的，因为现在还很少有报纸可以依靠营造一种精英文化，吸引一批固定的读者群来维持报纸发行量，很多报纸还是需要靠大量的零售量和订阅量来吸引广告商。

以《北京青年报》为例，浓眉大眼、有冲击力是这张报纸的风格，它是在报摊上力求在短时间内迅速抓取读者视线的一张报纸，也是北京报业市场激烈的竞争现状在报纸版面上的反映。《北京青年报》有时除了报头附近的导读栏以外，头版上的文章并不是采取全文刊登的方法，而是采用大标题加导语与照片的形式，并且注明详见哪一版的编排形式，使内页有更多具有可读性和必读性的报道在头版上“崭露头角”。

②图像应用的多样化

图像不仅可以传递信息，而且由于它是展开的、形象的，读者翻开报纸就能直接、迅速地感知它，因而图像是构成报纸外貌的重要组成部分。图像与字符相比，在吸引读者注意、增强版面强势以及美化活泼版面方面具有更大的优势。图像，特别是具有动态的、大幅画面的图像，往往是版面的视觉中心。重视图像已经成为当今报纸改革版面的一个趋势。像《北京青年报》，不只大量运用图片，而且该报一般情况下为32版，分为四大版块，分别用四种图形来表示。可视的图形化的形象处理方式，使读者一目了然，就像电视机的遥控器一样，使受众的选择轻松自如，减少了读者寻找个人所需内容的时间。

③用色彩和线条强化版面

随着娱乐消费形式和信息获取渠道的增多，不少报纸为了和其他的媒介竞争，纷纷推出了彩色版面，有些报纸甚至采用了全彩印刷，色彩的作用日益突显出来。都市类报纸也早已刮起了“彩色风”，改头换面，以求推动报纸的销售，在激烈的市场竞争下寻得一定的生存空间。

④副刊版的独立和个性化

传统的副刊是诗歌、散文、小说、文艺评论之类的媒介载体，而近年来的副刊，特别是都市报的副刊，外延不断扩大，综合性副刊呈现出相对缩减的趋势，传统的文艺副刊也演变成广义上的副刊的一个种类。内容界定愈来愈清晰的专刊迅速崛起，一方面是顺应了读者对阅读的要求，另一方面也是报纸自身发展、扩大影响力、吸引读者的一个有效策略。都市报多将副刊版面独立成叠以与其它版面区分开来，版序也打破传统报纸的排列方式，制作以经济、文化、生活为主题的独立成叠的副刊板块。这些版面设计清新、明朗，注重图片的运用，富有视觉冲击力，形成了报纸自身的特色。

随着“厚报”时代的到来，如何将版面内容与版面形式有机地组合起来，也是需要精心策划的。改革开放前，我国的报纸通行四个版，版面组合相对简单。如今，市场化的报纸通常都拥有数十个版面，版面组合就变得复杂起来。为了保证报纸版面丰富而不杂乱，我国报纸近年来开始将版面版组化。版组，即数个有内涵联系的单版的集合体。版组化，即将所有的报纸版面划分为若干个版组。《解放日报》从1998年元旦起，把报纸分成A、B、C、D、E五张，每张4个版：A版是重大新闻和国际新闻版；B版是经济新闻和投资金融、经济生活版；C版是综合新闻版，包括教科文新闻、社会新闻、体育新闻、国内新闻；D版头版是长江三角洲新闻，后3版是副刊；E版是专刊。这样也便于读者找到自己最关心的部分阅读。

(2)版面语言发生变化的原因如下：

在信息爆炸、信息传播手段日新月异的今天，新媒体不断形成对传统媒体的冲击，而传统媒体也在寻求新的变化和突破，在广播、电视以及网络等媒介的冲击下，报业的竞争也越来越激烈，生存环境也日渐严峻。“穷则变，变则通”，相当多的报纸开始了变革之路，以期在日益激烈的媒介市场中分得一杯羹。面对市场的激烈竞争，各类报纸纷纷意识到：想在争夺受众中取胜，不仅要报道出好新闻以满足其求新、求奇、求知的需求，还必须依靠报纸的“第一眼效应”，即版面的吸引力。版面是读者透视报纸的第一扇窗户，凭借对新闻内容的布局安排，传达出报纸对新闻事件的立场和态度。因此，版面是一份报纸个性和风格的最直观表现。在这场方兴未艾的版面革新浪潮中，越来越多的报纸在色彩、图片、标题、版式等各种版面因素上进行了大胆的探索和创新，众多报纸为争夺读者视线开始在版面设计上花大力气，做大文章，一时间彩报横行，五颜六色、图文并茂、厚题薄文，以此形成视觉冲击。

版面代表报纸的形象，其重要性不言而喻，报纸的版面革新应该也是与时俱进的。随着我国媒介的进一步发展，报纸的版面还会继续变化和改进，以满足受众的需求，适应市场竞争的需要。

3. 版面怎样才能美？结合实例加以说明。

答：版面美的基本要求是版面各部分的总体组合要符合形式美的基本规律，即多样统一规律。它包括版面的变化和版面的统一两方面。

(1)版面要富有变化

有变化，版面才能避免单调、呆板，才能生动活泼，富有生气。版面能否富于变化，与安排到版面上的稿件数量很有关系。版面上稿件的数量多，变化余地就大；如果只有两三篇稿件，就很难有什么变化。所以，稿件冗长也是版面美的一大障碍。版面的变化包括以下几方面：

①体裁的变化。一个版面上的稿件，如果都是一种体裁，就会显得单调；如果有多种体裁，本身就显得很有变化，同时在编排上也好做变化的文章。版面上体裁多样化，特别重要的是要有文有图，图文并茂。

②栏的变化。一个版面上的文字稿，如果都排基本栏，千篇一律，无疑很单调。因此，以基本栏为基本形式的同时，某些稿子可以适当排成长栏、破栏、长栏转短等形式。

③标题的变化。标题是版面的眼睛，对读者的视觉冲击力仅次于图片。标题的编排又特别富于变化，所以，善于运用标题的变化，对设计美的版面有特别重要的意义。

④图形的变化。图片的形状有矩形、多边形和圆形等几类，各类又有许多不同的形状。比如，矩形中有边长比例不同的各种竖图、横图；多边形中既有经过多种美术装饰的特殊形状，又有两张图片相咬形成的不规则形状；圆形中有椭圆形图等。版面上以矩形图片为主，适当采用不同的图形，能使版面更富于变化。

⑤空间的变化。版面上的字符、图像、线条等着墨的部分，眼睛看得见的，是实；不着墨的部分，是空白，是虚。版面空间实与虚的恰当结合，具有审美意义。

除了上述几个方面外，线条的变化、题花、网纹等装饰的变化，也可以起到美化版面的作用。在运用这些美化手段时，需要注意整版的协调，不宜用得过多，否则版面就会过于花哨。

(2)版面的统一

①和谐。和谐包括两个方面的内容：a. 版面的各种变化必须与内容协调。版面是受报纸内容制约并为内容服务的，版面的美当然也不能脱离为表现内容服务这个根本。版面无论怎样变化，应该做到万变不离其宗，即不离开内容的特点要求，才能使人感到和谐的美。b. 版面的局部和整体必须协调。版面的美是从版面整体的和谐中取得的，而不是从各个孤立的局部取得的。如果各个局部孤立看是美的，但彼此不协调，版面的整体就不可能美。因此，版面的美与版面整体的和谐是密不可分的。

②比例。比例反映事物相互映衬的关系。恰当的比例，给人以美感；超出一定的比例，

就使人感到不协调，甚至不愉快。

③节奏。节奏是指事物运动过程中有规律的反复。把事物运动过程中的强弱变化有规律地组合起来并加以反复就形成节奏。世界上一切运动变化的过程都是有节奏的，有节奏才有秩序。版面的变化也要讲求节奏，才能避免杂乱无章而保持统一性和秩序感。版面的节奏主要表现在必要的重复上，即同一形式的反复出现上。

④均衡。均衡是指整个版面的布局结构要给读者一种匀称、平衡、安定的心理感受。在读者的心理上，笔画粗的字重于笔画细的字，大号字重于小号字，大标题重于小标题，图片重于文字，文字或图重于空白，有线条的重于无线条的。在设计版面时，要考虑读者的这种心理，使版面上下、左右的重量大体上匀称、平衡，而不要把大标题、图片、加框新闻、装饰等集中在一个区域，造成版面的畸轻畸重，使人产生不安定的感觉。

变化与统一是美的版面必不可少的、互相联系而又互相制约的。只变化，版面往往杂乱无章，或者畸轻畸重，谈不上美。只有变化与统一相结合，变而不乱，变中有序，才能给读者以美感。

4．请按照布局结构分类，详述我国现代市场化报纸版式运用中的几种主要形式。（电子科大 2013 年研）

答：版面的布局结构是版面的全局与局部、局部与局部之间的联系的表现方式。按版面的布局结构分类，我国现代市场化报纸版式有三种基本形式：一是穿插式：二是排列式；三是穿插与排列混合式。

（1）穿插式

穿插的布局结构方法，是指稿件的整体在版面中呈四边形以上的多边形，稿件与稿件不是重叠的，而是穿插的，即稿件与稿件是相互咬合在一起的。

稿件有穿插与被穿插之分，一篇稿件可以只被一篇稿件穿插，也可以被多篇稿件所穿插。前者是一次性穿插，后者是多次性穿插。一篇稿件如果穿插在另一篇稿件之中而自身不被其他稿件所穿插，是单层穿插。如果自身也被其他稿件所穿插，则是多层穿插。

穿插的稿件与被穿插的稿件，在内容上可以是同一的，也可以不是同一的。前者是同类稿穿插，后者则是异类稿穿插。同类稿穿插比较自由，可以穿插在文的边缘或中间，而异类稿穿插，一般只能穿插在文的边缘，而不能穿插在文的中间，否则会破坏版面的统一，并造成阅读的困难。

（2）排列式

排列式的布局结构方法，是指整篇稿件排得比较整齐，稿件的整体在版面中呈规则的四边形，稿件与稿件相互重叠。它的长处是端正、自然，组版的阅读比较方便，但如果排列的稿件过多，缺少必要的变化，版面会显得呆板。

我国报纸长时期更多采用的是穿插式的布局结构方法。改革开放以后，报纸进行新闻改革，一些报纸寻求版式的突破，开始采用排列式的布局结构方法。

排列式版式可以有多种表现形式，最基本的有两类：

①齐列式。齐列式版式的特点是，版面划分成若干栏，栏线不隔断或基本不隔断，稿件上下完全重叠，整齐排列。此种排列方式，因标题的大小相等，或大部分相等，排列整齐有序，多用在版面内容具有共同性，强调阅读方便，而又不需要或不应当强调强势上的

差别时采用。

②整体错落式。整体错落式版式的特点是，版面的栏线被隔断，稿件呈大小不同的矩形，错落相间。整齐而有变化是此种版式的重要审美特征。

(3)穿插与排列混合式

穿插与排列混合式，是指一块版既采用穿插式，又采用排列式。

采用混合式的长处是，组版比较灵活，可以依据稿件的内容和体裁以及版面的具体情况，在版面上赋予稿件一定的形式。此外，还可利用穿插和排列二者的长处：如对长稿进行穿插，使长稿化短；而在同版又将几则简明的短稿依次排列，使版面变得更为有序等。

当然，混合式也不可避免地有它的短处，这就是版面的统一感相对说来较弱。

目前我国采用穿插与排列混合式的报纸版面较多。

5. 请详述专副刊与新闻版的异同，以及专刊和副刊的区别。(电子科大2014年研)

答：(1)专副刊的含义

专刊是报纸上用文章形式(一般不用文学体裁和消息体裁)深入阐释新闻事件和社会热点，阐发理论见解，介绍各种知识的固定版面，定期出版，一般有刊名。

副刊是报纸上用文学体裁反映社会，文艺色彩较浓，能给读者提供美的享受的固定版面，定期出版，一般有刊名。

(2)专副刊与新闻版的不同点

①从性质定位上，专副刊是对新闻版的延伸和解释，这是专副刊同新闻版的根本区别。一份报纸，新闻为主，专副刊为辅，这是报界的共同定位。专副刊对新闻版的整体的延伸表现在四个方面：a. 功能的延伸；b. 内容的延伸；c. 状态的延伸；d. 方式的延伸。

②从内容上讲，新闻版主要是运用消息、通讯、特写等新闻体裁对社会变革的事实进行报道，专副刊则侧重于表现这种变革给人们的思想观念带来的变化。

③从时间上讲，报纸新闻仅有一天的生命力，而专副刊文章则是一种存盘和叠加，使报纸从“易碎品”变为“耐用品”，延长了报纸的生命。并且各种专副刊轮流出刊，时间相对充裕，可以对正刊的内容进行深入挖掘和延伸。

④从版式设计上讲，新闻版的设计一般比较固定，大方庄重，简洁明快；专副刊则新颖活泼，冲击力强，两者搭配，可以调节读者的阅读疲劳。

⑤从语言运用上讲，新闻版注重语言的客观、平实；专副刊则注重语言的精致、优美，讲求艺术性。

⑥从报纸个性上讲，报纸具有新闻传播和文化传播两重功能。新闻版由于素材同源性的影响，具有较强的趋同性；专副刊则具有丰富多彩的特点，专副刊主要承担文化传播的功能，是报纸个性化的主要体现。

⑦从媒介功能上讲，新闻版满足的是受众的“新闻欲”，专副刊满足的则是受众的“求知欲”“消闲欲”和“审美欲”，专副刊与正刊之间既是互补的，也是竞争的。

(3)专副刊与新闻版的相同点

专副刊与新闻版同为报纸的组成部分，它们同样服从于报纸的办报方针和编辑方针。具体说来，就是在办报宗旨、指导思想、政治态度、报纸水准、报纸风格、读者对象以及所承担的任务方面与新闻版应该是一致的。

①专副刊与新闻版作为新闻媒体，都应该坚持一个共同的政治方向，不能相互背离。中国是社会主义国家，无论办报主体是谁，都必须符合四项基本原则，都要遵从党性原则，认真学习和运用好马克思主义新闻理论知识，做好党和人民的喉舌。

②在报纸水准方面，都应保持在同一层面上，一个较高，一个较低。一个艰深，一个浅显，是不适宜的。

③在报纸风格方面，一个雄浑大度，一个婉约细致，一个高雅，一个通俗，也是不相宜的。

④在读者对象方面，除个别专刊面向特殊的对象外，两者都应拥有相同或相近的读者群。

⑤专副刊与新闻版都服从于报业分工的同一个要求。例如以经济报道为主的报纸，其专副刊应以自己特有的方式与经济相互联系。虽不必"言必称经济"，但完全摆脱与经济的联系也是不相宜的。

(4)专刊和副刊的区别

①从选材范围来看，专刊限定在一个专门的领域；而副刊特别是综合性副刊，则是反映社会生活各个领域的。当然，在一个领域内专刊的反映也可以具有多样性。但同综合性副刊的"综合性"不是属于同一层面上的，二者并不相同。

②从题材的性质看，专刊比较严肃，偏重于"硬性"的题材；副刊比较轻松，多是选用"软性"的题材。

③从表现形式来看，由于所反映的内容和选用的体裁不同，专刊的文字平实、直白；副刊的文字绚丽多彩。

④从稿件配置的结构方式来看，专刊常常被用来做深度剖析，因此喜欢用集纳的方法；副刊则不同，它要求一个版丰富多彩，内容避免单一化。因此稿件配置的结构方式通常是综合式的。只有在少数情况下(如纪念某位文化名人)，才用集纳的方法。

9.4.4 实务题

根据报纸编辑学的有关知识，评价2010年9月23日《人民日报》一版的版面(图片略)。(清华大学2011年研)

(1)这个版面属于A、B、C中的何种版式?

A. 垂直式版式、水平式版式、平直混合式版式；

B. 综合式版式、重点式版式、集中式版式；

C. 穿插式版式、模块式版式、垂直式版式。

(ABC每一小题内只允许选一个答案)

(2)具体说明"头条下"(左半版的框线内部分)是使用何种稿件配置和布局结构的方式来显示稿件关系的。

(3)从版面美化和规范的角度，谈谈你对这个版面的看法。

答：(1)A

(2)采用的是"同题集中"的稿件配置方法。将内容有关联的消息放在同一个主题下。将《重庆开展心连心慰问活动》《本溪玉树师生欢度中秋》和《呼和浩特市民"低碳"过节》三篇消息同时放在《神州庆佳节和谐进万家——全国各地开展"我们的节日·中秋"主题活动》之下，是“同题集中”的稿件配置方法。

在布局结构上，从技术层面分析，该部分题文关系明确，题对文具有明确的统领关系，阅读省力，即看到标题后，能便捷地去阅读正文，而毋需视线作过长的或反向的移动，易读性很强。从意义层面上讲，主次分明，层次感强，稿件的组合也非常恰当，整体感觉清晰明确，主题突出。

(3)整个版面整洁大方，条理清晰，布局严谨，通过稿件组合的方式，将相同题材的稿件组合在一起，优化了版面空间，主体突出，详略得当。

在图片使用上，主图清新活泼，很有感染力。配图属于常规新闻图片，散于版面，保持整个版面在图片上的平衡有序；在稿件安排上，该版多采用平行并列的方式排版。作为《人民日报》的头版，体现出一种工整清晰的版面特征。